U0032103

眾神 喧譁的 年代

人人書櫃裡都有一本讀不完的希臘羅馬神話，但這本一定讓你忍不住一頁一頁翻完！

不再是斷簡殘篇的故事拼貼，不再是學術殿堂的嚴肅讀物
一本新說經典，復刻神話美學
高潮迭起的情節、鮮活的角色刻劃，完整呈現傳說中
瘋狂失控的眾神、情慾賁張的糾葛、混亂騷動的世界

東吳大學外文系教授 呂健忠／熱情推薦

菲利普·弗里曼 Philip Freeman 著
張家綺 譯

最新版希臘羅馬神話

Oh My Gods

A Modern Retelling of Greek and Roman Myths

序

和大多數的孩子一樣，我非常喜愛古代神祇和英雄的故事。天神宙斯施展他威力強大的雷霆、赫丘力士屠殺怪獸、特洛伊城牆外延燒的戰役。以上這些都是我最喜愛的床邊故事，是我乖乖熄燈睡覺前母親必讀給我聽的故事。隨著年紀漸長，我對古典神話的喜愛仍舊未減，喜愛到我甚至以此為業。我在大學教書時，講授古代神話也是我工作的重點。在教室裡，我和學生探討這些引人入勝的故事，這群學生急欲逃離化學和微積分而來選修神話課程。他們在童年也讀過神話，現在又在課堂中重拾童年記憶，他們發現古代神話與他們最喜歡的現代故事互相呼應，例如托爾金（**J. R. R. Tolkien**）、**C. S.** 路易斯（**C. S. Lewis**），以及**J. K.** 羅琳（**J. K. Rowling**）的故事。

對學生而言，每一段神話故事都與他們小時候讀到的同樣吸引人，但我們在課堂上討論的內容，卻遠比他們小時候所讀到的更讓人意外驚喜。我拜訪高中學生、家長、或社區成員時，只要演講探討的主題是古典神話，研討室總是人滿為患。我們討論大家年幼就熟稔的故事，除此之外，我還會加入原版神話中所有混亂騷動的情節、眾神們瘋狂行徑、還有情慾賁張的片段。有些人在演講結束之後會刻意逗留現場，向我坦承他們童年閱讀的神話故事如今依舊好端端收藏在書架上。他們會請教我該上哪兒才可讀到更多原始的希臘羅馬神話。我通常會試圖引領他們閱讀正規讀本，但除了學術著作外坊間卻不太常見適合學齡兒童讀者以外的古典神話。

基於這個理由，本書便因應而生。在書本中，我嘗試將主要的希臘羅馬神話呈現給讀者，涵蓋磅礡氣勢的美感以及原著故事的扭曲情節，如此一來讀者便可享受欣賞這些古代寓言最原始的樣貌。我們都曉得宙斯（Zeus）是萬神之王，但他雷霆萬鈞的力量，難道僅用於良善的目的？傑森（Jason）真的單純是名大英雄，航越海洋尋找金羊毛嗎？還是他只是一個自私魯莽之徒，全靠一位聰慧機伶的女子才能達到目的，而且傑森還在最終背叛了她？為何一位名為路克瑞莎（Lucretia）的年輕羅馬太太，在遭到丈夫摯友凌辱之後，要選擇自我了斷？這些段落和其他許多重要的神話都不曾出現在我們閱讀的童書中，或是有些情節早已經過潤飾改編。但對於想要深入了解的讀者，還原這些故事能豐富他們對希羅神話的想像。

現今當我們使用「神話」一詞時，指涉的通常都是非屬實的故事，就像我們宣稱紐約下水道裡有巨鱷一樣。古代希臘人使用「神話（mythos）」一詞來指稱所有口傳故事，有時他們也用此指稱狹義的傳奇寓言，而非嚴格標準下的歷史故事。甚至連終生研讀神話的現代學者都無法達到精確的共識，但大多數的學者認為「神話」所指的是具有特殊意義的傳統故事。究竟神話是否反映歷史事件已經不再是重點，因為神話底下蘊含的訊息才是最重要的。例如特洛伊戰爭的故事。希臘人和特洛伊人究竟是否曾在歷史上某個時期爆發衝突，絲毫不影響故事本身的力量。這些故事所保留的普世議題，那些關於愛情與失去、勇氣與痛苦，生命與死亡的描述至今仍為人津津樂道。

神話也會經歷「物競天擇」的過程。能夠捕捉人類生命感受的故事便能保留下來流傳千年，而只能與少數人產生共鳴的故事則永遠消聲匿跡。我們也許會發現歷久不衰的神話會隨著時代更迭，而我們從中發現的訓示也會跟著改變，但寓言的中心思想卻永不衰退。希臘羅馬人講述無數故事，若故事無法繼續傳遞下去多半是因為沒有人覺得故事扣人心弦值得永恆傳承。但神話描繪人性最基本的希望與恐懼，這精神永遠也不會死去。確實這也是我們今日仍繼續閱讀這些故事的主要原因。

古典世界裡，神話的來源眾多。四千年前希臘人進入巴爾幹半島時，他們帶著印歐祖先傳承下來的故事而來。但隨後進入愛琴海的新居民，卻擁戴他們近東及非洲文明中心的神話。克里特島的米諾斯人（Minoans）、西台人（Hittites）與近代土耳其的安那托利亞人（Anatolian）、地中海東部的腓尼基人（Phoenician）、蘇美人（Sumerians）、亞述人（Assyrians）、美索不達米亞的巴比倫人（Babylonian）、以及尼羅河谷的埃及人（Egyptians），這些民族的文化皆深深影響希臘神話。希臘神話的創世紀與巴比倫《埃努瑪埃立什》（*Emuma Elish*）史詩極其相似，而西台的庫馬比（Kumarbi）神話，也與希臘眾神爭奪神祇霸權不謀而合。我們多少也可從荷馬史詩中找到蘇美英雄吉加美士（Gilgamesh）的影子。羅馬人也善於引用經典，無論是從他們的鄰居伊特魯里亞人（Etruscan），或是從希臘人身上借用來的。

神話的顯著特色之一，就是它會隨著文化與時代流轉。神話從不靜止，經歷世代更替與跨洲相傳展現出嶄新樣貌。但神話在演進時仍永存其最基本的訊息。根據古典神話改編的新上映好萊塢電影也許會使用壯觀的電腦特效，但實際上電影仍試圖傳達古代作者紀錄的原始故事，只是重新以電影的形式賦予現代觀眾新的神話生命。

當希臘人初至愛琴海岸時，他們遇見文明更加發達的民族，包括鄰近克里特島上的米諾斯人。米諾斯人安居於皇宮，皇宮裡有大型中庭、迷宮走道、繪製美麗的壁畫，主題包括女性肖像、憤怒公牛、和大自然的田園詩景觀。雖然使用的語言完全不同，但米諾斯人善於航海經商。他們航行於海洋之間，也為希臘本島帶回高級精品，同樣地他們也帶回許多各地流傳的故事。米諾斯人也有識字文明，不過他們刻蝕在泥板上的文字系統，對現今學者來說仍是不解之謎。米諾斯文明堅不可摧，即使是威力強大的火山爆發也摧毀不了克里特北方的希拉小島（Thera，亦為今日的聖托里尼Satnorini）。數千年以前柏拉圖曾紀錄此處地殼之劇烈變動的過程，也許孕育了亞特蘭提斯（Atlantis）的傳說。

希拉島大部份沉沒海中。經過兩個世紀後，來自本島的希臘人便握有克里特島的掌控權，並且在希臘本島的皇宮中心建立王國，例如邁錫尼（Mycenae）、底比斯（Thebes）、皮洛斯（Pylos）、雅典（Athens）和斯巴達（Sparta）王國。這些王國皆為不同貴族世家統治，偶爾彼此交爭，偶爾則聯手侵略其他王國。青銅器時代的城鎮在後期的希臘神話中占有重要的一席之地。這也並非毫無道理。這些古城鎮的地位對希臘人來說，意義就像亞瑟王城堡對現代人的意義。希臘故事中最偉大的特洛伊戰爭，則講述邁錫尼的阿加曼儂率領其他希臘國王組成聯盟，對抗正臨黑海的富有之城特洛伊，誓言奪回寓言中的公主海倫。是否真有希臘國王願意為了一個女人出兵？答案恐怕令人存疑，但為了追求榮耀和掠奪，希臘人在青銅器時代末期曾派出上千艘（或甚至上萬艘）戰艦對抗特洛伊人。

該時期的希臘人善用米諾斯的音節書寫系統，然而我們手上並無邁錫尼時期的書寫神話。邁錫尼的泥板相當珍貴，意外地從焚燒皇宮的大火中保存下來，但所包含的有限訊息卻相當教人費解。他們保存下來的神祇名字都是之後希臘神話中廣為人知的名字，例如宙斯、希拉（Hera）、波塞頓（Poseidon）、阿提密斯（Artemis）、阿瑞斯（Ares）、赫美斯（Hermes）和戴奧尼索斯（Dionysus）。出乎意料的是他們從未提及狄美特（Demeter）或愛芙羅黛蒂（Aphrodite）。保留下的泥板為數不多，也許為原因之一。邁錫尼的記載顯示，當時有神教和組織敬拜的活動，也許甚至還有活人獻祭，但證據卻不明確，難以斷定。泥板也包括後期神話出現的英雄名字，如阿基里斯、赫克托、提修斯和傑森。

在青銅器時代，外來入侵者或內部紛爭使得大多數的希臘宮殿在西元前一二〇〇年一蹶不振，但希臘文化和神話卻在未來三世紀間持續興盛，現代學者稱這段時期為「希臘歷史的黑暗時期」。稱為黑暗時期的原因是由於書寫紀錄消失地無影無蹤。但在希臘鄉村城鎮、乃至橫跨愛琴海之地，也就是希臘殖民所定居的小亞細亞西岸，天神與英雄的故事仍見興盛。當時希臘人與地中海東部的人民長期接觸，故事便自美索不達米亞、埃及和小亞細亞一路流傳至希臘。西元前八〇〇年，腓尼基人引介他們的字母進入愛琴海，希臘人很快地將閃語符號改良成為他們自有的語言，並且鋪好之後的神話創作之路。

西元前七五〇年左右，有位名為荷馬的詩人，將特洛伊戰爭及其後續故事匯整，編織成兩首非凡史詩——《伊利亞德》（*Iliad*）與《奧德賽》（*Odyssey*），因而成為所有希臘神話的試金石。這兩首史詩以新的字母記載快速傳遍廣闊的希臘世界。之後希臘人傳誦《伊利亞德》與《奧德賽》的內容，做為他們的教育訓練基礎。荷馬是一名吟唱詩人，他是第一個唱出阿基里斯的憤怒、海倫和帕里斯（Paris）的愛情、奧德修斯（Odysseus）對戰獨眼巨人的冒險、致命的塞倫女妖，以及媚惑的女神讓奧德修斯找尋歸途之時飽受掙扎。

但荷馬不是唯一一位希臘神話的創作者。據牧羊人赫希歐德說，有天他在海力孔山上放牧的時候，曾經聽到繆斯女神（Muses）呼喚他，要他吟唱天神與凡人的故事。無論他是否真的受到天神感召，他的《神譜》（*Theogony*）儼然成為古典文學中最廣為人所知的創世紀作品。他的《工作與度日》（*Works and Days*）除了給予年輕男性言簡意賅的意見（例如，「迎娶鄰近的閨女」，和「切勿邊走路邊如廁」），另外此書也述說普羅米修斯的故事，講述他從天庭帶來文明之火，以及美麗的少女潘朵拉由於自身的愚昧而打開裝滿邪惡的罐子（後人錯譯為「盒子」），因此將禍患散布人間。在赫希奧德（Hesiod）之後不久，希臘便流傳著一部謬誤標記為《荷馬史詩》（*Homeric Hymns*）的短詩集。這些流行詩歌讚頌奧林帕斯山的眾神，也提供我們最早關於狄美特、阿波羅（Apollo）和愛芙羅黛蒂等天神的故事。

西元前五〇〇年，希臘人殖民地中海，範圍自克里米亞至西班牙的黑海地區。他們所到之處，必會建立「城邦（polis）」，亦即都市國家。這字正是「政治（politics）」一字的詞源。當時許多城市都在有名的暴君統治下花費龐大資金建設藝術與公共劇院。在雅典，暴君庇西特拉

（Pisistratus）的家人慫恿下，誕生了專門歌頌酒神戴奧尼索斯的春天慶典，在酒神慶典中歌隊和演員則會表演悲劇和喜劇。慶典持續廣受流傳，甚至在庇西特拉圖專制遭到推翻後雅典民主領銜登場的希臘黃金時期，這些慶典仍舊持續保留下來。其中像是索福克里斯（Sophocles）的《伊底帕斯王》（*Oedipus*）都成了希臘神話的主要來源。除了戲劇之外，該時期當代的作者還包括抒情詩人品達（Pindar），以及歷史學家希羅多德（Herodotus），也傳承紀錄著眾多歷久不衰的神話。

西元前五世紀末時，伯羅奔尼撒戰爭（Peloponnesian War）中雅典遭斯巴達擊敗，為藝術繁盛發展的黃金時期畫下休止符，但故事和神話仍如過往盛傳。不到一個世紀之後，亞歷山大帝的遠征也將希臘文化傳至亞洲和非洲。在埃及的新興城市亞歷山卓（Alexandria），學者彙整編輯幾個世紀以來寫在莎紙草卷上的希臘神話故事。

而位於遙遠西方的義大利中部臺伯河岸有一個小村莊，已經開始在七個山丘外的區域擴展領土。羅馬人的祖先傳承豐富的神話傳統，當他們遇到愛屈利亞人（Etruscans）和希臘人後，便在原先的傳統故事上加上其他更多的故事。當地的羅馬神祇多為田園、壁爐和家庭的守護神。雖然與眾神相關的儀式仍舊完整保存，但許多背後的故事卻相對失傳了。保留下來的古代神話，通常被當做早期的歷史紀錄，例如羅穆路斯（Romulus）和列姆斯（Remus）的寓言。相較於希臘神話，這類型羅馬故事的敘事筆調和寫作目的恐怕會讓現代讀者大吃一驚。對羅馬人來說，對國家絲毫不動搖的忠誠便是最偉大的美德情操，以致於許多早期羅馬神話讀來就像嚴峻的政治宣導文。

羅馬人對於希臘人總具有矛盾情結，一方面景仰他們深遠的文化，但另一方面又排斥他們的近鄰，打壓他們，認為希臘人不過是只懂使用野蠻武力的東方民族。然而，當羅馬人的勢力遍及地中海，羅馬共和國也茁壯成為帝國時，羅馬人卻急欲將自身歷史與希臘牽上關係，表明自己的祖先為特洛伊人。即便他們在血統上急欲與希臘人撇清關係，羅馬人仍將自己寫入希臘故事裡最偉大的一段。不過令人難以置信的是他們竟將自己定位為輸家的後代。拉丁詩人維吉爾（Virgil）在他的史詩巨作《伊尼伊德》（*Aeneid*）中，特洛伊戰爭下的難民伊尼亞斯（Aeneas）及其忠心的追隨者冒險挺進西部，歷經無數的艱難與陷阱，最終成為羅馬人的祖先。

經過帝國時期，羅馬人和希臘人於各自的疆土繼續傳頌這些古老的神話，他們常常大膽地加油添醋一番。希臘傳記作家普魯塔克（Plutarch）於他精彩的著作中保留許多傳統故事，而他的同胞包沙尼亞斯（Pausanias）則在他遊歷希臘各地的遊記裡，加入了一連串的神話故事。但其中最偉大的作家，便是羅馬詩人奧維德（Ovid），他保留了許多可能永久失傳的希臘神話。他的《變形記》（*Metamorphoses*）是一部神話寓言式的史詩，描繪超自然變化的題材。廣泛閱讀中世紀和文藝復興時期的著作，便會發現在後期的藝術與文學中神話故事的影響極為深遠。

一本書可有許多描寫希臘神話的方式，其中各有千秋和缺陷。很多當代作者選擇以某一理論角度切入探討神話，像是神話中的宗教儀式、社會結構，或者神話情結。這些方式和其他未列舉的學說如女性主義批評，也許都是有效看待古典神話的方法。但我在本書的目標較為渺小。我只是想要盡可能維持原著的味道，對現代讀者重新講述希臘與羅馬的偉大神話。這意謂有時我需要改述某位古籍作者的話語，但大多時候我會融匯不同古籍於一。對於某些故事，我會引用相隔數個世紀的作者典籍，以求建構出一篇完整的寓言。而這種方法也屬必要之舉，畢竟很少有神話故事能夠經由單一作者之手完整保留呈現。很多時候，我必須抉擇採用某個故事版本或神話情節來說我的故事。因為一個故事通常會有不同版本，有些甚至相互矛盾。

至於希臘人名，我選用最廣為現代讀者熟知的拼字，而非採用嚴謹的希臘文音譯。像是赫丘力士（Hercules）、伊底帕斯（Oedipus）。較不為人知的人名，我選擇使用現代讀者看起來或唸出來較為舒服的稱呼。

沒有人像我如此三生有幸，能夠享受彙集神話成冊的樂趣。過去這些年來，我非常享受與學生分享這些故事。而把故事集結呈現給讀者的機會也同樣讓人難以抗拒。我在此要真心感謝所有協助我編寫此書的人，包括國家人文基金會以及哈佛大學圖書館。但一如既往，我最感謝的人，就是我的學生。感謝他們能在課堂上，耐心聽我講解這些神話故事。無論你未來的人生道路如何，都希望你不會失去對古老故事的鍾愛。

目錄

女神　101

英雄　127

戀人 163

創世紀

宇宙的起源：被閹割的天空

宇宙最初的混沌又叫做卡厄斯，他是深沉無底的浩瀚裂口，就處於宇宙的無盡黑暗裡。在卡厄斯之後出生的是遼闊翠綠的大地，為天神神聖不可撼動的座椅。還有地底深淵塔塔羅斯。接著，厄洛斯從卡厄斯中蹦然而生，他以熾熱的慾望征服天神與凡人。同樣自卡厄斯中出生的還有黑暗黃泉厄瑞玻斯，以及他的妹妹黑夜妮克絲。厄瑞玻斯與妮克絲結合之後，便孕育出崇高的天空以太和光明的白晝。

大地生下了繁星點綴的天空。天空覆蓋著天地並且成為她的伴侶。她身上亦出現了高山和海洋。天空與大地結合，他們的孩子分別為科約斯、克里奧斯、閃閃發亮的希培利溫，以及包圍著大地的深沉大洋氏。隨後誕生了伊亞匹特士、帖亞、麗娥、以及將秩序帶入世界的特密斯。大地亦與天空生下了女神寧默心，她有著永不忘卻的記憶。擁有金黃光圈的佛伊貝，和可愛的海洋女神蒂賽絲。最後出生的是克羅諾斯。他是神祇中最年幼的一位，也是大地的孩子裡最任性妄為、詭計多端的孩子。

遼闊的大地也產下其他天神，例如獨眼巨人基克洛普斯，他們以暴力和殘暴為樂，包括雷神布隆鐵斯、電神史鐵若普斯和霹靂神阿爾格斯。她另外育有柯特斯、布里亞里諾斯、古傑斯。這群力大無窮的怪物，肩膀上長出百臂，每邊各有五十隻手臂。

父親天空痛恨他的孩子。當孩子從母親的子宮誕生，他便幸災樂禍地將孩子塞入地底，讓他們不見天日。母親大地因孩子被塞入自己的肚子，痛苦地呻吟，因此萌生了復仇計畫。她以最牢不可破的堅石製作出一把大鐮刀，然後遞給她的孩子。

「我親愛的孩子啊，」她請求道，「誰願意挺身而出，向你們的父親復仇，要他為對我們所做出的惡行付出代價？誰膽敢反擊天空？」

躲藏在她肚皮裡的孩子一聲不吭，只因他們都太害怕父親。只有最年輕的天神，也就是聰明的克羅諾斯發言：「母親，我願意。我才不怕天空，更何況是他先對我們不義！」

大地為兒子的英勇感到欣慰，於是便把爬滿利齒的鐮刀交付予他。當夜晚降臨，天空迫不及待地靠往大地想要與她結合。當他們正要結合的瞬間，克羅諾斯自躲藏的地方一躍而上，伸手捉住父親的生殖器，鐮刀鋒利的邊緣倏然畫過，成功地閹割了天空。克羅諾斯順勢將割下的生殖器往後扔，鮮血噴灑在大地的臉上，當鮮血降落地面，滿懷復仇心的復仇女神便從地面冒出，佩戴盔甲、揮舞長矛的邪惡巨人也從中蹦出，仙女亦從染血的泥土中竄出地面。

從天空身上閹割下來的睪丸，拋入半空後降落於海中，漂流至賽普勒斯島。在那兒，浪花不斷地拍打海邊，形成白色泡沫，而女神愛芙羅黛蒂便從泡沫誕生，她是永恆微笑和甜美喜悅的女神，讓所有人在熱情之中迷失自我。

現在輪到天空痛苦呻吟了，他呼喊著他的孩子泰坦神族，咒罵他們是不知感恩的兔崽仔，他們傷害了賦予他們生命的父親。他詛咒克羅諾斯終會為自己的惡行付出慘痛代價。

眾神的誕生

另外，卡厄斯家族繁衍出難以計量的後代子女，有些是充滿美麗與希望的孩子，但大多數都是黑暗和絕望之子。夜晚女神妮克斯生下可憎的厄運、責難、危難、寧美息事、欺騙、衝突、老年、死神；她還產下睡神以及夢族，包括美夢與惡夢，以及三名編織眾人命運的命運之神。從她的子宮亦蹦出無情的復仇女神，復仇女神追逐獵殺男神和男人，尋求報復。夜晚的女兒衝突生下苦力、忽視、飢餓和疼痛，另外還孕育戰爭、謀殺、謊言、和許多其他的煩惱。但海洋卻生下和藹的海神涅留斯，之後他便與大洋氏的女兒結為連理，並養育了五十名風與浪花的仙女。

傳說中梅杜莎、哥爾根，還有艾奇德娜長相一半是容貌動人的金髮仙女，另一半則是可怕的蛇妖。地獄和大地強壯的兒子泰風與艾奇德娜結合，兩人豢養奧特休斯犬以及怪獸傑揚，還有三頭地獄犬。地獄犬是地府的看門狗，職責是不讓任何人恣意離去。艾奇德娜另外產下了吐火獸，他是獅頭羊身龍尾的野獸，吐火獸遭到哥哥奧特休斯犬強暴，因而生下了喜愛猜謎的人面獅身獸。天空與大地之女蒂賽絲，則生下世界各大主要的河流，以及數以千計住在小溪和水池的仙女。大洋氏之女守誓河是眾神立誓的對象，她產下了期望、勝利、權力與力量。佛伊貝來到哥哥科約斯的床邊，之後懷有溫儒的麗托以及妹妹阿絲提莉亞。阿絲提莉亞後來生下光榮的黑卡蒂。蒂賽絲的妹妹帖亞，與她的哥哥希培利溫結合，然後生下了老太陽神赫利奧斯、月亮之神西倫和曙光女神伊奧斯。之後伊奧斯產下風與曉星。天空與大地的兒子伊亞匹特士則與仙女克里梅妮結合。克里梅妮為他產下四名兒子，分別是嚴肅的阿特拉斯、驕傲的米諾瑟斯、先知先覺的普羅米修斯，以及愚昧的伊比米修斯。其他數之不盡的神祇也在這段期間誕生，多到無以計數，一直到世界充斥各種天神。

諸神大戰

克羅諾斯擊敗父親天空後，這位年輕的泰坦神統治著天地。不顧妹妹麗娥的不情願，克羅諾斯和麗娥產下六名出色的子女，分別為爐灶女神黑斯提亞、讓大地的果實成熟豐碩的狄美特、穿著金色涼鞋的希拉，還有強壯無情的哈得斯、撼動大地的波塞頓。但克羅諾斯生來善妒，他從父母那裡得知自己的孩子終將擊敗他，奪走他的權力。因此當孩子一一誕生後，他便一個一個從麗娥身邊捉走孩子，直接往肚子裡吞。

麗娥因眼見孩子一一被吞下肚，飽受痛苦折磨，於是轉而向父母求救，想知道是否有方法可以向詭計多端的克羅諾斯報仇。他們同情女兒的處境，告訴她克羅諾斯這樣做是怕有天會因自己尚未出生的兒子失去現有的王位。然後他們要她到克里特島產下肚子裡的孩子。就在一座高山的洞穴裡，她獨自一人產下宙斯。隨後她的母親，綠意盎然的大地來到她身邊，悄悄帶走孫子並且將他藏匿在無人知曉的地方。但克羅諾斯向來機警，差一步就逮到妻子；他很快就抵達克里特島，要求她交出剛出生的孩子。然而大地早已用衣服包裹好一塊大石頭交給麗娥，替代剛出生的兒子讓她遞交給克羅諾斯。貪婪的克羅諾斯一把抓起布包住的石頭往喉嚨裡送去，絲毫未察覺自己受騙上當。

隨著一年又一年過去，大地偷偷在遠離克羅諾斯眼界的克里特島養育著宙斯。孩子變得越發聰明強壯，直到有天他終於離開自己的藏匿之處。宙斯和明智的女神密提斯計畫造反。密提斯前去拜訪毫無警覺的克羅諾斯，讓他喝下長命百歲的藥水，但隨後他的肚子卻劇烈疼痛起來，不得不吐出肚子裡尚有生命的孩子。克羅諾斯的後裔與宙斯集結，宙斯成為他們的領導，挑起和父親的戰役。這場戰爭可是世界有史以來規模最大的一戰。

漫長的十年過去了，年輕天神不停對抗古老勢力，卻遲遲不見高下勝敗。看來宙斯永遠都無法戰勝父親了，但他的祖母大地卻在這時給予他智慧建言。很久很久以前，在宙斯尚未出生以前，他的祖父天空曾將獨眼巨人囚禁於地獄，跟他關在一起的還有百臂怪物柯特斯、布里亞里諾斯、古傑斯。克羅諾斯與其他泰坦神族，因為懼怕他們的力量，因此故意將他們困在悲慘的地獄。而今大地告訴她的孫子，只要有獨眼巨人和其他三隻怪獸的協助，他就有可能擊敗父親。於是宙斯便前往地獄解放他們，把他們帶回奧林帕斯山。他讓他們食用永生不死的仙糧與瓊漿玉液，滋補他們的身心，然後對他們說：「天空與大地之子，請聽我娓娓道來。過去十年，我們一直在對抗泰坦神族，爭奪世界的領導權，但尚無任何一方取得優勢。我現在請求你們協助。請你們務必記得，是誰將你們釋放出迷霧般的黑暗地獄枷鎖。」

柯特斯代其他人回答道：「克羅諾斯之子，我們知道，你比你父親及其他泰坦神族更具智慧。你將我們釋放出地獄牢籠，此恩我們永生不忘。來吧，讓我們幫助你摧毀泰坦神族。」

獨眼巨人為宙斯打造了閃電，其他奧林帕斯眾神也一起加入戰役。宙斯的陣營占盡優勢，兩方對抗到天空怒吼、海水波濤、大地震動；戰爭的煙硝味瀰漫大地。宙斯大發雷霆，用盡全身的力氣從天空往敵人身上投下閃電。大地的森林化為一團火球，煙霧冉冉高升至天庭。最後戰役的局勢逆轉，年輕諸神擊敗克羅諾斯和他的同夥。泰坦神族想要轉身逃跑卻被逮個正著，扔入黑暗的地獄之中。他們在地獄裡受到獨眼巨人的監控永不見天日，除了伊亞匹特士的兒子阿特拉斯得以倖免。阿特拉斯接受宙斯的懲罰，被迫以雙肩揹起天空。

但正當宙斯以為抗爭總算落幕，此時又出現了新的威脅。地獄之子泰風的勢力崛起，試圖與年輕天神抗衡。有人說他的母親就是大地或希拉，但無論他來自何方，他都是宙斯極大的威脅。恐怖怪物泰風力大無窮，他有著一百隻蛇頭，帶著烈燄火炬般的雙眼。他衝至奧林帕斯山，開始攀爬山脈，嚎叫彷如公牛，怒吼彷若獅子。天神都害怕地直發抖，宙斯若無使出他的武器雷電，往泰風的臉上狠狠劈去，諸神恐怕是難逃一劫。宙斯從山上一躍而下，一次又一次地重擊怪物。最終，宙斯舉起怪物殘破的軀體丟入地獄深淵，與其他泰坦神族的人一起永世不得離開。自此之後，泰風依舊憤恨難平，只能讓痛苦呼嘯的颱風颳遍海洋。

萬神之神宙斯統治世界

宙斯在奧林帕斯山掌權管理其他天神，戒慎恐懼擔心踏上父親或祖父後塵，遭到他人推翻。他將克羅諾斯曾吞下的石頭豎立於狄菲神殿的神聖山谷，紀念他的時代來臨。他從世界的兩端各自放了兩隻老鷹，老鷹最終於巴拿撒斯山腳下會合，這裡因此成了大地的中心。

宙斯是諸神之中最強悍有力的，但他曉得光憑他一人的力量，無法統治天下。於是他與他的兄弟波塞頓和哈得斯抽籤，決定分頭管理世界。波塞頓分到海洋，地府則隸屬哈得斯管轄，而宙斯收下天空的領地。大地與奧林帕斯山共同歸屬於三兄弟，但所有天神都曉得，宙斯才是萬神之王。

密提斯曾迫使克羅諾斯吐出宙斯的兄弟姊妹，而萬神之王決定要娶她為妻；娶她不是出於愛情，而是狡詐的計謀。天空與大地曾向他透露，密提斯為他所孕育的兒子，力量有天終將超越他。因此當密提斯身懷六甲，宙斯也像克羅諾斯一樣立刻將妻子和孩子生吞下肚。他以為再也不會見到他們，但過不了多久，他的頭感到一陣劇烈疼痛。於是他命令克羅諾斯的侄子，亦為當初與他並肩對抗泰坦神族的普羅米修斯，用斧頭劈開他的頭以減緩他的疼痛。就這樣女神雅典娜蹦了出來，她也是宙斯最聰穎的孩子。而密提斯則永遠困在宙斯體內，提供他良好的建議。

宙斯的下一任妻子是特密斯，她是秩序與正義女神。傳聞她是命運之神的母親。大洋氏的女兒尤莉諾梅，則是宙斯的第三任妻子，她為宙斯生下了美麗的美姿女神，然後宙斯又娶了狄美特，生下了波賽芬妮，之後又娶記憶女神寧默心為妻。他也娶了泰坦神的女兒麗托，她為他生下神射手阿波羅以及處女獵人阿提密斯。最後他娶了自己的妹妹希拉，她是青春女神希碧、生育女神艾莉西雅和無情戰神阿瑞斯的母親。有人說火神黑腓斯塔斯是兩人愛的結晶，但也有另一派說法，認為他只是希拉一人的孩子。

神創世人

奧林帕斯山下的大地無比美麗，但除了野生動物和綠色植物外，世上可說是空無一物。眾神從奧林帕斯仙境向下俯瞰，卻無人可以尊敬崇拜他們。聰明的普羅米修斯第一個想到要創造人類來侍奉天神，但也有些預言說是宙斯的主意。

根據傳說，普羅米修斯從大地挖出泥土與水混合，依照天神的模樣揉製形塑成男人的樣貌。他給予男人雙足，這麼一來他們就和其他動物有所區別，可以雙腳站立，雙眼也可望向星空。這個時候還沒有女人，唯有男人單獨辛苦生活。

但另一個寓言說道，不同時期有不同的人種。黃金時期的統治者為克羅諾斯，諸神創造人類讓他們在大地生活。這群人就和天神一般，生活無所匱乏，無需煩憂，不用工作地面上就有取之不盡的果實可食用。在遠古時代，人類死後就彷彿進入夢鄉，並在另一個看不見的世界裡繼續生活，在那裡凡是值得的人便可獲得幸福與財富。當這群黃金民族離開之後，天神又創造出一群白銀民族，但他們與黃金祖先大不相同。在前一百年的歲月裡，他們靠母親照顧長大，但成人沒有多久便因為他們的愚蠢和暴力相殘，讓種族瀕臨滅絕。他們拒絕敬拜天神，更不願意在祭壇上供應祭品，所以宙斯決定摧毀他們。之後，克羅諾斯之子創造了青銅民族。這群人除了戰爭之外，其他一概漠不關心。青銅民族是一群強壯的野蠻人，身穿銅製盔甲，生活在銅製屋舍裡。後來他們互相殘殺，死後便去了陰間。隨後宙斯又創造出第四個種族，但不再是金屬製成的了。他們成為遠古最偉大的英雄，征戰至底比斯和特洛伊。大多數的人過世之後便到了陰間，但也有些人受到天神的獎勵，前往大地盡頭的天祐島居住，永生不死。最後天神創造出鐵族，也就是現代的我們。人類變得終生辛苦勞碌煩憂，邪惡的天性更勝良善。故事預言人類有天將不再尊敬父母、只想著自身的利益，最終走到自我毀滅。屆時人性中的純真將亡，人只追求力量，而嫉妒會統領世界，正義也會離大地而去，正直與義憤亦然。我們會死於自身的仇恨之中，也不會再有天神願意伸出援手。

渴望另一半的男人女人

但另一個寓言卻聲稱世界一開始有三種人。第一種是男人，第二種女人，再來是雌雄同體的人。男人是太陽之子，女人是大地之子，而雌雄同體的人則是月亮之子。這些早期的人類是完全渾圓的生物體，擁有四隻手臂、四條腿、一顆頭顱，頭部兩側各長有一張臉。他們體外生有兩組性器官，分別背向長著。這三種人也以腳站立，但當他們跑步的時候，會運用八隻手足在地面上翻滾，速度之快超越今日人類。他們力大無窮，強壯到讓諸神害怕，程度不亞於懼怕泰坦神族。

宙斯與眾神舉行會議，決定要如何處置這些麻煩的人類。經過激烈爭論，他決定要將他們切成兩半。宙斯推想這麼一來便可降低他們的威脅，一方面也可以讓多點人獻貢天神。劈開他們之後可以用雙足行走，不再是四腳。宙斯警告如果再繼續製造問題，將會再把他們切成兩半，他們便只能以單腳跳躍。

就這樣，宙斯就像切蘋果那般，將圓形的人類切成兩半。當他切開人之後，便請擁有療癒能力的阿波羅轉正他們的臉部，這樣他們才能看見身上的傷口，並銘記在心，不再煩擾宙斯。阿波羅將他們割開的皮膚，於肚子中間如袋子般縫合起來，所以我們才有肚臍，這是天神縫合我們祖先的印記。然而阿波羅卻仍將人類的生殖器暴露在靠近臀部的位置。

當宙斯大功告成後，人類開始陷入瘋狂，焦急地尋覓失去的另一半身體。原為男性的人會開始找男人，原為女性的人則渴望女人，而月亮之子由於本來就具備雙重性別，因此會找尋異性。若有人找到自己不見的另一半，便會將手臂繞過對方，可憐地試圖與對方重新結合，並維持這個姿態直到飢餓死亡。宙斯最後心生憐憫，因此決定將他們的生殖器移到身體的前面。因此當男性擁抱女性時，他們便可以愉悅地結合，繁衍下一代。而太陽之子和大地之子的後代，至少可以擁抱同性的另一半，互相感到滿足。

我們都是宙斯分割人類後代，永遠都在追尋自己的另一半。追尋異性的人是過去祖先為雌雄同體的人，而只尋找同性的男女，過去則是完全的男性或女性。人類的愛情，實際上就是追求一種完整，渴望獲得完滿。

普羅米修斯盜火和潘朵拉的災厄

大部分的人認為普羅米修斯以泥土創造人類。而且比起其他天神，他自始就非常照顧人類。他教導凡人建蓋屋舍，教他們觀察夜空星體的運行，他也指導人類數學、藝術、冶金、占卜、書寫。他滿懷耐性地教他們幫牛上軛、犁田、耕耘農作物、馴服野馬使其拉車。最後他帶人類來到岸邊，教他們如何造船航海。

人類長久以來一直與天神安然共處，甚至和他們在宴會上共同進餐。有一天，宙斯受邀參加一場在海邊舉辦的盛大晚宴。在慶典中，天神通常會選擇最好的肉，凡人只有皮骨可食。普羅米修斯決定來場惡作劇。他提早到達現場，在席間宰殺一頭牛，然後在明火上烤牛，最後將最好的肉裝進醜陋的牛肚，同時將白骨以豐潤、引人食指大動的肥肉覆蓋，然後將兩種肉放在宴會餐桌上。當宙斯抵達往餐桌的主位坐下，他很訝異發現普羅米修斯已將肉分食好。

「伊亞匹特士之子，我的好友，諸神中偉大的天神，這種選擇似乎不太公平。」

但普羅米修斯只是微微一笑，以迷人的字句奉承宙斯：「宙斯，萬神中最偉大榮耀之神，請選擇你最想要享用的部位。」

宙斯懷疑其中有詐，但肥美油脂的香氣實在太難以抗拒，他貪心地以手抓起骨頭大啃，卻發現他選中的是一堆白骨。也因為如此，今日人類在奉獻給天神的祭品中，才會特別放上覆蓋肥肉的骨頭，而自己則留下肉。

這名呼風喚雨的諸神之王對普羅米修斯的欺瞞行為，感到無比憤怒，「伊亞匹特士之子，聰明才智超越眾神的你，一直都是個大騙子！」

普羅米修斯和人類的舉動讓宙斯怒氣難消，他憤而離席。宙斯決定要收回之前贈予人類的文明之火，也就是人類用來烹煮食物、保暖的火。但普羅米修斯又從天庭盜火，這次他刻意將火種偷藏在茴香植物的根莖裡，把火帶回給人類。宙斯從未如此生氣過，於是決定要用最嚴厲的方式懲罰普羅米修斯。他命令守誓河之子權力和力量把普羅米修斯帶至高加索山一處偏遠的懸崖，讓他赤裸著身子以枷鎖固定在無法移動的石柱上。宙斯剖開普羅米修斯的肚子，並派出巨鷹啄食他的肝臟。普羅米修斯非凡人之軀，他不會死去，他的肝臟每晚都會重新長回來，隔天又讓同一隻老鷹吃下肚子。他抵死不從宙斯，拒絕懺悔，普羅米修斯便永遠孤獨地綑綁在冷山的頂端、世界的盡頭。

但光是如此，仍無法消除宙斯憤怒。與其摧毀敵人普羅米修斯創造的人類，他決定要給人類更狡詐的懲罰。臉上帶著邪惡笑容的宙斯找來眾神的工匠黑腓斯塔斯，為了給人類設下陷阱，他用泥土和水創造新生命，並賦予新生命永恆女神的美麗形象，並讓她開口說話。這是眾神和人類從未見過的生物，也成了後世女子的祖先。宙斯命令愛芙羅黛蒂和美姿女神幫她妝點美麗的容貌，卻在她心裡放進令人心碎的痛苦、教人沉痛的愛情。雅典娜教她縫紉及其他女性需要的技能，而其他天神則給她能讓男人心醉神迷的天賦。她的名字叫做潘朵拉，意指「眾人的禮物」，所有後代女性都是她的後裔。宙斯要赫美斯帶著這名女子來到大地，將她送給普羅米修斯的弟弟伊比米修斯。伊比米修斯總是莽撞衝動，後知後覺。伊比米修斯和所有凡間男子見到潘朵拉時，紛紛感到驚艷，心中燃起慾望。

當時人類仍無憂無慮地生活於世界，但宙斯卻給世上第一個女人一個大罐子，上頭的蓋子緊緊密封。潘朵拉無法壓抑她的好奇心，打破蓋子開啟罐子，於是罐子飄出各式各樣的邪惡災難。自從那一天起，世界就充滿痛苦、疾病和憂慮。潘朵拉趕緊蓋上沉重的蓋子，但為時已晚，只剩下微薄的希望留在罐子裡無處遁逃。

宙斯盛怒的洪水

宙斯釋放世界的邪惡，替人類帶來災厄，但他相信男人和女人依然能誠實勞動、敬拜天神。為了要親自查看他的子民，有天他離開奧林帕斯山頂降臨凡間，假裝是一名普通的農夫行走在路上。但無論他走到何處，眼前所見淨是惡行和不敬。他最後總算來到尊貴的阿卡迪世外桃源，也就是萊孔的王國。萊孔是野蠻的統治者，他不斷脅迫斯壓鄰國和自己的人民。萬神之王出現在宮殿外詢問能否在此度過一宿，通常接待陌生旅人是一種高尚禮俗，宙斯便以此來測試國王。宙斯藉由一些跡象向鎮上的人民透露他可不是一般的遊客，於是眾人開始崇拜宙斯，但國王卻嗤之以鼻，不相信天神降臨。

「我來測試這個傢伙，」萊孔說，「看看他是神仙還是凡人。」

國王抓了一名從鄰國逮來的人質，畫開他的喉嚨，當屍體仍有溫度時，他烹煮死者的身體，再燒烤其他部位，然後放上桌讓客人品嘗享用。宙斯立刻就知道萊孔所做的好事，於是憤而離去。他以閃電摧毀整座皇宮，殺死所有皇宮裡的人，卻饒了國王一命。但宙斯把萊孔變成一頭殘暴的野獸，皮膚佈滿灰色凌亂的毛髮、手臂變成足部，這時萊孔開始仰天嚎叫。這個殘暴如狼的男人，總算變成一匹真正的狼了，接著他衝出皇宮，攻擊自己飼養於草地上的羊群。

萊孔的暴行是最後一根稻草。宙斯傳喚諸神前來奧林帕斯仙境開會，因為人類的邪惡，他打算摧毀所有人類。眾神皆點頭同意，但有些天神擔心無人在祭壇供奉他們，也不會替他們舉行慶祝儀式了。於是宙斯向他們保證，他會再造出新的人種，遠比現在世界失敗的人種還要好。

就這樣，宙斯喚來天庭的大水淹沒大地，並令哥哥波塞頓於大地引發滔天巨浪。河神將小溪推出河岸，淹沒了乾枯的地面。男人、女人、小孩通通恐懼地奔向山丘，尋找安全的高處。有些人逃至小船，划著船隻攀上樹頂，但暴風雨的威力終究淹沒了他們。野蠻的獅子和熊在驚濤駭浪之中與羊群一起游著水，但看來無論是動物或者人類，在這場可怕的水災中恐將無一大地生物可倖免。

宙斯心滿意足地看著大水湮滅大地，但此時他卻瞥見一具巨大堅固的箱子，正漂流在海面上。箱子裡有一個男人和一個女人，他們是普羅米修斯之子鐸卡連，以及他的妻子也就是潘朵拉之女皮雅。普羅米修斯警告兒子水患就要來了，並要他建蓋一只箱子逃離宙斯的盛怒。足足九天九夜，這對夫妻在死亡和毀滅中載浮載沉，直到他們終於能夠出來，在狄菲神殿山谷的上方，巴拿撒斯山的雙峰休憩。

起初宙斯又因普羅米修斯而感到憤怒不已。但他知道鐸卡連和皮雅一向是正直之人，也一直都很尊敬天神，對待陌生人也很友善。奧林帕斯仙境的統治者，這下才令讓大水全部撤回海洋，大地又再次露出乾燥的土地。

鐸卡連和皮雅步出他們的箱子，見到世界貧瘠荒涼只剩下他們兩人。鐸卡連和太太思忖著該如何是好，最後兩人都同意尋求天神的指示。他們附近有間神廟，是秩序與正義之神特密斯的廟，神廟上頭仍覆蓋著水草和破碎的瓦片。他們沒有動物可以奉獻，於是便在仍然滴著水的祭壇前雙膝一跪，祈求女神能幫助他們。特密斯同情他們，於是賜予他們一道神諭：「包裹住頭部、解開衣袍離去。當你們離開的時候，將母親的屍骨扔在背後。」

這對夫妻沉默站在原地，試著相信自己耳朵聽到的話語。即便他們找得到母親的屍骨，但從墳裡挖掘出母親的遺骨，卻是非常不敬的行為。皮雅雙眼帶淚、困惑不解，她絕望地四肢癱軟，而鐸卡連卻反覆思索這句神諭到底所指何意。最後他安慰妻子天神絕不會要他們做出褻瀆的行為。女神指的屍骨指的是大地之母的石頭。

皮雅感到懷疑，但試試也無妨，於是他們拾起祭壇旁的石頭，同時包裹著自己的頭部、解開衣袍。在離開之際往肩後擲出石頭。當石頭一碰到地面，便軟化變形。鐸卡連丟出的石頭變成男人，而皮雅擲出的石頭則變成女人。後世的人類都是從這些石頭轉生而來，如同我們的祖先永遠堅忍不拔。

男神

宙斯 Zeus

諸神之父，也是奧林帕斯眾神之首。

所有奧林帕斯山的天神中，就屬宙斯最為強壯。即使他自願與兄弟和其他神祇分享管轄宇宙的權力，但凡有天神膽敢挑戰他領導地位，後果都不堪設想。他自己也如此警告他的夥伴：

要知道我比你們要強壯得多。如果你們想要嘗試挑戰，我也可以向你們證明我的力量。從天庭扔下一條金線。所有的男女天神，請你們牢牢抓緊金線的末端，用盡全身力量拉扯金線。你們可以試著把我從天庭扯下來，但你們休想讓我移動，連一寸都別想得逞。我可是宙斯，最崇高、最有智慧的天神。如果我願意，我能夠一把將金線連同你們全部的人和你們身後的土地海洋一併拽拉過來，然後把金線的尾端繫在奧林帕斯仙境，讓你們全部掛在空中、隨風擺盪。

可想而知，宙斯在擊敗泰坦神族和泰風之後，遲遲不見其他人前來挑戰。其他天神可能會嘟囔想要義對付宙斯，但他們都曉得自己沒有勝算。

宙斯是天空中偉大的神祇，也是憤怒的雷霆。凡是有人挑戰他所制定的秩序，無論是凡人或天神也好，他都會使出他的雷電。膽敢冒犯他的人，都會受到最嚴厲的懲罰。他特別在乎維持世界的正義，關心外地的遊子。沒有人知道突然出現在自己家門前衣衫襤褸的乞丐會不會就是宙斯本人。

宙斯的權威

膽敢愚昧挑戰萬神之王的凡人，很快便會得到教訓。這些人之中包括希臘西部埃立斯城的傲慢國王沙爾蒙紐士。國王認為自己比宙斯還更強壯有力，他甚至曾說服臣民自己就是宙斯。他將銅製的煮水壺繫在馬車上，聲稱的水壺聲響正是他打雷發出的巨響。他也會把火炬抛入空中，然後說那是閃電。宙斯很快就受夠這個蠢蛋，於是以真正的雷電光火摧毀了他的整座城池。

另一位名叫意西昂的希臘國王是個吝嗇鬼，不願付出原本承諾的禮金給岳父揚紐斯，來迎娶他的女兒。揚紐斯扣留意西昂的母驢當做訂金，直到他把錢付清為止，於是他的女婿便邀請他前來領取訂金。當客人一抵達，意西昂立刻把他推入火坑，揚紐斯當場喪命。所有人都對他謀殺親人的行為感到害怕震驚，並且拒絕幫意西昂舉行儀式，擔心一旦淨化他所犯下的罪行將遭到詛咒。然而，宙斯卻對這位國王有好感——或者說對他美麗的年輕新娘有好感——於是宙斯便邀請他到奧林帕斯山作客。意西昂在宙斯的神殿時嘗試引誘希拉未果。宙斯的太太告訴宙斯客人的冒犯行徑，萬神之王簡直無法相信。希拉堅稱她說的字字屬實，宙斯便利用一朵雲，捏造出栩栩如生的假希拉，並把誘人的假希拉放在意西昂的床上，測試他的客人。宙斯在一旁觀望，意西昂猴急地與雲朵交合。這下讓宙斯逮個正著。為了懲罰好色的國王，他用鏈子把意西昂拴在一個火輪上，永遠繞著天空打轉。

但宙斯的憤怒不僅降臨於國王身上。阿波羅的兒子、偉大的醫生阿斯克勒皮斯醫術高明，幾乎沒有病人經過他手卻救不活的。傳聞蛇髮女怪左側蛇頭的血會招致死亡。有一回阿斯克勒皮取了蛇髮女怪右側蛇頭的幾滴血成功讓凡人死而復生。宙斯無法眼睜睜看見這種違背自然秩序的行為繼續下去，他也害怕凡人若是學會永生的祕密便會成為天神。因此，即使阿波羅哀痛欲絕，宙斯仍以雷電結束神醫的生命。宙斯實踐宇宙的秩序，卻在私下與凡人的相處上明顯不公。雖然萬神之王創造女人是為了要懲罰男人，但他自己卻花上許多時間勾引凡間女子，而且經常未經過對方許可。他的凡間戀人多半因為宙斯對她們的好感，而受到宙斯善妒妻子希拉嚴厲的教訓。宙斯與女神生育許多子女，但他跟凡間女子生下的孩子也不少。這些後裔之中，有許多後來成了希臘神話中的偉大英雄。

變成白牛的少女愛歐

第一個吸引宙斯目光的不幸少女就是愛歐。處女祭司愛歐在宙斯太太希拉的神殿工作。神殿位處希臘南部，靠近伯羅奔尼撒半島的邁錫尼。宙斯已經引誘過愛歐的年輕姪女妮歐貝，但這仍舊無法解除他對美女愛歐的渴望。每天夜裡他都會出現在她夢裡，對她喃喃低語：「幸運的女孩，既然妳可以在床上擁有宙斯天神，妳為何還堅持當個處女呢？我對妳的愛如熾熱烈火，只要能擁有妳，什麼我都願意付出。孩子，快去吧，去勒那河畔的草地，那裡有妳父親所飼養的牛羊。我會去那裡找妳！」

可憐又不情願的女孩，因每晚的奇夢而不堪其擾，最後只好尋求父親英納庫斯的協助。為了女兒，他不斷派遣信差到狄菲神殿和多多納神殿求神諭。神諭的指示一如往常十分模稜兩可，並沒有給予英納庫斯任何明確的方向。最後愛歐的父親接到來自宙斯的神諭，宙斯要他將女兒丟出戶外，就像一隻等待奉獻給神的牛隻，無人保護地獨自在土地邊緣漫步。而如果他不願配合，宙斯便會以雷電殲滅他全家人。

愛歐的父親沒有選擇，只能心痛萬分地將愛歐逐出家門，讓她獨自面對自己的命運。沒過多久，宙斯便成功找到愛歐。他以一團迷霧包圍住她，然後便在她父親的荒涼草地上侵犯了她。希拉一向很提防丈夫，她發現宙斯消失的當下，也同時發現在晴天底下有一團詭異的迷霧。於是她便立刻從奧林帕斯仙境來到凡間，動作之快讓宙斯險些來不及掩飾自己的出軌行徑。宙斯將愛歐變成一頭白牛。當希拉來到身邊，他堅持自己是清白的，沒有做出對不起她的事，並要她放棄這個念頭，說自己有個如此動人的女神當太太，怎麼還會想要凡間女子？但希拉才不買帳，於是她要求丈夫把這頭可愛的白牛送給她當禮物。宙斯眼見自己私慾已得逞便開心地答應她，把白牛送給愛妻了。

此時才是愛歐痛苦的開始。希拉並未殺死她，而是讓百眼怪獸阿古士看住她。阿古士把她綁在附近一棵橄欖樹上，每日每夜坐在那兒看守她。這時宙斯開始感到愧疚，覺得自己把愛歐害得淒慘，於是他派了神偷赫美斯將她從阿古士身邊偷走。但即便是赫美斯仍舊得費盡千辛萬苦才能救出愛歐。因為怪獸有好幾隻眼睛，牠輪流睜著眼睛，永遠都保持清醒。最後赫美斯以笛子彈奏一首搖籃曲，才讓怪獸的眼睛一一闔上。赫美斯快速砍斷怪獸的頭，好讓愛歐逃跑。希拉發現之後狂怒不已，並發誓此仇必報。她首先將阿古士的百眼變成孔雀，而孔雀此後則成為希拉的聖鳥。

很快地希拉發現愛歐在附近漫步，希拉在愛歐身上放了一隻牛虻，牛虻毫不留情地叮咬她，讓她幾近發狂。飽受折難的女孩，拖著白牛的身軀展開旅程，努力逃離希拉。她先朝西北前進，穿越希臘來到海邊，這片海此後以她命名為愛歐尼亞海。愛歐接著穿越山嶺來到馬其頓，隨後長途跋涉經過色雷斯，她來到歐亞分界的海域，也就是黑海的入口。她游過狹窄的海峽，之後博斯普魯斯海峽便以她為名，意指「牛渡」之意。她漫無目的地通過賽西亞的荒野，最後走到貧瘠的高加索山，在大地的盡頭找到被囚禁在石頭上的泰坦神普羅米修斯。

愛歐乞求先知普羅米修斯告訴她究竟還要再承受多少痛苦折磨，她是否真能擺脫希拉的憤怒？宙斯的老鷹不停啃食普羅米修斯的肝臟，而普羅米修斯告訴愛歐她未來的命運。她有一大段路要走，攀越山頭、跨越沙漠，還得一路逃離種種暴力威脅與未知的危險。她將難逃格萊埈的魔爪。她們是三個擁有灰髮的女巫，從未年輕過，終日生活在黑暗之中。三個人卻只有一隻眼睛和一顆牙齒。愛歐還會在大地盡頭，遇到格萊埈的姊妹蛇髮女怪。但最後她會在埃及找到安寧之地。他還向她透露，她會是他救星的祖先。十三個世代過後，她的後代子孫會解開普羅米修斯的枷鎖。他還告訴心急如焚的愛歐，宙斯有天終將遭自己的兒子擊敗，就猶如天父天空遭克羅諾斯擊垮，而克羅諾斯最後也被宙斯打敗那般。唯一能夠解救宙斯免於毀滅的人就是普羅米修斯了，但他並無意幫助如此殘忍對待他的人。

愛歐默默記下未來將降臨在宙斯身上的報復離開高加索，繼續她的旅程，她遊遍了歐洲、亞洲和非洲，最後總算來到埃及靠近孟菲斯的尼羅河畔。就在那兒，她精疲力竭地倒了下來，宙斯又一次發現了她，這次天神溫柔地僅輕輕以一隻手指讓她懷孕。他把愛歐變回原來的人形，於是她以女人之姿，產下一個孩子，她為孩子取名為艾帕佛斯，意指「神之輕觸」。然而希拉仍舊十分警覺，報復心強烈的她派了聖靈搶走孩子，把他帶到敘利亞。心急如焚的愛歐最終找回自己的孩子，原來孩子一直受到畢伯羅斯的皇后照料。愛歐帶著孩子回到埃及，接著嫁給埃及國王泰勒戈諾斯，享受安穩平靜的生活。據傳是她將崇拜狄美特的傳統帶入埃及，埃及人後來以自己的語言稱這位希臘穀物女神為伊西絲。據傳後人敬拜頭戴牛角的伊西絲也是為了紀念飽受折難的愛歐。

宙斯的情人歐羅巴

歲月飛逝，愛歐的兒子艾帕佛斯長大了，他生了一個女兒名為莉比亞。莉比亞與宙斯的弟弟波塞頓，生下一對雙胞胎兒子艾吉諾和貝魯斯。貝魯斯統治埃及的國土，但艾吉諾卻到黎巴嫩與名為泰樂菲撒的公主結婚。這對皇室夫妻生下三個兒子：腓尼斯、西里克斯、卡德馬斯，以及一位名叫歐羅巴的女兒。歐羅巴是個漂亮少女，就像她的祖先愛歐一般，歐羅巴也不斷遭夢境所擾。有天夜裡，她夢見兩個女人正在為她爭吵。其中一位像是她國家的人試圖想抓住她，另一位則像是海外的外國女人想把她偷偷帶走。外國女人說她是宙斯派來的，要帶她到遙遠的國度。

她從這場怪夢醒來之後，便拋下她的煩惱去找宮廷的年輕女性朋友。她們跑到海邊的一塊草地上採花、互相追逐嬉笑。

宙斯從奧林帕斯山向下俯瞰，看見草地上的女孩們，但他的目光只垂涎歐羅巴。歐羅巴就如同愛歐年輕時一般美麗，宙斯的心被慾望征服，但他該怎麼靠近她而不讓希拉察覺呢？他立刻想到一個絕妙的計畫。宙斯飛奔到海岸邊，化身為一頭年輕帥氣的白色公牛，頭頂上的牛角猶如新月。他停在草地邊緣，少女正在那兒嬉鬧，然後他如小羊般溫馴走向少女們。她們從未見過如此可愛的動物，於是便緩緩走過去不想驚擾公牛。但這頭公牛絲毫不見畏懼，他也朝女孩的方向移動，站在歐羅巴跟前，輕柔舔著她的脖子，害她忍不住笑了出來。歐羅巴獻出香吻親了公牛的臉頰，公牛身上有股芬芳的香氣，他的前腳跪在公主面前，身子也低了下來，用眼神示意要她爬上他的背。

其他少女都害怕攀上陌生公牛的背，但歐羅巴告訴她的朋友不用擔心，「看看這隻可愛的動物，」她告訴他們：「他連蒼蠅都不會傷害的。」然後她便坐上公牛寬闊的背上。此刻公牛赫然站起身子往大海的方向移動。她的朋友大喊要歐羅巴趕緊跳下來，但在她能跳下牛背之前，公牛已經踏進大海，飛快栽入海浪之中。公牛與歐羅巴一路游到她家鄉的海岸已遠遠拋在身後。女孩嚇壞了，他們就這樣游著水，一個又一個小時過去了，她緊緊用身上的紫色袍子包裹住自己。海豚就像婚禮賓客一般，一路伴隨著他們，公牛往西來到克里特島，這裡也是宙斯過去祕密長大的地方。

「你是誰？」歐羅巴最後對公牛哭喊出聲。公牛低吼著嗓子回答她：「我是宙斯，萬神之王，我可以隨心所欲化身成任何角色。我到草地找妳，我對妳充滿慾望。妳就快不是處子之身了，我要帶妳到我克里特的床上。」可憐的女孩嚇到說不出話來，只能緊緊捉住公牛的角，直到他們到達遙遠小島的海岸。就在那兒，宙斯迫不及待扒光歐羅巴的衣服，連變回人形都等不及，就這麼隨心所欲地對待她，直到他滿意為止。接著宙斯把她丟在克里特島，形單影隻懷有身孕的歐羅巴就這樣處陌生國度。但宙斯給了她三樣寶貴的禮物；第一件禮物是一頭永遠都捕得到獵物的獵犬，第二件是一支永不錯失目標的矛，第三件則是一個名為塔樂斯的銅巨人，他一天會繞著克里特島跑三圈，對想靠岸的船隻投擲石頭。歐羅巴後來為宙斯生下三個兒子薩比頓、拉達曼迪斯和米諾斯。克里特島的國王阿斯特利亞因對歐羅巴深感同情，於是便娶她為妻，對她的孩子視如己出。

歐羅巴的父親艾吉諾，聽到女兒消失的消息心煩意亂，決定不計一切代價把女兒找回來。他派出妻子與三名兒子外出搜尋遍尋各地，還警告他們沒有找到歐羅巴就不准回來。經過無止盡的搜尋，他們仍舊無法找到歐羅巴，於是這三位兄弟便決定在國外定居，建立自己的王國。腓尼斯留在靠近黎巴嫩的海岸邊，之後這塊土地便以此命名為腓尼基。西里克斯則在北方成立西里西亞皇室。卡德馬斯則帶著母親一路來到希臘，就在以他失蹤妹妹命名的新歐洲大陸建立了底比斯城。

希拉的報復

在大地各處風景中，宙斯最喜愛的就是阿卡迪世外桃源。這是一塊位於伯羅奔尼撒的淨土，有著翠綠的森林、泉水和山脈。有天當宙斯又來到此地，他看見一名年輕女子，正在森林裡狩獵。她把頭髮綁在後方方便追趕獵物，然後用一個簡單的胸針將短裙別在身側。她的手中握著一支發亮的長矛，一支箭和一把弓則掛在她的肩膀上。她叫做嘉麗斯特，女孩虔誠信奉狩獵處女之神阿提密斯。

宙斯注視著她，嘉麗斯特放下手上的武器，鬆開弓弦，躺在柔軟的草地上休息。萬神之王無法抗拒如此美麗又毫無防備的女孩。

「在這茂密的森林裡，希拉才不會看見我。」宙斯自言自語，「就算她看到了，這等愉悅也是值得的。」

於是宙斯很快化身為阿提密斯接近嘉麗斯特。嘉麗斯特一看到她的女神，便開心地跳了起來，奔向前去擁抱他。

「嘉麗斯特，我最可愛的女孩，」宙斯假扮的阿提密斯說道，「妳一整天都去哪裡打獵了？」

「就在這片森林裡，我的女神，就算最偉大的天神宙斯會聽見，我還是要這麼叫妳。」

宙斯忍不住笑了出來，然後親吻了她。但這吻不是女孩間單純的友誼之吻，而是充滿激情的親吻，讓嘉麗斯特著實嚇了一跳。她開始向來訪的女神訴說今日的狩獵過程，但在她還來不及發現時，宙斯已經變回原貌，將她撲倒在地。她試圖反抗，卻絲毫不是宙斯的對手。在侵犯得逞之後，宙斯便揚長而去，飽受摧殘的少女掙扎著站起身子，失魂落魄地四處遊蕩，險些就忘了自己的弓箭。

過了幾天之後，真正的阿提密斯和她的處女獵人出現在嘉麗斯特面前，還要她加入她們。心煩意亂的少女雖然遵從了，但一路上卻低著頭不敢看阿提密斯，並為自己已經失去處子之身感到羞慚。阿提密斯發現嘉麗斯特眼中的哀傷，卻未加以留心。就這樣九個月過去了，某個炎熱的日子，阿提密斯和少女獵人來到森林的水池畔，她們全部脫光衣服，跳入清涼的水裡游泳戲水。阿提密斯要嘉麗斯特加入，但嘉麗斯特卻遲疑了，找了理由不願下水。最後阿提密斯生氣命令嘉麗斯特脫下衣服。她腫脹的肚子已不言而喻，阿提密斯也沒有心情聽她的解釋。

「給我滾出這裡！」女神向她表明，「妳現在這羞恥的模樣，污辱了這池聖水的潔淨，妳再也不是我的信徒了。」

嘉麗斯特因遭到女神拒絕而痛不欲生，她羞愧地逃離朋友和她所敬愛的女神。她獨自產下一名兒子，取名為阿卡斯。

這一切希拉都看在眼底，她清楚知道發生了什麼事情，但她無法直接反擊宙斯，所以她只能把這股怒氣發洩在嘉麗斯特身上。

「妳這蕩婦！」宙斯的太太在森林裡找到嘉麗斯特向她大喊，「妳真的以為妳可以把我丈夫迷得昏頭轉向，然後生下他的兒子，讓世人知道這醜聞嗎？妳以為妳很漂亮是嗎？很好，我倒要看看妳有多漂亮。。」

話說到此，她捉住嘉麗斯特的頭髮，一把將她摔在地上。嘉麗斯特伸出手，請求希拉手下留情，但她伸出的手臂瞬間長滿濃密的黑色毛髮。她的手掌長出爪子，不再是纖細的手指。過去美麗的臉蛋竟長出寬厚強健的下顎和大鼻子。希拉把她的聲音變成粗啞難聽的咆哮，這樣一來她就無法向宙斯求救。嘉麗斯特變成山林裡的野熊，只有她心智仍像個人類，她對著天庭伸出前肢，想要向萬神之主求救卻徒勞無功。

嘉麗斯特再也無法照料自己的兒子，所以她把他送給當地的國王撫養。變成野熊的她，在深山和森林裡漫無目的地行走深怕遇見獵人，但她也同樣害怕在森林中碰到其他的熊。嘉麗斯特悲慘的日子，就這樣一年又一年過去了。有天已經長大成年的阿卡斯，正在森林裡與朋友打獵。他們忽然看見一隻熊，從樹木後方帶著奇怪的眼神望著他們，野熊看起來像是認識阿卡斯，而且還緩緩靠近他，想要開口說話。這位年輕男子見狀捉起長矛準備朝母親的胸口射去，宙斯總算在最後一刻同情起嘉麗斯特的遭遇，把她帶上天庭。宙斯把她放在滿天星座中，讓她在夜晚閃耀。

這對希拉來說還是無法接受，她還為此跑去找海之女神蒂賽絲以及她的丈夫大洋氏，請求他們幫助。

「這是不是太過分了，」她啜泣著，「宙斯竟然把那蕩婦放上天庭，給她這等光榮待遇，大家不就都看得見那蕩婦？答應我，永不能讓她浸泡在你們的海水中，讓她永世都在天空打轉不得休息。」

蒂賽絲和大洋氏答應她的要求，於是嘉麗斯特直到今日，仍持續繞著北極星打轉，成為一頭永遠也不會降下地平線的大熊。

失散的雙胞胎王子

卡德馬斯建立了底比斯城，統治權後來傳給名為尼克特斯的希臘人，他有位漂亮的女兒，叫做安提娥培。當宙斯自天堂低頭俯瞰凡間，便為這名少女傾倒，因此他以半人半羊的牧神之姿來到她身邊。半人半羊的動物，熱中酒精與性愛。如同宙斯過去對待其他年輕女孩一般，這次他也強行侵犯了她，讓她懷有身孕。當她的父親發現之後氣憤不已，將她逐出底比斯。她一路行經希臘南部來到錫西翁城，當地的國王伊帕波斯接納了她，並且娶她為妻。

安提娥培過著富足的生活，尼克特斯知悉此事後更為氣憤，羞恥心淹沒了他，因為女兒竟讓家族蒙羞。尼克特斯找來弟弟萊庫斯，要他立誓嚴懲安提娥培，也一併處置寬待她的國王。尼克特斯隨後便自縊了，萊庫斯接手底比斯的王位，然後展開哥哥臨終前託付的遺願。他前來錫西翁城，毀掉整座城市，殺了伊帕波斯，並以鏈子拴住安提娥培，拖著她出城。

安提娥培當時懷有九個月的身孕，與凱旋歸來的軍隊一同走在回底比斯的崎嶇道路。她舉步維艱。在靠近底比斯的西賽隆山坡上，安提娥培準備分娩，她以四肢爬行至樹叢中，生下一對雙胞胎兒子安菲翁和齊策斯。萊庫斯將他們丟棄山腰，讓他們自生自滅。之後軍隊繼續行進，安提娥培拖著沉痛的腳步跟在其後，而此時當地牧羊人發現這對雙胞胎，偷偷撿回去當自己的兒子養育。

回到底比斯城後，萊庫斯將安提娥培交由太太德琦懲罰，這位新皇后滿心歡喜地接下任務。好幾年過去了，德琦不斷為安提娥培想出各種殘酷的責罰，並且把她以鍊子拴起，關在一間骯髒的小木屋裡，每晚安提娥培都悲慘無依地獨自在那兒過夜。

與此同時，安提娥培的一對兒子已經長大成為俊俏的少年，他們每日在山林野地遊蕩，對自己的真實身分毫無所知，也不知道母親的悲慘命運。齊策斯變成主牧人以及育牛人，而安菲翁則是無可匹敵的豎琴高手。這兩位兄弟性格南轅北轍，不斷相互嘲弄彼此的天分，但他們仍舊手足相親。

有天夜裡，德琦折磨完安提娥培，又將她關回小木屋，而這時綁在安提娥培身上的鍊子卻奇蹟似地解開了，也許是宙斯的力量所為，但她並未停下腳步慢慢思考這個奇蹟是怎麼發生的，只是以最快的速度逃離底比斯，來到西賽隆山腳下的森林。寒冷又悲慘的她，最後找到一間牧羊人的小木屋，她輕輕地敲了敲門，兩位年輕男子前來應門，讓這位可憐的婦人進屋、坐在暖爐旁邊取暖。她用膳過後，他們詢問安提娥培為何如此落魄，於是她便告訴他們自己哀傷的故事：宙斯當初是如何占她便宜，而她宅心仁厚的丈夫是如何遭到屠殺，底比斯皇后又是怎麼無止盡地折磨著她。但最讓她傷心的是，她就在這附近被迫拋棄自己甫出生的孩子。

這對年輕人聽著聽著，便明白自己就是她口中的兒子。這對他們三人來說都是可喜可賀的重逢，但安菲翁和齊策斯很快下定決心要向折磨母親的國王與皇后尋仇。他們攻擊底比斯城，殺死萊庫斯，順理成章取回本為自己的王位。之後他們找到德琦，將她綁在公牛的角上，然後讓公牛拉著皇后在街道和崎嶇的小徑上穿梭奔跑，直到她斷氣為止。他們接著把皇后的屍體扔進附近的一處泉水，之後這一湖泉水便以她為名。

這對兄弟共同統治底比斯，替國家帶來和平。他們鞏固城牆防禦。齊策斯利用他強大的力量，將巨石拖進城裡，而安菲翁則以豎琴彈奏出美妙的樂音，讓石頭也為之傾倒，乖乖地從採石場跟著他，最後爬上底比斯的城牆上。

宙斯贈予多如螞蟻的子民

安提娥培和伊帕波斯國王安居樂業的錫西翁城附近，有一條河流從附近的山脈一路流進水藍色的科林斯海灣。這條河的河神叫做阿索普斯。他有個美麗的女兒名為愛吉娜。宙斯愛上了這女孩，有天夜裡他化作一團火焰來到她身邊，占了她的便宜，然後又帶她到一座鄰近雅典的小島。她在那裡產下兒子，取名為埃阿科斯。

因心愛的女兒遭人綁架，阿索普斯陷入瘋狂，到處搜尋她的蹤跡。最後他來到附近的科林斯，遇見國王西西佛斯，國王告訴他是宙斯帶走愛吉娜的。為了感謝西西佛斯，阿索普斯在科林斯衛城頂端，變出一條清澈的溪流。在此之前科林斯衛城是一座乾涸的堡壘，巍然屹立於城市頂端。河神之後立刻動身帶回女兒，但宙斯用雷電劈河神，讓他身受重傷。然後宙斯逼迫他立刻返家，不得帶走愛吉娜。為了懲罰西西佛斯背叛他說出祕密，宙斯將送他往陰間，讓他永遠都得滾動一顆石頭，先是滾上山丘，之後再從山丘頂端滾著石頭下來。

一如往常，愛吉娜虜獲宙斯的心，讓身為太太的希拉憤恨難消。但這一次她不再是把對方變成動物，也不再讓她永無止盡地遊蕩。希拉在愛吉娜島上的水下毒，直接殺了愛吉娜，但留了她兒子埃阿科斯活口。為了紀念母親，埃阿科斯便將小島取名為愛吉娜。等到他長大成年，成為愛吉娜島的國王，希拉又以瘟疫殺光當地居民，只留下埃阿科斯和他的兒子鐵拉蒙。年輕的國王埃阿科斯與自己的兒子在小島上獨活下來，他在一棵橡樹底下向他的父親宙斯祈禱，如果這片土地無法再次欣欣向榮，就請宙斯直接用雷電劈死他們一了百了。宙斯的隆隆雷響伴隨劃過天空的閃電給予他們指示與協助。埃阿科斯激動地坐在樹下等待宙斯。就在他坐著等待的時候，埃阿科斯看見一列小螞蟻搬運著穀物回巢。埃阿科斯讚賞牠們的辛勤，然後又再次向宙斯祈禱：「噢，我最了不起的父親，請賦予我子民數量多如這棵神聖橡樹下的螞蟻。」

雖然當時無風，但樹枝卻開始前後搖擺。埃阿科斯見到此情景，興奮地顫抖，繼續等待宙斯採取行動。夜幕低垂，他便在橡樹底下沉沉地進入夢鄉。在夢裡他看見稍早見到的螞蟻忽然間長大，變成人的模樣。當他醒來，便發現他的小島充滿辛勤工作的男男女女，努力地打造家園和耕種土地。滿懷感恩的埃阿科斯感謝宙斯，並且稱他的子民為密爾米頓人，密爾米克斯也就是希臘文的「螞蟻」之意。

宙斯之子埃阿科斯的公正與虔誠，在希臘可說是家喻戶曉。連國王也求見他，請求他公正地裁決紛爭，而城鎮也紛紛請他尋求宙斯協助讓他們的國土能重新繁盛。埃阿科斯死後，宙斯指派他為陰間的看管人，手握地獄冥府的鑰匙。

七姊妹星群傳說

泰坦神阿特拉斯有七個女兒，她們就是七姊妹星群，以母親普莉俄妮命名。姊妹之中的伊萊克查住在薩莫色雷斯小島上。自奧林帕斯山低頭俯瞰凡間的宙斯，正好在薩莫色雷斯看見她，於是他飛到小島上，迫不及待帶著伊萊克查回到奧林帕斯仙境的大廳，女孩就在宙斯王旁邊，緊緊捉住名為巴拉甸的木雕希望能逃過一劫，但這對萬神之王起不了任何作用，此刻只有慾念占滿他的大腦。他將巴拉甸扔下奧林帕斯仙境，侵犯了伊萊克查，然後讓她回到薩莫色雷斯小島。她在島上產下一對雙胞胎兒子雅西昂與達達諾斯。有人說雅西昂之後變成天神。但另一種的說法是，宙斯在得知雅西昂試圖與女神狄美特上床後便處死這位膽大的凡人。而達達諾斯則娶了國王圖瑟的女兒，成為特洛伊人的祖先。

伊萊克查的一位姊妹泰吉蒂，住在斯巴達西部高山。和嘉麗斯特一樣，她也是篤信月神阿提密斯的處女。宙斯愛上泰吉蒂，但這一次阿提密斯盡全力保護她的信徒不受宙斯騷擾。阿提密斯把泰吉蒂變成一頭雌鹿，想瞞過宙斯的雙眼。但宙斯並未受騙上當，他仍舊找到泰吉蒂，侵犯了她。之後泰吉蒂生下一個兒子，名為拉西戴蒙，他之後成為斯巴達人的祖先。儘管如此，泰吉蒂仍舊感激阿提密斯拔刀相助，並將一頭雌鹿及金鹿角獻給女神。之後這隻聖鹿，便是為人所知的席瑞尼夏鹿，也就是赫丘力士在任務中尋覓的聖鹿。

宙斯將阿特拉斯的七名女兒全部放置於天空，成為七姊妹星群。但就算在暗夜之中，最雪亮的眼睛也只能找到六顆星星。有人說第七顆是伊萊克查。特洛伊城被毀的時候，她遮蔽自己以示哀悼。

隨著一年又一年過去，泰吉蒂之子拉西戴蒙的後代也日漸茁壯，他們在伯羅奔尼撒建立了強悍的斯巴達王國。斯巴達皇室的廷達瑞斯被逐出家鄉，逃到巴拿撒斯山附近的埃托利亞，尋求國王西斯提亞的庇護。就在那裡，他遇見國王的美麗女兒麗妲公主。兩人結了婚之後，廷達瑞斯便回到斯巴達討回王位，同時他也帶著麗妲回去讓她成為皇后。

麗妲的美貌並未逃過宙斯的眼睛。有天夜晚，宙斯偷偷摸摸來到麗妲皇后身邊，期盼希拉不會發現。宙斯化身為一隻天鵝，抓住麗妲的脖子侵犯她並讓她懷有身孕。就在當晚，廷達瑞斯也來到她的床邊共枕。後面發生的故事眾說紛紜，有人說麗妲產下兩顆蛋，其中一顆蛋孵出一對宙斯的雙胞胎海倫與波樂克斯，而另一顆蛋則產下凡人廷達瑞斯的孩子克莉坦娜絲查和卡斯特。也有人說卡斯特和波樂克斯同為宙斯的兒子，或是同為廷達瑞斯之子。無論如何，這對兄弟形影不離，之後被人稱之為「戴奥斯屈利」，或是「宙斯之子」。

但另外一個版本的故事則說道，海倫根本就不是麗妲的孩子，而是宙斯與女神寧美息事的孩子。寧美息事變身為一隻飛鳥，無非就是為了逃避宙斯的追求。她也試著變成魚逃離宙斯，之後更化身為各種陸上動物。但在她變身為一隻鵝時，她的追求者宙斯也化作天鵝。宙斯逮住她，對她恣意而為，最後她產下一顆蛋。有位牧羊人發現這顆蛋，便把蛋帶給麗妲，麗妲將它放在箱子裡直到蛋孵化，海倫就此誕生。麗妲則將她視如己出撫養成人。無論海倫的母親究竟為何人，斯巴達人仍把破碎的蛋殼，掛在神廟的天花板上，聲稱那是海倫誕生的蛋。

卡斯特和波樂克斯長大後成為勇士，參與傑森阿哥號遠征的行列，並從雅典國王提修斯手中解救他們的姊妹海倫。提修斯早在帕里斯劫走海倫引發特洛伊戰爭之前，就曾經擄走她。卡斯特遭到群牛攻擊身亡時，他的天神兄弟波樂克斯向宙斯祈禱，他願意為兄弟捨棄一半自己的永生，如此一來，他和卡斯特便交替生活在奧林帕斯仙境與地府。最後宙斯將這對兄弟化為星斗，成為星座中的雙子星。

宙斯的俊美愛人

如同眾多希臘男人，宙斯感興趣的對象不只是女人，他也會為俊美的少年所吸引。年輕男子菲儂是普羅米修斯當初創造人類時，以泥土捏塑出來的男孩。普羅米修斯精心雕琢，這位男孩五官精緻相貌令人驚艷。普羅米修斯曉得宙斯無法抗拒這等美貌，於是便偷偷藏起菲儂。但天神厄洛斯聽說了菲儂這號人物，便在宙斯身邊耳語，此舉讓宙斯蠢蠢欲動，他派出赫美斯將這位男孩帶來奧林帕斯仙境。之後菲儂也成為滿天星斗的其中一顆星星。

但宙斯最出名的男性愛侶，就是年輕的特洛伊王子甘尼梅德。據傳他是伊萊克查之子達達諾斯的孫子，也就是宙斯的曾孫。但也有人說他是另一位特洛伊國王的兒子，多數人認為特羅斯才是他的父親。有天，當他在靠近特洛伊的愛達山看守羊群時，宙斯以旋風之姿從天而降，帶著少年回到奧林帕斯仙境。其他人則說是天神派出他的老鷹捉走少年，也有人說宙斯就是老鷹。

特羅斯發現兒子失蹤後心急如焚，他到處尋覓甘尼梅德，但兒子卻彷如永遠消失。宙斯同情這位父親，於是便派赫美斯去特洛伊安撫他。使者天神赫美斯要特羅斯感到開心，因為甘尼梅德現在是宙斯的愛人，而且貴為萬神之王身旁的斟酒人，他將永生不死，而且住在奧林帕斯仙境的廳堂。為了補償特羅斯失去兒子，宙斯送給他一對良馬，以及一枝由黑腓斯塔斯親手打造的黃金葡萄藤。這位父親聽聞並收下禮物之後，終於較為寬慰，也為兒子能得到宙斯愛戴感到開心。就連希拉也不若平時善妒，接納甘尼梅德為宙斯的床伴，也接受他成為天神的一分子。

波塞頓 Poseidon

海神、暴風雨神，也是漁夫的守護神。

阿卡迪山區盛傳一個古老故事。麗娥生下的孩子之中，宙斯並非唯一躲過父親克羅諾斯生吞活剝的孩子。寓言提到，麗娥產下宙斯的哥哥波塞頓之後，便把他安置於泉水附近的羊群，希望波塞頓的父親不會發現他。克羅諾斯前去找她要吞下自己的孩子時，麗娥交給他一匹小馬，告訴偉大的天神她生下的是一匹小馬。奇怪的是克羅諾斯竟然信以為真，然後一口吞下小馬。波塞頓則得以繼續留在阿卡迪與羊群一起長大。

大多談到波塞頓童年的寓言並非如此記載。傳言波塞頓確實是和其他兄弟姊妹一起被克羅諾斯完整地吞下肚子。波塞頓一直以來都與馬有種特殊聯繫。波塞頓掌管顏色如醇酒深濃般的海洋，他是家喻戶曉的海神，但他另外也主宰地震以及在平原上奔馳的駿馬。有首古老的詩歌如此唱道：

首先我要歌頌偉大的波塞頓天神，撼動大地和汪洋之神，擁有海力孔山和遼闊埃加伊的深沉之王。諸神賦予憾地之王兩項特權——馴服駿馬和拯救船隻。萬歲波塞頓，烏髮的大地騎師，願你永存憐憫之心，保護航海之人。

希臘人總會祈求波塞頓憐憫。航海之人一般人還清楚，當他們航行於島嶼之間，即使一趟看似平穩的旅程也可能隨時翻天覆地。震撼土地且以駿馬為傲的天神，既可撼動平原也同樣能平復滔天海浪，幫助水手熬過惡劣的海象。

喜怒無常的海神

希臘人也許會向宙斯祈求世界公正和秩序，但波塞頓是殘暴的天神，人們必須在戒慎恐懼中用無數誓言與犧牲，才可安撫海神原始天然力量。天神波塞頓極少關心人類的事，他居住深海裡，只要一出現就會帶來恐怖的風暴，將城市化為斷垣殘壁。他嫉妒弟弟宙斯，因受控於弟弟的統治而惱怒。在少數幾次對抗宙斯的起義之中，他曾加入希拉和雅典娜的陣營，想推翻他的弟弟，卻受到百般阻撓。女神佘蒂絲自地獄召喚擁有百臂的怪物布里亞里諾斯來鎮壓這場造反，據聞他其實是波塞頓的兒子。海神有時也與其他奧林帕斯大神，角逐城鎮守護神的位置，一旦他輸了就會勃然大怒。如同宙斯，他也會強迫他想要得到的女性歸乖乖就範。只要他展開追求，無論是永生的女神或凡人女子，無人可逃過他的手掌心。

有首古詩提到，狄菲神殿的阿波羅神諭曾經屬於波塞頓與他的祖母大地（也就是蓋亞或蓋）。

蓋的聲音傳達智慧言語，
同與她焚祭占卜的祭司是著名的撼地者。

名叫達芙妮的仙女和另外一名沒沒無聞的祭司，一同傳遞大地的智慧之語。仙女吸入山腰神龕的水蒸氣，祭司則以焚燒祭品來進行占卜，然後道出這兩位神祇的話語。大地之母後來把神龕贈予特密斯，隨後特密斯把它讓給阿波羅。波塞頓對指導人類的生活毫無興致，於是便把神諭拿來和阿波羅交換雅典南方的卡勞瑞亞小島。

波塞頓與兄弟宙斯和哈得斯瓜分世界管轄權，獲得海洋掌控權之後，他又與其他天神爭當希臘城的守護神。起初波塞頓與老太陽神赫利奧斯競爭科林斯城的掌控權，但最後卻不幸落敗。布里亞里諾斯受召喚前去處理定奪此事，波塞頓最後獲得數個地峽和鄰近土地，但赫利奧斯卻獲得夢寐以求的科林斯衛城。海神也曾與希拉激烈爭奪阿哥斯城的統治權。三名河神英納庫斯、西菲色斯、阿狄里安被喚來裁決這場爭議，最後他們把城鎮給了希拉。波塞頓氣得七竅生煙，於是讓這三條河乾涸枯萎。自此之後，只有在暴雨後這三條河才會出現水流。

其中最著名的故事大概就是波塞頓和雅典娜爭奪雅典主權的苦戰。雅典的第一位國王，西克羅普斯有一條蛇般的長尾巴。面對自己哥哥與女兒間的紛爭，宙斯聰明地指定由國王來裁決，好躲過這左右為難的決定。為了向國王證實自身的能力，波塞頓用他的三叉戟奮力一擊，打中雅典城頂端、衛城上方的岩石頂部，變出一湖鹽水泉。輪到雅典娜的時候，她讓山丘上長出茂盛的橄欖樹，全城的人都可享用橄欖。西克羅普斯認為，橄欖較鹽水更有價值，於是把雅典守護神的地位頒給雅典娜。知情後的波塞頓暴跳如雷，為了報仇他讓整個鄉間淹起大水。

波塞頓的座騎：海豚和駿馬

波塞頓與大洋氏和蒂賽絲的女兒安菲屈蒂。也有人說安菲屈蒂是古老海神涅留斯和朵麗絲的女兒。然而，安菲屈蒂起初並不想理會善變的波塞頓。他只要一來安菲屈蒂便逃至泰坦神阿特拉斯那兒，一直躲藏在他那裡保住自己的貞操。但波塞頓不輕言放棄，他派出多位間諜尋找她，最後一名叫德菲紐斯的間諜來到遙遠的小島找到她，說服她嫁給海神，甚至還幫他們籌畫了婚禮。波塞頓對德菲紐斯感謝萬分，於是便將他化為天上繁星中的星座，形如海豚（德菲紐斯Delphinus，此名亦為「海豚座」）。他還授予海豚更高的榮耀，讓海豚伴隨他徜徉於海浪之間。

但如同他的弟弟宙斯，波塞頓在情慾上從未忠誠於自己的太太。他到處追求女神和凡間女子，態度堅決、行徑暴力，與宙斯相比惟恐有過之而無不及。連他的親妹妹也無法逃過他的魔掌。有天，當女神狄美特正來回穿梭於阿卡迪，焦急地尋覓女兒波賽芬妮，波塞頓一時興起，便開始追求她。但她對哥哥絲毫沒有感覺，也沒有心思理會他的調情，所以她將自己化身為一隻母馬，藏匿在附近的一群馬兒之中，但波塞頓並未受騙上當，他也立即化身為一匹駿馬，強行對狄美特下手。狄美特很氣憤卻無力反擊她力大無窮的哥哥。之後她懷有身孕，為海神產下兩個孩子。女兒德絲波娜十分神祕，只有進入她教派的人才會只曉她的名號。第二個孩子則是一匹有名的駿馬阿里昂。這隻駿馬先後屬於波塞頓、赫丘力士和阿哥斯的國王阿德拉斯特士。阿里昂曾在阿德拉斯特士在對抗底比斯的戰役中救了他一命。

蛇妖梅杜莎的孩子和金羊毛

波塞頓也曾侵犯梅杜莎，但這事發生在很久以前，當時梅杜莎還是一名少女，尚未變成可怕的蛇髮女怪。不同於她的兩個姊妹司汀娜和由里艾蕾，梅杜莎是世界上最漂亮的女孩，在凡間擁有眾多追求者。波塞頓也想獲得她，當梅杜莎在處女之神的神殿敬拜雅典娜時，他便上前尋找她。波塞頓在那裡侵犯了梅杜莎，而雅典娜只是移開視線不去看，但女神之後卻怪罪梅杜莎而非波塞頓。雅典娜一向嫉妒梅杜莎的姣好容貌，尤其是她漂亮的秀髮，所以女神把梅杜莎一綹綹飄逸的秀髮變成一條條扭曲的蛇。由於她的模樣太過驚悚，所有看到蛇髮的人都會變成石頭。而梅杜莎也因此懷有海神的孩子，但一直到英雄帕修斯砍斷她的頭顱，她的身體裡才蹦出兩個孩子，其中一個是長有翅膀的飛馬皮葛色斯。

如同梅杜莎，美麗的處女德歐佛妮也擁有眾多追求者，遍及希臘世界。但波塞頓強行擄走她，並如同囚犯般把她囚禁在一座小島上。當她的追求者知悉她的所在位置後，便群起遠征小島試圖救回德歐佛妮。為了混淆雄心壯志的英雄們，波塞頓將德歐佛妮變成一隻母羊，把其他島民也變成山羊。追求者抵達之後，便展開如火如荼的搜尋，卻連影子都找不著，除了山羊島上根本別無他人，於是他們開始宰殺動物食用。之後波塞頓將這群人變成一頭頭的野狼。野狼繼續把羊群當成獵物追捕。在一連串流血殘殺後，波塞頓化身為一頭龐大的公羊，玷污了德歐佛妮。變成羊的少女不幸懷孕，產下了一頭年輕不凡的公羊。公羊具有金色毛皮，也就是之後傑森和阿哥勇士找到的那頭羊。

海神的愛情故事

波塞頓跟弟弟宙斯一樣，也會幻化為公牛追求女子。他化身為公牛前往尋找卡娜絲。卡娜絲是帖撒利統治者阿伊歐樂士的女兒，她為海神生下五個孩子，包括阿洛幼斯和特利歐普斯。阿洛幼斯娶了他的姪女伊菲梅蒂亞，亦即特利歐普斯的女兒。但這位新娘卻瘋狂迷戀祖父波塞頓。她經常坐在岸邊，以雙手盛起海水，然後將海水倒在腿上。竟然會有人愛上波塞頓，肯定連波塞頓本人也感到詫異。波塞頓相當樂意與她纏綿。她為他生下兩個兒子——也就是波塞頓自己的曾孫——歐杜士和艾菲亞特士。這對英挺的巨人兄弟九歲時就已經十分孔武有力，身長五十尺。年輕氣盛的他們決定要蓋座高塔直通天庭，攻打眾神。他們將帖撒利的奧撒山連根拔起，把山堆在奧林帕斯山頂上，再把附近的佩連山放在這兩座山頂端，試圖攻陷天空。他們威脅要把山推倒入海，讓海洋夷為乾涸的土地，然後再把土地變成海洋。他們逮到了戰神阿瑞斯，把他塞進一個銅製的罐子裡。過了一年赫美斯才把他救出來。他們也試著向希拉和處女之神阿提密斯展開攻擊卻無功而返。

這對兄弟長大了勢必會征服天地，但眾神早就有所警覺。由於眾神無法靠蠻力擊潰這對兄弟，於是他們便以智慧取勝。兩兄弟都是厲害的獵人，當他們在納索斯島遊蕩時，阿波羅特意在他們之間放下一頭鹿。兄弟兩人見到這頭鹿，同時射出長矛卻不慎殺死彼此。宙斯在陰間懲罰他們，將他們兩人背靠背綁在一根爬滿蛇的柱子上，讓他們永遠都看不到彼此的臉，並且交由一隻貓頭鷹看管。

波塞頓最後的目標是來自帖撒利的凱妮絲。這位標緻的少女不願步入婚姻。某天在海邊散步時，波塞頓發現了她，並且強行占有她。當他得逞後，波塞頓應允她所提出的任何要求。這位年輕女孩輕蔑地說自己想要變成男人，這樣她就不用再受到暴力迫害。波塞頓答應她的請求，並令她刀槍不入。變性之後的凱妮絲又叫做凱納斯，成為帖撒利拉比斯族派的領導者，稍後更在拉比斯國王皮里梭奧斯的婚宴上，對抗一群衝動憤怒的人頭馬怪物。人頭馬無法以箭矛擊垮凱納斯，於是以樹根將他深深固定在泥土之中。

波塞頓也曾和數名凡間男子發生戀情，其中一個對象是帥氣的年輕王子皮洛普斯，也就是雅典未來國王阿加曼儂的祖父。海神帶他來到奧林帕斯仙境，讓他為自己斟酒，成為他的年輕床伴，之後還送他一台非凡的馬車。之後他便以這台馬車，奪得他的妻子喜波妲蜜亞公主。

波塞頓和特洛伊

宙斯從未忘懷波塞頓曾聯手希拉和雅典娜叛變。為了懲罰他，宙斯把哥哥送到特洛伊新城，他和阿波羅長達一年的時間共同服侍著國王勞米登。這兩位天神雖然裝扮成凡人，但勞米登仍識破他們有非人的才能，逼迫他們工作。波塞頓督導特洛伊堅不可摧的城牆工程，而阿波羅則在鄰近的愛達山為特洛伊城的牛群放牧。一年結束了，工作也完成了，波塞頓和阿波羅向國王索取薪資，但勞米登卻不肯付他們薪水，遣送他們離開，甚至威脅如果他們膽敢抱怨，便要砍下他們的耳朵，把他們賣去當奴隸。被一介凡人玩弄兩位天神氣憤不已，迅速展開報復。阿波羅以瘟疫摧毀特洛伊城，波塞頓則派來海妖捕捉來到海邊散步的特洛伊人。後來勞米登答應犧牲自己的女兒赫希奧妮來化解妖怪的侵擾。而就在此時，赫丘力士也航海來到特洛伊城。赫丘力士承諾，如果國王願意讓他娶他的女兒，另外送上幾匹優良的特洛伊駿馬，他便願意解救他的女兒。勞米登答應了，於是英雄赫丘力士便上場屠殺海妖，但事成之後勞米登卻反悔拒絕交出女兒。以赫丘力士的性格來看，不難預料他最後殺了國王，帶走他的女兒，留下她的弟弟普萊姆登上特洛伊王座。雖然波塞頓很沒耐性，但這次他卻決定耐心靜候，把他對特洛伊的仇恨先收起來。但他誓言，總有一天他會摧毀特洛伊城牆。

哈得斯 Hades

地底之神，掌管地下的死者國度。

希臘人對哈得斯的恐懼害怕更勝他的兄弟宙斯與波塞頓，希臘人鮮少敬拜哈得斯，甚至連他的名字都盡量不提。對凡人而言，哈得斯也是「地底之神」或「隱身者」，以上稱呼都是用來避免直呼他的名諱，以免引來不必要的麻煩。有時他也會被稱為希臘的普魯陀（意謂「財富」），指深藏於地底之財。有時人們也稱他為「良神」，以希冀能獲得他的恩澤。但不論是閃躲也好，討好也罷，這些對哈得斯都起不了作用。他能引起人心深處對於生命走到終點的恐懼，如同皇后愛西絲蒂在臨死前的吶喊：「有人要來帶我走了。你們看不見他嗎？他要帶我到死亡的殿堂。是哈得斯啊，他的雙眼在那對黑眉下緊緊瞅著我！你到底想要什麼？走開！真是教人不快的旅程，但我卻不得不上路，我是世上最不幸的女人。」

禱告和乞求都無法動搖他，供品也無法平息無情的死亡之神。無論是善是惡所有凡人，最終都會來到哈得斯的死亡之境。這裡也是哈得斯與兄弟抽籤瓜分宇宙之後所分配到的領地。哈得斯並非惡毒殘酷之神，他只是代表一股無法平息的力量，猶如冷酷且必然的死亡。

除了狄美特和哈得斯廣為人知的故事外，關於哈得斯的傳說並不多。我們最熟悉的大概就是以哈得斯為名的那片黑暗不安之地，如同蒸氣般存在、且充滿無止盡的嘆氣聲，凡人死後都要來這報到。哈得斯統治陰間，死神和他的兄弟睡神也居住於此。在這個黑暗的國度不見責罰，除了少數幾位天神指定懲罰的人。陰間的空間無止盡蔓延，四周皆是不具形體的陰影，沒有存在的實體，也不存在希望。

每個陰魂在死後便由天神赫美斯帶領，有時則由哈得斯親自帶領來到守誓河河岸。未經過合宜葬禮的陰魂，將會在河岸遙遠的一端停留至少一百年之後才得以渡河。而經過合宜葬禮的陰魂，便會跟著壞脾氣的船夫哈隆過河。哈隆會向通關的死者收取費用，因此在埋葬時希臘人通常會在死者嘴裡放入一枚硬幣。在守誓河的另一端，死者會遇見三頭地獄犬搖著尾巴歡迎所有陰魂進入，但若陰魂試圖離開陰間，地獄犬則會把他們一口吞下肚子。惡行卑劣的死者必須接受審判。米諾斯、拉達曼迪斯、或品德高尚的埃阿科斯執行審判，讓惡徒接受折磨懲罰。偶有幸運之人，得以進入極樂淨土。有些故事述說，不幸之人可以喝下遺忘河的河水，之後便忘卻他們悲慘的人生，但大多數人仍會保有記憶，永遠在慘澹的陰曹地府遊蕩。

但也有些希臘人不認為死後的世界如此晦暗，他們並不相信哈得斯的陰暗王國而是相信靈魂在大地將重獲新生，盼望另一個世界。或許經由適當的訓練和啟蒙，人能夠終止轉世重生的輪迴，靈魂也能以更高層次的存在，永恆徜徉在諸神的王國裡。

少年的陰間之旅

死後生命的故事起初來自戰場。有名叫做艾爾的年輕人在一場無名戰役中不幸喪生，屍體臥躺在戰場上長達十日。他的家人最後前來尋找他的遺體，將他放在喪禮堆柴裡準備火化他。但就在火點燃之際，艾爾忽然復活。

這位年輕人說他剛自陰間之旅返回人世，眾人迫不及待聽艾爾分享他死後發生的事。遭人殺害之後，他便與成群的陰魂進入另一個世界前往審判之地。那裡有四扇大門，其中兩扇在上面的門通往天堂，另外兩扇在底下的門通往地府。死者必須先接受審判，回顧自己過往一生。之後若是被領往右走則會進入天堂，若被領往左走則會進入地府。而同時也有陰魂在歷經千年旅途後，從其他扇大門離開天堂和地府。去過天堂的人會受到獎賞，獎賞高達生前所行善事的十倍。而從陰間回來的人，則說他們接受的懲罰是生前所犯罪行的十倍之多。有些人罪大惡極，必須被渾身是火的惡魔綁住手腳扔至地獄，永世不得離開。

準備離開天堂和地府的陰魂在平原上休息七日後便可以繼續踏上旅途，眼前光明閃耀圓柱一路延伸到天空。世界的軸線串起宇宙，塞倫女妖們在宇宙不同維度分別哼唱著純淨的單音調，製造出星體間的和諧音樂。在此同時，命運之神也替轉世重生的人重新編織命運，而天神會讓陰魂自行選擇自己的命運。

艾爾看見第一個選擇自己命運的陰魂，性格魯莽，眼中只看見自己想要的人生，急著想成為有權有勢的國王，他卻未仔細端詳命運的安排中國王最終會吃掉自己的孩子。之後的幾個陰魂覺得做人很辛苦，於是便選擇當動物；有些男人想當女人，有些女人則選擇當男人。最後只剩下一個陰魂。這個男人往前跨了一步，仔細端看所有可以選擇的命運。他就是有名的英雄奧德修斯，在戰場以狡詐聞名。最後他選擇當一個簡單樸實的老百姓，只管好自己的事情就好。這就是他想要的人生。其他陰魂問他是否會對這樣的未來感到失望，他卻回答就算他是隊伍的第一個人，他仍會做出同樣的選擇。

當所有陰魂做好抉擇，命運之神便會將命運織入他們的人生。然後他們會被帶至遺忘河，喝下忘卻過去的河水轉生。半夜時分，忽然有一陣雷聲和地震，剎那間所有陰魂猶如天上的繁星都被送往天際，重新展開他們嶄新的人生。唯有艾爾在火葬柴堆上醒來，準備將故事分享給眾人。

阿波羅 Apollo

太陽神，代表光明、合法、秩序和正義。

宙斯曾經引誘女神麗托。她是泰坦神科約斯和佛伊貝的女兒。之後，麗托懷有身孕，於世界遊蕩漫步尋覓寧靜的地方待產。在她行經狄菲神殿時，善妒的希拉派一頭名叫提封的巨龍追殺她，於是她離開大陸來到一個安全無虞的無人小島。但希拉卻警告所有島上所有人，不准讓她在岸上產子，因此根本無人敢歡迎麗托。最後，傷心失落的麗托來到愛琴海上荒蕪的狄洛斯島。狄洛斯島十分狹小，總是淹沒在潮來潮去間，所以從沒人留意狄洛斯島。

她來到小島時，如此說道：「狄洛斯島，倘若你願意讓我的孩子於此誕生，我的兒子將會在這裡建蓋神廟，你的土壤也會長出繁盛的大地果實，人類會自遠方來到你的海岸，來此供奉祭品。」

狄洛斯島回覆她：「麗托，科約斯的榮耀之女，我很樂意收留妳作客，但所有人都藐視我島上岩石嶙峋的曠野，也無人進入我的海岸。妳發誓妳兒子真的會在此建造神廟嗎？」

麗托在守誓河旁許下牢不可破的誓言，發誓她將實現承諾。

麗托開始分娩，足足痛了九天九夜，許多女神陪伴在側。宙斯的妻子希望留在奧林帕斯仙境，刻意把能幫助女人順產的艾莉西雅留在身邊。照料麗托的女神最後派出天神的信差兼彩虹女神伊莉絲，偷偷帶艾莉西雅來到狄洛斯島。順產女神減輕麗托生產的痛楚，然後叫她雙臂緊緊環繞棕櫚樹，身體穩穩靠在樹幹上，用盡全身力量將孩子推出身體。曙光乍現之時，嬰兒阿波羅終於誕生。眾女神忍不住開心歡呼，用最純淨的水為孩子洗澡，以襁褓裹起嬰兒。她們不是用母親的奶水餵孩子，而是以天神永生不死的瓊漿玉液與仙糧餵阿波羅。仍緊緊環抱棕櫚樹的麗托，接著產下阿波羅的妹妹阿提密斯，生產完後女神便癱軟地倒在樹下。

但麗托的麻煩並未就此結束；憤怒的希拉追逐麗托和她甫出生的孩子，追到天涯海角直至萊西亞。麗托因為口渴向當地農夫要井水喝，但這群愚蠢的人竟然拒絕她，即使她的孩子伸出小手懇求，他們仍不為所動。麗托十分憤慨竟有人如此不懂代客之道，於是便把他們全變成呱呱鳴叫的青蛙，接著繼續前往鄰近狄菲神殿的群山。她在那裡遇到一個名叫提底歐斯的巨人，巨人試圖非禮麗托，麗托呼喊她年幼卻不凡的孩子前來營救自己。她的孩子們殺死了提底歐斯。宙斯之後嚴懲這名巨人，把他繫在陰曹地府裡樁上，派兩隻禿鷹啃食他的腸子，永不休止。

阿波羅神廟

無論是母親受傷或受到屈辱的時候，阿波羅總能飛快前來保護母親。在阿波羅還只有四天大的時候，這名早熟的天神便開始找地方蓋神廟。他自奧林帕斯山遠行至底比斯，沿著路走即可通往仙女泰爾芙撒的聖泉。他很滿意這個地點，於是告訴仙女他要在此建立他的神殿。仙女表示歡迎但卻警告阿波羅：說馬蹄聲和行經的馬車聲十分擾人心緒，因此她向阿波羅提議何不在巴拿撒斯山坡上另一處僻靜的地方蓋廟。阿波羅認真考慮，但後來才發現泰爾芙撒無非是想要擺脫他，於是他便將她的泉水化為乾涸。

阿波羅就在巴拿撒斯山腳下的狄菲建了他的神廟，從特密斯和大伯波塞頓手中，接下這個美麗的山腰神龕。但巨蛇提封也住在附近，牠決意要阻止阿波羅。有人則說是希拉鼓吹提封這樣做的。這隻巨龍攻擊阿波羅，而神射手阿波羅不讓牠阻擋自己的計畫，立刻將他殺死。他以弓箭射穿巨蛇的身體，巨蛇傷得慘烈，痛苦地扭曲著身體，牠痛苦的嘶吼聲迴盪在懸崖峭壁間，直到最後倒下嚥下臨終一口氣。年輕的阿波羅為了頌揚勝利，於是便以他親手殺死的巨龍為名封自己為「提封神」。

神廟蓋好了，但阿波羅卻沒有為他工作的祭司或先知。他自狄菲神殿的高聳懸崖放眼望向海洋，看見海面上有一艘船正漂往懸崖的方向。水手都是來自克里特島的商人，在沿海從事貿易經商。阿波羅化身為一頭海豚，跳入一艘黑船的甲板上，驚嚇到船上的幾個男人，他們以為這是天神的暗示。忽然間，船隻乘風破浪直抵巴拿撒斯山腳下的海港。此時，阿波羅變回原貌，帶領水手到自己的神殿，並告知他們已獲選成為他新神廟的祭司，他也選了一名年輕女子菲諾莫成為他的第一位「皮提亞」，也就是將他的話語傳達給凡人的女祭司。之後每有求神者來到阿波羅的神諭所，她便會從天神的聖殿傳來神諭。祭司們則負責提供祭品，為信眾解釋皮提亞的話語。

為了母親的名譽，阿波羅可不只有屠殺妖怪。利底亞國王的女兒妮歐貝嫁給底比斯國王安菲翁，這對夫妻生下七名貌美的兒子以及七位同樣美麗的女兒。妮歐貝拒絕敬拜麗托為女神，因為她認為阿波羅的母親並沒有什麼了不起的，她說：「我也流著神祇的血，我母親不也是七女神之一嗎？我不也是阿特拉斯和宙斯的孫女嗎？我不也和其他女神一般美麗動人嗎？我為何要敬拜麗托？她只生了兩個孩子，我的孩子卻是她的七倍之多。」

她的朋友警告她千萬不可如此試探天神，她卻只是一笑置之。她認為自己享有眾多天神的福澤，一定會安然無恙。麗托聽聞這番話後十分生氣，她喚來阿波羅和阿提密斯，告訴他們妮歐貝羞辱她的種種細節。

「別再說了，媽媽。」阿波羅說：「繼續說下去也只是拖延懲罰她的時間罷了。」話一說完阿波羅和妹妹便飛到底比斯城外的平原，妮歐貝的兒子們正在平原上騎馬。突然間妮歐貝最年長的兒子從馬上摔落身亡，緊接著第二個、第三個，直到她七個兒子都被阿波羅的箭射中不支倒地。

他們的父親安菲翁聽到這個消息趕到平原，將刀子一把刺入自己心臟，以逃避太太過於自負帶來的慘痛下場。但妮歐貝卻毫無悔意。她倒向兒子依舊溫熱的遺體，對著天庭大吼：「麗托，妳就讓妳的報復心慢慢吞噬自己吧！我雖然已經失去七個兒子，但我還有七個女兒。我的孩子還是比妳的多，即使死了這麼多孩子，我還是贏妳！」

站在兄弟和父親遺體邊哭泣的女兒，連望向母親的時間都沒有，便一個接著一個死在阿波羅的弓箭底下。最後只剩下最年輕的女兒緊緊抓住母親的膝蓋不放，妮歐貝用袍子裹住女兒，對麗托大喊道：「拜託，偉大的女神，請留下我最小的女兒，讓我至少還保有一個孩子，我求求妳。」

此話方畢，少女便倒在她身邊。妮歐貝在沉痛的悲傷中癱軟跌倒，孩子與丈夫的屍體圍繞在她身邊。她的臉色蒼白，目光無神地環顧四周，一陣旋風席捲而來，越過海洋將她帶回她在利底亞的家。她一直坐在山頂上，成了一尊痛哭的大理石像坐落山頂，哀悼著自己逝去的孩子。直到今日依舊如此。

眾神的長笛競技

阿波羅在自己的聲譽遭人污衊時，也會加以殘酷報復。身為音樂之神的阿波羅十分自豪自己吹笛的技巧。有一天，他的妹妹阿提密斯試著彈奏樂器。她用鹿角做出一支長笛，不斷練習，直到她吹奏地相當出色為止，隨後她參加眾神的晚宴，展現自己的長笛技巧。但當她一開始吹奏，希拉和愛芙羅黛蒂便開始捧腹大笑，她們看到她因吹奏長笛而鼓漲變青的臉頰。阿提密斯尷尬萬分，立刻衝到森林對著泉水裡自己的倒影吹奏長笛，發現模樣真的很可笑。於是她便把長笛丟進泉水，詛咒所有吹奏長笛的人。

有天，牧神馬西亞斯正在看顧他的羊群，他來到泉水邊看見水裡的長笛。他拾起了長笛，深深著迷長笛的樂音。他日日夜夜練習吹笛，過了數個月之後，他終於可以吹奏出無人可匹敵的動人樂曲。因為他對吹奏長笛十分在行，甚至向阿波羅下戰帖要挑戰他的音樂技能。阿波羅接受挑戰，並且指派裁判決定勝負。有人說裁判是繆斯女神，但也有人說阿波羅找來了佛里吉亞的米達斯國王當裁判。

馬西亞斯和阿波羅兩人都能吹奏出美妙的樂音。但這位牧神的確是位高明的樂手，能吹奏所有阿波羅想得出的技法。最後輪到阿波羅吹奏長笛，他竟把笛子倒過來吹奏，也吹得同樣地好。而這項技巧是馬西亞斯不會的，於是阿波羅被判獲勝。阿波羅把牧神掛在一棵高聳的松樹上，開始活剝他身上的皮毛，而馬西亞斯森林裡的朋友只能驚恐地看著這一幕發生。阿波羅慢悠悠地活剝馬西亞斯的皮，他奮力嘶吼直至最後一刻。自此之後，再也無人敢挑戰阿波羅的音樂技能。

米達斯當比賽裁判的故事版本裡，提到這位國王直至最後都比較欣賞馬西亞斯的表演。阿波羅始終未能忘懷這屈辱。於是阿波羅便給米達斯一對驢耳以示懲罰。國王感到羞愧無比，一直戴著佛里吉亞帽，從頭頂上壓低蓋住耳朵。更不曾告訴任何人他的耳朵已經變形。只有他的理髮師知道這件事，而米達斯以死威脅他不准告訴任何人。但守住祕密的壓力實在太大，可憐的僕人最後只好在路邊的草地上挖出一個洞，然後對著洞口私語，之後再把洞覆蓋起來。等到春天到來，蘆葦也從洞裡長出來，而每當有人經過，風吹拂過蘆葦時，就會有個聲音說出這祕密：「米達斯有對驢耳朵。」很快地，所有人都知道阿波羅對國王做的事了。

月桂女神達芙妮

阿波羅貴為一名年輕英俊的天神，卻總是情場失意。不像他的父親宙斯和伯父波塞頓，他極少用暴力虜獲自己喜歡的對象，反而喜歡用花言巧語和禮物打動對方。這位天神最有名的第一場失戀，就是他對仙女達芙妮的追求。達芙妮是阿卡迪河神之女。在阿波羅痛宰巨龍提封之後，他與愛芙羅黛蒂的兒子邱比特激烈爭吵，他認為邱比特應該把弓箭交給他。

「我的箭雖然無法射中世間萬物，」邱比特回答：「但卻可以射中你。」

邱比特飛到阿卡迪，他在那兒瞥見美麗的少女達芙妮正和朋友嬉鬧玩耍。他從弓上射出一支特殊的箭，射向達芙妮的胸口讓她對愛情不再感興趣。從那刻起，她不再憧憬戀愛，只想追隨阿提密斯在森林裡和女性友人打獵。她有眾多追求者，她的父親也急於抱孫子，但她卻央求他：「我最親愛的爸爸，拜託讓我終身維持處子之身。我討厭看見婚禮上的火把，也痛恨婚姻女神希拉。」

他最後總算放棄說服女兒，也答應她永遠不結婚。但邱比特卻飛往奧林帕斯仙境，用另一支箭射向阿波羅。這一箭讓他瘋狂愛上達芙妮。阿波羅對達芙妮的慾望猛烈燃燒，但他卻無法贏得她的芳心。

阿波羅絕非唯一渴望得到達芙妮的人。在眾多追求者之中，有一位來自鄰近王國的王子留基伯。留基伯向她求婚，但她卻鄙視他的追求。最後留基伯決定要和她在一起，即使他無法成為她的丈夫也無所謂。於是他蓄起長髮，把頭髮編成辮，穿上女裝佯裝成女人，在森林加入女孩們的狩獵行列。她們很開心有新的傑出獵人加入，因此熱烈歡迎留基伯。達芙妮特別受這名新進成員的喜愛，這兩人很快就成為朋友。但阿波羅從天上看著這一切，內心很不是滋味，甚是嫉妒留基伯。在某個炎熱的日子，阿波羅刻意安排獵人到清涼的河邊，所有女孩都興高采烈地脫光衣服、裸身跳入水裡，唯有留基伯一人不情願下水。女孩都取笑他太過害羞，開始追著他跑，直到最後把他壓倒在地，扯開他的衣服。這時達芙妮和她的朋友赫然發現，他其實是男兒身而非女孩，她們的笑聲頓時轉變為憤怒，於是便拿起長矛活活刺死留基伯。

阿波羅並未因失落而放棄達芙妮，他對她的愛意持續延燒。他來到阿卡迪的山丘找她，嘗試與她交談。但阿波羅追逐她時，她卻飛快地逃跑，阿波羅在後面向她大喊，請她停下腳步聽他說話。達芙妮卻只是越跑越快穿越森林，而阿波羅就緊緊跟在身後。既然說服無效，他這下決定要強迫她了，當他越來越逼近，達芙妮只好呼喊她的河神父親：「爸爸，求求你！如果你有力量，請用你的河水將我的美貌變成天神鄙視的東西。」

麻木的感覺瞬間爬上她的四肢，她柔軟的肌膚開始硬化，頭髮也長出樹葉，她的手臂變成樹枝，奔馳於山丘間的雙腿固定在土壤中，她的頭則變成月桂樹的樹葉。

但即使她變成樹木，阿波羅依舊愛著她。他彷彿抱著臂膀般擁抱她的樹枝，然後將嘴唇湊上樹木，淚水在他的眼睛裡打轉，他對她說：「即使妳不能成為我的新娘，但妳永遠都會是我愛的人，我的頭髮永遠都盤繞著妳的月桂。」

於是阿波羅便從她的粗樹枝上摘下一根小樹枝，將它編織成皇冠戴在他的頭頂。雖然她仍退縮躲避他的擁抱，但少女樹看似認同了這項殊榮，在微風中輕輕點了點頭。

活過恆河沙數般歲月的詛咒

另一個阿波羅的戀人在拒絕他的追求後淪落悲慘的命運。她是年輕的女先知西碧拉，來自特洛伊近郊，也可能來自希臘殖民地、位於南義大利的庫馬。阿波羅前來找她，承諾如果她願意與他相好，那他就會給她任何她想要的東西。西碧拉笑了出來，指了指一堆細沙。

「那就讓我活過如那堆沙一般多的年歲。」

阿波羅開心地答應了，接著說就算她不當他的情人也能得到這分禮物。但他也說如果她願意託付自己的處子之身，便可以獲得永生不死。西碧拉覺得自己已經長命百歲，有數不盡的年歲可用，沒有必要與他親熱，所以她拒絕了天神的禮物，選擇永遠當個處女。

但西碧拉在要求長命百歲之時，卻忘了要求永恆的青春。那堆沙總共有上千顆沙粒，等於有上千年的歲月讓她慢慢衰老。最後她的頭髮掉落、牙齒鬆脫，四肢也隨著年紀增長而萎縮，她的個子越縮越小，直到她變成小小的一塊，只剩她的聲音還維持不變。到了她生命的盡頭，她住在一個瓶子裡，懸掛在她庫馬的神龕天花板上。鄰居小男孩來到神廟，然後問她：「西碧拉，妳想要什麼？」

她回答：「我想要死。」

情場失意的阿波羅

阿波羅許多戀情都像這樣無疾而終。有一次阿波羅愛上一位名叫瑪碧莎的年輕女孩。她是伊維諾斯的女兒。但一名叫做艾達斯的凡人，卻擄獲她的芳心。艾達斯坐在一台由波塞頓餽贈的馬車，贏得了美人心。阿波羅逮到艾達斯，正準備要殺了這名年輕人時，宙斯卻插手了。他讓女孩選擇她想要誰當她的丈夫。瑪碧莎很聰明，她知道天神勢必很快就會厭倦她，所以她選了艾達斯。

阿波羅試著追求希諾佩，結果也同樣失敗。希諾佩要阿波羅承諾，只要她想要什麼他都保證會給她。阿波羅立下誓言，說自己言出必行。希諾佩接著馬上要求，希望終身保持處子之身。阿波羅覺得自己遭人玩弄甚是惱怒，但他仍舊信守承諾，此後不再打擾希諾佩。

但對於他真正愛上的女孩，阿波羅就不那麼仁慈了。卡珊德拉是特洛伊國王普萊姆的女兒。阿波羅愛上她並教會她預知未來，希望能贏得她的芳心，但她一有了預知能力，便輕視不顧阿波羅的追求。為了報仇，他讓她保有無可匹敵的預言能力，卻讓世人再也不相信她的預言。卡珊德拉最終因為拒絕阿波羅的愛，而付出非常龐大的代價。

就算遇到同性愛侶，弓箭之神的運氣也同樣不好。阿波羅愛上斯巴達國王的兒子、年輕帥氣的雅欽多。阿波羅為他深深著迷，完全失去彈琴射箭的興致。天神與男孩成天膩在一起，在城鎮的森林和曠野間打獵。有天他們脫掉衣服，為彼此塗上橄欖油，然後開始玩起擲鐵餅的遊戲。為了討雅欽多的歡心，阿波羅奮力擲出鐵餅，鐵餅朝雲朵的方向飛翔而去。風神塞菲羅斯也愛上這名男孩，甚是嫉妒雅欽多和阿波羅的感情。當鐵餅要降落地面時，塞菲羅斯特意將鐵餅轉向雅欽多，鐵餅震碎他的頭骨。阿波羅連忙跑到他情人身旁，用盡他所有的療癒能力，最後卻仍徒勞無功。就這樣，雅欽多便在阿波羅的懷抱裡過世，鮮血滴在地上。阿波羅讓草地上的數滴鮮血開成漂亮的花朵，自此之後，他以盛開的風信子（hyacinth，音同雅欽多）榮耀雅欽多，也紀念自己失去的摯愛。

阿波羅也同樣失去了他的年輕愛人，來自席亞小島的庫帕里索斯。席亞島上有隻挺拔的雄鹿，是當地仙女所飼養的聖獸。島上居民十分愛戴聖獸，以金子裝飾牠的鹿角，並將銀飾和珍珠掛於牠的耳朵。這隻鹿的性情非常溫馴，牠會到處拜訪小島上的民居，甚至讓陌生人撫摸牠的頸子。但最喜愛這頭鹿的人，莫過於庫帕里索斯。他會帶著公鹿到潔淨的水邊，讓牠吃最新鮮的草。這頭鹿開心地讓男孩以花環裝飾牠的鹿角，甚至讓他騎在自己的背上。

阿波羅喜愛庫帕里索斯的程度，並不亞於庫帕里索斯喜愛這頭鹿。阿波羅也很高興能見到少年跟聖鹿如此開心相處。但某個炎炎夏日，這頭鹿躺在森林的涼蔭底下休息，而庫帕里索斯正在外打獵，渾然不知的他就在雄鹿附近擲出長矛。當時鹿正安然躺在草地休息，而庫帕里索斯的武器就如此刺穿聖鹿的心臟。庫帕里索斯見狀忍不住驚叫出聲，俯衝到雄鹿身旁，把牠抱在懷裡，但雄鹿的生命卻漸漸衰退消逝。阿波羅試著安慰男孩，但卻完全無法安撫他。他向阿波羅提出請求，他想要永遠好好地哀悼牠。阿波羅答應他的要求，把他變成一棵有著深色四肢和垂掛樹枝的柏樹，永遠哀悼懷念他失去的摯友。

阿波羅通常對愛戀的對象很仁慈，但有時他也如其他天神殘暴。雅典國王艾瑞克修斯的女兒克露莎拒絕阿波羅的追求，阿波羅卻把她拖入雅典衛城下的山洞，強行侵犯她。遭受暴行對待的公主因而懷孕，但她卻向家人隱瞞這件事長達九個月。之後她偷偷生下一個孩子，名為愛勇。帶著孩子的她，來到遭阿波羅侵犯的無人山洞。她一邊淚如雨下，一邊將剛出生的兒子放在搖籃裡，讓他在那裡等待死亡。

就算阿波羅不同情孩子的母親，也是同情孩子的。於是他派出赫美斯把嬰孩帶到狄菲神殿的阿波羅神龕。愛勇在那兒長大成人，成為阿波羅神殿的僕人，對自己的父母等身世一概不知情。克露莎則嫁給雅典國王祖策斯，兩人膝下無子。

時光飛逝，有天克露莎來到狄菲神殿，想知道自己的肚皮是否還能孕育孩子。她遇見愛勇，這時的他已是一名少年，兩人對彼此都好感，但卻無法理解原因。克露莎告訴愛勇，好幾年前她有位朋友遭到阿波羅侵犯，生下孩子後把他留在洞穴裡等死。訴說完這段往事，她想要尋求神諭的幫助知道自己能否有孩子。愛勇卻警告克露莎，在阿波羅神的神殿裡如此指控阿波羅等於犯了褻瀆的罪。

祖策斯也來到狄菲神殿請求神諭，想知道他是否能成為人父。女先知說他在神殿外碰到的第一個人就是他的兒子。當他一踏出大門，第一個看見的人就是愛勇。愛勇對克露莎和善卻對國王冷漠，他也拒絕相信天神竟要讓國王當他的父親。愛勇只想留在狄菲神殿侍奉阿波羅，但最後祖策斯總算說服他，帶他一起回到雅典。當克露莎聽聞這個消息時，她懷疑愛勇是祖策斯長久以來偷偷養育的私生子。而這只是祖策斯的預謀，他要讓私生子而非她的親生孩子登上雅典王位。因此她決定要以一滴蛇髮女怪的血毒死愛勇，但阿波羅卻在此刻插手此事。突然有隻鳥在啜了愛勇杯裡的飲料之後慘死，此舉奇蹟似地拯救了男孩。

愛勇對克露莎懷有感情，即便如此克露莎仍試圖謀殺他。愛勇逼不得已只好說出克露莎的罪行，克露莎來到阿波羅的祭壇尋求庇護，此時女先知走進神殿，手裡提著當初愛勇遭到遺棄時所發現的搖籃。克露莎立刻認出搖籃，坦承她曾把孩子放在這個搖籃裡等死。愛勇這下才恍然大悟，原來克露莎是他的母親，而他所忠心服侍的天神實為他的生父。不像其他阿波羅的愛情悲劇，克露莎和愛勇的故事得以圓滿落幕。兩人開開心心地以母子身分回到雅典，愛勇也成為希臘愛奧尼亞族的祖先。

但年輕貌美的少女琦歐妮，卻沒有完美的結局。阿波羅和赫美斯同時愛上她，當時她正逢十四，該是希臘女孩可以出嫁的年紀了。當這兩位天神經過她所居住的城鎮時偶然看見她。阿波羅決定要等到天黑再來找她，但赫美斯不想等待。他用魔法讓她陷入沉睡，然後非禮了她。當夜幕低垂，阿波羅假扮成一名老太太取得她的信任，然後也和赫美斯一樣非禮了她。這個年輕女孩因此同時懷了兩名天神的兒子。赫美斯的孩子奧托利克斯之後成為著名的竊賊，也就是流浪英雄奧德修斯的爺爺。阿波羅則成了費拉蒙的父親。費拉蒙後來成為出名的音樂家。琦歐妮對自己懷有兩名天神的孩子感到相當自豪，她甚至忘記當初自己也是不情願的，她開始吹噓自己有多好運。她甚至嘲笑阿提密斯，說自己肯定比處女狩獵之神美多了。阿提密斯聽到她自大的言談，立刻朝她射了一箭射穿她的頭部，也刺穿她那擅於吹噓的舌頭，了結了這名愚蠢無知的女孩。琦歐妮的父親前來找女兒時，卻發現琦歐妮的遺體正在火葬柴堆上焚燒。他想要上前擁抱她，但火焰卻讓他不得靠近，他因而理性盡失，衝到巴拿撒斯山頂準備一躍而下。阿波羅見狀深感同情，把他幻化為一隻翱翔雲海的老鷹。

黑腓斯塔斯 Hephaestus

火神，冶金工藝的守護神，象徵從地裡冒出來的火。

無人確知黑腓斯塔斯的真實身世。有人說他是宙斯和希拉的孩子，也有人說他是希拉一人所生下的。但無論他的身世為何，他都是奧林帕斯山上飽受眾神輕視嘲笑的人物。又瘸又卑微的工匠黑腓斯塔斯在英姿煥發的眾神中總是跛著腳走路。但就如古希臘時期的凡人鐵匠一樣，黑腓斯塔斯能夠將鐵打鑄成任何工藝，因此備受眾人尊敬。其他天神可能會嘲笑他，但當他們想要全新的盾牌或寶劍時，又會回頭來敲他的家門，請求他幫忙鑄造武器。

傳說希拉不靠宙斯獨自生下黑腓斯塔斯。希拉當時正在生她丈夫的氣，當她看見孩子腿部有殘疾，便嫌惡地把孩子從奧林帕斯山扔了下去。女神佘蒂絲和尤莉諾梅救起孩子，並且在海邊的山洞祕密地拉拔他長大，黑腓斯塔斯就是在那裡學會鑄鐵的技能。當他精通鑄鐵之後，送了數個堅實的寶座給奧林帕斯仙境的眾神當做大禮，但他並未忘卻母親的殘酷，所以他為希拉打了一個寶座，待她一坐上寶座便緊緊纏繞住她不讓她下座。宙斯命令他釋放自己的母親，但黑腓斯塔斯卻回答他並沒有母親。於是酒神戴奧尼索斯前來灌醉黑腓斯塔斯，最終總算說服他重返奧林帕斯仙境，成為備受尊崇的神祇。最後他才同意放了希拉。

宙斯心懷感激，同意賜予跛腳天神任何他想要的東西。黑腓斯塔斯一聽聞，便回答他想要娶處女之神雅典娜為妻。萬神之主先是應允他，但隨後馬上警告正躺在床上休息的雅典娜，黑腓斯塔斯已經在路上了，請她好好保護自己。當他一絲不掛衝進她的閨房，雅典娜已經準備好，誓死不讓黑腓斯塔斯碰她一下。兩人於是打了起來，黑腓斯塔斯太過興奮，不小心把精液灑了一地，此時地面上的精液生出了半蛇半人埃里赫頓尼俄斯，之後他也成為雅典人的祖先。

另一個有關黑腓斯塔斯身世的傳說，則說他是宙斯和希拉兩人的孩子。剛出生的黑腓斯塔斯還是四肢健全的天神，但某日這對夫妻如同以往爭吵不休，黑腓斯塔斯為了保護母親，便與父親起衝突。宙斯大發雷霆，一把抓起黑腓斯塔斯的腳踝，從奧林帕斯仙境把他丟了下去。他經過整整一天，才墜落在蘭姆諾斯島，當地居民治療他的傷口，卻無法治好他殘跛的腳。

少數提到黑腓斯塔斯的故事曾說他娶了美麗的女神愛芙羅黛蒂，但她卻從未對丈夫忠誠。黑腓斯塔斯質疑太太不忠，於是設計圈套讓她跳入陷阱。他打造了一個牢不可破的網子，精巧若蜘蛛網，固定於夫妻倆的床鋪頂端。待他前腳一出前往蘭姆諾斯島拜訪友人，愛芙羅黛蒂後腳立即找來戰神阿瑞斯，兩人爬上睡床纏綿繾綣。當他們結束之際，黑腓斯塔斯的網子卻忽然降下，活捉這一對熱情擁抱的愛侶，教他們雙雙無法動彈。

老太陽神赫利奧斯目睹一切，馬上告知黑腓斯塔斯，於是他立刻返家捉姦在床，然後向宙斯抱怨。宙斯和其他天神來到黑腓斯塔斯的家裡，目睹愛芙羅黛蒂和阿瑞斯裸體困在床上，眾人皆忍不住哄堂大笑。阿波羅向赫美斯開玩笑道，就算可能顏面盡失，但能和愛芙羅黛蒂纏綿，也算是值回票價了。波塞頓要黑腓斯塔斯放人，並要他接受阿瑞斯的賠償金。最後工匠之神同意釋放這對天神，但兩人隨後因羞愧逃逸藏匿起來了。

阿瑞斯 Ares

戰神

除了曾偷偷爬上愛芙羅黛蒂的床以外，戰神的故事可說是少之又少。希臘人厭惡阿瑞斯的程度並不亞於哈得斯，雖然希臘發生過許多內戰，也常與他國打仗，但對於雅典、底比斯、甚至斯巴達的人民來說，阿瑞斯並非榮耀戰爭之神，反倒常帶來不理性的衝突破壞。而且阿瑞斯單單只是為了衝突而與他人衝突。即便在特洛伊戰爭中，宙斯都不想與自己的兒子沾上邊：「莫向我抱怨，你這滿口謊言的可憎之人。奧林帕斯仙境的諸神中，我最痛恨的莫過於你。你在意的只有紛爭和打鬥，你就像你母親希拉一樣，不知寬容為何物！」

阿瑞斯是個惡霸，同時卻也是個膽小鬼，每次戰敗便會哭哭啼啼回來找宙斯。希臘人比較喜愛智慧女神雅典娜，較偏好由她來宰制軍事。因為有雅典娜的話，戰爭就不會是一切的終點，雖是充滿遺憾卻能平息城鎮紛爭的必要手段。

阿瑞斯終生未娶，但他卻在背地裡與愛芙羅黛蒂生下四個孩子。這四個孩子分別為恐懼狄摩斯和恐慌佛伯斯、哈莫妮亞以及人稱厄洛斯的邱比特。阿瑞斯也與其他凡間女子發生關係，並且生下眾多出名的孩子。其中包括數名陪同傑森航海的阿哥勇士，以及亞馬遜族的女王潘特西麗娥，還有美麗的少女阿爾西珀。波塞頓的兒子哈利荷修斯侵犯阿爾西珀，因而引來阿瑞斯的殺意。之後阿瑞斯因謀殺罪在雅典接受審判。他就在雅典衛城下的山丘領受諸神的審判，最後獲判無罪，之後此地便稱為「阿瑞斯之丘」（Areopagus又稱阿瑞巴古斯）。

赫美斯 Hermes

旅人和竊賊之神

仙女美雅是阿特拉斯的女兒，也是宙斯眾多愛人之一。她安居於阿卡迪的一座山洞。宙斯通常會等到希拉熟睡後，偷偷從他們在奧林帕斯山的臥房，來到美雅住的地方找她。美雅為宙斯產下一子，名為赫美斯。

赫美斯出生的當天早上，還是嬰兒的他趁母親正在休息時，自己跳下搖籃，離開洞穴四處探險。他第一件看見的東西是隻動作緩慢的烏龜在森林爬行。小嬰兒開心地笑了，然後對烏龜說：「你好，我的朋友。你是在哪裡得到你漂亮的龜殼？荒山野嶺很危險，讓我帶你回我的洞穴吧，那裡安全得多。我們可以一起演奏出動人的音樂。」

赫美斯拾起他的新玩具帶回家裡。他取出一把鋒利的刀子截斷烏龜的四肢，將肉剃除只留下空殼。然後他於龜殼背部固定了七根羊腸線，用手指撥弦，開始唱出宙斯、美雅以及自己誕生的歌曲，沉浸在自己發明的樂器和動人的樂音之中。

但小嬰兒很快就沒了興致，把豎琴放在搖籃裡。這世界還有許多值得挖掘的事物。於是他又再次離開洞穴往北流浪，直到他來到奧林帕斯仙境下方、皮里亞的豐碩土地。他在那裡看見阿波羅珍視的聖牛，赫美斯臉上掛著一抹淘氣的笑容，領了五十頭低鳴的牛隻離開。這名小小偷四處回頭張望，而地上留下的動物足跡很容易讓人發現自己的行蹤，於是他讓牛群倒著行走，然後把自己的雙腳套入葉子做成的涼鞋，如此一來便不會留下腳印。

赫美斯一路上沒有碰到什麼人，只遇到一名老牧羊人。老牧羊人正好在照料他的葡萄園。年幼的天神和善地與他聊天，他堅定地告訴老人，他的葡萄藤會長出甜美的紅酒果實，但前提是他不可以告訴任何人曾見他領著牛群經過。然後赫美斯繼續帶著牛群回到阿卡迪，把牠們藏在一個祕密馬棚，還把其中兩頭牛獻給天神。夜幕低垂，他又溜回洞穴爬進搖籃裡，用襁褓包裹好自己。

小小赫美斯看起來就有如天真的嬰孩，但他母親知道真相，就如同世上所有的母親總能發現孩子的鬼祟行蹤，她問道：「你都上哪兒去了？你這搗蛋鬼，在晚上這個時候偷溜回家？我知道你都做了什麼，麗托的兒子阿波羅很快就會上門的，他會來索回他的牛群。哦，真該怪你的父親！生下你這個麻煩鬼和小無賴，專愛捉弄凡人和天神。」

嬰兒赫美斯安慰他的母親，一切都會沒事的。他說這一切真的很不公平，其他天神都在奧林帕斯仙境享福，而赫美斯和美雅卻得住在冷冽的山洞裡吃不飽肚子。他告訴母親，阿波羅來訪時他定能妥善處理。

旭日東昇，又是嶄新的一天。阿波羅外出尋找他失蹤的牛群。動物的足跡引導他前往錯誤的方向，他很快失去線索。最後他遇到一名老人正在照料他的葡萄藤，於是他便問他是否看見任何人帶著五十頭牛經過此處。老人坦承他確實見到一個奇異的景象，昨天有個小嬰孩腳上包裹著樹葉，帶著一群牛倒著行走。阿波羅跟著這奇怪的腳印，穿過山野和森林，最後來到美雅的家。

這位天神進入洞穴，看見一個小嬰兒安穩地在搖籃裡睡覺，孩子看起來就像平凡的小嬰兒，但阿波羅並沒有受騙上當：「起來，你這狡猾的小偷！我知道是你偷走我的牛群。告訴我你把牠們怎麼了，否則我一把將你拖入地獄。」

赫美斯答道：「麗托之子，你在說什麼？我只是一個昨天剛誕生的小嬰兒，我所在乎的只有母親的奶水以及溫暖的沐浴。我不知道你的牛群在哪裡。」

阿波羅抱起赫美斯，帶他回到奧林帕斯山。他把嬰孩帶到諸神的會議，指控赫美斯偷走他的神聖牛群。阿波羅敘述原委時，小小的赫美斯卻像隻羔羊般無辜。宙斯問這孩子究竟發生什麼事了，年幼的天神卻發誓他從未見過阿波羅的牛隻，畢竟光憑一個嬰兒也不可能偷走五十頭牛吧？他請求父親保護他，不要讓盛怒的阿波羅傷害他。

宙斯忍不住放聲大笑，佩服小赫美斯的狡詐。當然宙斯知道這名嬰兒是在說謊，所以他命令赫美斯把牛歸還阿波羅。嬰兒帶著弓箭之神來到他的祕密馬棚，把他失蹤的動物歸還予他。當時阿波羅準備要把犯了竊盜罪的赫美斯丟入地獄，但忽然間嬰兒卻開始彈奏起以龜殼製成的豎琴。赫美斯對阿波羅哼唱歌曲，阿波羅深深著迷於動人樂音。歌曲一結束，阿波羅表示若赫美斯願意送給他這把豎琴並且教他彈琴，同時承諾再也不來騷擾他的牛群，那他便可忘卻自己的憤怒。小赫美斯欣喜地答應了，從那天起阿波羅就成為音樂的守護神。

赫美斯長大後成為宙斯身邊值得信賴的信差，也是旅人和竊賊之神。他單身未娶，但育有許多孩子，其中包括牧神潘。赫美斯備受希臘人的愛戴，希臘人在每個城鎮裡都豎立他的神像，在希臘人嚥下最後一口氣前，眼神會望向赫美斯，希望他能帶領他們通往陰間，就如同他曾經帶領阿波羅的牛來到新家。

潘 Pan

牧羊人的守護神

赫美斯曾愛上仙女德萊歐碧，她很快就懷有身孕。等到要生產時，她所有同伴都聚集在神殿角落裡的閨房協助她。然而她們卻毫無心理準備即將出生的嬰兒竟是這副模樣。開懷大笑的嬰兒有著山羊的腿足、兩隻羊角，加上山羊鬍鬚。接生婆一看見孩子，驚叫著落荒而逃，但孩子的父親赫美斯也在場，他驕傲地將嬰兒接過手中抱在懷裡。然後帶著孩子上奧林帕斯山的神殿，讓其他天神看看他的孩子，大家都很開心並且為他取名為潘（Pan）。**Pan**在希臘文中有「所有」之意，意指他將歡樂帶給所有的人。

潘忠於他山羊的動物本性，成年後對於性愛索求無度。有天他在阿卡迪世外桃源閒晃，正巧看見仙女西林克斯，她是處女之神阿提密斯的信徒。雖然希林克斯早已習慣遭色慾薰心的牧神追逐，但潘的速度遠比其他牧神都來得快，態度也更為堅定。即便如此，她還是竭盡所能努力逃跑，直到她來到一條無法跨越的河川。當潘越來越靠近時，她向河裡的水精祈禱，求她們將她變形。心急的牧神從後方捉住她，但手裡捉到的卻是一把蘆葦，也就是西林克斯僅存的形體。雖然感到非常失望，但潘神卻被蘆葦所吸引，他摘下蘆葦，把蘆葦裁切成不同長度，然後以蠟封起製作成樂器。潘以女神的名字替樂器命名，也就是現今所知的排笛。

潘不追求仙女的時候，是山羊人和牧羊人的和氣之神。他很少拜訪奧林帕斯仙境，反而喜歡在樹林和森林間悠哉度日。他除了好色之外，其實是個和藹的天神。只是若有人招惹他，他也會毫不留情地嚇死這些招惹他的人。世人形容無法克制的驚恐為「Panic」。

赫利奧斯 Helios

昔日的太陽神、光明之神

老太陽神赫利奧斯來自遠古，他並非克羅諾斯或宙斯之子，而是泰坦神帖亞與希培利溫兩人愛的結晶，當時世界才剛開始成形。每天早晨赫利奧斯會駕著他的光明馬車劃過天際，看著腳底下由人類和天神所創造的萬物。然後每天傍晚，他又會以龐大的黃金弧線劃過天空海洋，回到他在東方的宮殿。他是眾神之中最重要的天神，永遠不得休息。沒有他的話，所有的動植物和人類必會凍死，到時冰霜覆蓋大地，黑暗也會永恆降臨世界。他過度忙碌奔波，錯過了宙斯分配諸神管轄領地的時刻。宙斯想要重新分配一次，以示對老太陽神的公平。後來他將自愛琴海的海平面升起美麗的島嶼羅德島，做為赫利奧斯專屬的聖地。

愛芙羅黛蒂還在生赫利奧斯的氣，因為他向黑腓斯塔斯告密說她與阿瑞斯偷情。為了報復老太陽神愛芙羅黛蒂讓他無可自拔愛上波斯王的女兒柳可夏。每當他跨過天空，都會忍不住一直凝望她，內心因愛慕而悶悶不樂。他對其他女人視而不見，包括他的前任情人仙女克麗泰。他再也無法忍受與柳可夏分隔兩地，於是某天夜裡，當柳可夏正和十二位隨侍編織時，他佯裝成柳可夏的母親來到她的身邊，打發走其他侍女後立刻現出原形，表明他不渝的愛。柳可夏既吃驚又害怕，仍自願投入赫利奧斯的懷抱。

克麗泰知悉這段戀情之後，妒火中燒，於是她告訴波斯國王他的女兒已不再是處女。國王怒不可遏。即使柳可夏不斷向老太陽神祈禱，並且抗議她幾乎是被迫獻身的，但國王仍活生生燒死克麗泰。女孩就在大地上遭人摧殘，但赫利奧斯卻無能為力，只能等到他完成繞行天空一圈的工作，當晚才衝到她的葬身之處，試圖以自己溫暖的熱度讓她起死回生，但一切為時已晚。赫利奧斯在她身上撒下瓊漿玉液，讓她的身體散發甜美香氣變成一叢乳香灌木叢，成了全世界最上等的香料。

赫利奧斯不斷責備克麗泰的報復行動，但這位年輕女子卻為了太陽神日益削瘦。她為了他瘋狂，克麗泰一絲不掛地坐在天空底下，茶不思飯不想，只是凝望著舊情人的烈火馬車劃過天空。隨著日子一天天過去，她的四肢固定在地上，臉也灼燒到面目全非，最後變成一朵紫藍色的天芥菜，永遠跟隨著天空的太陽。

失控的太陽馬車

赫利奧斯的另一位戀人是克里梅妮，後來嫁給埃及國王麥洛普斯。她為赫利奧斯生下一個兒子，名為法伊頓。成長過程中，法伊頓常從母親口中聽聞她與老太陽神的故事，之後法伊頓把這些故事告訴他最好的朋友，但他的好友卻只是嘲笑他，說他簡直是個傻瓜，竟然真的相信他媽媽的幻想。法伊頓哭著回來找克里梅妮，要求知道關於父親的真相。他的母親向赫利奧斯發誓她所說的話句句屬實，並且要兒子自己踏上旅程去太陽神的宮殿詢問天神看老太陽神是否真是他的父親。

法伊頓接受這項挑戰，自埃及東部一路遠行，抵達最遙遠的世界邊緣。在那裡他發現太陽昇起之處，四處有高聳的圓柱以及火焰般的黃金光芒。法伊頓攀爬上數階階梯，進入赫利奧斯的寶座，但刺眼的光線卻讓他無法睜開雙眼看坐在他面前的光明之神。

「歡迎你，法伊頓，我的兒子，沒有父親會不認兒子，」赫利奧斯說。

「如果你真的是我的生父，」男孩要求，「那請到守誓河邊向我發誓，你會給我任何我所想的東西。」

「樂意之至，」老太陽神答道，「你就儘管開口吧。」

「請讓我駕你的馬車繞行天空。」

赫利奧斯內心一沉，立刻反悔對兒子做出如此倉促的承諾。他要兒子再三考慮，重新許願望。他向兒子解釋道，僅有最強健的雙手才能掌控他的馬匹，但衝動魯莽的少年卻聽不進去。赫利奧斯早已許下不可違背的承諾，於是只好不情願地帶法伊頓到馬棚，把馬車的韁繩交給他。

馬兒一躍入空中，便立刻發覺駕馬車的人並非主人，法伊頓無法掌控馬兒，驚慌失措的他雙手鬆開韁繩。在馬車衝過天際時，他害怕恐懼地吶喊，馬兒連忙急轉彎向大地俯衝，山脈燃燒成一團烈焰，大海也開始滾燙沸騰，城鎮全都被火焰吞噬，森林也竄出濃煙。曾經茂盛的非洲草原，如今變成了撒哈拉沙漠，尼羅河也乾涸。諸神和人類都向宙斯祈求，希望他能盡快處理，否則世界將面臨毀滅。

萬神之主舉起他的雷電，用盡全身力氣擊向太陽神的馬車，將馬車劈成碎片。法伊頓焦黑的軀體自天庭落入遙遠西方的河川，赫利奧斯的女兒們無一不為他流下眼淚，直至她們的淚水變成琥珀。她們留給他一個墓誌銘，以永遠紀念他：

> 法伊頓之軀安息於此，他駕著太陽神的馬車，
> 不幸撒手人寰，雖敗猶榮，勇氣可嘉。

戴奧尼索斯 Dionysus

酒神

酒神的誕生

在底比斯城曾經住著一位動人的年輕女子西蜜莉。她是卡德馬斯的女兒，也是歐羅巴的姪女，而歐羅巴就是曾被化身為公牛的宙斯擄走的不幸少女。萬神之王也愛上西蜜莉，並以凡人之姿來到她身邊追求她，甚至引誘她。女孩因而懷孕，但她安慰自己孩子的父親就是宙斯。

當希拉又聽聞宙斯新的露水情緣，她便開始策畫復仇。有天夜裡，她來到西蜜莉門前，假扮成一名雞皮鶴髮的老女人，手裡還拄著拐杖。西蜜莉邀請她進屋，兩人談天說地，直到最後西

蜜莉向客人公開她懷孕的祕密。老女人搖了搖頭：「親愛的，我也希望真的是宙斯來到妳的床邊啊，但是這件事連妳自己也不能確定，對吧？男人為了要和美人共度春宵，什麼話都說得出口的。如果我是妳，下次他出現時我就會要他以榮耀天神的樣貌現身，這樣才可著實解除疑慮。」

客人離開之後，西蜜莉便開始思索她的話。她怎麼能確定對方是宙斯呢？她孩子的父親會不會只是一個凡人，舌燦蓮花讓她迷失自我？她決定要找到答案。

宙斯又來找她，但西蜜莉卻閃避他的擁抱。

「如果你真的是天神，」她說：「就幫我達成我的願望。」

「妳要什麼都好，」宙斯答道，他已經迫不及待要和她親熱。「我向守誓河發誓，妳要什麼都給妳。」

西蜜莉回答：「那請你以天神的姿態現身吧，就像你在希拉面前一樣。」

她的話才剛說完，宙斯便絕望地咕噥一聲。他已經對守誓河發過誓了，絕不能不遵守諾言。於是他便卸除他的凡人偽裝，以雷電之神宙斯的身分出現在她面前，而西蜜莉則在那一瞬間化為灰燼。但在她燒光殆盡之前，宙斯已經托住她子宮內的孩子，很快地將子宮孩子縫上自己的大腿腰際，直到孩子可以出生為止。

數個月過後，宙斯拆掉縫在腿上的子宮，取出嬰兒，為他取名為戴奧尼索斯。由於嬰兒先後在凡人的子宮和神祇的子宮中孕育而生，因此眾人都稱他為「二生子」。宙斯吩咐赫美斯把孩子帶去西蜜莉的妹妹伊諾那裡，讓伊諾祕密拉拔他長大，避開善妒希拉迫害。男孩的阿姨甚至把戴奧尼索斯裝扮成女孩以保他的安全，但希拉行事謹慎、復仇心強烈，她先是逼瘋伊諾，讓伊諾把兒子梅利克特斯丟入滾燙的鍋中。心痛欲絕的伊諾抱著死去的兒子跳海。機緣巧合下死而復生的梅利克特斯與伊諾因而變成海神，在暴風雨中惶恐的水手必向他們祈求平安。宙斯在希拉對孩子下毒手前，便已先找到戴奧尼索斯。為了保護兒子，宙斯把他變成一頭山羊，偷偷帶他到遙遠的亞洲，請仙女尼莎谷養育他成人。

然而，斯巴達附近的拉科尼亞人間卻流傳戴奧尼索斯的另一個傳說。他們說卡德馬斯發現女兒懷孕之後，嘲笑她竟真相信宙斯是孩子的父親。由於他太過氣憤，因此把女兒和甫出生的嬰兒鎖在一個箱子裡，丟入大海任其載浮載沉。小箱子沿著海岸往南漂浮，直到沿岸村民發現。他們往箱子裡望去發現有名女孩已無生命跡象，另外還有一個小嬰兒虛弱飢餓但仍有氣息。村民照料嬰兒，直到他的阿姨伊諾前來他們的國家尋找姊姊，然後帶回男孩親自照顧。她在鄰近的洞穴和果園撫養孩子，其後此處便以他命名為「戴奧尼索斯的花園」。

但根據更廣為流傳的故事，則是戴奧尼索斯長大成人後。當他從山羊變回天神之後，便與撫養他長大的仙女道別，獨自出發探索世界。他在與尼莎谷同住的時候，發掘了葡萄製酒的祕密，並且希望能和信眾一起將這項知識發揚光大，散播世界各角。他流浪到世界各角落，直到他來到愛琴海的海岸。想要跨海來到納索斯島的他，伸出手向一船愛屈利亞海盜招手。英挺年輕的戴奧尼索斯身穿華麗的紫袍，長髮披在他們厚實的肩膀上。海盜看了他一眼，決定要把他賣到遙遠國度當奴隸，藉此大賺一筆。他們彼此點頭示意，然後在船隻靠近岸邊時跳下船，抓住戴奧尼索斯，迫使他跟著他們上船。他們計畫將他手腳綁穩，就要性侵戴奧尼索斯，但繩子打的結卻不斷滑落天神的手腳。這個時候，戴奧尼索斯只是耐心地坐在甲板上，臉上帶著一抹笑意。

海盜中的舵手是一名虔誠信徒，叫做阿科歐斯特，只有他知道發生什麼事，他斥責其他船員：「你們這群笨蛋，難道看不出來嗎？你們抓上船的可是強而有力的天神呀！沒有鍊繩拴得住他，他肯定是波塞頓或阿波羅，甚至可能是宙斯本人。我們得立刻釋放他，送他回岸上，否則他一定會以狂烈的暴風雨摧毀我們。」

船長卻只是睥睨地說：「阿科歐斯特，你真蠢呀。還不快回去揚帆，把這男孩交給我處理。」揚帆升起時，船的桅杆忽然開始冒出葡萄藤，連船帆也變成常春藤。甜美的葡萄酒傾瀉至甲板，海盜周圍倏然蹦出野生動物。戴奧尼索斯將自己變成一隻獅子，用盡力氣怒吼，水手全都害怕地棄船跳入海裡。水手的客人將他們全部變成海豚，但他放過阿科歐斯特一馬，只有他並未變成海豚。自那天之後，海豚對人類就十分和善，正因為他們也曾是人類。

點石成金的國王

希拉從不是寬宏大量的人，怒氣難消的她，繼續追捕戴奧尼索斯。她最後逼得戴奧尼索斯瘋瘋癲癲的。他漫無目的地流浪，走過埃及、敘利亞和小亞細亞，最後來到佛里吉亞的一間西芭莉神廟，藉由音樂與舞蹈狂歡儀式西芭莉的男女祭司治癒了戴奧尼索斯的瘋狂，然後送別滿懷感激的戴奧尼索斯上路。他身後跟著一整隊虔誠的女信眾，也就是「巴克埃」，意指酒神女信徒（取自「巴克斯」，戴奧尼索斯的別名），每個人手裡都握有酒神杖，木製權杖上爬滿常春藤葉，上頭則冠有松果。

佛里吉亞的國王米達斯親切地接待他，所以在戴奧尼索斯離開西芭莉的國度前，酒神應許國王任何想要的東西。國王雖然和善，但卻沒什麼智慧。他請求天神訪客給予他點石成金的能力。戴奧尼索斯答應他的要求，米達斯興奮地開始測試他的新天賦。他碰觸一根橡樹樹枝，親眼看見樹枝轉變成金色。然後他又觸摸一顆石頭，再來是宮殿裡聳立的柱子，這些全部都變成金子。國王欣喜不已，他繞著城市奔跑，伸手觸摸所有他眼前的事物，他的臣民紛紛感到詫異驚愕。

最後國王總算疲倦了，他叫來食物和飲料。皇室奴僕送來一盤盤美食佳餚，以及一杯又一杯甜美的葡萄酒，但每樣東西一碰到米達斯的嘴唇便立刻變成金子。國王很快陷入飢餓難耐之中，喉嚨乾渴，但怎樣都無法進食。他開始明白自己有多麼愚昧，於是向戴奧尼索斯禱告，祈求解除他這項恐怖的才能。天神聽到他的禱告要他到附近的溪流淨身。國王照著他的話做，投入河水之中，河床的岩石立刻變成金子，而他這項能力，或是說詛咒便永永遠遠離開米達斯了。

不受歡迎的瘋狂酒神

但並非所有國王都像米達斯一樣，如此熱情歡迎戴奧尼索斯。當戴奧尼索斯進入色雷斯，國王萊克爾葛斯下令擄走酒神的信眾巴克埃，然後一路追趕戴歐尼修斯，直到他投入大海。但戴奧尼索斯很快就採取了報復行動。他救出巴克埃信眾，逼得萊克爾葛斯發狂，國王以為兒子是葡萄藤，竟舉起斧頭劈死自己的兒子。等到男孩被碎屍萬段後，萊克爾葛斯才恢復理性知道自己做的好事。國王的臣民見此無不感到恐懼，所以把國王綁在馬身上將他五馬分屍。

當戴奧尼索斯往南進入希臘，他受到奧丘米諾斯人的青睞和歡迎，但國王明亞斯的女兒卻不信奉這位狂亂的新神祇。她們像淑女般躲在自己的房裡，責備那些跟著神祇攀越山脈的女人，她們身穿動物皮毛跳舞、舉止粗野不得體。戴奧尼索斯以女孩的樣貌出現在她們面前，試著說服她們儀式並不會冒犯傳統。葡萄酒不邪惡，事實上飲酒反而是讓生活達到平衡的必然之道。

即便如此，明亞斯的女兒仍舊不願加入他們。於是戴奧尼索斯讓大鼓和鈴鼓聲充斥廳堂，乳汁和瓊漿玉液從天花板滴落，屋內的女人街陷入難以抗拒的瘋狂。這群女人以抽籤決定，選出自己的一個孩子，要把孩子碎屍萬段。接著再貪婪地雙手拿起生肉嚥下肚子。她們跟著跑到山上，加入其他的巴克埃一同讚頌酒神，之後戴奧尼索斯把她們全部變成蝙蝠。

阿哥斯城有位國王叫做普羅耶特斯，他的女兒也無法接納這位天神。她們拒絕膜拜他，所以他憤怒地襲擊她們，讓她們全都陷入瘋狂。就與城裡的其他女人一樣，她們殺了自己的孩子，然後衝進山裡。最後有位叫米蘭普斯的治療師一一治癒她們，並從她們的父親那兒分到一大片土地。

神祕的敬拜儀式

戴奧尼索斯最後終於回到家鄉底比斯，本來預期會受到熱烈歡迎，結果卻不然。他的祖父卡德馬斯和預言家狄瑞西亞斯雖然擁戴他的教派，但像他們這樣的先知並不受敬重。而城鎮裡的女人和他的表兄弟潘修斯，也就是現任的底比斯王十分輕視他。因此戴奧尼索斯讓這群女人發狂，隨著他的信徒進入山中，但對付國王他另有他法。

對潘修斯來說，戴奧尼索斯的膜拜儀式，不過是一群女人放任自己尋求縱慾、拋棄理智。他認為底比斯的婦女同胞之所以愛戴酒神，只不過是找個藉口得以在森林裡縱慾：「她們奉獻的對象是愛芙羅黛蒂，而非巴克斯！我已經逮到幾個人，把她們關進監牢，讓人看守，我還會逮捕山裡的其他人，連我的母親阿蓋芙也不例外。把她們全部丟入鐵籠。我要終止這荒淫的活動！停止戴奧尼索斯的膜拜儀式。」

即使老智者狄瑞西亞斯曾試圖向潘修斯解釋，適當的敬拜儀式只是為了尋找生活的平衡，但國王仍舊充耳不聞。有位間諜進入森林向國王報告這些妄為女人的行動。她們不過是適度飲酒，隨著長笛之音搖擺舞蹈，但潘修斯卻認為這位新出現的酒神勢必對社會秩序造成可怕的威脅。

戴奧尼索斯裝扮成其中一名祭司出現在潘修斯面前，並說要帶他去深山觀看酒神膜拜儀式。不過，國王得先扮成女性，且承諾從樹後觀察她們的活動。就如一隻待宰羔羊，潘修斯同意了，他尾隨戴奧尼索斯進入森林。他們兩人一來到森林加入巴克埃，酒神就立刻揭露國王的身分。被戴奧尼索斯逼瘋的女人，一把將潘修斯拖出樹木後方，活生生把他撕裂成碎片。他的母親也在攻擊隊伍的前列，第一個把他的手臂從肩膀扯下，和其他人一起殺了他。底比斯的女人來回拋丟潘修斯的軀體殘肢，彷彿玩遊戲般一邊笑鬧。

當這宗血案總算終結，這群女人走回底比斯，阿蓋芙雙手提著兒子的頭，一直以為自己殺的是一頭獅子。她在宮殿四周張望尋覓潘修斯，想要給他看她的戰利品，但待咒語解除，她終於發現恐怖的真相。這時戴奧尼索斯現身，說明這一切都是她的錯，也是其他頑固的底比斯人的錯，這是他們拒絕接納酒神的下場：「如果你們懂得平衡心智，那麼我，宙斯之子，便會為你們帶來好運，但你們卻不願歡迎我。」

為了嚴懲家鄉的人，戴奧尼索斯把忠誠的祖父卡德馬斯變成一條蛇，再把祖母哈莫妮亞變成一頭野獸。然後戴奧尼索斯便把阿蓋芙與他的祖父母一同驅之荒野。

儘管戴奧尼索斯對待祖父母和阿姨的手段很殘忍，但他卻非常敬愛他的母親西蜜莉。他為自己可成為天神母親卻被迫困於冥府感到沉痛不已。因此他決定到地府解救西蜜莉，然後帶她回人間。唯一的問題是，他並不知道方法，他費盡心思找尋地府的入口，直到最後碰見一名老人海波里納斯。老人答應酒神帶他去祕密之門，但色慾薰心的嚮導卻要求要和俊美年輕的天神發生親密關係。戴奧尼索斯逼於無奈只好同意了，但得等到他重返人間。經過一趟漫長的旅行，他終於找到西蜜莉，並且成功帶她回來。但那時海波里納斯卻已老死。一言既出駟馬難追，於是酒神取下附近一棵無花果樹的樹枝，刻成神似他陰莖的模樣放在海波里納斯的墳墓上方。最後他帶領母親來到奧林帕斯山，宙斯和其他諸神熱烈歡迎她，和她的兒子一同加入諸神的行列。

邱比特 Cupid

愛神

傳說厄洛斯是最早出現的一名神祇，他是卡厄斯所生之子，輩分僅次於大地之母。厄洛斯是繁殖的主要力量，可讓宇宙其他能量交配繁殖。但之後的傳說故事裡，厄洛斯卻變成愛芙羅黛蒂的小兒子。他四處飛翔射出愛情之箭，卻讓那些中箭之人飽受情愛所苦，受害對象亦包括阿波羅和宙斯。厄洛斯也名為邱比特，世間流傳一則他最受人喜愛的故事。

很久很久以前，在一個遙遠國度，有一對國王和皇后，他們擁有三個正值適婚年齡的女兒。最年長的兩個女兒樣貌出色，擁有許多追求她們的丈夫候選人。最年輕的女兒叫做普緒喀，她所擁有傾國傾城美貌，許多國外訪客來此只是為了一瞥她的容顏。朝聖者來到這座皇室城鎮，為的就是一睹她步步蓮花之姿，然後他們會往她的腳邊擲出花環，彷彿女神般的崇拜她。很快地愛芙羅黛蒂的神廟和神龕便乏人問津，因為眾人不必求遠便可以在凡間女子身上見到女神般的花容月貌。她的姊姊們很快成婚了，唯獨普緒喀由於太美麗所以沒有男人膽敢追求她、娶她為妻。她獨自一人坐在房裡哀傷啜泣，想著自己是否一生都嫁不出去。

愛芙羅黛蒂發現自己失寵，氣到不能自己。

「我身為萬物創造者，原始元素的起源，世界之母，卻得被迫與一介平凡女人分享人民的崇拜！」

女神派出她的兒子邱比特，要他準備好弓箭朝普緒喀射出一箭，讓她瘋狂愛上全世界最惡毒、邪惡、噁心的男人。她不在乎普緒喀會愛上誰，也不在乎邱比特要怎麼達到目的，只要邱比特能毀掉她的人生即可。

女孩的父親開始擔憂，擁有如此貌美的女兒，是否是天神的詛咒。他派人去求神諭，問他究竟該拿普緒喀如何是好。結果收到的訊息可怕地清晰：

國王啊，請讓你的愛女穿上最好的結婚禮服——或者說是喪服，將她置於高山懸崖。你的女婿會在那兒與她會面，但他不是一般凡夫俗子，而是一隻野蠻、狂野、邪惡之獸，拍打著翅膀飛翔於天際，以火焰與刀劍擾亂世界，面目可憎、行徑殘暴，連宙斯和諸神在牠靠近之時，都會忍不住渾身顫抖，連河川都會撤退，地府的鬼魂都為之戰慄。

可憐的父親深深疼愛著女兒，無法拋棄女兒讓她背負如此命運，但普緒喀卻已自己走至懸崖邊，穿上死神新娘之衫。她從神諭中看出愛芙羅黛蒂的復仇手段，也知道再多掙扎都是多餘。她心碎的父母和姊姊知道自己無法與天庭神祇做對，只好獨留她在山頭，讓她面對自己的命運。

看不見的情人

普緒喀只是靜靜等著恐怖的事情發生。忽然毫無預警地，來了陣溫柔的風自崖邊捲起她，帶領普緒喀來到腳下的山谷。在那裡她看到一間美麗的宮殿，一看就知道是出自天神之手。她進入宮殿，看見以金子砌成的牆壁，就連地板也是珍貴珠寶鋪蓋而成。城堡深處傳來一個聲音，告訴普緒喀，她眼睛所見全都是她的。若她需要任何事物，只管開口。看不見的僕人會替新女主人準備豐盛的晚餐以及溫暖的洗澡水，領她來到臥室。

獨自一人在房裡的普緒喀，開始害怕不知道接著會發生什麼事。她的母親與姊姊曾告訴她新婚之夜會發生什麼事。先不論房子的主人究竟為何許人，身為一個毫無經驗的閨女，她從未與凡人親密過，更別說是天神或怪獸了。太陽漸漸西下，隨著時間一分一秒過去，室內也開始變得昏黑，但普緒喀仍靜靜躺在床上等候。她赫然感到身旁出現一個看不見的男人擁抱她，她不禁驚訝地倒抽一口氣。她的丈夫整夜與她翻雲覆雨，卻在太陽升起陽光灑落室內之前，就已先行離去。

隔夜、又再隔夜都是這樣，最終普緒喀竟開始期待丈夫的來訪。

有天夜裡，他們溫存的時候，普緒喀的隱形丈夫警告她，無論如何她都不能看見他的臉。他告訴她已懷有身孕的她生下的孩子會是天神。她絕不能試圖探究他的真實身分。普緒喀雖然心裡不情願，但也只能承諾自己必然遵從。但是普緒喀也拜託他帶她姊姊來家裡作客，讓她們知道她安然無恙。

她的愛人答應了，但又再次提醒她千萬不可以因為受不了誘惑而背棄承諾。隔天普緒喀的兩個姊姊來到懸崖邊，也就是普緒喀當初等待命運之處，一陣溫柔的風席向她們，帶著兩姊妹來到腳下的城堡，普緒喀已經在那兒等候了。她擁抱姊姊，迫不及待帶她們參觀豪華的宮殿。訪客坐在宮殿，享用豐盛晚餐和奢華享受，這是她們做夢也想不到的待遇。當太陽緩緩下山，普緒喀便向姊姊道別，一陣風又將姊妹倆帶回山頂。

就在那時，兩個姊姊開始嫉妒了起來。

「命運真是殘酷，」較年長的姊姊說道：「我們的小妹享受女神般的生活，而我卻得和那南瓜一樣的禿頭肥胖丈夫同床！」

「妳那還不算什麼，」另一名姊姊駁斥：「我那老公因為關節炎，連腰都打不直了，我成日不像個妻子反倒像個護士，得幫他塗抹那教人作嘔的藥膏，按摩他的關節，害我嬌嫩的雙手都疼了。我才不在乎她是不是我們的妹妹，普緒喀可以倒在年輕帥氣的天神懷裡，住在金碧輝煌的宮殿，這就是不公平。若問我死前最想做些什麼，我最想要看她失去所有！」

最年長的姊姊也同意。她們暗自籌謀。隔天微風又將她們從懸崖邊，送到普緒喀家裡。但這對心術不正的姊妹已經準備好好嚇嚇妹妹。她們告訴普緒咯隔壁村農夫的故事，農夫目睹一條巨蛇滑行經過森林來到了她的城堡。她們警告普緒咯，只待孩子一出生，她丈夫便會把她當美味豐富的佳餚一口吞下肚子。聽到這裡普緒咯害怕極了，急著打發她們，說這不是真的。但姊姊一離去，她便開始陷入沉思。

當晚她丈夫在她身側進入夢鄉之後，她舉起一盞油燈，手裡握著一把鋒利的刀子，悄然接近沉靜不動的丈夫。她把油燈高舉過他的面孔，正準備要砍下怪獸的頭顱時，她卻看到一個全世界最俊美的男子超乎她想像。男子正躺在她的床上，他的面頰漂亮緋紅，他的長卷髮披下覆蓋他完美的身軀。他的腳邊有一把弓和箭，她拾起一支箭拿尖銳的箭頭輕輕刺了自己一下。她其實已經不需要任何刺激便已深深愛上她沉睡中的丈夫，普緒咯現在知道原來丈夫就是邱比特。

正當她俯身想給他一吻時，一滴灼熱的油從油燈滴落，滴在他裸露的肩膀上，讓他忽然驚醒。

「普緒咯，為什麼妳就不肯聽我的話呢？」邱比特絕望地大喊：「妳知不知道妳做了什麼好事？我無法再見妳了——永遠都不能了。我的愛人，我們所擁有的一切，現在都將化為烏有。」

語畢愛神便消失了，徒留普緒咯一人。她衝出房間跑到森林裡，想要投河終結悲慘的人生，但河卻不願接納她。她躺在草地上哭泣，直到潘神來到她身邊。潘神原本正在森林追逐一名仙女，正巧遇見普緒咯，潘神告訴她別想自殺的事了，然後帶她來到她姊姊的家裡。普緒咯安然進入屋裡後，便哭倒成淚人兒，告訴姊姊所有事發經過。但這位壞心的女人並未安慰普緒咯，反倒將妹妹的悲慘經歷視為自己的大好機會。姊姊跑到愛神城堡上方的懸崖邊，一躍而下，嘴裡大喊：「接受我吧，邱比特！我會是你值得擁有的妻子。」但之前那陣帶領她至城堡地面的溫柔之風，卻並未降臨，相反地她在墜落於嶙峋的岩石前感到一陣寒風刺骨。普緒喀前來找另一名姊姊，告訴她自己永遠失去丈夫的事時，這位姊姊也做出相同的事情。

邱比特情人的試驗

有隻鳥兒在大地盤旋，見到普緒喀在森林裡失魂落魄地漫步，鳥兒把這一切告訴愛芙羅黛蒂。女神憤怒不已：「所以說，我的寶貝兒子交了個女朋友，是嗎？他非但不做好自己的分內工作，反而還接納了這個小蕩婦，讓她懷有身孕！他以為我是一個無足輕重的婦人，幫他找娼妓消磨時光嗎？此外，我還年輕，還不是當祖母的時候！」

愛芙羅黛蒂找到普緒喀把她帶至宮殿，但這裡沒有僕人和精緻的餐點，只有不斷的毆打和凌辱。最後這位女神折磨她折磨地也累了，於是告訴普緒喀，倘若她能完成幾項任務，那她便能重獲自由。首先她被帶到一個糧倉，裡頭堆滿各種混合的小麥、大麥、黍粒、罌粟籽、雞豆、扁豆和豆子，然後要她在隔天清早以前把這些穀物一種一種分類好，否則她必死無疑。普緒喀知道，女神不過是要找個藉口殺了她罷了，於是她坐在穀倉的地板上等待死亡降臨。但有隻小螞蟻經過她的身邊，不禁同情起她的遭遇，於是召集所有朋友來到糧倉開始分類各種穀類種子。清晨到了，正如愛芙羅黛蒂所要求，普緒喀分完所有的穀物。

女神見到普緒喀成功完成任務簡直氣壞了，她接著命令普緒喀去找金色羊毛的。但問題是這些羊可是手下不留情的殺手，牠們會將任何試圖接近的人碎屍萬段。即便如此，她還是得為女神取回羊毛，否則只有死路一條。這次普緒喀仍然只能坐以待斃，但附近河岸的一根纖細蘆葦草為她感到惋惜，於是便告訴她取得羊毛的祕密。蘆葦草說，羊群在炙熱的白天雖為兇殘，但如果普緒喀能等到夜晚，便能取得羊在經過樹木時不慎被樹枝勾住留下的羊毛。普緒喀心懷感激地照著做，依照愛芙羅黛蒂的命令帶著羊毛回來給她，這讓愛芙羅黛蒂氣得暴跳如雷。

「妳以為自己很聰明是吧？」女神問她。「那麼妳下一個任務，就是取回一杯守誓河的泉水。守誓河就位於深山一個無法跨越的山谷下，但我想這對根本妳構不成任何威脅吧，親愛的。」她幸災樂禍地邪惡一笑，然後遞給普緒喀一個水晶杯送她上路。

普緒喀知道她無法爬到險峻的河谷下方，於是便攀上懸崖準備一躍而下一了百了。然而這時宙斯的老鷹正好經過看見準備跳崖的女孩。邱比特曾經幫過牠一次忙，因此牠俯衝而下，阻止邱比特的新娘自盡。牠叼走水晶杯，為她裝滿山谷下的泉水。普緒喀帶回高腳杯，呈給愛芙羅黛蒂。

地獄冒險贏回真愛

愛芙羅黛蒂百思不得其解，這位年輕女孩是怎麼完成這些致命挑戰，她決定要派給她最後一項考驗。這考驗不但危險更不可能達成，普緒喀絕對不可能活著完成任務。她要普緒喀遊一趟地府，取回哈得斯妻子波賽芬妮的香芬。愛芙羅黛蒂交給她一個罐子後便踢她出宮殿，女神相當有自信她再也不會見到普緒喀。

普緒喀也同樣認為自己絕不可能完成這項任務，因為沒有凡人可以一遊陰曹地府之後還活著回來的。她爬上一座高塔準備跳下自盡，但高塔卻對她說話了，它告訴普緒喀還不到認輸的地步。遊地府雖是艱鉅的任務，但絕非不可能，只要她願聽從高塔的指示便可能完成任務。她得先前往斯巴達近郊的一處偏遠果園，在那裡找到進入冥界的入口。走進洞穴時，她的手裡必須拿著兩個大麥餅，嘴裡含著兩枚硬幣。通過陰曹地府時，她得忽略路上任何人的要求，只有在抵達波賽芬妮的家時才可以開口說話，跟她要一些許香芬。但無論如何，她都不可以打開罐子，朝裡頭偷看。

普緒喀認真地聆聽，感謝高塔的協助後，便前往尋找進入冥界的入口。她帶著糕餅和硬幣，走進地底的黑暗世界。她先是遇到一個不良於行的男人，他帶著一隻跛腳的驢子向普緒喀請求協助，但她不予理會地經過他身邊。然後普緒喀來到守誓河畔，找到貪心的船夫哈隆，他收下她嘴裡的一枚硬幣，撐篙讓她渡河。來到河水中央時，她低頭望進水裡，看見一個死人正在求她把他拉上船，但她闔上雙眼不予理會。接著普緒喀遇見幾個正在編織的老女人，她們要她留下來一起做針線活，但普緒喀仍然快步通過。稍後她來到兇惡的地獄犬面前，她丟了一塊大麥餅給牠。終於，普緒喀來到波賽芬妮的宮殿，波賽芬妮很熱情地招呼普緒喀，邀請她享用一頓豐盛的餐點。但普緒喀婉拒了，只跟她要了一些珍貴的香芬。地府女神微笑答應了，幫她把罐子裝滿香芬，然後緊緊密封好罐子。

普緒喀回到她來時的那段路，又丟了另一塊糕餅給地獄犬，把最後一枚硬幣給哈隆讓她渡過守誓河。普緒喀辛苦地爬上又長又黑的走道，最後回到人間。但她不禁好奇，如果波賽芬妮的香芬如此強而有力，也許它可以幫她贏回邱比特的愛，她急切想要丈夫回到她身邊，於是她打開罐子，沒想到卻陷入深長如死亡的熟睡。

邱比特在森林中發現她，把她抱在懷裡。他用自己的箭輕輕刺普緒咯一下，普緒咯便甦醒了。邱比特帶她回到奧林帕斯仙境。在把香芬交給他母親之後，他向宙斯和其他天神請示，是否願意讓他勇氣可嘉的新娘成為女神永遠和他住在一起。這一次，普緒咯的勇敢以及兒子的奉獻讓愛芙羅黛蒂也忍不住刮目相看，於是她勉為其難答應他們，並答應要舉辦一場正式婚禮。有了宙斯的首肯，赫美斯帶來一杯長生不老的仙露給普緒咯。她一飲而盡高腳杯裡的飲料，立即感到永生之火在血管裡流竄。她吻了吻邱比特，所有人都開心地為新女神歡呼。牧神吹奏長笛，繆斯女神演唱婚禮歌曲，愛芙羅黛蒂也隨著音樂起舞。隨後，邱比特和普緒咯的孩子誕生了，他們的女兒就是幸福女神。

女神

希拉 Hera

守護婚姻與生育之神

天庭皇后既是婚姻與生育的守護神，同時也是女人在遭遇人生難題時尋求庇護的女神。希拉形象變化萬千，她以少女、新娘和老太太的形象接受眾人膜拜，無論凡間女子的痛楚憂傷為何是想找老公、孕育孩子，或是苦於寡婦的孤獨，希拉總是充滿同理心地細細聆聽。雖然希拉育有數名孩子，但每年她都會回到她在阿哥斯的神廟，再度回復處子之身，如此一來才能幫忙需要協助的年輕女子。希拉是新生女神，為身處人生各種階段的女性提供慰藉。在這個男權至上的世界，給予老老少少的女人希望。

她對憂慮悲傷的女人懷有同情心，但也或許正是這分同情心讓她有時也成為得理不饒人的潑婦，特別是在與自己丈夫的相處上。愛歐、嘉麗斯特和麗妲，不過是宙斯眾多無辜情人之中其中幾位被希拉追捕折磨至極的對象，她常藉此宣示自己身為宙斯法定妻子的地位。

希拉向來不害怕正面與宙斯對質，特別是她覺得他行蹤鬼祟的時候。有天海洋女神佘蒂絲來找萬神之王，希望宙斯能幫她兒子的忙，而希拉卻忽然衝了進去，開始對宙斯大呼小叫：「你又和哪個天神計畫什麼了？你什麼都不告訴我！你怎麼沒膽子告訴我你的祕密計畫啊，你到底都鬼鬼祟祟在做些什麼？」

宙斯反擊道：「妳這女人，我真是受夠妳了！向來都這麼疑神疑鬼地探聽我的私事，如果妳繼續這樣煩我，我發誓妳絕對會後悔的，就算妳是我太太也不例外。萬神之王是我，不是妳。我會做我認為正確的事情，無論妳認同與否！」

希拉很少能在爭執中取得主控權，但她和宙斯家庭紛爭確是稀鬆平常的事。有次他們兩人爭論究竟是男人還是女人比較享受性愛。他們決定讓預言家狄瑞西亞斯解決這紛爭，因為他曾分別以男性和女性的身分和異性發生性關係。有回當他行經森林巧遇兩頭正在交配的蛇，於是他便拿起拐杖敲打牠們。沒想到他竟為此遭到懲罰變成女人足足長達七年。之後，狄瑞西亞斯再次碰見蛇，他心裡暗想再敲打牠們一次也許可以變回男人。果不其然，狄瑞西亞斯變回了男人。因此萬神之王問他，到底是男人還是女人在親密關係中較能獲到愉悅，他回答事實上女人較能享受性愛，甚至是男性的十倍之多。希拉痛恨他說出了這項祕密，於是便將狄瑞西亞斯變成瞎子以示懲罰。為了彌補他，宙斯賜予他預知的能力，此後他便成為出名的先知。

就如同所有女神，希拉也會捍衛守護她出名的美貌。獵人奧利安的妻子希得曾向人炫耀自己比宙斯的太太還要美麗，不幸招惹希拉的她便被打入陰間，永不得離開。矮人族皇后姬拉娜，也聲稱自己的美貌無人可及，為此希拉將她變成一隻鶴。有些故事也說道，阿哥斯國王普羅耶特斯的女兒，其實並非被戴奧尼索斯逼到失控瘋狂而是被希拉變成牛，全因為她們認為自己比希拉美麗。

狄美特 Demeter

諸神之母、豐收之神

與她的姊妹希拉相同，狄美特也是泰坦神克羅諾斯和麗娥的孩子。但與希拉不同的是，狄美特不太關心愛情，也不甚喜歡比美。她主宰豐饒富足的綠色大地上負責供養萬物的穀物。

但她並非完全對愛情免疫。有次狄美特和其他眾神參加底比斯國王卡德馬斯和哈莫妮亞的婚禮時，她瘋狂愛上一名叫做雅西昂的凡人，正如狄美特的本性，她沒有在充滿香芬的床上，而是在她三度耕耘的土地上與他纏綿。傳聞當宙斯發現此事時，便以雷電擊斃雅西昂，懲罰他的踰矩行為。但也有其他故事說，雅西昂度過長壽的一生，而狄美特只能在一旁黯然傷心看著他頭髮斑白。這對愛侶育有兩個兒子：地底下的財神普魯托斯，以及窮苦的凡人農夫菲洛米勒斯。菲洛米勒斯還曾發明馬車，討狄美特的歡心。

然而，狄美特在遭到冒犯時所展現出來的憤怒也是相當嚇人。來自帖撒利的凡人伊里西赫頓在外出砍伐木柴時，發現狄美特的神聖果園，於是他拿出斧頭砍截樹枝，住在樹木中的樹精大聲哭喊，但他仍舊充耳不聞。倖存下來的樹木向狄美特祈禱，希望她能夠報復伊里西赫頓，女神聽到了她們的祈求，怒不可遏的她折磨伊里西赫頓，讓伊里西赫頓變得貪得無厭，飢餓難止。因此他散盡家產，甚至要把女兒梅斯特拉賣去當奴隸才有錢可以買食物。他女兒的舊情人曾贈予她一項才能，讓她可以改變樣貌。有了這項才能，這名孝女便在每次賣給別人之後，又再次回到父親身邊，然後再以他人的面貌繼續賣給其他人。即便如此，他們靠欺騙賺來的錢仍舊不夠用。很快地伊里西赫頓開始啃噬自己的肉，最後將自己生吞而滅。

大地之母哀傷的冬天

但狄美特最出名的故事，莫過於女兒波賽芬妮遭冥界之神哈得斯擄走的故事。有天這名少女正在離家遙遠的茂盛草地上摘取紫羅蘭和玫瑰花，而就在此刻，她面前的地上忽地出現一個巨大裂縫，哈得斯從裂縫裡頭蹦出，他駕著永生馬匹拉著的黃金馬車忽地捉走這名少女。波賽芬妮奮力抵抗，大聲地向父親宙斯求救，但卻似乎無人聽見她的哭喊聲。哈得斯很快帶著他的戰利品回到陰間地府，地面的裂縫也在他離開後立即闔起，絲毫未留下任何線索。

波賽芬妮被黑暗地府之神帶到陰間，她無助地坐在那裡嚎啕大哭，渴望能再次見到日光。她哀淒啜泣的聲音迴盪於冥界，卻無法穿透地面，直達凡間。即便如此，狄美特仍可感覺到女兒的呼喚，卻無法確知她的所在地。

母親的天性讓狄美特急迫焦慮，她自奧林帕斯山飛到人間，到世界各角尋覓波賽芬妮。她問過所有她碰見的人，無論對方是凡人或神祇，著急地想知道是否曾有人見到她的女兒，但卻無人能告訴她波賽芬妮的去向。她瘋狂地找了整整九天，翻遍了世界各處只為能夠找到自己的孩子。最後她遇到女神黑卡蒂，她告訴狄美特一件驚人的事：「高貴的狄美特，大地豐收的女神，禮物的餽贈者，你想知道是哪位凡人或天神帶走波賽芬妮，害妳如此傷心難過嗎？我真希望我能告訴妳是誰，但我只聽見她聲嘶力竭的哭喊，並未看見是誰帶她走的。」

隨後狄美特去找老太陽神赫利奧斯，他乘坐馬車跨過天際時肯定什麼都看見了。她來到他輝煌發亮的宮殿請求他告訴她實情。赫利奧斯起初不願意說出真相，但最後無法再忍了：「麗娥之女，妳的哀淒打動了我。關於妳女兒失蹤的事，妳該怪的不是別人正是宙斯。在妳女兒摘花之時，宙斯允許他的兄弟哈得斯抓走她，冥界之主正在陰曹地府禁錮著妳的女兒，不願讓她離開。她之所以會在那裡全都是宙斯的意思，妳也幫不上她的忙。」

知道是宙斯和哈得斯搞的鬼，狄美特氣憤難平，她立誓再也不回奧林帕斯仙境，還卸下女神之姿，換上老女人的樣貌。偽裝成老女人她怨嘆哀傷地於大地流浪，哀悼自己再也見不到女兒。

有天她來到雅典北部的愛柳西斯鎮，在國王賽流斯的宮殿附近找了個蔭涼的井邊坐下。這裡是鎮裡女人都會來汲水的地方，不用多久賽流斯的四名女兒便前來給她們的銅壺裝水。她們很有禮貌地與狄美特打招呼，詢問她究竟是什麼樣的風吹來像她這樣一位老太太。狄美特說自己在克里特島遭海盜綁架，但之後在附近的一個海港成功脫逃。她只想要找一個安靜的地方安然度過餘生。心想也許這幾位女孩知道這附近有哪戶人家需要幫手照料孩子？

幾個女孩說近來她們的母親確實剛產下一名男嬰，如果能有像她這樣尊貴的婦人幫忙照顧孩子，她們相信父母肯定會很開心。於是她們帶狄美特回到宮殿見母親，皇后熱情歡迎她，也很開心地讓她接下這分工作。當狄美特見到小嬰兒時立刻就喜歡上他，並承諾嬰孩的母親她勢必將孩子視如己出、妥善照顧。

從那天起，每天夜裡等到宮殿裡的人紛紛入睡，女神便會以仙糧餵食嬰兒，並把他埋在爐火中燒盡他凡人的天性。但有天晚上，孩子的母親正巧經過目睹狄美特所做的事情，不禁驚嚇地放聲大叫。女神伸出手，抱出爐火中的孩子，告訴這位母親：「我是狄美特，妳這愚蠢的女人！我本來可以讓妳兒子青春不老、永生不死，現在他得一輩子當個凡人，辛苦地過活了。」

隨後女神命令愛柳西斯的人民為她建一座神廟，這樣她才可以在他們的城鎮建立她的教派。這個小男孩雖然錯失永生不老的機會，但狄美特準備告訴小男孩地府的祕密，讓他們死後可以逃過一劫。

國王和愛柳西斯的民眾欣喜答應了，然後在城鎮裡為狄美特建了一座歎為觀止的神廟。待神廟落成之後，工人也回家了。女神進入神廟關上大門，獨自在那兒哀悼女兒，因而怠慢了大地豐收的工作。

五穀不興，空有牛隻在田裡耕種也是枉然。饑荒遍布全世界，人民飢餓度日，只好向天神呼喊求救，但沒有一個天神有能力讓大地重獲生機，只有狄美特可以。

宙斯聽到人類的悲慟哭喊，於是派了擁有金色羽翼的伊莉絲去請狄美特回來，但女神的心意堅定。眾神前往愛柳西斯的神廟，乞求她讓大地生長豐收，乞求她以憐憫之心讓她美妙的禮物降臨大地。人們祈求她，若無穀物大地上的人類皆難逃一死，世上就沒有人可以為天神獻祭。

但狄美特拒絕了，除非她能再次見到她的女兒波賽芬妮，否則她可是鐵了心絕對不會再回到奧林帕斯仙境，也絕不會再讓大地長出果實。

於是宙斯派出赫美斯去向哈得斯求情，請他放了波賽芬妮。沒想到冥界之神竟意外地接受請求，駕著他的金色馬車將波賽芬妮送回到母親的懷抱。當他們抵達愛柳西斯，狄美特緊緊環抱女兒，她永遠都不讓她再離開一步。但當她問起波賽芬妮與哈得斯在一起的時候是否吃下任何食物，她的女兒回答道這段期間自己並未進食，只有吃了哈得斯堅持要她吃下的石榴種子。狄美特咕噥一聲。由於她已經吃下陰間的食物，所以她們不能永遠在一起。她每年必須有三分之一的時間留在陰間和哈得斯一起生活，然後等到春天降臨，才能夠折返人間。狄美特對這項安排甚為不滿，但同意會讓大地重新富饒豐收，只是她說每年冬天她會因女兒不在而哀傷，因此田地會無法生長作物。因此秋天時，波賽芬妮回到地府之後，大地便開始轉為蕭瑟枯萎，天空也變得冷冽灰暗。一直到春天狄美特和波賽芬妮又再聚首之時，大地才會回春豐碩。

阿提密斯 Artemis

童貞女神，主宰人類和動物繁衍的狩獵神

宙斯和麗托之女、阿波羅的妹妹阿提密斯是主宰狩獵的童貞女神。她慷慨賦予榮耀給那些為了她奉獻自己和貞潔的人，但同時也苛責不貞的信徒像是嘉麗斯特。這些女孩或許出於自願，或或許受男人或天神強迫而失去貞操。阿提密斯對於嘗試奪走她貞操之徒，或者甚至是看到她裸體的人，態度可說是更加嚴苛。

有位名叫阿克泰溫的年輕人，有天在森林與他的獵犬一起打獵，正巧見識到冒犯女神的下場。他是底比斯王卡德馬斯的孫子，擁有全希臘最優良品種的獵犬。而此時阿提密斯正巧和幾位仙女在同一個森林追蹤野鹿。她們累了以後停下腳步，在清涼沁心的泉水游泳。女神褪去衣衫，

與信徒一同在水裡嬉戲。忽然間，她們看見樹後有張男人的臉孔，正盯著她們猛瞧。

阿克泰溫看著眼前美麗、閃著神仙光芒的阿提密斯，看著看著竟不禁出神了。仙女們連忙聚集起來擋住阿提密斯，阻擋誤闖獵人的視線，但女神卻驕傲地赤裸著身軀，走到阿克泰溫面前，對他說道：「你就好好看吧，貪婪的年輕人。你可以盡量告訴你的朋友，你親眼看見主司狩獵的處女之神一絲不掛的模樣。告訴他們啊。如果你還可以活著離去的話，儘管去說吧。」

語畢她向阿克泰溫潑灑泉水，剎那間他身體開始變形。他的頭頂冒出鹿角，他的耳朵變尖、手臂和雙腿也變成鹿足。他想要大聲呼喊、請求她手下留情，但聲音也跟著消失。他驚懼地逃離泉水，發現他的獵犬就在附近的林地，於是他對牠們大喊——米蘭普斯、伊許諾貝茲、潘發葛斯！但狗兒聽見的卻是獵物的叫聲。牠們朝他奔跑而去，牙齒深陷他的皮毛。「我是阿克泰溫啊，」他試著大喊，牠們卻咬斷他的喉嚨，讓他倒在血泊中。獵犬奪走野鹿的性命後，好奇牠們的主人去哪兒了，牠們逮到一隻雄鹿，主人肯定會很高興。唯一的目擊者阿提密斯站在林地邊緣，冷笑看著這一切發生。

有位愚昧的獵人名叫布發葛斯，他發現阿提密斯在阿卡迪森林漫步企圖強暴她，但她拔出箭袋裡的弓箭成功射殺他。另一個高超的獵人奧利安，也因為冒犯女神而同樣遭射殺。奧利安是色雷斯國王之子，國王曾熱情款待宙斯、波塞頓和赫美斯。天神為了獎賞膝下無子的國王，承諾只要他願意獻祭牛皮，天神便願賜他一子。國王照做了。三名天神同時在牛皮上撒尿，然後點火燒盡牛皮。九個月之後，有個小嬰兒便從之前眾神允諾國王求子心願的那塊地上誕生，驕傲的父親因此為他取名為奧利安（「Orion」或「Urion」，意指「尿尿之童」）。

奧利安的死因眾說紛紜，流傳許多不同版本。有些人說奧利安試圖強暴阿提密斯，也有些人說阿提密斯愛上奧利安，但因為他選擇與曙光女神伊奧斯生活，阿提密斯出於嫉妒才奪取他的性命。但還有另一派說法，流傳因為奧利安在一場競賽擊敗阿提密斯引來殺機。也有一說提到奧利安曾嘗試引誘阿提米斯的一位信徒，她才因而殺了他。這些不同故事版本有著相同的結局，奧利安被阿提米斯派來的蠍子螫，致命身亡。之後她把奧利安放上天空成為眾多星座之一。旁邊伴隨著他的忠實愛犬天狼星，以及取他性命的天蠍座。

阿提米斯不以挑起男人的性慾為樂，而是希望他們成為她的信徒追尋一生的貞潔。其中一位忠實的信徒名叫希波呂托斯。他是雅典國王提修斯與亞馬遜族女王安提娥培的私生子。希波呂托斯因藐視愛神惹毛了愛芙羅黛蒂。為了報仇，她故意讓提修斯的太太斐杜拉，瘋狂愛上希波呂托斯，但這位年輕人卻不想與她有所牽連。沮喪氣憤的斐杜拉因而上吊自縊，死前留了一張字條給提修斯指控希波呂托斯試圖侵犯她。讀完字條，提修斯便請求他的父親波塞頓出手殺死希波呂托斯。海神照他的意思做了，讓希波呂托斯駕著馬車撞上海岸邊的岩石，最後傷重不治。但在希波呂托斯過世之前，阿提密斯告訴提修斯實情，讓含淚的父親與兒子重修舊好，阿提米斯也承諾賜予希波呂托斯永恆的榮耀。

愛芙羅黛蒂 Aphrodite

愛神、情婦的守護神

愛神的凡人情夫

與女神過從甚密，可是相當危險的事。尊貴的特洛伊少年安喀西斯便嘗盡了苦頭。當時他獨自在距離特洛伊遙遠的愛達山上看顧牛群。

諸神已經受夠愛芙羅黛蒂的詭計，害得他們成日心神不寧。於是為了報復她，宙斯故意設計她，讓她迫切渴望與凡人溫存。要這麼做很簡單，她只需要看安喀西斯一眼就足夠。她一瞥見安喀西斯就完完全全迷戀上他，立刻奔回位於賽普勒斯島上的巴佛斯城神廟。愛芙羅黛蒂就是在那自海洋泡沫中誕生。她的侍女為她沐浴，以香甜的香水塗抹她的身體，然後為她穿上一件美麗的衣袍。當一切準備就緒，愛芙羅黛蒂便直接飛往愛達山，而安喀西斯正在那兒彈奏豎琴。當她走過森林和草地，動物們聞到她身上的香氣之後，紛紛感受到一股慾望驅動迫不及待地開始交配。

愛芙羅黛蒂放下她的女神光采，忽然以凡間少女之姿出現在安喀西斯面前。她僅以一個花形胸針別起光滑如緞的袍子，耳垂點綴精緻的耳環，美麗的項鍊環繞她迷人的脖子，最後落於她柔軟的酥胸間。

安喀西斯立刻緊張地跳了起來，手裡的豎琴差點沒拿穩、險些就要掉了：「歡迎之至，大地的女神。無論妳是阿提密斯，或是雅典娜、抑或高貴的愛芙羅黛蒂都好。我都會在此處為妳建蓋一座祭壇，永遠敬拜妳。」

愛芙羅黛蒂對年輕人微微一笑，說道：「親愛的安喀西斯，我不是什麼女神。你為什麼會以為我是女神呢？我不過是個平凡女子，佛里吉亞國王歐特瑞斯的女兒。我剛剛在和我的朋友跳舞，忽然間赫美斯匆匆把我帶來這裡。他說我要成為安喀西斯王子的妻子了，也就是你孩子的母親。希望你覺得我配得上你。我只是一個單純的閨女，請帶我回家見你的父母吧。但在那之前，也許我們可以在此共度春宵，就我們兩個而已，你覺得如何？」

安喀西斯立刻就愛上了她，他的心跳加速彷彿要跳出他的胸膛：「如果妳真的是凡間女子，我很樂意接受妳成為我的妻子。妳是如此美麗，我願意以我的性命換上與妳共度一夜。」

女神彷彿害羞的少女對著他微笑，牽起他的手。就像從未經歷愛情滋味的女孩一樣，她在安喀西斯領她進屋時，顯得有些猶豫。他首先摘下她的首飾珠寶擱在一旁，接著鬆開她的胸針，她的衣袍輕柔地滑到腳邊。猶如一隻溫馴無害的小羊，她一絲不掛地站在他面前，雙眼羞怯地望向地面。然後安喀西斯帶她上床，兩人纏綿繾綣了一整晚。

當曙光乍現，愛芙羅黛蒂起床，展現她女神的光采容貌。宙斯給她下的熱情咒，此刻已消失殆盡，她看見躺在面前的竟是一介凡夫俗子，氣得對他大喊：「起床，安喀西斯！好好看著我，看我是否和昨晚不一樣了。愛神愛芙羅黛蒂正站在你的面前。」

安喀西斯睜開眼睛看著她，不小心跌下床沿，他害怕顫抖地向愛芙羅黛蒂鞠躬。「我當時一看見妳，就知道妳肯定是女神了，拜託，我以宙斯之名請求妳，請對我手下留情！沒有人和女神親密後還能苟活的，我知道少說我逃不了性無能的命運！」

愛芙羅黛蒂回答他：「噢，安喀西斯，冷靜下來。你和你的人民一樣都備受天神喜愛。享有我女神的風姿並不會為你帶來任何傷害。但你可要牢記在心了，如果你膽敢告訴任何人你我一夜風流的韻事，你的命運就只有悲慘兩個字了。跟一個凡人親密讓我感到無比羞恥。更糟的是你還害我懷孕了！孩子出生後，我會把他帶來讓你撫養。你可以告訴他他的母親是山精，但如果你膽敢提及我的名字，你就只有死路一條。」

愛芙羅黛蒂飛回賽普勒斯，九個月之後，又帶著安喀西斯的兒子回來。安喀西斯為他取名為伊尼亞斯，他長大後成為特洛伊的王子。愛芙羅黛蒂氣消之後，終於願意聲稱伊尼亞斯是她的兒子，但和凡人共度春宵一事卻始終讓她悔恨萬分。

愛上雕像的國王

愛芙羅黛蒂雖然很殘忍，她對真愛卻滿懷同情心，即使對方為凡人亦然。皮革馬利溫是愛芙羅黛蒂家鄉賽普勒斯的國王。年輕的國王找不到符合期望的女人，因此遲遲沒有娶皇后，獨自一人生活在宮殿，每晚也一個人上床睡覺。

但皮革馬利溫知道自己想要什麼樣的女人。他以珍貴的象牙，雕刻出一尊理想女性的雕像，他的少女雕像，和真人大小一樣，比世界上任何女子都還要來得完美。他的作品是如此完美無暇，他壓抑不住自己深深地愛上它了自己的雕像。皮革馬利溫將手放在她的臉龐，輕撫她的臉頰，然後親吻她的嘴唇，幻想她也回應他的吻。他送給雕像無數的禮物：漂亮的貝殼、甜美的花朵、琥珀首飾；他也為雕像穿上精美的衣袍、在她的手指戴上戒指，假裝雕像也同樣愛他。到了晚上就寢之時，他會把雕像輕柔放在床上，躺在他的身邊，一整晚都幻想雕像是真實的。

有天在一場愛芙羅黛蒂的慶典上，皮革馬利溫來到女神的祭壇禱告。他最想要的莫過於能讓雕像變成真人，但皮革馬利溫不敢奢望愛神真會幫他，所以他只好祈求愛芙羅黛蒂能給他一個如同象牙雕像般的女子。女神聽到他的禱告後知道他內心所求。國王返回宮殿走回臥室，眷戀渴望地凝視躺在床上的雕像。他彎下腰輕輕親吻它的面頰，他的嘴唇感覺到雕像的溫熱，但他確定這只是自己的幻覺。然後他又再次親了雕像、撫摸它的胸部，感覺卻變得柔軟。最後他伸出手，放在雕像的胸口，竟感覺到雕像有心跳。女神真的實現他的願望了，賜予象牙少女雕像嶄新的生命讓它可以如同人類般呼吸。她睜開雙眼，第一次見到光明，同時也見到她面前的皮革馬利溫。女孩微笑地擁抱他，開心答應國王願意成為他的妻子。

有人說皮革馬利溫與新娘的孩子之中，有一名叫做美莎梅的女兒。她生下了阿多尼斯。大多數的人認為，阿多尼斯是亞述國王奇紐拉斯與女兒繆拉所生下的兒子。這段亂倫要從繆拉拒絕敬拜愛芙羅黛蒂說起。女神為了懲罰她，讓她陷入愛上親生父親的不正常狂熱中。繆拉透過保母從旁協助，在父親不知情的狀況下與他同床十二個夜晚，之後公主便懷有身孕。當奇紐拉斯發現後他取出劍準備要殺了女兒。就在此刻，諸神憐憫她，將她變成一棵氣味香甜的沒藥樹。九個月之後，這棵樹忽然裂開，從裡頭蹦出一名小男嬰。

孩子長得極為可愛，愛芙羅黛蒂將他放進一個箱子，交由冥界女神波賽芬妮藏起來，不讓外界知道。但波賽芬妮也非常喜歡這個孩子，想要把他留在自己身邊。於是她們請宙斯解決這場紛爭，但聰明如宙斯找來繆斯女神卡莉娥比裁決。卡莉娥比指示阿多尼斯三分之一的時間應與波賽芬妮住，三分之一跟著愛芙羅黛蒂，另外三分之一則由孩子自行選擇。但男孩實在太喜歡愛芙羅黛蒂了，所以他選擇剩下的時間也與愛芙羅黛蒂共度。

阿多尼斯長大成人後，常花上許多時間和愛芙羅黛蒂在森林和深山打獵。他想嘗試獵捕更大型的獵物，但女神警告他只可追捕兔子等小型動物。這對他來說一點挑戰性也沒有。有一天，他單獨一人打獵，見到一頭野豬衝過森林，於是他便卯足全力朝牠擲出長矛。野豬倏然轉過身，朝他的方向疾速衝刺，阿多尼斯僅輕微擊中野豬，野豬幾乎毫髮無傷且成功以利刃般的尖牙刺穿少年的鼠蹊部位。阿多尼斯倒臥在地上，任由鮮血一點一滴流下，他的生命漸漸流失，這時愛芙羅黛蒂抵達現場把他抱在懷裡，但是一切已經太遲，她無法救回心愛的孩子，但她卻讓他流下的血液，盛開成一朵鮮紅色的銀蓮花。雖然這種花的壽命很短，但每當它盛開卻是全世界最嬌媚的花朵。

愛神的孩子們

愛芙羅黛蒂曾與赫美斯有過一段情，兩人生下一個兒子，名為赫美芙羅狄特。他也是這兩位神祇的綜合體。愛芙羅黛蒂把兒子交由愛達山的仙女撫養，孩子住在那裡直到十五歲。隨著他日漸長大成人，探索世界的欲望也越來越強烈，於是他離開寧靜的家鄉一路往南行，直到他抵達卡呂亞。在氣候炎熱的某日，他來到一個美麗的水池畔，脫光衣服跳入冰涼舒服的水池，在熾熱的太陽底下撥著水游泳。但這時有名住在水池的水精薩馬奇斯瞥見了少年後立刻陷入愛河，冀望他能娶她為妻。於是她穿上最漂亮的衣袍，接近水池邊的少年，然而赫美芙羅狄特太羞怯，只是驚嚇地裸著身子站在年輕美麗的水精面前。她請求少年娶她為妻，但他完全沒有和女性相處的經驗，內心只想著要逃跑。於是薩馬奇斯脫掉衣服，跳入水池中跟著他。她抓到赫美芙羅狄特，緊緊抱著他，兩人赤裸裸的身體靠在一起。她像隻蛇般纏繞著少年的身體，並且請求天神讓他們永遠不分開。諸神聽見她的禱告，剎那間兩人的身體融為一體，赫美芙羅狄特詫異自己變成不男不女的模樣，接著向天神禱告，任何跳進這水池的人也變得和他一樣。接著他便繼續出發上路。赫美芙羅狄特這位既英俊又美麗的年輕人，同時擁有女性的乳房和男性的陰莖成為具備男女特徵的天神。

愛芙羅黛蒂與戴奧尼索斯也生了個特別的兒子，名叫普利亞波斯。普利亞波斯外貌醜陋，卻擁有碩大的男性生殖器，個性乖戾。有天他與一頭會說話的驢子發生爭執。這頭驢子之所以會說話，乃是因為戴奧尼索斯曾賦予牠人類的聲音。驢子聲稱自己那話兒天賦異秉更勝天神，但普利亞波斯卻不以為然，他對自己的那話兒同樣非常驕傲，誇口自己的絕對比他還大。經過幾番精密測量後，確定驢子勝出。普利亞波斯惱羞成怒，用棍子毆打驢子致死。戴奧尼索斯因感遺憾，因此將驢子放上天空，讓牠成為一顆星星。

黑卡蒂 Hecate

三面女神，天界的月神、地獄的魔法女神和人間的狩獵女神。

若說起古代世界最神祕的女神，那肯定非黑卡蒂莫屬。根據早期的傳說，她是泰坦神波賽斯跟阿斯提莉亞的女兒。宙斯推翻泰坦神族，將他們丟入地獄，唯獨黑卡蒂逃過一劫。事實上，萬神之主對她格外尊崇。她是騎士、水手和漁夫的守護神，也是牧人和獵人的守護神，備受尊崇。

但意外的是，卻極少流傳黑卡蒂的神話故事。她曾協助狄美特尋找愛女波賽芬妮，之後卻消聲匿跡。即便如此，她還是處處受到推崇敬拜的陰間女神，掌管冥界十字路口，她也是黑魔法的守護神。她也是持鑰人，看管三頭地獄犬，更是司管地獄的女神。她最喜愛的祭品是紅鯡魚、插有蠟燭的小蛋糕、新鮮的小狗。在月圓之際，人們則會以過期麵包、發臭的蛋、腐敗的乳酪、狗肉組成的垃圾當祭品供奉女神。想要詛咒敵人、或是使用強力魔法咒語時，只要呼喚黑卡蒂的名字。黑卡蒂很少出現在神話故事中。她就像哈得斯，最好以尊敬的心態膜拜她，或者恭敬地緘口不提她的名諱。

黑斯提亞 Hestia

女火神和灶神，家庭和諧的庇護者。

另一個鮮少出現在神話的女神是黑斯提亞。但這位爐灶女神可是家家戶戶都敬愛的女神。她跟宙斯、希拉一樣，同為克羅諾斯和麗娥的孩子。黑斯提亞唯一的職責便是看管每戶人家的生命之火。她拒絕波塞頓和阿波羅的求婚，永遠守身如玉。鮮少有關於她的神話故事或許是因為她選擇永遠守護爐灶。身為灶神的她不能放任神聖之火不顧。

但黑斯提亞仍舊備受尊重，有首早期的詩歌如此唱道：

黑斯提亞，住在高聳天庭的妳，與不死天神和大地的人類共存，妳獲得的是永恆的家園和至高的榮耀。妳在眾神間的分量彌足珍貴、永恆不息。沒有妳的話，凡人就不能享有饗宴。僅以最初與最後的甜美紅酒敬妳。

雅典娜 Athena

和平與戰爭女神，雅典城的守護神，也是藝術和智慧女神。

大多故事都流傳雅典娜是智慧女神密提斯的女兒。據傳密提斯懷孕之後，宙斯便把她吞下肚，女兒雅典娜是在數個月後才從他的額頭蹦出來。這孩子全副武裝，以成人的姿態從宙斯的頭部誕生。雅典娜一出生馬上在奧林帕斯山占得一席之地。但另有寓言說，她是從波奧西亞或阿卡迪的屈東河中出生的。北非的奧遜族甚至聲稱她是波塞頓與他們的屈東尼斯湖共同生下的女兒。但她卻迴避海神後來由宙斯領養。

無論她的身世為何，雅典娜既是戰爭女神，也是女性技藝的女神。身為主宰雅典城的女神，處女神雅典娜的名聲廣為人知，也在雅典衛城的帕特諾斯神殿受世人崇敬。

雅典娜的故事大多與戰役有關，她要不在遠征路上協助英雄，就是幫助戰士返家，但仍有少數故事提及她是工藝守護神。其中最出名的幾個故事，始於一名利底亞的農家少女阿拉庫尼。這位少女編織的手藝超群，連仙女都會圍繞在她身邊觀看。她雙手來回穿梭於織布機上，手指的動作優雅完美，拉出長長的細線，拇指熟練地在紡錘上旋轉。大家都認為她肯定是經過雅典娜的調教，紡織能力才會如此出眾。但對於這個說法阿克拉妮卻憤慨地說：「我全是自己學來的，如果女神認為她比我強，可以請她來找我一較高下。」

雅典娜聽聞女孩如此誇下海口便決定要拜訪她。女神化身為一名老太太，白髮蒼蒼，拄著拐杖來到阿拉庫尼的小木屋告訴她：「年輕女孩，妳就聽我的建議吧，不要太驕傲，妳是很厲害沒錯，但怎麼說妳都不過是個凡人，不要想和女神爭鬥。快點向雅典娜祈禱，祈求她原諒妳的自大，我相信她會願意原諒妳的。」

但阿拉庫尼卻依然很氣憤。

「管好妳自個兒的事就好，老太婆。想要給人建議的話，那就回去建議妳自己的女兒吧，不過那也要你還生得出女兒。總之別來煩我。如果雅典娜真的那麼懂編織，那就讓她來挑戰我啊。」

雅典娜拋下偽裝，以天神的樣貌現身在阿拉庫尼面前。仙女們無一不尊敬地雙膝著地，唯有女孩仍態度輕蔑，堅持要和雅典娜一較高下。兩台織布機並排放好，女神和少女便開始編織。雅典娜以閃電般的速度拿起手上的線織布編出一段段故事來。雅典娜講述愚蠢的凡人膽敢挑戰天神，後果卻慘烈悲痛。阿拉庫尼則以自己的故事反擊，內容講述殘忍天神的虛榮，欺騙虐待世間的男女。女孩織完布，雅典娜完全找不到任何一丁點失誤，於是雅典娜憤恨難平地抓起一支木梭開始往女子身上毆打，直至她失去知覺。阿拉庫尼疼痛得無法忍受，於是她取出一條繩子，在小木屋的屋頂上吊自殺。

雅典娜最後總算冷靜下來，對自己的所作所為感到抱歉。於是她以聖草灑在她的遺體上，看著她的頭髮漸漸褪去，少女的鼻子和耳朵也消失、身軀縮水，僅剩下一顆小小的頭、巨大的肚子，以及四隻長長的腳足。阿拉庫尼死而復生成了一隻蜘蛛。她的子嗣之後會永遠在網子裡，編織出美麗的圖騰花樣。

伊奧斯 Eos

晨曦女神

晨曦女神伊奧斯有著玫瑰色的手指。她是泰坦神希培利溫和帖亞的女兒。她也是縱情聲色的女神，喜愛綁架凡間男子當她的愛人。其中一個便是阿提密斯的狩獵夥伴奧利安。在他死於蠍吻之前，曙光女神曾把他帶到自己在歐泰吉亞島的情網。她也曾因貪慕少年克雷塔斯的美貌，把他找來幫自己暖床。

伊奧斯情路上也曾面對挑戰。西發路是一名深情的王子，深切愛著妻子普柔克麗絲。這對夫妻曾交換誓言要永遠對彼此忠貞。有天早上，西發路在外打獵，伊奧斯來到他身邊，說要和他發生關係。西發路婉拒她，告訴女神他和妻子之間的諾言。但伊奧斯卻耐著性子安慰王子，她並不想讓他破壞諾言，除非普柔克麗絲先打破承諾。西發路保證這種事絕對不可能發生，所以伊奧斯便提議測試看看普柔克麗絲。伊奧斯把西發路變成另外一個人，還給了他許多精美的禮物，看他是否敢以陌生人的姿態引誘他的妻子。

西發路接受挑戰來到他的宮殿，在那兒碰見普柔克麗絲，西路發以甜言蜜語和誘人的禮物迷得她昏頭轉向。最後讓他詫異的是，他的太太竟真的屈服與他上床。

隔天清早伊奧斯把西發路變回原貌，普柔克麗絲羞愧萬分逃到克里特島。其中有個傳言說道，她想要在那裡成為阿提密斯的信徒卻慘遭拒絕，因為她已經不是處子之身。另一個故事則說她治好玩弄女人的米諾斯國王。國王曾遭太太詛咒他射出的不是精子，而是蜘蛛毒蠍。普柔克麗絲治好了國王以後獲得皇室的恩寵。

不知是阿提密斯還是米諾斯，贈予她一支神奇的長矛以及一頭獵犬，將她變裝後送她回丈夫身邊。普柔克麗絲的頭髮剪短了，穿著男人的衣服，一到家她便立刻挑戰西發路，要來場狩獵競賽。普柔克麗絲輕輕鬆鬆就打敗西路發。訝異萬分的王子想要向這名陌生人買下長矛和獵犬，但普柔克麗絲拒絕了。可是西發路不善罷甘休，他非要得到長矛和獵犬。陌生人微笑地說，長矛和獵犬都可以給他，但是他要和他上床。雖然西發路知道向男人出賣自己的肉體是非常羞恥的事，但他還是同意了。

兩人來到西發路的臥房，王子脫去他的衣物，普柔克麗絲也褪去束衣。這時王子才發現她是女人，同時也是他的妻子。西發路立刻明白他並沒有比他任性的太太還高尚。兩人相擁親吻，原諒彼此，又重新找回愛情。

然而曙光女神最出名的愛人卻是特洛伊年輕英挺的王子提宗諾斯。伊奧斯帶他回到自己位於東方的宮殿，兩人夜夜繾綣。她深愛著提宗諾斯，於是便要求宙斯給他永恆的生命，宙斯也答應了。但除了永生之外，她忘了為愛人爭取永恆的青春；他正值壯年時，這對愛侶愛得火熱，也生下不少孩子，但當提宗諾斯的頭髮漸漸斑白，伊奧斯便開始嫌棄厭倦他，要他離開她的床。隨著一年又一年過去，提宗諾斯變得越來越老，只能一人躺在床上永無止盡地喋喋不休。最後女神總算受夠他的嘮叨，把他變成一隻蟬，永遠不斷製造噪音。

繆斯女神 The Muses

藝術的守護之神

九位繆斯女神啟蒙了詩人、藝術家、音樂家、科學家和作家。她們分別是卡莉娥比（史詩繆斯）、哀拉托（情詩繆斯）、波麗姆尼雅（聖歌繆斯）、克麗娥（史學繆斯）、攸特爾普（長笛繆斯）、特普西科麗（舞蹈繆斯）、梅爾波梅妮（悲劇繆斯）、塔麗雅（喜劇繆斯）和烏拉妮雅（天文繆斯）。她們是宙斯與記憶女神尼莫西尼的女兒，僅出現在少數的神話故事裡，也少有敬拜她們的神廟。但在她們家鄉海力孔山下，有間以她們為名的神廟藏有豐富的典籍和歷史資料，也是史上第一間博物館（希臘文mouseion意指繆斯神廟）。

和其他天神一樣，繆斯女神也細心維護她們的聲譽。著名的吟唱詩人塔米里斯曾挑戰女神吟唱詩歌。但繆斯女神輕而易舉贏得比賽，得勝後女神取回塔米里斯的吟詩天賦以及他的記憶力，這對吟唱詩人而言是最嚴厲的懲罰了。皮魯斯的九位愚蠢女兒，認為自己可以和繆斯女神相比，於是向繆斯女神下戰帖。最後慘敗在女神手下的她們為了自己的傲慢付出慘痛的代價，被變成一群喜鵲。

這九位天神並不是閨女，其中數位女神還生下了出名的兒子。克麗娥生下雅欽多，卡莉娥比則是著名歌者奧斐斯之母，梅爾波梅妮則生下可怕的塞倫女妖。塞倫女妖就是對著大英雄奧德修斯哼唱甜美歌曲的那位女妖怪。

命運女神 The Fates

命運三女神，決定人類的壽命。

夜晚的三個女兒為世間凡人紡織、剪斷命運線，被稱為命運女神。她們的名字分別為庫洛特、拉開西斯和阿特羅普斯。就連眾神也對她們敬畏有加。沒有人能擊敗、或是愚弄這三姊妹，就連宙斯也不例外。每個嬰兒一出生，這三姊妹就會決定他的壽命以及死期。

如同掌管冥府的哈得斯，命運女神本性並不殘酷，只是盡責維繫宇宙的秩序。有時她們也會從陰暗的藏身處出來協助其他天神。巨獸提封攻擊奧林帕斯仙境、威脅要推翻宙斯的時候，三姊妹假裝站在提封那邊提供牠人類的食物享用，聲稱食物可以讓牠更強壯，但實際上卻是要削弱牠的戰鬥力。

命運女神通常不會透露一個人的命運，但其中仍不乏例外狀況。王子梅勒阿格羅出生時，命運女神曾警告他的母親阿爾泰雅，如果她在爐火中燒光木柴兒子將難逃一死。心急如焚的母親迅速取出爐火中的木塊，並且小心翼翼收藏在盒子裡。木塊留在箱子裡長達數載，直到有天她的兒子外出獵捕卡利敦野豬。梅勒阿格羅殺死野獸之後，把牠的獸皮送給她的女性夥伴阿塔蘭塔，但阿爾泰雅的兄弟也參與狩獵，企圖偷走獸皮，梅勒阿格羅因此憤而殺死自己的舅舅。阿爾泰雅知悉後便找出箱子裡的木塊，把木塊丟進火堆裡，梅勒阿格羅就此死於母親燃燒的憤怒中。證實命運女神所言不假。

西芭莉 Cybele

異國女神，賜予生命和豐收。

有一天，宙斯神探訪佛里吉亞島時，不小心在一片翠綠田野睡著。他在睡夢中射出他的精子，這些撒落於田間的種子生出阿格底斯提。沒想到孩子竟同時具備男女性徵。諸神害怕世界上出現這樣的怪物，所以他們便割斷阿格底斯提的男性特徵，把這雌雄同體的生物變成女人。這孩子就此成為女神西芭莉。

阿格底斯提的男性生殖器後來長成一株杏仁樹。當地河神的女兒有天下午行經這棵樹，停下腳步在樹蔭下休息乘涼。這位少女名為娜娜，她從樹上摘下一顆果實放在自己的腿上，但果實卻忽然消失了。很快地她便懷有身孕，數個月後產下一名兒子，名為阿提斯。母親明白自己無力撫養孩子，所以便將他擱置在附近的深山讓他自生自滅。一頭公羊發現了孩子，於是用自己的奶撫養孩子長大。就這樣阿提斯也慢慢也長成一位美少年。

有一天西芭莉看見阿提斯，便立刻墜入情網，但當時他已經承諾要娶佛里吉亞公主。在婚禮準備開始時，西芭莉忽然出現讓阿提斯發狂失控。他取出一把刀，在新娘面前閹割了自己，由於血流不止而死亡。西芭莉悔恨之餘向宙斯神祈禱，希望阿提斯的軀體不要腐化，於是宙斯便達成她的心願。

西芭莉從來就不屬於奧林帕斯的天神家族，她被視為來自遙遠東方的異國女神。即便如此，她在古代世界仍舊備受尊崇。有時世人會把她與宙斯的母親麗娥或狄美特聯想在一起，但大多數人只單純把她當西芭莉膜拜，稱她是神人之母，喜愛大鼓、鈴鼓之音以及長笛樂音、狼嚎與猛獅的怒吼。

跟戴奧尼索斯一樣，她也是提供情緒出口的神祇。年輕人會跳以她為名的舞蹈狂歡，穿戴全副盔甲、高舉他們的長矛拍打盾牌。敬拜者無論男女皆會浸泡在供奉她的公牛血浴中歡唱狂喜的歌曲。但她的信徒中，最忠誠的莫過於她的男祭司「加利」。這群期望加入她教派的男人會提早禁食、淨身和受洗，準備就緒後會擇一溫暖春日取出刀子閹割自己，就與阿提斯的行徑相同。這就是供奉追隨偉大女神，所需付出的代價。

英雄

帕修斯 Perseus

獵殺蛇妖梅杜莎的英雄

遼闊豐碩的阿哥斯平原曾是愛歐的家鄉，希拉也曾在此憤怒追趕變成母牛的愛歐。愛歐的兒孫滿堂，遭化身公牛的宙斯所擄走的歐羅巴，也是愛歐的子孫。但其中最出名的便屬帕修斯。他是達娜哀之子，也是阿哥斯國王阿克利修斯的孫子。

阿克利修斯一直都希望能有個兒子，於是他便前往尋求神諭，看他是否能夠喜獲麟兒。然而結果並不如他所願：「你不但不會有兒子，」神諭如此透露道：「就算你的女兒達娜哀生下兒子，他也終將奪你性命。」雖然他害怕神諭中恐怖的命運降臨，但若因此殺了女兒又怕遭天譴。於是阿克利修斯便把他未經人事的女兒關在銅鐵打造的地牢房間，房裡只有頭頂處有一扇窗讓僕人放下食物和飲水。達娜哀終日在地勞哩，遠離世間所有的男人。

但有天夜裡，達娜哀躺在床上卻看見一個奇異美麗的景象。牢房的窗口外頓時下了一場金幣雨，金幣輕盈溫柔地降在她的腿上。不久達娜哀便發現自己懷孕了，其實這是宙斯化身為一場金幣雨前來探訪少女。

年輕的達娜哀害怕父親知道後會大發雷霆。果真阿克利修斯暴跳如雷，嘲諷女兒的說詞，完全不相信是天神讓她懷孕。孩子甫出生，他便把母子倆裝入箱子，丟到海上任其自生自滅。

母子兩人在暴風中載浮載沉，達娜哀緊緊把帕修斯抱在懷裡，害怕地開始祈求協助：「親愛的天神，我們現在深陷危機，求你們拯救我們吧。天父宙斯，我以最謙卑的心請求你！我的兒子啊，讓他好好地在漂流之夜，在包圍著我們的牢籠裡溫暖飽足地入眠吧。我何其無辜的寶貝兒子，實在不該讓洶湧海浪和凶險深海傷害你。」

宙斯肯定是聽見了她的祈禱。過不久他們母子就被海浪送上賽里弗斯島。善良的漁夫迪克提士發現了他們，帶他們回家，漁夫並視達娜哀如親生女兒，也非常喜歡小帕修斯，他驕傲地看著小男孩長大，成為年輕力壯的男子漢。

三大寶物斬殺蛇妖梅杜莎

國色天香的達娜哀，吸引了波呂德克特斯的注意。他是賽里弗斯的國王，也是漁夫迪克提士的兄弟。他曾試圖贏得美人心，但無奈她卻對他毫無感覺，波呂德克特斯太害怕體魄強壯的帕修斯，因此不敢強行帶她走。然而波呂德克特斯卻很聰明，他先是宣布自己要追求公主希波妲美雅，然後要求臣民進貢禮品。事實上，波呂德克特斯知道自己不可能贏得這位傾城美人，但他想到一個藉口可以除去帕修斯這個絆腳石。島上的居民紛紛贈予國王駿馬，但貧困的帕修斯完全無法送禮。儘管如此，怎麼說他都是勇敢的年輕男子，也曾經誇下海口說他什麼都可以做得到，就算要砍下蛇髮女怪梅杜莎的頭顱也不成問題。波呂德克特斯說，若帕修斯真有膽那樣做的話，就去取下梅杜莎的頭顱。

帕修斯什麼都沒有，他有的就是信心。他踏上遠征的旅途，前往斬首世上最恐怖的怪物。梅杜莎和她的兩名姊妹不僅是殘暴的生物，還擁有一頭扭曲的蛇髮，此外，任何人只要瞥見她們一眼都會化成石頭。蛇髮女妖會飛翔，即便帕修斯成功屠殺梅杜莎，另外兩個姊妹也可以輕鬆地逮住他，取他性命。但幸運的是雅典娜憎恨梅杜莎。過去，梅杜莎也曾是討喜可愛的少女，美貌甚至威脅到雅典娜。正因為如此，雅典娜出現在少年英雄帕修斯面前，指導他該如何屠殺梅杜莎。

帕修斯先是遠行到遙遠的非洲，找到格萊埃的洞穴。老海怪格萊埃是蛇髮女怪的姊妹。格萊埃共有三個人，她們共同擁有一隻眼睛。格萊埃不信任帕修斯，但由於她們少有訪客，因此也不介意和他多說兩句。其中一個姊海怪眼睛遞給另一人時，帕修斯突然搶走她們的眼睛，讓格萊埃什麼也看不到。她們怒罵這位年輕竊賊，卻起不了什麼作用。冷靜下來後，海怪問他到底要如何才願意把眼睛還給她們。帕修斯說他只不過是要她們指引方向。他想要知道雅典娜所說的仙女究竟住在哪裡。這幾位仙女擁有三樣魔法寶物，可以幫助他屠殺梅杜莎。格萊埃心有不甘地告訴他仙女的住所。之後帕修斯便把眼睛物歸原主。但也有人說，他最後把眼睛丟入湖裡。

他成功找到仙女，她們樂意提供他所需的寶物：一個用來裝梅杜莎頭顱的寶囊、一雙帶有翅膀的涼鞋、一個戴了能隱身的仙帽。與仙女道別不久後，他遇見天神赫美斯，他又給了帕修斯另一樣寶物：一把牢不可破的寶劍，可用來砍下梅杜莎的頭。寶劍在側、寶囊掛於肩、仙帽戴於頭，涼鞋套於足，就這樣帕修斯飛去尋找蛇髮女怪。

即使擁有如此強大的魔法寶物，這蛇妖三姊妹仍是可畏的敵人。她們的鱗片如飛龍，尖牙似野豬，但最難克服的便是她們將人化成石頭的能力。任何寶劍和鞋子都無法保護帕修斯。但雅典娜建議他：「等到了夜晚，她們沉沉睡去後再接近她們。接著拿出你的磨得光亮的盾牌。」帕修斯照著雅典娜的話做，戴著他的隱形仙帽，躡手躡腳、小心翼翼地來到沉睡的蛇髮女怪身邊。在他看見她們的臉之前，他轉過身看著女妖在盾牌上的倒影，倒退著步伐朝梅杜莎走了過去。帕修斯以堅硬的寶劍俐落一劍揮下便取下她的首級、丟進寶囊中。剎那間，飛馬培格索斯和克里撒爾出乎意料地從女妖裂開的傷口中蹦了出來，之後克里撒爾還會生下怪獸傑揚。飛馬培格索斯和克里撒爾皆為波塞頓的孩子。很久以前，當梅杜莎還是美若天仙的少女時，波塞頓強暴了她，讓她懷有身孕。

帕修斯並無多餘的時間詫異這意料之外的發展。因為另外兩個蛇髮女怪已經從睡夢中醒來，他們望向妹妹無頭的身軀躺臥在地板上，便開始痛苦哀號要兇手血債血還，但卻怎麼樣都見不到殺人兇手。她們找了好幾個鐘頭，最後才放棄回到洞穴，而帕修斯則趁機以神奇的涼鞋遠走高飛。

石化敵人的女妖頭顱

這位年輕英雄的下一站飛往阿特拉斯的家。阿特拉斯將天庭扛在自己的肩頭。但這名泰坦神卻對他的客人不甚友善，只因之前女神特密斯曾警告他，宙斯的某位兒子將會偷走他最珍貴的一顆金蘋果樹。阿特拉斯捉住他，把他當玩具般扔上石牆，帕修斯本來以為主人會歡迎他，但沒想到竟遭受如此對待，這讓帕修斯起了殺意。不過他深知自己根本不是巨人的對手，於是他說：「偉大的阿特拉斯，即使你對我如此無禮，我還是要送你一分禮物。」然後他便從寶囊取出梅杜莎的頭顱，高舉於他的面前。這位泰坦神驚恐地打了個寒顫，他想要閉上雙眼，但為時已晚。他無助地望著自己的頭、手臂和雙腳成了石頭，連身體也無法倖免。最後他變成了一塊巨石，成為現今非洲的阿特拉斯山脈。

帕修斯繼續他的歸途，他飛過衣索匹亞，遠遠地看見腳下有一名赤裸的美女，被人綁在一塊石頭上。這女孩是他的遠房表妹安卓梅妲。她被父母國王開佛斯和皇后卡席耶琵亞當做祭品丟棄在荒涼的海岸，獨自等待海怪前來。這個麻煩的起因是卡席耶琵亞向波塞頓的女兒、海精涅留斯誇口她的美貌絕對超越她們。盛怒的海精便向父親抱怨，於是波塞頓派出洪水和怪獸破壞衣索匹亞海岸。國王開佛斯到非洲錫瓦的綠洲尋求宙斯的神諭，希望能平息天神的怒氣。但神諭卻告訴他，只有將國王的女兒當祭品奉獻給海怪，波塞頓的盛怒才會平息。於是悲痛的父親便心不甘情不願地，把安卓梅妲綁在岩石上。他和卡席耶琵亞只能站在一旁流淚，等待女兒的死期來臨。

帕修斯對這名少女一見鍾情，他飛去與她的父親商量，如果開佛斯承諾把安卓梅妲嫁給他，並且把他的王國交付予他，那他便願意幫他殺死海怪。國王欣然答應了。年輕的英雄就站在大海與少女之間，靜候著怪物出現。怪獸從海平面一躍而出，帕修斯見識到牠龐大的身形、飛快的速度以及蛇般的利牙，但海怪卻不太聰明。帕修斯戴著隱身的仙帽、穿著有翅涼鞋飛翔，輕而易舉閃過怪獸朝海面倒影的攻擊。待時機成熟，帕修斯飛近牠，用力把寶劍插入怪獸的脖子，受傷的海怪聲嘶力竭地叫喊，從嘴裡吐出鮮血。但隱形的帕修斯仍持續砍殺怪獸，直到牠沒有氣息為止。

帕修斯解救了安卓梅妲，帶她回到父母身邊。兩老看到英雄救走自己女兒，開心地不得了。他們為探訪的英雄設了晚宴，大家都很盡興愉快，直到開佛斯的兄弟菲紐士闖入。國王忘記自己早已將女兒許配給她的叔叔。菲紐士帶著他的夥伴前來，當他衝進晚宴時，帕修斯便被一群人憤怒地團團包圍住。就這樣，菲紐士的跟班與支持帕修斯的幾位衣索匹亞人爆發衝突。年輕的英雄砍殺了不少對手，但無奈對方人數實在太多，於是帕修斯朝仍活著的戰友大喊，請他們都閉上眼睛，接著他把手伸進寶囊中取出梅杜莎的頭顱。在場的兩百名男人，這下全部都變成石頭。菲紐士動作夠敏捷，他很快地轉過頭，所以沒有化成石頭，但帕修斯並不善罷甘休，他逼對方睜開雙眼，前來挑釁的菲紐士乞求他放過他一命，但帕修斯卻不為所動，他緊緊捉住菲紐士，逼迫他睜眼看著頭顱，因此他的敵手就在乞求同情之時變成一具石像。

帕修斯只短暫停留衣索匹亞，與安卓梅妲生了一個孩子，叫做帕撒斯。他的兒子留在當地繼承開佛斯的王位。帕修斯則急忙趕回賽里弗斯，想快點回到母親身邊。他和安卓梅妲漂洋過海回到小島，這才發現狡詐的波呂德克特斯趁他不在時一刻都沒有閒著。有人說他成功逼迫帕修斯的母親達娜哀下嫁，但也有人說達娜哀和保護她的迪克提斯跑到天神的祭壇尋求庇護。帕修斯邁進宮殿，以同樣的招數回敬波呂德克特斯。他舉起梅杜莎的頭，把國王和宮廷裡的人化做石頭，迪克提斯順理成章成為賽里弗斯的國王。

英雄返鄉

任務完成的帕修斯把所有魔法寶物送給赫美斯，然後把梅杜莎的頭顱交給雅典娜。女神非常滿意收到這份禮物，將這恐怖的頭顱放在她盾牌中央。帕修斯、達娜哀和安卓梅妲則航海回到阿哥斯，也就是他與母親遭祖父阿克利修斯逐出之地。這位老人聽聞帕修斯要回來了，便開始害怕他的死期將至，於是他往北逃來到帖撒利的拉里沙鎮。帕修斯尾隨他至此。當地國王鐵塔米德斯正為了父親舉辦喪禮競賽。急欲證明自己能力的帕修斯無法抗拒這大好機會，他加入比賽，擲起鐵餅。帕修斯扔出的鐵餅，比任何人都來得遠，但風向卻改變鐵餅飛行的軌道。鐵餅就朝著群眾的方向飛了回來，飛翔的速度之快，不幸擊中一名在旁偷窺的老人。而此人正巧就是阿克利修斯。

祖父過世，預言也成真了。帕修斯可自由回到阿哥斯取回王位，但他非常自責內疚意外殺死血親。他前往鄰鎮泰利安，說服當地的國王他的表親梅加潘色斯，與他交換王國政權。帕修斯就這樣成為泰利安的國王，而梅加潘色斯則統治阿哥斯。過了數年之後，帕修斯在山丘上建立邁錫尼宮殿，俯瞰阿哥斯平原。他和安卓梅妲度過幸福漫長的一生，膝下擁有數子，雅典娜把他們和開佛斯、卡席耶琵亞都化成天上的繁星。

提修斯 Theseus

雅典最為人稱道的英雄

戰士帕修斯不但家喻戶曉，更受到阿哥斯人民的愛戴。雅典人也讚頌他們的英雄，甚至說他比起帕修斯更加勇敢，不需仰賴天神的幫助就能完成許多英雄事蹟。

故事要由雅典王艾格烏斯說起。他來到狄菲神殿尋求神諭，想知道他膝下能不能有子嗣。阿波羅女祭司的回答一如往常不可靠又模稜兩可。她先是進入昏迷狀態，接著對國王說：「請勿打開葡萄酒囊的瓶口，人民之王，請在下一次回到雅典城時再打開。」

艾格烏斯完全沒有概念這句話到底是什麼意思，他甚至連葡萄酒囊都沒有。他只好抓著腦袋瓜、迷迷糊糊地離開神廟。為了找人替他解開神諭之謎，他一路沿著特洛森回到家鄉，他詢問聰明睿智的國王皮修斯是否理解這個謎語的內涵。主人的反應比艾格烏斯敏銳，一聽便恍然大悟。神諭是要告訴這位雅典國王，到達家鄉後才能再次行房。皮修斯知道下一個與艾格烏斯親密的女子，即會生為他生下一名強健的英雄。但他卻謊稱無法理解神諭，然後故意灌醉訪客，誘拐他與自己的女兒艾特拉同床。

隔天早晨，艾格烏斯醒來感到頭痛欲裂，卻發現身邊躺了一名美女。他仍舊不明白神諭，但他有預感自己可能讓身旁這位女孩懷孕了。當他發現對方是國王的女兒，便在離開前偷偷告訴她：「如果妳生了個兒子，而他長大後能取出我留下的寶物，就把他送至雅典城吧。」說完艾格烏斯把一隻劍和一雙涼鞋壓在一顆巨石下方。如果艾特拉懷的兒子真是天子，那他便能舉起石頭，取得他所留下的信物。他便可以帶著這些物件來到雅典，要求王位。

也有人傳說後來海神波塞頓強暴了公主，但艾格烏斯卻毫不知情。女孩很快就懷孕了，但孩子的父親究竟是凡人或天神連她自己也說不準。無論如何，九個月後艾特拉產下一名男嬰，取名為提修斯。

艾特拉養育兒子長大，相信他就是波塞頓的後裔。男孩確實長得強壯聰明，要說他是天神之子也沒有人會懷疑。等到他成年之後，他的母親便帶他到艾格烏斯放置信物的石頭邊，告訴兒子他的真實身世。她承認自己無法確定他的父親究竟為何人，但她要他試著舉起石頭。如果成功了，他就能回到雅典取得王位。提修斯將肩膀靠在巨石上，以全身的力量推動翻滾石頭。一下子他就拿到寶劍和涼鞋了。

險阻重重的認親之旅

提修斯決定沿著陸地來到雅典城，雖然以當時的情況來說，走海路會安全得多。因為常有為非作歹的歹徒，在特洛森通往雅典的科林斯地峽間騷擾旅人。選擇此路徑的旅人，很少有人能活著回來。但對提修斯來說，這不過是證明自己是真英雄的挑戰，所以他不顧母親和祖父的央求，帶著他的寶劍和涼鞋，踏上險惡的旅途。

過不了多久，提修斯就來到艾皮道羅斯。在這裡他碰到一個瘸腳的彪形大漢培里佩特斯。這名匪徒的綽號為「棍棒漢」，因為他手持一支大型鐵棍當做拐杖。只要有人經過這條路，培里佩特斯便會拖著腳步出家門，歡迎他的客人，然後將客人毆打致死。這名惡徒體型強壯但動作緩慢，而提修斯既聰明反應動作也快，他輕輕閃過他揮出的第一棍，迅速出現在培里佩特斯身後，搶走他手上的棍子，之後便以他的武器把培里佩特斯毆打成一團肉糊。

這條路的不遠處，有另一個歹徒名叫西尼斯，也有人稱他「松樹綁匪」。這個惡棍專門活逮不設防的訪客，把他們的腳綁在一棵拗彎的松樹，接著把他們的手臂綁在另一棵反方向、拗彎於地的樹。當一切準備就緒，他便會剪掉固定這兩棵樹的線繩，然後幸災樂禍地看著受害者裂成兩截。提修斯在對方抓到他之前，就先逮住他。西尼斯乞求提修斯饒過他一命，但提修斯以相同方式回敬惡棍，把他綁在兩顆松樹中間，然後剪掉線繩，讓他身體斷成兩截。

西尼斯的美麗女兒派芮金躲在附近的蘆筍樹叢目睹著這一切。提修斯看見她，對她說只要她願意投降，他會保證她毫髮無傷。女孩感恩地從樹叢衝了出來，兩隻手臂緊緊環抱住俊俏的英雄。他從未與女性有過肌膚之親，但他學得很快。派芮金懷有身孕之後，提修斯便獨自繼續他的旅途。數個世代之後，派芮金的子孫依然十分崇敬蘆筍。

提修斯跨過狹窄的科林斯地峽，繼續他前往雅典的旅程。途中他繞道經過海岸，尋找一種做克羅米翁野豬的生物。有人說克羅米翁是個邪惡的女人，行為像豬一樣，但大多數人認為她實為體型龐大的母豬，個性殘暴，被一名叫做費亞的女人飼養。行經寧靜的克羅米翁海邊小鎮，就得受這頭野獸致命的威脅。提修斯大可輕鬆選擇旁邊的路走避開這頭野獸，但他卻決定要為自己留名。經過一陣短暫的搏鬥後，年輕的英雄成功殺死母豬，接著繼續他的旅程。

在靠近米蓋拉鎮的地方，提修斯又遇到另一名歹徒錫龍，他就住在海上的懸崖。他的特殊癖好是捕捉旅人，逼迫他們為他洗腳。在羞辱對方的過程中，錫龍會把旅人自懸崖邊緣踹入海裡。海中有隻海龜等待伺機吃掉受害者。提修斯故意讓自己被錫龍逮住，假裝彎腰要幫他洗腳，但這時他反而抓起歹徒的腳，一把從懸崖將他扔了下去，讓海龜把他生吞下肚。

快靠近雅典的時候，提修斯先抵達愛柳西斯，這裡也正是狄美特建立教派之處。邪惡的國王錫西昂統治愛柳西斯，他逼迫路過的旅人和他摔角，在比賽過程中再將對手殺死。但提修斯的摔角技術高超，他把錫西昂高舉過頭扔在地上，就這樣把他殺了。

快要抵達目的地時，天色漸漸變暗，提修斯在艾瑞紐斯村遇到態度和善的普羅克魯斯特。他提供房間讓提修斯暫住一宿。村民通常會把訪客帶回家裡，但他生性殘忍。在客人吃飽喝足後，他便會帶他們來到舒適的床邊，趁他們一個不留神把人緊緊地綁在床上，同時取出鋸子和繩索。他堅持客人要完全符合床鋪的尺寸，他會把長太高的客人腳鋸掉，而用繩索把長太矮的客人身體拉長。然而提修斯反客為主，把普羅克魯斯特綁在床上，在調整身體長短的同時克魯斯特不幸喪命。

雅典繼承人之爭

提修斯來到雅典城門時，大家都知道有位年輕英雄替雅典收拾附近的惡徒，但雅典人卻不知道英雄是何許人。挺拔的提修斯經過雅典衛城尚未完工的阿波羅神廟時，雅典人終於看見他們的英雄了。但他的打扮對雅典人來說十分陌生。他穿著一件束腰外衣，長至他的腳邊。他的頭髮則整齊地編成辮子。正在神廟屋頂工作的工人見狀，嘲弄地大聲調侃他說怎麼會有個美女獨自一人在此走動。提修斯不發一語走到附近的推車，解開兩頭牛的軛，然後徒手把牛丟上屋頂，此後雅典城裡再也無人敢嘲笑他。

然而美狄亞卻對提修斯起疑。她是遙遠科爾奇斯城的女巫，幾年前來到雅典尋求庇護。艾格烏斯給予她庇護。美狄亞是是國王身邊深具影響力的顧問，也是國王的愛人。她和國王育有一子，叫做梅度斯，他將繼承國王的王位。但當美狄亞一見到提修斯，就知道他是自己兒子繼承王位的一大威脅。因此她向艾格烏斯耳語，說這位出名的訪客會對雅典城造成極大的危險。艾格烏斯十分害怕有人來搶他的王位。他有個兄弟名為巴拉斯，生了五十多個兒子，一直急欲推翻艾格烏斯。美狄亞輕易讓國王陷入懷疑的恐懼中，慫恿說服艾格烏斯剷除心頭大患提修斯。

馬拉松平原住了一頭危險的公牛，幾年前公牛讓人帶到了希臘。在美狄亞的建議下，艾格烏斯派提修斯前往屠殺這隻野獸。國王滿心期待他會死於公牛角下，但反而是公牛死於提修斯之手。這讓國王既驚訝又欽佩，於是邀請提修斯參與慶祝盛宴，請他坐上榮耀寶座。經國王的同意，美狄亞把致命的烏頭毒草加入高腳杯，遞給提修斯飲用。年輕英雄正準備喝下毒藥時，艾格烏斯看見掛在他腰間的寶劍，立刻認出那就是他數年前壓在特洛森巨石下的寶劍，於是迅速打翻提修斯手裡的酒杯。艾格烏斯擁抱提修斯，和他的親生兒子相認，而提修斯順理成章的成為雅典王位的合法繼承人。

美狄亞和兒子被國王逐出邊境。但提修斯的叔叔巴拉斯可不好對付，巴拉斯心知肚明要是提修斯成為王子他們便永遠無法翻身。因此他們設下埋伏，打算剷除這名英雄。可是提修斯輕易擊敗了他們。剷除競爭對手之後，提修斯確定成為下一屆國王。

迷宮內的牛頭人身怪物

每隔九年雅典國王必須送出七位少年和七位少女來到克里特島，獻給恐怖的食人牛頭人身怪物。許多年前克里特島的國王，也是宙斯與歐羅巴之子的米諾斯，在天神的協助下曾經攻破雅典城，脅迫雅典人投降。其中一項協定指出，雅典必須送出十四名年輕男女到他的宮殿，接受他們殘酷的命運。

米諾斯不服從海神波塞頓，因此牛頭人身怪物才會誕生。島上年邁的國王過世之後，米諾斯趕走自己的兄弟手足，聲稱他才是最有資格治理國家的人。為了向眾人證明這點，他向海神要求一頭來自海洋的非凡公牛。米諾斯也承諾之後會將這頭牛獻給波塞頓。於是公牛便如約自海面升起，但由於牠實在太過出色，米諾斯無法下手宰殺牠，於是便把牛送到自己的牛群，以一隻較不出色的動物取代獻給海神。波塞頓十分不滿，為了報復米諾斯，他讓米諾斯的太太帕希菲瘋狂愛上那頭公牛。可憐的帕希菲一方面對公牛有了非分之想，另一方面因自己野獸般的慾望感到可恥。最終慾望戰勝理智，皇后決定無論代價為何都要把自己獻給公牛。

島上有名技術高超的雅典建築師，名叫達德羅斯。帕希菲說服建築師幫助她。於是達德羅斯打造了一頭栩栩如生的木製母牛，尺寸正好足以讓皇后爬入。後方有一個開口，方便讓公牛與她結合。帕希菲爬進去之後，達德羅斯便把這特殊裝置推出至草地上。龐大的公牛見狀，鼻子興奮地噴出氣息，便連忙上前跨上詭異生物的背後。皇后因為與公牛親熱而受孕，產下一頭性格暴躁、牛頭人身的怪物。

遭野獸戴綠帽的米諾斯深深感到羞恥，但他不敢殺了這頭怪獸擔心激怒眾神，因為怪獸怎麼說都算是他的家人。於是他指示達德羅斯蓋一座複雜的迷宮來藏匿這頭怪獸。而這迷宮也成了懲罰犯人的工具。不幸的囚犯一旦進入錯綜複雜的迷宮後，便很難找到出口，而且在他們找到出口前，恐怕早就被牛頭人身怪物生吞活剝。

米諾斯坐船來到雅典，宣布要雅典進貢年輕男女獻給怪物。雅典人不住地祈禱，希望在抽籤的時候不會抽中自己的兒女。然而新上任的王子提修斯看到子民遭受不公義的對待感到忿忿不平，於是他自願成為貢品。這個決定讓他的父親艾格烏斯很害怕。

國王乞求他再深思熟慮，但血氣方剛的年輕人早已下定決心，他要屠殺怪物以證明自己的實力。如果他不這麼做，未來還是會有更多人繼續死在怪物的手上。艾格烏斯為兒子的魯莽決定暗自垂淚，但米諾斯卻嘲笑、甚至鼓勵提修斯踏上這無望征途。船長負責帶領年輕的提修斯到克里特島。艾格烏斯要船長在兒子平安歸返時在歸程揚起白帆，但若提修斯不幸身亡，就在入港時揚起黑帆以示哀悼。

在航向克里特島的途中，提修斯極力保護一名少女，不讓惡名昭彰的色國王染指。米諾斯因而與提修斯大吵一架。米諾斯氣憤地挑戰提修斯，要他證明自己真是波塞頓的兒子。於是米諾斯把自己的戒指扔進深海，然後命令年輕英雄取回戒指。提修斯一頭栽入深海，隨即便遇上一群海精，她們不但交給他戒指，甚至連佘蒂絲和皮流士婚禮上愛芙羅黛蒂贈送給佘蒂絲的皇冠，也一併送給提修斯。米諾斯看見他帶著這兩件獎賞歸來，氣得臉色發青。

當船隻終於抵達克里特島。米諾斯舉辦了一場體育競賽，提修斯求米諾斯讓他加入。這很不尋常，因為大多數被送去獻祭的犧牲者都不會有心情參與比賽。國王答應王子的請求，僅他希望提修斯擊敗場場必贏卻目中無人的托魯士將軍。提修斯在摔角上擊潰托魯士，讓將軍面子掛不住。但這卻讓米諾斯很開心，也讓國王的女兒阿麗雅德妮欽佩不已，她立刻瘋狂愛上提修斯。

一想到提修斯將被牛頭人身怪物吞噬下肚，讓阿麗雅德妮無法承受。於是她前去尋訪達德羅斯，看看他是否知道自己建蓋的迷宮出口。建築師說即便是他自己，也無法憑藉個人力量逃出迷宮，但他提出一個妙計。他告訴阿麗雅德妮，可以先取得一團線球，然後讓提修斯把線綁在迷宮入口，隨著他進入迷宮深處，一路慢慢放下線團的線。如果他成功殺死牛頭人身怪物，只要循著線繩就可以成功走出迷宮。提修斯照著阿麗雅德妮的指示，打頭陣第一個走入迷宮深處。他發現牛頭人身怪物後，徒手殺死怪物，然後跟著線團帶領其他心懷感激的年輕人走出蜿蜒的迷宮，一起逃回雅典船艦。然後他帶著阿麗雅德妮，迅速地離開克里特島。

有些故事說，提修斯在回家途中，曾停靠在納索斯島，這時阿麗雅德妮已身懷六甲。但也有傳言流傳提修斯不知是忘了帶她走，還是在海邊拋棄了她。不管事實為何，他都把這名為了他不顧一切的年輕女子，狠狠拋棄在這裡。

雅典國王大戰亞馬遜皇后

提修斯急切想回到父親身邊，告訴他好消息，以致他忘記提醒船長如承諾所言揚起白帆。艾格烏斯每天都在雅典衛城高處等待兒子歸來，但當他看見遠處的黑帆船隻，他以為提修斯已不幸罹難，於是便從高處一躍而下。王子自海港趕回城裡，看見所有人都在哀悼，一股不祥的預感朝他襲擊而來，他詢問原因才知道原來艾格烏斯已死。提修斯順理成章成為雅典國王。

提修斯在克里特島的英雄事蹟讓他備受歡迎。他也開始了雅典的改革之路。在當時，雅典城附近的鄉間阿蒂卡有數個村落，但村落之間卻紛爭不斷，彼此幾乎無法達到共識。每個聚落分別擁有自己的議會，各懷鬼胎與首都雅典城合作。當雅典面對外強侵犯時，無法讓阿蒂卡團結起來勢力格外薄弱。如雅典人之後講述的故事，提修斯嚴格控管阿蒂卡附近的社區，他廢除了當地議會，所有政府重大聚會皆集中於雅典舉辦，他在雅典建立了全男性市民的民主集會，並且堅持在戰爭時自己擁有絕對的命令權。宗親政治和自治村落走入歷史，提修斯要每個住在阿蒂卡的人都成為雅典人，無論他們喜歡與否都無從選擇。

很快地，提修斯便對市政功績和乏味的國政失去興致。他為雅典建立中央政府後，沒多久便外出尋求其他冒險。很久以前，這位年輕國王就聽說過有群女戰士名為亞馬遜族，住在遙遠的黑海海岸。這群女子與行為合宜的希臘女性形成強烈的對比，亞馬遜族女子強悍兇猛，而不順從溫馴；行為淫亂，從不貞潔；利用空閒時間練習備戰，而不是從事針線活；也會隨心所欲地勾引旅行至此的男人上床。若是因此懷孕產下男嬰，她們便會殺死嬰兒。但倘若嬰孩是健康的女嬰，她們就視嬰兒為自己人，將她拉拔長大。等到女兒到了發育時期，她們便會砍下她的右乳，好讓她便於拉弓，這族人也因此習俗得名（亞馬遜Amazon意謂「無胸」）。

經過漫長的旅行，提修斯總算到達亞馬遜族的國度，備受女王安提娥培的禮遇。拜訪結束時，女王在岸邊向提修斯告別，提修斯卻詭詐地捉她上船。若提修斯真以為亞馬遜族會輕易讓他搶走她們的女王，那他就大錯特錯了。他回到雅典的隔天清晨，就看見由安提娥培妹妹喜波麗蒂，帶領亞馬遜軍隊自北方全副武裝駕馬而來。接踵而來的是為時數月的殘酷戰役，提修斯和雅典人英勇保衛家園，卻遲遲無法攻破這群不輕易屈服的女人，她們由四面八方而來攻打雅典城。後來亞馬遜族眼看就要攻下雅典解救她們的女王。提修斯明白這是關鍵的一戰，於是他呼喚他的人民盡快向懼怕之神獻祭，祈求得勝。亞馬遜族進攻時，雅典人也努力奮戰回擊，直到血染神廟和市集。勇猛的北方女戰士終於戰敗。熬過戰爭的亞馬遜族回到北方的沙漠草原，安提娥培則為提修斯生下兒子希波呂托斯，產後不久安提娥培就過世了。經過好幾個世紀之後，雅典人仍驕傲地向來訪的客人展示雅典城中心戰敗敵人的墓地。

歲月飛逝，提修斯娶了米諾斯的女兒斐杜拉為妻，與她生下兩名兒子。斐杜拉指控貞潔的希波呂托斯試圖侵犯她，因此他詛咒自己和安提娥培的兒子死亡。在希波呂托斯過世之前，父子兩人總算重修舊好，但喪子之痛卻讓國王連自己的性命都不想要了。

提修斯常和好友帖撒利的阿比斯國王培里托斯四處冒險。就如同多數英雄不打不相識，他們也是在差點殺了對方的情況下，展開兩人深厚的友情。培里托斯突襲阿蒂卡試圖偷走提修斯飼養的家畜，卻讓國王逮個正著，原本準備一刀殺了培里托斯。不過英雄惜英雄的兩人，最後誓言永守情誼。

培里托斯的父親伊克西翁曾試圖勾引希拉不成，最終與一團雲相好。這件事之後，就由培里托斯繼承父親的王位，成為拉比斯國王。伊克西翁和雲生下人頭馬怪物，人頭馬祖先可說是子嗣滿堂，後代在接近拉比斯的地方安居樂業。提修斯和人頭馬怪物受邀，前往培里托斯和少女希波妲美雅的婚禮，但人頭馬怪物喝得醉醺醺，竟想非禮新娘，因此引發一場激烈戰爭。提修斯協助好友擊敗人頭馬怪物。為了答謝提修斯，培里托斯要替提修斯綁架年輕公主海倫當他的新娘。於是這兩位好友前往斯巴達，見到少女海倫正在愛芙羅黛蒂的神廟跳舞，他們趁四下無人之時，把她擄走帶回雅典。由於海倫仍是少女，提修斯便讓海倫與他的母親同住，一直到她進入適婚年齡。

海倫到雅典定居之後，培里托斯詢問提修斯是否願意陪他參加另一趟遠征，這次同樣是為了女人。沒有人知道培里托斯的太太希波妲美雅究竟發生了什麼事，但對於尋找新太太這件事，拉比斯國王可是比提修斯還大膽。他決定要遠行至地府綁架哈得斯的永恆青春之妻波賽芬妮。提修斯覺得培里托斯簡直瘋了，但他仍迫切想證明自己是真英雄而答應了。這兩位好友遊至陰曹地府，最後來到哈得斯的宮殿，自恃甚高的兩人向地府之神說明來由，然後便往王位旁邊的兩張椅子坐了下來。當兩人一坐定，數條蛇突然竄了出來，纏住他們的四肢，緊緊箝住他們，教他們動彈不得。若非赫丘力士隨即來到地府執行任務，他們可能永遠都無法離開。赫丘力士救出他的表親提修斯，接著試圖救出培里托斯卻無能為力。赫丘力士帶提修斯回到人間，培里托斯則永遠留在陰間的椅子上。

提修斯回到雅典，發現斯巴達人發動戰爭將雅典城毀得面目全非。斯巴達人是特地前來帶回海倫的。海倫的兄長卡斯特和波樂克斯毀了阿蒂卡之後，成功地帶著妹妹回家。他們連同帶走提修斯的母親，讓她在斯巴達當海倫的僕役。由於國王長年沉浸於追求愚昧的英雄事蹟，而非捍衛自己的國土，雅典人受不了群起放逐他。提修斯咒罵自己的人民不懂知恩圖報，隨後便航行至西魯斯島。當地國王萊可米德斯熱情歡迎他。在飽餐一頓之後，主人邀提修斯和他一同散步至島上的美麗懸崖，讓他一掃煩憂。事實上萊可米德斯私下非常嫉妒提修斯能擁有響亮的名氣。當兩人來到懸崖邊，國王奮力一推，害客人失足跌下崖邊。一代英雄竟以如此不光彩的方式結束自己的一生。

許多年雅典人都不曾再提起提修斯的名字，直到提修斯的鬼魂領導雅典人於馬拉松戰役擊敗波斯人取得最終勝利。雅典人民才帶著他的骨灰回到家鄉。此後視提修斯為神聖的英雄，也是民主的創建人、雅典城的救星。

達德羅斯和伊卡羅斯 Daedalus and Icarus

打造翅膀翱翔天空的工匠父子

提修斯和阿麗雅德妮逃離克里特島後，盛怒的米諾斯便把達德羅斯和他的兒子伊卡羅斯，一併丟進監獄。國王知道唯有達德羅斯才能幫提修斯想出法子逃脫他的迷宮。打造迷宮的達德羅斯被監禁後不禁追憶起自己曲折的人生。

達德羅斯出生於雅典，年輕時便展現出過人的雕刻和發明長才。長大成人之後，他更成為專業的工匠大師，全國各地出色的學徒都迫切希望能跟著他學習技藝。他的侄子派迪斯也在學徒之列。這名少年的高超技能，讓師父感到極大的威脅。尤其是在他學會以蛇的鋸齒狀下頷骨，將細棍鋸成兩半之後。達德羅斯無法忍受徒弟的才能威脅到自己，於是便把少年推下雅典衛城。他因犯下謀殺罪必須入獄服刑，然而他卻逃至克里特島，躲在米諾斯的庇護底下。

在經歷數年之後，他不但遠離家鄉還被囚禁於監獄，此刻他只想逃離克里特島。他知道米諾斯會和海軍在岸邊巡邏，所以他絕對不可能搭船逃跑，但他知道天空並非國王的管轄區，因此便開始為自己和兒子建造一對羽毛翅膀。作品完成之後，他警告伊卡羅斯千萬要謹慎小心地使用翅膀，不可以靠海面太近，否則海浪會弄濕翅膀，翅膀會報廢。但也不能飛得太高，不然太陽的熱度會融化固定羽毛的蠟。兒子遵照父親的指令，於是父子兩人便選在天空清澈的夜晚，自監獄屋頂出發準備逃亡。

除了腳穿涼鞋的帕修斯以外，尚未有凡人能如飛鳥一般，如此優游徜徉飛越天空。達德羅斯抱持堅定的心情逃離小島，前往西部的西西里島，但伊卡羅斯卻沉浸於飛行的喜悅。旭日東升之時，他像隻老鷹般上下俯衝，忽視父親的警告訓誡。就算達德羅斯向他大喊，要他穩當地飛好，但兒子仍朝著光明的天空越飛越高。沒過多久，太陽的熱氣便開始融化翅膀上的蠟，在他還來不及發現時，人就已經墜落大海。驚恐的父親只能眼睜睜看著事情發生，伊卡羅斯就這麼墜入浪花之中，遭海浪吞噬。

達德羅斯傷心欲絕，卻也拿自己愚蠢的兒子沒輒。他繼續他的旅程直到最後抵達西西里島科卡羅斯的宮廷。國王十分樂意接納這位出名的建築師並且提供他庇護，小心藏匿達德羅斯。即便如此，米諾斯還是很快找到西西里島尋覓達德羅斯的蹤跡。克里特國王航遍地中海，就是要找到從他手裡逃脫的建築師，但他並未威脅所造訪的各國國王，反而交給他們一個精密複雜的海螺，如果有人可以成功把線穿過海螺，他就會贈予他們可觀的獎賞。但幾乎無人能夠辦得到，直到他來到科卡羅斯的宮殿。這名西西里國王急切想贏得寶藏，所以把謎題丟給他的祕密訪客，而此舉正中米諾斯下懷，他知道只有達德羅斯一人才能有技巧地把線穿過海螺。所以能贏得獎賞的國王，必定就是偷偷藏匿達德羅斯的人。

海螺極似他的迷宮，達德羅斯一看到複雜海螺，便立刻知道該怎麼做。他在一隻小螞蟻身上綁了條細繩，然後哄騙小螞蟻爬進海螺，最後從另一端爬出來。科卡羅斯前來領獎時，米諾斯知道自己找到達德羅斯了。他要求西西里國王交出達德羅斯，否則便會對西西里開戰。科卡羅斯只好很快答應他，但同時也問米諾斯可否先準備一頓豪華晚宴，他想要好好向他致歉，另外還承諾米諾斯會讓自己美麗的女兒幫他洗澡。好色的國王根本無法抗拒這個邀請。

在豐盛的晚宴過後，美麗的女孩引領國王來到浴缸邊，為他褪去衣衫。國王躺在浴缸裡，正滿心期待一個美好的夜晚時，這群少女卻搬出大水缸，一聲令下後，少女們便開始往米諾斯身上倒滾燙熱水，國王的尖叫聲響徹宮殿和城鎮。米諾斯曾處心機慮致他人於死地，現在他總算自食惡果，死在一群美麗少女手裡，橫屍於浴缸。

貝勒羅封 Bellerophon

騎乘飛馬的科林斯英雄

阿哥斯和雅典都有當地出名的英雄，但科林斯也不乏出色的人物。其中名聲最響亮的莫過於年輕英挺的戰士貝勒羅封，他也是薛西弗斯的孫子。跟許多英雄一樣，貝勒羅封行事輕率魯莽，在一次激烈爭執中他殺了自己的兄弟，然後逃離科林斯前往阿哥斯的泰利安城，當時普羅伊特斯仍在位，戴奧尼索斯也尚未逼瘋國王的女兒。貝勒羅封請求國王舉辦儀式淨化他殺害血親的罪狀。普羅伊特斯答應他的請求，舉辦了一場典禮，這麼一來貝勒羅封便能免於天神的詛咒。

但就像提修斯的太太斐杜拉愛上希波呂托斯，普羅伊特斯的妻子詩特涅波亞也試圖勾引貝勒羅封。詩特涅波亞遭到心儀的對象拒絕，因此恨不得致他於死地。她衝至普羅伊特斯的王座，要求他殺了試圖侵犯她的罪犯。聽到這指控，國王理所當然感到憤怒，決定要殺了貝勒羅封，但礙於他是自己庇護的對象，國王遲疑了。最後他想到一個妙計，可以擺脫貝勒羅封又不必玷污自己的名譽。於是他喚來貝勒羅封，詢問他是否願意橫跨愛琴海遞交一封重要書信給他的岳父萊西亞的國王伊歐巴特斯。年輕英雄正想離開當地前往遙遠國度探險，於是便欣然接下任務。

貝勒羅封風塵僕僕漂洋過海來到伊歐巴特斯的宮殿，接受熱情的接待。由於當時的社交禮儀嚴禁主人在尊客酒足飯飽前詢問客人任何問題，於是萊西亞國王便噤聲不語，不敢問客人此行的目的為何。九天就這麼過去了。最後伊歐巴特斯開口問貝勒羅封需要什麼，於是貝勒羅封把信交給國王。國王很開心收到普羅伊特斯的音訊，因此便迅速打開封蠟。但他展開信紙後，簡直不敢相信自己的雙眼。信上只有一個簡短的訊息：**伊歐巴特斯國王，煩請殺了前來送信的男子**。

萊西亞國王這下陷入兩難的處境。先前普羅伊特斯巧妙地避開這樣的為難，而如今國王一方面肩負完成親人託付的義務，另一方面也害怕自己若是謀殺屋簷下的客人恐會招致宙斯的詛咒。

數天過去了，伊歐巴特斯想到一個絕妙的解決之道。萊西亞有一頭吐火獸在鄉間肆虐，危害不少人畜性命。這個可怕的生物是提封與艾奇德娜的後代，前是獅頭、中為噴火的羊身、後為龍尾。國王派出貝勒羅封前往屠殺這頭怪獸，但他清楚知道貝勒羅封是絕對沒有機會活著回來。這樣也間接完成普羅伊特斯指派的任務，也不用讓自己的雙手染血。但伊歐巴特斯實在是太小覷貝勒羅封，這位年輕英雄在雅典娜的協助之下，成功馴服了飛馬培格索斯。他手持弓箭前往屠殺吐火獸。他輕鬆屠宰怪獸後回到國王身邊，準備好面對下一場冒險。伊歐巴特斯又試著派他去對抗頑強的敵人蘇利米戰士。這群戰士長久以來在邊境與萊西亞人抗戰。又一次，貝勒羅封騎乘飛馬培格索斯從天而降，橫掃蘇利米千軍。再次嘗到敗果的伊歐巴特斯，又派貝勒羅封來到北方，攻打亞馬遜族的女人，但她們也敗在他的手下。絕望的國王從他的戰士中精心挑選最精良英勇的人，埋伏這位年輕英雄。但遭人設計的貝勒羅封卻更勇猛抗敵，一一制伏想要謀殺他的萊西亞士兵。

伊歐巴特斯總算明白自己不可能殺死貝勒羅封，於是他把普羅伊特斯的信件交給貝勒羅封看。並向他解釋自己只不過是對自己的女婿普羅伊特斯盡責。然後他把自己的女兒菲洛諾許配給貝勒羅封，連同半個王國也一起送給他。

這對夫妻此後便在萊西亞過著幸福的生活，但貝勒羅封怎樣都未能忘懷普羅伊特斯和他滿口謊言的太太詩特涅波亞。他們夫妻倆曾經如此虧待他。於是他乘著培格索斯回到泰利安，提議要以神奇飛馬載皇后，並假意告訴他們自己已不在意過往雲煙。皇后開心地答應了。於是兩人便乘著飛馬躍向高空，正當詩特涅波亞開心不已，貝勒羅封一把將她推落馬背。

也有傳說說道貝勒羅封不甘當個平凡人，嚮往與天神共處生活。所以他騎著飛馬培格索斯來到奧林帕斯山上的天庭，但宙斯卻讓牛虻叮咬飛馬，飛馬癢得把主人摔下馬背，直落地面。貝勒羅封雖未死於墜馬，但腿也因此瘸了。受傷之後，他闖入奧林帕斯仙境的消息傳了開來，此後再也沒人歡迎這位膽敢挑戰天神的人。他終其一生無依無靠、無親無家，註定孑然一身遊蕩，孤獨終老。

米蘭普斯 Melampus

聽得懂動物說話的先知

並非所有英雄都得憑藉超人的力量和飛馬屠殺怪獸、解救美女。有些英雄，像是來自皮洛斯的先知米蘭普斯，就是利用魔法達成偉大功績。

成長過程中，米蘭普斯的兄弟畢亞斯是他最好的朋友。但米蘭普斯渴望鄉村生活，因此便遠離港口的忙碌塵囂獨自來到鄉間生活。在他幽靜的屋前有一棵十分高大的橡樹，樹上住著一家族的蛇，蓋了屬於自己的巢穴。米蘭普斯殺了老蛇，焚燒牠們的屍體。只留下年幼的小蛇，當小蛇是寵物般地養育牠們，米蘭普斯親手餵食小蛇，直到牠們有能力外出獵食。這群蛇變得十分溫馴，甚至在夜裡與他同床共枕。

有天夜裡，當月亮正高高掛於天空，米蘭普斯忽然驚醒發現蛇正在舔舐他的耳朵。雖然吃驚，但他並未多慮。直到隔天清早，他聽見鳥兒在窗外的歌聲，他訝異自己竟能聽懂鳥的語言，也能理解穀倉老鼠的吱吱叫聲以及院子裡山羊的咩咩聲。動物的祕密語言他聽得一清二楚，其中又以鳥語最令他感興趣。由於鳥兒在天庭和人間往返飛翔，因此他們聽得見天神的對話，鳥兒常彼此分享聽聞到的祕密。米蘭普斯仔細聆聽鳥兒的對話，便能知悉未來。稍後他在阿爾菲斯河畔巧遇阿波羅，阿波羅傳授他更多祕密，教他如何從動物的內臟預知未來。

米蘭普斯的兄弟畢亞斯深愛皮洛斯國王尼流斯的女兒佩羅。但這位公主的追求者中，許多都是有錢公子哥兒。可是尼流斯卻偏愛畢亞斯。他同意讓畢亞斯將女兒娶回家，但首先畢亞斯得幫他帶回帖撒斯國王費拉庫斯的牛群。只不過這牛群是由一頭奇異兇猛、永不入眠的惡犬看管，因此無人能夠接近牛隻。於是畢亞斯便尋求兄弟的幫忙，米蘭普斯答應了他的請求。即便米蘭普斯從鳥兒那裡得知要是他嘗試偷牛將會遭到逮捕，並且被囚禁一年。但他實在太愛畢亞斯，所以說什麼都要試試看。在米蘭普斯想偷偷潛入接近牛群時，恰巧被費拉庫斯的牧羊人逮個正著。

整整一年米蘭普斯都被關在費拉庫斯家的漆黑小木屋，等待著監禁的十二個月過去。在某天夜裡，他聽見椽子中兩隻蟲的對話，其中一隻說牠剛剛才啃蝕完支撐木屋屋頂的主樑。屋頂就快要塌下來了。於是米蘭普斯呼叫看守的警衛，要求換至另一間牢房。警衛狠狠嘲笑米蘭普斯，但仍然依照他的要求幫他換了一間牢房。隔天他們驚訝地發現原本堅穩的小木屋屋頂竟然真的坍塌了。費拉庫斯國王聽說這奇異事件後，對囚犯的預知能力讚賞不已。他傳喚米蘭普斯前來宮殿，要米蘭普斯看看自己的成年兒子伊菲克勒斯是否能成功得子。如果能成功那他就願意釋放他。他的小兒子雖然是名運動健將，可以不壓碎一顆麥子就迅速奔越小麥田。可是他卻患有不孕之症。米蘭普斯願意協助他找出問題的起因，但前提是費拉庫斯得把牛群贈予他的兄弟當做是結婚禮物。國王高興地答應了。

米蘭普斯先是獻上兩頭公牛宴請空中的飛鳥。飛禽自四面八方前來分食，最後來的是一隻禿鷹。預言家問禿鷹是否知道伊菲克勒斯膝下無子的原因。嗜食腐肉的老禿鷹點點頭，說牠曾在許多年以前，從附近的枝頭上見到費拉庫斯以鋒利刀刃閹割公羊。伊菲克勒斯當時還年幼，他看見父親滿身是血的模樣，忍不住驚嚇地大哭逃跑。他奔跑的速度飛快，而費拉庫斯為了安撫兒子，便匆匆把刀子插入一棵神聖橡樹，急著去追兒子了。光陰似箭，歲月如梭，橡樹不斷長出樹皮，兒全覆蓋了那把刀。刀子就這樣深藏在樹身裡。禿鷹向他透露由於費拉庫斯對聖樹不敬，諸神甚是不滿。如果要解決問題，費拉庫斯必須挖掘出樹身裡的刀，然後刮下刀刃上的鐵鏽，連續十日讓伊菲克勒斯服用加有鐵鏽的飲料，如此一來，他的不孕症便能痊癒。費拉庫斯同意了，並且舉辦儀式。九個月過後，伊菲克勒斯的太太成功產下一名小男嬰。

米蘭普斯帶著牛群回到皮洛斯，讓畢亞斯與佩羅公主成親。這名先知度過了快樂的一生，終生受到眾人尊崇，擁有許多孩子。希臘各地上下的國王，也因他的預知能力和魔法時常傳喚他。有回戴奧尼索斯來到阿哥斯，普羅伊特斯的女兒拒絕敬拜他，因此陷入瘋狂。當時國王也是請來米蘭普斯使用藥草幫他恢復女兒的理智。但在那之前，他要求普羅伊特斯贈與他部分王國。之後他便和兄弟畢亞斯共同成為阿哥斯的國王，一起共享晚年。

阿塔蘭塔 Atalanta

擅於跑步、狩獵的女英雄

雖然希臘神話裡大多數的女性終日忙著縫紉、生兒育女，但仍有少數女性角色擺脫傳統枷鎖，達成不可思議的功績。其中一名最讓人津津樂道的就是名為阿塔蘭塔的年輕女子。阿塔蘭塔的人生一開始並不順遂。因為她的父親伊亞色斯只想要生個男孩，因此把甫出生的女兒遺棄在黑暗森林讓她自生自滅。但她的福大命大，一隻母熊發現她帶著她回到洞穴，與其他小熊一起長大。過不了多久，有一批獵人發現這個孩子，然後帶回村裡養育長大。不久阿塔蘭塔就成為一名美麗的年輕女子。

阿塔蘭塔過著自在無憂的生活，在山林間漫遊，與男性朋友一起打獵，雖然她喜歡男性友人的陪伴卻不想結婚。她以處子之身將自己奉獻給女神阿提密斯，發誓她永遠都不會和男性發生親密關係。大多數的男性同伴都感到惋惜。儘管如此，大家也只能黯然接受。不過仍有些人下定決心無論如何都一定要得到她。有一天，當她正和人頭馬怪物柔庫士和海拉爾斯外出打獵，這兩人忽然企圖侵犯她。但阿塔蘭塔成功掙脫了，並以自己的快箭射殺對方。

阿塔蘭塔是唯一和梅勒阿格羅與提修斯一同獵殺卡利敦野豬的女性。有人說她拔得頭籌射中野豬，許多獵人不平她一介女子竟有如此能耐，於是對外聲稱殺死野獸的人其實是她的同伴。不久之後，阿塔蘭塔在一場摔角比賽中，擊敗偉大的國王皮流斯，也就是阿基里斯的父親。另外，還有些故事則提到她和阿哥號勇士一同航海，前往尋覓金羊毛。但大多數人卻相信遠征隊的領導人傑森拒絕了她的要求，不讓她加入。因為他害怕若有女人同行恐怕會招來麻煩。

阿塔蘭塔聲名遠播，很快地她的親生父親伊亞色斯也聽說了她的名字。伊亞色斯立刻知道她就是自己當年丟在森林裡的女兒。雖然父愛來的有點遲，他還是嘗試盡盡父親的職責，這卻讓阿塔蘭塔非常頭疼。其中一項父親的責任就是要為女兒安排合宜的婚禮。年輕的阿塔蘭塔不情願地答應了，但她說服伊亞色斯新郎人選必須與她賽跑。如果對方贏了，她就會依約嫁給他。但如果他輸了，她就會當場殺了他。

阿塔蘭塔非常清楚不會有男人能擊敗她。但她實在是太明豔動人，許多男人都不惜孤注一擲前來參與競賽。他們都以為是之前的選手太弱所以才會輸給一介女子。他們也相信自己能做得更好。但阿塔蘭塔場場比賽都率先抵達終點線，手裡拿著一把劍等待他的對手們。

其中有位年輕男子深深迷戀阿塔蘭塔。來自阿卡迪山區的米蘭寧心知肚明自己絕不可能在公平競賽中打敗阿塔蘭塔。聰明的他於是向天神尋求協助。他來到愛芙羅黛蒂的神廟，祈求愛神能協助他贏得美人芳心。這位主司性愛的女神從來就不喜歡阿塔蘭塔，因為阿塔蘭塔立過誓要終生保持貞操，所以她遞給米蘭寧三顆金蘋果，並且告訴他贏得比賽的方法。

過不了多久，年輕人便抵達伊亞色斯的宮殿。米蘭寧問伊亞色斯自己是否有幸可角逐競賽娶回他的愛女。伊亞色斯為米蘭寧擔心，要他再三考慮，但米蘭寧卻決定放手一搏。阿塔蘭塔迫不及待換上她的短袍，在起跑線與米蘭寧肩並肩站好，她轉過頭對他露齒燦笑，她知道他所剩時日已經不多了。

比賽一開始，米蘭寧比對手起跑更早，阿塔蘭塔不疾不徐地讓愚蠢的對手先跑在前頭，讓他以為自己有機會，接著才開始在賽道快步奔馳，並很快就超越對手，而就在此刻，米蘭寧從衣袍裡掏出一顆金蘋果，然後往對手面前的地上拋了出去。阿塔蘭塔從未見過如此美麗的東西，於是她停下腳步拾起蘋果，如此一來又讓米蘭寧再次超越她。

但不用多少時間，阿塔蘭塔又再次超越對手，而就在此刻米蘭寧又拋出另一顆蘋果，阿塔蘭塔又無法自拔地停下腳步揀拾蘋果。

等到他們快接近終點線，阿塔蘭塔迅速地從後方超越對手，米蘭寧這時又掏出最後一顆蘋果，把它遠遠拋至賽道旁邊，雖然阿塔蘭塔努力克制自己的慾望，但最終還是無法抗拒金蘋果的魅力。她跑到賽道邊緣，朝蘋果俯衝而去，然後又飛快跑回賽道，但一切已經太遲了。米蘭寧以一步之差提前抵達終點線。

伊亞色斯把女兒交給米蘭寧，並祝福這對新人。年輕的新郎急切地帶著自己的大獎回家，兩人立刻踏上歸返阿卡迪的路途。米蘭寧不敢相信自己如此好運竟能抱得美人歸。但才剛上路不久，米蘭寧便按奈不住慾望，帶著阿塔蘭塔來到附近的宙斯小神廟想要親熱一下，這裡也是四周唯一隱密的地方。雖然如此做是在褻瀆神祇，但米蘭寧仍在宙斯聖壇前的地板與他的新娘翻雲覆雨。

這樣的褻瀆行為並未逃過宙斯神的法眼，宙斯立刻將米蘭寧和阿塔蘭塔變成獅子。這是最恰當不過的懲罰了，因為據說獅子不會與獅子交配，只會與花豹交配，於是這對夫妻此後便在山間遊打獵卻永遠都不得與彼此交配。這對米蘭寧來可說是最殘酷的命運了，但阿塔蘭塔卻開心的不得了。

普柔克妮和菲洛美拉 Procne and Philomela

不向命運屈服的姊妹花

有位雅典國王叫做潘迪昂，他擁有兩位美麗的女兒——普柔克妮和菲洛美拉。雖然他的家庭生活美滿平靜，但他的王位卻飽受野蠻人的侵襲威脅。這群嗜血的蠻夷之人幾乎就要踏進他的城門。潘迪昂的朋友、色雷斯的國王鐵流士挺身相助，趕走這批侵略者。鐵流士是戰神阿瑞斯的兒子，自然也是位強悍的戰士。雅典國王對他感激不盡，承諾他的好友要把最年長的女兒許配給他。

普柔克妮淚眼婆娑地向父親與妹妹道別，然後搭上鐵流士的船，前往她在色雷斯的新家。九個月的時間一到，她產下一名兒子，取名為伊蒂士，做父親的鐵流士感到驕傲和喜悅不已。

伊蒂士五歲的時候，普柔克妮詢問鐵流士能否回雅典短暫探望親人：「如果你真心愛我，就請你讓我回到家裡。又或者，如果你願意的話，可以讓我的妹妹前來探望我。你可以向我父親承諾妹妹短暫拜訪之後會安然回到家裡嗎？我親愛的丈夫鐵流士，你能帶她來的話，我真的感激不盡。」

聽在色雷斯國王的耳中，這請求看似合情合理，於是他便命令下人備船，他要親自前往雅典帶回菲洛美拉公主。在順風的協助下，船很快就抵達雅典，國王航入派瑞斯港口，遠方的雅典衛城也映入眼簾。潘迪昂熱情迎接女婿，迫不及待詢問女兒的消息，兩位國王飲酒暢聊至深夜。這時菲洛美拉走進房裡。鐵流士上一趟造訪時，她還是個清澀少女，而今站在鐵流士面前的卻是出落得驚豔動人的年輕女人，甚至可以說比她的姊姊還出色。

鐵流士一看見菲洛美拉，便讓強烈的慾望沖昏頭，他此刻最想要的莫過於占有她。當晚他差點就禁不住誘惑，想要偷偷潛入她的閨房，強行非禮菲洛美拉，但他知道換來的後果必是戰爭。這股慾望實在是太過強烈，有那麼一刻，他甚至能願意出自己的王國只為了和菲洛美拉溫存。鐵流士決定還是要先忍住，以親切的態度合宜的姊夫身分與菲洛美拉打招呼，然後他轉向潘迪昂向他解釋此行的目的。他說到普柔克妮在他平庸的家感到孤單寂寞，即便他已盡心盡力討她歡心。他們在色雷斯的家，並不合適如此美麗有教養的淑女。普柔克妮渴望妹妹來訪，就算只是短暫的停留也罷。鐵流士請求潘迪昂應許他帶著潘迪昂的小女兒回到色雷斯短暫拜訪姊姊，此刻淚水滑落鐵流士的臉頰，他說他只想讓深愛的妻子開心，並且承諾會誓死保護菲洛美拉，不讓她受到一丁點兒傷害。鐵流士對普柔妮克的深情，讓宮裡的人無一不動容。就連菲洛美拉也央求父親，即使要離開年邁的老父親，她心裡也是千百個不願意，但她相信會和鐵流士安全回到家裡。

鐵流士卻讓潘迪昂猶豫了，父親的直覺告訴他，鐵流士給人一種奇怪的感覺，讓他不禁有些遲疑。但他女兒不斷的請求，鐵流士也真摯地向天神發誓，絕對會保護好他的女兒，潘迪昂這才答應讓菲洛美拉離家。不久之後，在他們航向遙遠的北方前，潘迪昂向他的小女兒揮別，但卻有股不祥的預感爬上他的心頭。

當船一離開雅典，鐵流士便洋洋得意地歡呼，可憐的菲洛美拉仍毫不知情自己要航向可怕的命運，猶如一隻陷於老鷹爪牙的小白兔。當他們抵達色雷斯，鐵流士便放下所有偽裝，一把將菲洛美拉拖入深山小木屋。可憐的少女恐懼地顫抖，乞求他讓自己見姊姊。國王只是不住地瘋狂大笑，然後粗暴地侵犯了她，她不斷向諸神求救，卻徒勞無功。

當他完事後，菲洛美拉渾身顫抖，衣衫不整，殘破不堪，她就這樣站在鐵流士面前，但她的意志仍堅定不可摧：「你這禽獸！你一點也不在乎你和我父親的友誼嗎？我姊姊對你的愛毫無意義可言嗎？你侵犯的不只是我，還有我們家族的神聖聯姻，我寧可你直接殺了我。你可以把我囚禁在這座監牢裡，但我會嘶吼揭露你禽獸般的惡行，讓所有樹木山石都知道。」

接著鐵流士便一把捉住菲洛美拉的頭髮，往後扭轉她的雙臂，手裡取出一把銳利的劍，菲洛美拉迫切伸長脖子要他快點下手，但國王不想殺了他的禁臠，他只是用火爐的鉗子箝住她的舌頭，然後以利刃割下舌頭。菲洛美拉無法言語，倒臥在地上，滿口流著鮮血，如殘花敗柳般又一次被他侵犯。

鐵流士找了侍衛地看顧菲洛美拉的小木屋，然後回到宮殿面對普柔克妮。他一臉沮喪沉痛的神情來到她面前，哽咽向妻子解釋，她親愛的妹妹在自雅典航行來此的船上已經不幸罹難身亡，普柔妮克傷痛欲絕，穿上黑色的喪服哀悼，還為菲洛美拉立了紀念碑，並且供奉祭品希望她的靈魂能得到安息。

菲洛美拉囚禁在破舊小木屋裡，已經過了整整一年，門外的侍衛謹慎戒備，森林也座落在深沉黑暗之處，就算她能成功逃脫找到普柔克妮，她又該如何以話語向她解釋所發生的種種？沉痛中必長智慧，苦難時必生機智。小木屋裡有台老舊織布機，菲洛美拉試著告訴侍衛她想要用織布機。此舉看似無害，於是侍衛給了她紡織的材料，她開始縫紉。

在織布上，她技巧地繡出從雅典出發的旅程、她抵達色雷斯遭到鐵流士惡意強暴以及她孤獨囚禁的日子。她也繡下自己舌頭遭割下的畫面，以及自己受苦受難的過程、懷念姊姊及思鄉之情。完成之後，她把完成的織布交給一位老太太，請她送給皇后。信差帶著織布來到普柔克妮跟前，普柔克妮攤開織布，讀著上面的故事，然後不發一語地離席回到自己的臥房。

通常皇后是不准許單獨走到宮殿外圍的，但當晚正好是一年一度的酒神慶典，所以女人皆可自由來回走動，在附近的森林敬拜天神。普柔克妮打扮成戴奧尼索斯的信徒，然後與同伴一同參與慶典，一路奔跑至森林。眾人正在狂歡之際，她悄然偷溜離開，來到跟錦織上一模一樣的小木屋，在她巴克埃的偽裝之下，守衛並未認出普柔克妮來，所以皇后成功潛入小木屋。

菲洛美拉瑟縮地躲在角落，並未認出她意外的訪客，但普柔克妮脫去外衣和偽裝時，菲洛美拉興奮地發現來人正是姊姊，兩人緊緊相擁。普柔克妮告訴菲洛美拉是時候準備報仇了：「這可不是流淚的時候，而是以刀劍與行動以牙還牙的時刻。我要在宮殿裡活活燒死鐵流士，割下他的舌頭、挖出他的眼珠，我還要割下他汙辱妳的那東西。他這樣欺負妳，我得不擇手段嚴懲他不可。」

普柔克妮偷偷送妹妹進入宮殿，把她藏在自己的臥房。總算安然藏好菲洛美拉之後，普柔克妮的小兒子伊蒂士出現在大廳奔向母親，她抱起兒子說道：「你跟你父親長得可真像。」此時她想到了可怕的計畫。

當夜稍晚，普柔克妮送了訊息給丈夫邀請他共進晚餐，她說這是來自她家鄉的特別晚宴，唯有一家之主才得以享用。待他一坐定，她便為他送來一盤又一盤的肉，佐以美味的香草。國王餓壞了，他盡情享用餐點，一口都不放過。鐵流士吃完之後，先是稱讚太太的手藝和美味佳餚，然後要她帶兒子伊蒂士出來加入他們。但這時她卻說道：「已經不需要叫他來了，我的國王，因為你要找的孩子已經在你身體裡了。」

起初鐵流士並不理解她話中的涵意，但菲洛美拉渾身是血地走進房裡，手裡還握著母親和阿姨宰殺孩子用的屠刀，然後她把從伊蒂士身上砍下的頭顱丟到鐵流士腿上。

當他終於發現事情的真相時，他痛苦地大吼，詛咒這對姊妹，並呼喚冷酷的復仇女神前來，看她們做出如此殘忍野蠻的事。他很想開腸剖肚，把肚子裡吞下的可憎食物全部一口氣挖出來，但他卻只是止不住地放聲痛哭。

普柔克妮和菲洛美拉趕緊逃離城堡，像禽鳥一般飛快地逃至森林。鐵流士很快收拾自己的情緒，連忙追逐她們，恨不得馬上殺死姊妹兩人。然而，天神卻同情這對姊妹，他們把鐵流士變成一隻頭上頂著堅硬鳥冠戴勝鳥，鳥冠形同戰爭的頭盔，對於性格如此殘暴的男人來說，是再適合不過的了。然後他們把普柔克妮變成一隻燕子，而菲洛美拉則變成夜鶯，以甜美歌聲為眾人歌唱。

戀人

納西瑟斯和哀可 Narcissus and Echo

苦澀的單戀和無可自拔的自戀

來自底比斯的狄瑞西亞斯成了全希臘最出名的預言家。世界各地的人都不遠千里來找他，為的就是想要知道自己與孩子的未來。這其中包括仙女莉瑞歐碧。河神西菲色斯非禮她後，她的肚子便懷了河神的胎兒，產下的孩子擁有無與倫比的美貌，任何人都無可匹敵，他的名字叫做納西瑟斯。莉瑞歐碧十分擔心自己的孩子擁有如此絕色的樣貌。因此她前去詢問狄瑞西亞斯兒子未來的命運，希望他能夠度過幸福長壽的一生。「只要他不認識自己即可，」先知高深莫測地回答道。

等到納西瑟斯十六歲，他的絕佳美貌已經聲名遠播，來自各地的男女紛紛想要追求他。但他完全不想要談戀愛，他輕視所有追求他的俊男美女，聲稱無人能夠打動他的心。

在眾多愛慕者之中，包括仙女哀可。她曾是希拉身旁的忠實隨從。沒有人能像哀可一樣永無止盡地不斷說話。宙斯就是看準了她這點，經常善加利用愛說話的哀可牽制希拉。萬神之王只要看見多話的仙女在希拉身旁，便會從奧林帕斯仙境飛到凡間，尋覓凡間女子或女神溫存。因為他曉得只要有哀可在希拉身邊，他就有充裕的時間可以慢慢享受。哀可常教希拉分心不能留神宙斯的行徑，讓女神非常惱怒。於是希拉想到一個特別的方式處罰這位喋喋不休的少女。她讓仙女只能重複別人對她說的話，而且只有對方說的話裡最後幾個字。

遭到驅逐而離開諸神身邊後，哀可獨自在山野森林遊蕩。有天，她遇見正在和朋友打獵的納西瑟斯。她畢生從未見過如此俊俏的美少年，燃起熱烈的愛意。但哀可只能重複他所說的話語，她又該如何向他表達自己的愛意呢？即便如此，她仍舊在森林間跟蹤他，直到他偶然與朋友走散。納西瑟斯想找回朋友，於是對著空氣大喊：

「有人在嗎？」

「在嗎？」哀可說。

納西瑟斯感到詫異，回應的竟是女人的聲音。

「快點過來找我。」他要求道。

「來找我。」哀可回答。

這位少年四處張望，卻看不到任何人影。

「你們為什麼要跑走？」他大喊，卻只能聽見哀可所重複的話語。

「我在這裡啊，快出來見我吧。」納西瑟斯央求。

「快出來見我吧。」哀可回應道。

仙女實在承受不了自己對他的滿滿愛意，她再也無法繼續等下去，於是從她的藏身處冒了出來，直接奔向納西瑟斯。她以雙臂環繞著他，熱情地擁吻他。

「放開我，」少年命令道，「除非我死了，否則才不會讓妳對我胡做非為。」

「讓你對我胡做非為。」哀可大喊。

納西瑟斯厭惡地推開她，逃離哀可。遭到拒絕的哀可，仍無可救藥地迷戀納西瑟斯。她偷偷躲藏在森林，只為了在納西瑟斯打獵時能夠見上他一眼。她為自己的迷戀感到羞恥，卻仍不可自拔地深陷慾望。她茶不思飯不想，甚至廢寢忘食。身形越來越削瘦的她，最後變成塵土灰燼，形體消失不見，只剩下空蕩蕩的聲音，來回不斷地飄蕩在森林與山間林地。

納西瑟斯鄙視哀可，對於其他想得到他的人亦然。有位少年在遭逢拒絕時，苦澀地舉起雙手向最恐怖的女神寧美息事祈禱。女神在地府深淵聽見他的哭喊，於是便封印了納西瑟斯的命運。

森林裡有個晶澈透亮的水池，莉瑞歐碧的英俊兒子納希瑟斯經常造訪此處。有天納西瑟斯結束漫長的打獵，疲累不堪地來到水池旁邊想好好解解渴。他拱起兩手的手心，把水送至唇邊，這時他赫然驚見水池中自己的倒影。這位少年畢生從未見過如此樣貌出眾的人，他內心忍不住讚嘆，卻驚訝地說不出話，只是一直凝望眼前的影像，渴望能觸碰他的臉頰、親吻他的嘴唇。他俯身欲擁抱倒影，但每當他的手指碰觸到水面，倒影便會化為漣漪消失不見。

納西瑟斯坐在池畔，視線久久無法移開自己的倒影。夜幕低垂，月亮高掛於天空，但他卻完全未加注意。他每日每夜坐著凝視自己的倒影，茶不思飯不想。哀可則站在森林的邊緣，注視著愛人變得越來越憔悴。納西瑟斯對著倒影哭喊乞求，求他快出來與他見面，眼裡完全沒有哀可的存在，耳朵也聽不見哀可的聲音。

「你離我是如此近，但我卻觸不到你，唉。」他不禁悲嘆。

「唉。」哀可也忍不住嘆氣了。

即使納西瑟斯日漸憔悴、骨瘦如柴，但仍忍不住絕望地凝望自己的倒影，在他嚥下最後一口氣之前，他望著池中的影像，輕聲呢喃：「永別了。」

「永別了。」哀可語氣哀淒地大喊。

美少年就這麼倒在池畔英年早逝。他疲憊的頭垂掛在水邊，諸神憐憫他於是把他削瘦的身軀變成一朵美麗的花朵，並且以他的名字為花朵命名（納西瑟斯 Narcissus 亦即「水仙」）。這朵花的頭永遠微微傾向水面。但即便是在陰間納西瑟斯的靈魂仍永恆不間斷地凝望守誓河中自己的倒影。

皮拉莫斯和笛絲貝 Pyramus and Thisbe

世仇之下無法圓滿的愛情

巴比倫城裡住著一對年輕情侶。雖然他們住的很近，但兩人之間的距離卻很遙遠。他們是全巴比倫最英俊和最美麗的一對璧人——皮拉莫斯和笛絲貝。雖說他們兩人的距離僅有一牆之隔，但他們的家人卻仇視彼此，並且禁止他們兩人說話。但愛情偉大的力量卻能戰勝困難。

隔著兩家人的那面牆壁上有一道小小的裂縫，但一直以來都沒有人發現。皮拉莫斯和笛絲貝發現這個裂縫後，趁兩家人都陷入熟睡再透過裂縫輕聲細語地聊天。每晚道別之前，他們會親吻自己那側的牆壁，約好隔夜再相會。無論兩家人對彼此的仇恨如何強烈，這對戀人再也無法承受分隔二地。於是他們策畫隔天從夜裡偷溜出家門，約在城外清涼泉水和桑樹旁的古墓相會，兩人期盼在樹下彼此相擁。

隔夜笛絲貝小心翼翼打開家門，放輕腳步走過巴比倫的街道，她出了城門來到樹下，坐在那兒等待皮拉莫斯到來。倏然她在黑暗中看見一頭獅子，獅子剛剛殺死附近的牛，臉上滿是血跡。獅子靠近泉水想要喝水解渴時，笛絲貝驚恐地逃跑了，在逃跑的當下不慎掉了斗篷。獅子喝完水之後，發現地上的斗篷，便以牠沾滿鮮血的嘴撕裂斗篷，然後把斗篷留在樹旁的地面。

皮拉莫斯來到泉水時，獅子已經離去，他看見獅子留下的足跡以及地上沾滿鮮血的斗篷。他立刻認出斗篷正是他摯愛笛絲貝的斗篷，因此認定獅子肯定已奪取她的性命。皮拉莫斯哀痛地跌坐於地，認為笛絲貝的死全是自己的錯，於是他取出劍往自己的身體刺了進去。他倒臥在地時鮮血噴濺至半空中，把原本雪白的桑樹果實染成血紅色。

而就在此時笛絲貝回到泉水邊，驚見倒臥在地的軀體。她非常惶恐不安，但她曉得那就是她的愛人皮拉莫斯，於是奔向前把他抱在自己懷裡，嘶聲哭喊著他的名字。聽見哭聲的皮拉莫斯，用盡全身最後一絲力氣睜開雙眼，最後一次凝望她，然後眼睛便永永遠遠地闔上了。笛絲貝整夜抱著愛人皮拉莫斯痛哭失聲，最後也高舉他的劍往自己的心臟刺了下去。

眾神悲憫這對戀人，決定每待桑樹果實成熟，將果實的顏色變成暗紅色。連雙方父母都因子女對彼此的貢獻而深深感動，於是將他們的骨灰合裝入一個甕。

錫克斯和愛爾喜昂 Ceyx and Alcyone

望夫早歸的海上翡翠島

在神聖狄菲神殿的北方山區，有一個小王國叫做特拉喀斯，由晨星神路西法的兒子錫克斯統治。錫克斯熱愛和平、不喜歡戰爭，時常歡迎難民來到自己的國家。阿基里斯的父親皮流士在不小心殺死親生兄弟後錫克斯接納了他；赫丘力士工作地筋疲力竭時，他也給予赫丘力士庇護。兩位客人皆以英勇行動回饋主人：皮流士幫忙屠殺肆虐鄉間的野狼，赫丘力士則把惡意的入侵者趕出錫克斯。

然而這國家飽受威脅，前往南部的路上暴徒為患，因此錫克斯決定要走海路找狄菲神殿的阿波羅尋求神諭。他美麗忠貞的妻子、風神阿伊歐樂士的女兒愛爾喜昂請求他再三考慮，要他別留下她一人，獨自踏上漫長的旅程。如同所有的希臘人一般，愛爾喜昂知道大海既險峻又變化多端，海水可以吞噬船隻，也可以在瞬間擊垮船，把船上所有人拖入大海深處。

錫克斯深愛他的妻子，也為她的眼淚所感動。但他覺得為了自己的王國有義務必須去尋求阿波羅的神諭：「我對著父親明亮的火光向妳發誓，只要命運之神允許，我會在兩個月內重新回到妳身邊。」

愛爾喜昂並未因為這些話語而感到寬慰，但她也知道自己並不能改變丈夫的決定。於是她擁抱他與他告別。她站在海岸邊望著他遠去的畫面。他朝她不停揮手道別，直到船離岸邊越來越遠，遠到再也看不到她的身影。

遠離家鄉幾天後，海上忽然颳起一陣猛烈的風暴。船長命令所有組員降低風帆，讓船在風勢抵達前快點航行，但暴風雨的威力卻越來越強勁可怕。這時傾盆大雨，閃電劃破天空，翻騰的海浪就像座高山般朝渺小的船隻撲襲而來。船上的所有人員，包括錫克斯國王在內各個用盡全身的力氣想保住船隻。但海水倒灌入船裡，速度快到連水手都來不及舀水。一群男人開始禱告、哭泣、咒罵，但全都無濟於事，最後一個滔天巨浪拍打下來，擊潰了船隻，把小船化為殘敗碎片。

包括錫克斯在內的幾個男人，使勁抓住船隻的殘骸盼望能就此撐過這場風暴，但海浪的力量實在太過強大，在他們人生的最後一刻，腦海裡浮現自己的家人與子女，實在不願意就此離開他們。眾人又向天神禱告了一次，隨後他們一個接著一個跌入憤怒高漲的海浪中。唯一剩下的倖存者是錫克斯，他緊緊捉住破裂的浮木，腦子想到的只有愛爾喜昂，想到她溫柔的聲音、她嘴唇溫暖的觸感，內心希望能再見她最後一面。然後他又再次禱告，希望至少他的身體能被海浪推打上特拉喀斯的岸邊，由她親手埋葬他。最後海浪吞噬了他，他再也無法繼續想念愛爾喜昂。

愛爾喜昂每天都真誠地向希拉祈禱，希望她的丈夫能夠平安歸來。她努力縫製袍子度過漫長的分分秒秒，心想等到他的船入港時，她就可以親手把袍子送給他了。但宙斯的太太聽見她事與願違的祈禱，終於再也受不了了。希拉來到睡神的家，請他進入愛爾喜昂的夢境轉告她錫克斯的悲慘命運。於是睡神又找來可化身為各種樣貌的兒子莫菲斯，囑咐他打扮成錫克斯的模樣進入愛爾喜昂的夢境告訴她真相。莫菲斯以愛爾喜昂丈夫的樣貌出現在她輾轉難安的夢鄉中。他裸著傷痕累累的身體，海水滴落他的髮稍：「親愛的愛爾喜昂，別再祈禱我安全返家了。妳什麼忙也幫不上的。我被殘酷的大海風暴拖拽入深沉海底，我嚥下最後一口氣之前大聲呼喊著妳的名字，可是妳卻聽不見。永別了，我的摯愛。」

愛爾喜昂哭著醒來：「等等我！等一下，我要跟你一起走！」但夢中的錫克斯早已遠去，她的侍女衝進臥房安撫她這不過是場夢，但她什麼也聽不進去。「我的丈夫死了，」她痛哭失聲，「是天神給我這個信息的，他已經走了，我永遠也見不到他了。」

晨星自東邊的海平面升起之前，她已經來到上次見到錫克斯的海岸，她跪在沙灘上啜泣，遠遠望向海面。忽然間她看見遠處的海面上，有個東西正在浮沉。當東西越來越靠近時，她發現那就是她丈夫的遺體在海浪上漂浮。於是她立刻跳入海水，試著抓住他卻徒勞無功。但就在此刻，天神以意念將她的手臂化做一對翅膀讓她飛向錫克斯、親吻他，但她知道他已感受不到嘴唇上的吻。雖然他已經沒有生命氣息了，但他似乎能感覺到她的撫觸，突然睜開雙眼看著她。

天神同情這對夫妻，於是讓錫克斯死而復生。之後又把這對夫妻變成一對色彩繽紛鮮豔的翡翠鳥。成了翡翠鳥的錫克斯和愛爾喜昂永遠沉浸愛河。據說愛爾喜昂的父親阿伊歐樂士會在每年冬天停止風勢一周。在這七天風平浪靜的日子裡，這對佳侶就在海浪上的鳥巢，靜靜地漂浮著。

格勞柯斯和喜拉 Glaucus and Scylla

悔不當初的愛情靈藥

大海也是天神格勞柯斯的家。這位天神深深愛上美麗的少女喜拉。他並非一直都住在海裡，也不是生來就是天神。格勞柯斯曾經是一名平凡的漁夫，把漁獲陳列於鮮有客人光顧的岸邊拍賣。有天他捕獲了些魚，把它們攤在不知名小島的草地上算著數目，但死魚一碰到草地，便忽地活躍跳動。起死回生的魚趁格勞柯斯來得及捉住牠們以前，就以迅雷不及掩耳的速度跳回海水。他從未見過如此異象，懷疑這是否為某位天神的旨意，或是這草地擁有某種魔力，於是他決定測試草地。他輕輕咬了一小口葉片，剎那間他什麼也顧不得只想馬上跳入大海。他衝至岸邊，朝浪花一躍而下，此後再也不眷戀陸地。

海精見到他，開心地招呼歡迎他來到海洋的國度。她們帶他到古老神祇歐遜諾斯和蒂賽絲面前，淨化他凡人的本性。天神吩咐海精對著格勞柯斯吟唱九次魔法歌曲，然後在百條河川的水中沐浴。完成以上工作後，格勞柯斯一覺醒來發現自己的身體改變了，他的鬍子變成綠色的，胳膊變成藍色，連雙腿也變成一條魚尾巴。

格勞柯斯很享受嶄新的海洋生活，與海精游過一片片浪花。但有天他來到一個小海灣，在那兒碰見一名沉魚落燕的凡間女子。這個人正是喜拉，她褪下身上的衣物，在清新舒暢的隱密水灣游泳。格勞柯斯久久不能移開視線，他忍不住愛上她了。這時他什麼都不想要，只想與這位國色天香的少女共枕眠，於是他游至小海灣主動與她打招呼。

喜拉驚嚇地跳出水面，動作快到連衣服都來不及拿，便衝到附近一處可鳥瞰大海的懸崖邊，躲在岩石後方。她低頭望向這位樣貌奇特的生物，不確定他究竟是怪獸還是神祇。格勞柯斯對她伸出雙臂，請求她：「親愛的女孩，拜託妳別逃跑，我不是海中的野獸而是一名天神，我也曾經跟妳一樣是一名凡人，但現在卻變成妳眼前這個模樣，在我遇見妳之前，我以為自己過得很快樂，但倘若連妳都怕我，那當天神又有何意義呢？我求妳下來吧，我們面對面好好聊一聊。」

他話都還沒說完，喜拉就已經跑走了。格勞柯斯意志消沉，不知道該如何贏得美人心，此刻他想到色琦。

知名的海巫色琦是老太陽神赫利奧斯的女兒、歐遜諾斯的孫女。她住在西方的小島上，運用魔法把男人變成野獸。格勞柯斯游到她的祕密小島，請求她幫忙調製一款愛情靈藥，好讓喜拉能如同他對她一般迷戀上他。然而色琦看了格勞柯斯一眼，便決定把他留在自己身邊：「為何要追求凡間女子呢？你知道你是有資格擁有女神的。快來到我的床邊，我來讓你見識我的能耐，這可不是平凡女人懂的，快忘了那個女孩吧，當我的愛人。」

格勞柯斯卻答道：「除非海浪長出樹木，山頭冒出海草，否則我絕不會放棄對喜拉的愛。」

女巫遭人輕蔑後狂怒不已，就連地獄也不曾如此憤怒過。色琦大發雷霆，跑到她製作毒藥的房間，色琪知道自己傷不了格勞柯斯，因為他是個天神，但她卻可以摧毀他與那女孩在一起的美夢。她混合調製藥草和樹根，嘴裡念念有詞，朗誦著黑卡蒂的咒語。藥水製成後，她把惡毒的汁液裝入瓶子，前往喜拉的小海灣。

少女剛剛來到她的神祕水灣游泳，左顧右盼確認周遭沒有其他人。女巫朝平靜的水面倒入藥水，然後又快速地飛走了。格勞柯斯在女巫離去之後抵達，躲藏起來偷偷凝視他心愛的人，不希望又把她嚇跑。只要他能看著她在泳裡游水的模樣就已經心滿意足。

在如此炙熱的天氣裡，喜拉涉水到水深及腰部，肌膚浸泡在冰涼的水中，開心地感受照在臉上的溫暖陽光。但這時卻有奇怪的事情發生了，她的身體開始出現變化。身體冒出好幾頭怪獸。六頭齜牙咧嘴的野狼，長滿銳利恐怖的尖牙。蛇般的頸子冒出她的身子。她害怕地驚聲尖叫。很快地，喜拉變成了一隻可怕的怪物，唯一不變的是她女人的頭顱。她跑到旁邊突起的懸崖，希望能把怪獸拋在身後，卻反而害她固定在岩石不得動彈。曾經艷光四射的美麗少女，現在卻變成無人想像得到的可憎怪物，喜拉不停尖著嗓子大叫。在陷入瘋狂和對自己的仇恨之間，喜拉攻擊所有航海經過的人將他們撕成碎片。她成為水手間口語相傳的傳奇，避之惟恐不及的怪物。只有格勞柯斯為她暗自垂淚，因為他曉得她過去的模樣，而她現在會變成這樣，全都是因為他對她的愛慕。

希羅和李安德 Hero and Leander

橫跨海峽的愛情

達達尼爾海峽上正對著特洛依的海岸處住著一名服侍愛芙羅黛蒂的年輕女祭司，名叫希羅。她來自席斯特斯城一個顯赫尊貴的家族，她在該地的神廟忠誠地服侍女神。儘管如此，她對於愛情卻是毫無經驗。這名少女的美貌絕倫，因此有許多周圍城鎮來的男人都夢想能與她在一起，他們說：「我去過斯巴達，也見過海倫本人，但我卻從未見過像她如此傾國傾城的女孩。」

「噢，愛芙羅黛蒂，賜給我一個與她相似的女子吧！」

「要是我能成為她在床上的第一個伴侶，我就算死，也是死而無憾。」

有位年輕人名叫做李安德對希羅的愛意更勝任何人。他住在遙望達達尼爾海峽上的海邊小鎮阿拜都斯。他來自一個貧窮家庭，窮小子李安德在神廟見到這位少女，他內心的熱情再也無法澆滅。他日日夜夜想著她，渴望與她在一起，抱著她入懷。但要與曾拒絕眾多追求者的女孩說話，卻讓他退卻了。他能給這麼一個美若天仙的女孩什麼呢？

有天在神廟時，他知道自己非得開口對她說話，不然他必會死於內心強烈的渴望。他走向希羅，全身忍不住打顫站在她的面前。當她看著他時他覺得自己彷彿就要融化在她美麗的眼眸。他渾身發抖，想找到話語對她傾訴愛意。希羅被這個害羞的少年感動。這是其他追求者不曾給她的感受。她輕盈地走過去以自己的手握住他的，然後對他微笑，嘲弄他：「陌生人，你想要我為你做什麼呢？我只不過是個未經世事的女孩，你有什麼話想告訴我嗎？像你這麼一個美男子要是試圖引誘我，我想我父親不會太開心吧。噢，我想我所服侍的女神也不會太開心。你想要勾引我爬上你的床嗎？然後在愛芙羅黛蒂和我家人面前，狠狠地拋棄我？」

李安德總算找回自己的聲音：「最出色亮麗的女孩，妳是全岸邊最美麗動人的一朵花，我發誓我沒有其他意圖，我對妳的感情是絕對正直的。我已經愛慕妳很久了，我是用我的真心喜歡妳，絕對不會對妳不尊重。妳所服侍的女神對我來說也很重要，我對妳父母也抱持相當崇高的敬意。但請妳想想，服侍愛芙羅黛蒂的妳怎可以對男人的擁抱感到陌生？我知道我不過是個窮小子，但我的愛是最純潔的，妳的父母永遠不會讓我舉辦儀式把妳正正當當娶回家，但我願意向女神發誓我絕對會是名忠誠的好丈夫，只要我尚有呼吸我必會好好疼愛妳。」

希羅看得出李安德所言字字屬實，她也深深感動。她內心澎湃，知道這個男人就是她的真命天子。但她的父親絕對不可能允許讓這個海峽對岸的窮小子成為他女兒的丈夫，於是這對愛侶便偷偷談起戀愛。

每天夜晚只要可以，希羅便會在席斯特斯城中自己臥房的窗上點起一盞燈，燈光會一路跨過達達尼爾海峽照亮海峽兩岸。李安德見狀便會跟著引導的燈光，游過海峽與她會面。他們彼此交換誓言，願以夫妻的身分永遠生活在一起。

夏天和秋天的每天夜裡，只要天空澄澈，希羅就會點亮一盞燈，然後把燈掛在窗戶上。李安德會從海峽對岸望過來，跳進海裡循著燈光，一路來到真愛的家裡。他到的時候渾身溼透，滲著水珠，但希羅仍渴望能快點再次見到他。他們兩人徹夜溫存，之後李安德再不甘願地離去，趁著天剛破曉之時，一路游回他在阿拜都斯的家。他們不曾告訴任何人這個祕密，白天的希羅像是貞潔的少女，持續服侍女神，而夜裡的她則與李安德親密相會。

當冬天降臨，強風襲擊海岸，吹拂結著冰霜的海面。希羅請求李安德等到春天再來找她，但他不肯讓強風巨浪分開他們兩人。在某個暴風的夜晚，李安德游到海峽的一半時，油燈忽然熄滅，浪花拍打在他身上，風勢不斷阻擋他前進，但他仍持續掙扎地游著。沒有希羅的燈光引領他，李安德迷路了，找不到抵達海岸的路線。刺骨的寒風讓他眼睛睜不開來，海水也不斷灌入他的喉嚨，但他仍然用盡全身力氣為了來到他愛妻的身邊。

天總算亮了，希羅絕望地從窗戶望向底下的海邊，希望能看見她的愛人正朝她的方向游過來。但她最恐懼的事情卻成真了。底下的礁岩躺著一具已經沒有生命的軀體，那個人正是她最愛的李安德。由於她無法過著沒有他的日子，於是便從窗邊跳下，一頭撞死。鎮裡的人就在那兒發現這對戀人，他們躺在一起，任由浪花輕柔拍打著身體。

海波姆娜絲查和凌秀斯 Hypermnestra and Lynceus

因仇恨而生的愛情

丹瑙士是愛歐的眾多子嗣其中之一。他也是貝魯斯之子。丹瑙士有一個雙胞胎兄弟，叫做艾吉普特斯，他擁有五十個兒子和眾多妻妾。而丹瑙士自己也有不少妻子，但卻只有五十個女兒。艾吉普特斯統治與自己同名的強國埃及（艾吉普特斯 **Egyptus**，音近「埃及」）。而丹瑙士則是利比亞小國的國王。這對兄弟彼此各懷鬼胎，覺得對方所做的事情皆有目的。

有天艾吉普特斯送來一個訊息，打算與兄弟和好。他提議讓自己的五十名兒子，和他們的表姊妹成婚，藉此簽訂兩國協定。丹瑙士懷疑這是陰謀，是他準備攻打利比亞王國的序曲，所以他聽從雅典娜的建言和女兒逃離利比亞，定居在靠近阿哥斯的希臘。之後他在那裡成為當地的國王。

但艾吉普特斯並未死心，他派出兒子前去阿哥斯游說他的兄弟，讓這兩家人舉行聯姻。丹瑙士根本就不相信艾吉普特斯，所以他決定要利用聯姻為幌子一舉消滅侄子未來可能帶來的威脅。就在阿哥斯國王同意聯姻，並慶祝婚禮之後，他給予女兒謹慎的指示，給她們一人一把短刀。當晚婚宴結束的時候，每個兒子滿心期待，分別帶著他們的新娘回到房間。急迫的新郎們正準備與這五十位女兒行房時，但說時遲那時快，新娘們從枕頭底下抽出一把短刀，割破丈夫的喉嚨。

全部的女兒都依父親的指示做了，除了最年長的女兒海波姆娜絲查。她也像其他妹妹一樣，接受父親給予她的任務與表親凌秀斯成婚。但當她與凌秀斯走進房間時，她卻被他的用心打動。凌秀斯說，他明白海波姆娜絲查在這場婚姻中並沒有選擇權，她確實也完全不認識他，還說他一點也不想強迫她，寧可靜靜等候直到她準備好兩人才親密也不遲。海波姆娜絲查訝異他的善良，因此無法下手完成任務。

「起來吧！快跑，逃離這個地方，不然你將永眠於此。別讓我父親或狠毒的妹妹發現你，他們就像撲殺小牛的母獅一般，屠殺了你所有兄弟。我父親要怎麼對我都無所謂，但我無法對如此溫柔、具有憐憫心的人下手。你快點走吧，千萬別回頭！我們後會有期了。」

海波姆娜絲查協助他逃離宮殿，前到鄰近的小村莊，在那裡他點燃預備的信號燈火，示意自己平安無恙，然後逃離阿哥斯。

其他四十九位丹瑙士的女兒，都提著丈夫的首級回來找父親，唯有海波姆娜絲查空手而歸。她的父親因為她不順從而囚禁她，不過之後兩人和好如初，他也讓女兒和丈夫重逢，凌秀斯之後更成為阿哥斯的國王。

海波姆娜絲查的妹妹則找不到好丈夫。她們的父親到處為她們徵求對象，想當然爾沒有一個男人希望娶到雙手佈滿血腥的妻子。最後透過賄賂，丹瑙士總算為女兒找到丈夫。但最後這些女兒還是不得善終四十九位女兒死後來到陰曹地府，被迫往破洞的罐子裡倒滿水，而罐子裡的水則永遠也填不滿。

鮑喜絲和菲勒蒙 Baucis and Philemon

虔誠相愛的老夫老妻

很久以前，在佛里吉亞起伏的山丘上，有那麼一棵不尋常的樹。一根樹幹上竟長出一棵堅固的橡樹以及另一棵寬大的菩提樹。兩棵樹糾纏在一起自遼闊的沼澤中探了出來。這棵樹是怎麼出現的，其背後有個關於真愛的故事，提醒眾人要對陌生人友善的警示。

宙斯十分看重待客之道。有時他會假扮成潦倒貧困的乞丐到世界各地的街道測試眾人，看看一個國家的人民會以什麼樣的方式接待他。有一次，他帶著天神赫美斯微服出巡拜訪佛里吉亞，也就是米達斯統治的國度。這對天神挨家挨戶，要求當地人給自己一杯水喝或一小塊麵包吃，但每次總是空手而歸。

最後他們來到山丘上的一間小木屋，小木屋既破舊又窄小，屋頂鋪滿稻草，牆壁上的裂縫大到讓強風吹進簡陋小屋。宙斯敲了敲門，一對老夫妻熱情歡迎兩位意外訪客入內，他們是鮑喜絲和菲勒蒙。他們雖然貧窮卻很幸福，不在意自己困頓的處境，好多年都是如此度日。

老先生拿出凳子請客人坐，鮑喜絲氣若游絲地對著灶火吹氣，然後加入樹枝和乾樹皮，在她僅有的鍋子裡煮著水。她從花園採收幾片單薄的甘藍菜葉放入滾水中煮成湯，菲勒蒙從他們掛於椽子的寶貴豬肉，割下幾塊培根肉，讓妻子加入湯鍋。

在湯煮好之前，這對年邁夫婦一邊做事一邊說起當地傳說和故事，娛樂他們的客人。他們拉出一張桌子，邀請客人靠在一張不牢固的椅上，椅子塞滿了稻草、上頭蓋著滿是破洞的毯子，客人坐在椅子木框邊緣，椅子看似隨時可能崩垮。鮑喜絲拿了破損的陶器碎片墊在較短的桌腳下，然後拿了從花園摘下的薄荷葉擦拭桌面，並且把他們僅有的食物擺放在客人面前——橄欖、雞蛋、野生堅果、無花果、蘿蔔、和一小片乳酪。然後鮑喜絲把湯舀入陶製碗，再將加了水的酸酒放在他們面前。這對老夫妻而言算得上是豪華豐盛的晚宴，能如此招待客人老夫妻可說是驕傲不已。

鮑喜絲和菲勒蒙勤快地招呼客人，但他們卻注意到明明酒杯快要見底但杯子裡的酒卻不曾喝盡。這時他們才開始懷疑，他們的訪客也許不是普通的遊民乞丐。夫妻倆舉起雙手對天神祈求，請他們的客人再稍待一會兒，他們會供奉一隻烤鵝。這隻無價的鵝，可是他們平日食用蛋的來源，也是他們破舊小屋的守衛，但他們卻毫不遲疑、樂意把鵝供奉給天神。年邁的菲勒蒙和鮑喜絲滿場追著鵝跑，卻怎麼也抓不到。宙斯和赫美斯在一旁，看著這一切忍不住哈哈大笑。最後宙斯開口了：「不用管那隻鵝了，我親愛的朋友，我們是天神，不需要吃這些食物。先前我們來到你們惡劣的鄰居門前，卻沒有人歡迎我們，可是這些人所擁有的，卻遠遠超越你們。我們已經重重處罰他們了，你們快來屋外看看。」

當他們步出小木屋，老夫婦驚訝地發現到處都是水。整座田野鄉間和屋舍全被洪水淹沒。這對老夫婦想到鄰居，不禁為他們流下眼淚，儘管這些鄰居從不曾對他們示好。接著他們回過頭望向自己的小木屋，小木屋現在已變成一棟壯觀的皇宮，有著大理石柱和黃金屋頂。

宙斯告訴他們，他們可以開口要求任何所想的事物，無論是什麼都能夠成真。鮑喜絲和菲勒蒙僅僅要求能成為諸神的祭司，然後等他們的生命走到盡頭，兩人能夠一起離開人世，夫妻不會有人孤獨終老。

宙斯答應了他們的請求，於是這對夫妻就在富麗堂皇的新家過著如同以往的幸福生活，直到他們年歲漸高。有天夜裡，他們一起站著談論過往，鮑喜絲忽然看見菲勒蒙身上長出樹葉，同時菲勒蒙也看到他的老伴開始冒出青綠色的枝幹。變化發生地太過迅速，他們僅來得及對彼此說：「永別了，我的老伴！」然後樹皮就包裹住他們的嘴唇。

這棵樹長久以來一直佇立在那。橡樹和菩提樹的樹枝彼此依偎纏繞。當地農夫經常來到此地，把粗樹枝放在這棵樹底下當做是給神的祭品，也算是紀念這對虔誠相愛的老夫妻。

阿爾菲斯和阿瑞杜莎 Alpheus and Arethusa

拜倒水精美貌下的河神

天下間流傳的愛情故事獲得完滿結局的可說是少之又少。不是像哀可和納西瑟斯的妹有意郎無情，或就是像河神阿爾菲斯對美麗水精阿瑞杜莎的單相思。

美麗的少女阿瑞杜莎住在希臘南部的森林山丘上，她在此地侍奉著處女之神阿提密斯。阿瑞杜莎的美貌讓不少追求者拜倒於她的石榴裙下。但她卻對自己如花似玉的容貌招來多餘的關注感到開心不起來。她只想要在山林河谷遊蕩、服侍女神、和同伴在森林裡嬉戲。

某個炎熱夏日，她獨自追逐獵物來到一條清澈澄淨的清涼小溪，小溪緩緩安靜地流動，楊柳的枝葉沿著河岸邊緣低垂，河流池畔蔭涼舒服。當時四下無人，阿瑞杜莎來到河水邊，腳趾輕輕碰了碰溪水。河水是如此透涼，於是水精脫下身上的衣物，把衣服掛在樹枝上，然後一絲不掛地走入舒適清涼的溪水。她愉悅地游泳、跳水玩水，直到她忽然聽見水池深處傳來一個聲音。聽到聲音的她立刻跳出池子，爬上遙遠的岸邊驚懼地站在原地。

「妳要去哪裡呢，阿瑞杜莎？妳在趕什麼呢？有妳在我的溪水裡游泳，我可是開心得不得了。」聲音出現了兩次，嚇得少女驚慌失措，但她也不能就此逃跑，因為她的衣服還在小溪對面的河岸。然後她看見河神阿爾菲斯，以人類的姿態從池子底現身。

不論身上有無衣服，阿瑞杜莎知道不能繼續磨蹭下去，她拚了命狂奔於森林之間，速度之快凡人不可及，但追逐她的可不是凡夫俗子而是河神。水精雖然已經夠快了，但河神的速度甚至更勝於她。阿爾菲斯在森林追逐她，下至河谷上至懸崖，阿瑞杜莎雖然還能跑在追求者之前，但她的體力卻漸漸透支，而河神的動作卻越來越快速。最後她對守護神阿提密斯禱告：「偉大的女神，請聽我說！曾在妳身邊盡責地為妳提過盾牌，在打獵時幫妳拿過弓箭，請求妳幫助我遠離這個河神，否則我將失去自己的貞操。」

阿瑞杜莎再也跑不動了，疲憊不堪的她滿身是汗地站在原地，阿爾菲斯則越來越靠近她了。她感到汗珠越流越快，她整個人幾乎就要融化了。河神終於趕到她身邊時，她的身體很快陷入地面消失不見變成一條清溪。為了她的安全，阿提密斯把她從希臘送至西西里沿岸的小島，在那兒水精化為一片泉水。

但阿爾菲斯對她的熱情，並未因此消失。河神變回河水原貌，然後沿著海底一路追隨著少女來到她的小島，他就在那兒與她的泉水結合，兩人合而為一。

波夢娜和維屯諾斯 Pomona and Vertumnus

果園中的單相思

古義大利有一名嬌媚如花的仙女，她對山野和森林一點興趣也沒有，成日在她最喜愛的果園裡頭照顧著水果樹。她的名字叫做波夢娜。波夢娜的手中沒有打獵用的長矛，她手握修枝刀小心翼翼地修剪果園裡的樹枝，每天都忙著嫁接樹枝，摘取水果，對於眾多天神的追求完全不予理會。她把花園的牆築得老高，這麼一來就不會有人打擾她照料果樹，也不會有人想跟她談情說愛。

但仰慕波夢娜的人之中，有一個人的心意比任何人都還要真切。他的名字叫做維屯諾斯，是當地鄉間的天神。波夢娜嘲弄他多次，為了多看她一眼他開始偽裝自己。有時他扮成拖著一袋大麥的農人；有時他打扮成剛剛收割乾草的割禾人；或是帶著幾頭牛的趕牛人。他還裝扮過園丁，肩頭扛著一個梯子。如此一來便可以成天都在果園附近，幫波夢娜照料她的果樹。

有天維屯諾斯變身為老婆婆，倚著拐杖進入她的果園，波夢娜見到白髮蒼蒼的和藹老婆婆，便請這位意外訪客入內，坐在一棵蘋果樹下乘涼。訪客聊到波夢娜的果樹有多漂亮，然後說波夢娜比果樹更漂亮。這位老婆婆就像祖母般親了仙女一下，但吻卻帶有一股熱情，這讓波夢娜開始起疑。

隨後她的訪客突然說道：「妳看看那邊的樹，果樹上爬滿藤蔓。這藤蔓完全不會因為需要尋求強壯的榆樹支撐而感到可恥。因為如果不這樣做的話，藤蔓就會躺在地上任人隨意踐踏了。這與妳這樣的少女又有何差異呢？如果妳還願意聽我這老太婆說的話，那我勸妳就別堅守一個人度日了。我曉得那年輕的維屯諾斯可是全心全意地愛著妳，他是個好孩子。這點我可以向妳擔保。他也很樂意幫妳照顧妳美麗的果園。」

老婆婆又告訴波夢娜另一個故事。一位名叫安娜薩瑞蒂的頑固女孩，她是來自鄰國的傲慢公主。全國不知有多少人愛慕她，她卻冷冷地拒絕所有地位不如她的追求者。有個貧困的少年伊菲士，對她的愛意勝過任何人，但她卻殘忍地嘲笑他，說他根本不值得她的愛，然後就打發他走了。挫折的少年取出一條繩索，隔天早晨來到宮殿在門柱上吊自盡了。他的母親發現之後，抱著他仍舊溫熱的遺體痛哭流涕，而安娜薩瑞蒂則從窗內將這一切看在眼底。然而這場悲劇卻無法動搖她的心，她像塊石頭般站在那兒俯瞰著這個沒有她活不下去的男人變成一具冰冷屍體。在她想要轉過身時，卻發現自己動彈不得，她的四肢變成大理石，心臟也化為石頭。她變成一具冰冷的雕像，永遠都不會再有任何感情。

老婆婆在果園警告波夢娜，千萬不要像那名愚蠢的公主，應該要享受愛情。語畢天神變回自己的原貌，以維屯諾斯的身分站在仙女面前。他對她的愛是任何人都無可比擬的，波夢娜凝望著他，彷彿頭一次見到他一般，她終於感到內心翻騰的熱情，她伸出手握住他的手。

恩戴米昂和西倫 Endymion and Selene

月亮女神的情人

西倫是月亮女神，她在夜晚跨過天際，看著大地的人類進入夢鄉。有天夜晚，她的雙眼落在恩戴米昂身上，他是希臘南部埃立斯的英俊國王。雖然國王已婚，但西倫仍不斷來找他，為他生下五十名女兒。月亮女神對恩戴米昂的愛是如此強烈，於是她要求宙斯完成恩戴米昂所有的願望。國王經過一番審慎考慮，最後提出他想要永遠沉睡，青春永駐。萬神之王應許他，於是恩戴米昂來到愛琴海對面，位於卡呂亞的一座山洞就寢，他把頭靠在枕頭上，最後一次閉上雙眼，此後便永眠於此，永保青春俊俏。但在無月之夜，西倫仍會來到他身邊，溫柔地親吻他永遠沉睡的凡間愛人。

奧斐斯塔麗雅和尤麗黛 Orpheus and Eurydice

回首消逝的愛情

奧斐斯塔麗雅是最傑出的古代吟唱詩人，他是來自色雷斯的歌者，彈奏豎琴的技巧高超，連動物聽到他演奏都會忍不住佇足聆聽，大地的岩石也會跟在他後方滾動。他是阿波羅和繆斯女神之首卡莉娥比的兒子。阿波羅也曾教他彈奏豎琴。奧斐斯塔麗雅曾參與眾多冒險，包括陪同阿哥號勇士尋找金羊毛，但他最偉大的遠征卻是為了愛。

奧斐斯塔麗雅愛上一名仙女尤麗黛，兩人計畫舉辦盛大婚禮。新娘在前往結婚典禮的路上行經一片草地，不幸遭毒蛇咬傷身亡。婚禮因此變成喪禮，由帶著淚水的奧斐斯塔麗雅為尤麗黛獻唱一曲輓歌。

奧斐斯塔麗雅無法忍受沒有尤麗黛的生活，所以他決定要親自進入危險的地府，帶她回到陽間。他發現前往晦暗陰間的入口，然後沿著漫長的道路往下走。當他遇到船夫哈隆，哈隆竟被他美妙的樂音感動，於是不跟他收費載他通過守誓河。三頭地獄犬聽到他的豎琴也變得沉靜乖巧，就連復仇女神都不再嘶聲尖叫，甚至連薛西弗斯也停下來不再滾著石頭上山。陰間所有面無血色的鬼魂都為奧斐斯塔麗雅充滿魔力的樂音感動落淚。

當吟唱詩人終於來到哈得斯的宮殿，他站在天神和他的伴侶波賽芬妮面前。陰間的國王和皇后深深被他的歌曲所打動。奧斐斯塔麗雅開口了，詢問自己可否帶他的新娘回到人間，如果不可以，那他寧可留在陰暗的地府永遠和她在一起，他不要度過沒有她的一生。哈得斯答應他的請求，前提是奧斐斯塔麗雅回到陽間之前絕對不能回頭看尤麗黛，要相信她就在他身後。

詩人開心地答應了。奧斐斯塔麗雅爬上一條長長的路，好幾個鐘頭過去了，但身後卻是一片鴉雀無聲，這讓他懷疑尤麗黛是否根本沒有跟在他身後。這個念頭變得越來越沉重了，哈得斯會不會是騙他的呢？當他快要抵達地面時，他再也忍不住停下腳步轉過頭，卻只看到尤麗黛的鬼魂輕輕飄走離他而去。他的新娘眼中帶著深沉的哀傷望著他，對他說出最後一句話：「永別了。」

奧斐斯塔麗雅在路上狂奔，但沒有人能夠在活著的時候二度探訪陰間。哈隆拒絕讓他通關，哈得斯也關上門不讓他進入。奧斐斯塔麗雅就這麼整整七天都坐在守誓河畔暗自垂淚，然後再緩緩踏上回到陽間的歸途。在陽間的奧斐斯塔麗雅拒絕和人來往，獨自一人在森林彈奏哀傷的樂曲。有天一群流浪的女人來到他身邊，她們是戴奧尼索斯的信眾，因為他的樂音而忍不住愛上他。她們蜂擁而上爭搶他，最後把他的身體撕成碎片。他斷裂的頭顱滾入溪水，隨著流水飄至海洋，但他的舌頭仍用最後一口氣，輕聲呢喃他最愛的名字尤麗黛。

赫丘力士
Hercules

英雄的身世之謎

英雄帕修斯自海妖手中解救安卓梅妲後，夫妻倆生下眾多子女。他們在阿哥斯撫養三名兒子：阿爾修斯、艾利克屈昂、特涅羅斯。隨著時光飛逝，阿爾修斯長大成人生下兒子叫做安菲屈昂，而艾利屈昂則擁有九個兒子和一個女兒，女兒名叫愛克美娜。

帕修斯過世之後，艾利克屈昂成為邁錫尼國王。阿哥斯的海岸飽受海盜騷擾，有天艾利克屈昂的兒子看顧牛群時，海盜突襲邁錫尼。很不幸地九名王子都不是侵略者的對手，國王之後決定報復海盜，以牙還牙。他把邁錫尼交給侄子安菲屈昂，並且把女兒交給他。不過他嚴正警告侄子，當他歸來時女兒的貞操必須完璧無損。侄子與叔叔因此大吵一架，一言不和的兩人拔刀相向，一時氣憤之下，安菲屈昂殺了艾利克屈昂。

艾利克屈昂的弟弟特涅羅斯奪走王位，然後把安菲屈昂趕出王國。愛克美娜自願陪伴安菲屈昂，兩人便北上前往底比斯城。底比斯國王克里昂為安菲屈昂洗去弒親的罪孽。這時的安菲屈昂已急著要娶愛克美娜為妻並且想與她溫存，但他美麗的堂妹卻另有想法。她很樂意嫁給他，但是他必須先追捕殺死她兄弟的海盜。安菲屈昂樂意替自己堂兄弟報仇，但同時也急欲與愛妻親熱。因此他便急匆匆地召集人馬，帶領一群戰士前往奪取海盜性命。

安菲屈昂最後取得勝利，但他回家的當晚，宙斯神假扮成他的模樣進入愛克美娜的閨房。天神把從海盜那兒奪來的戰利品拿給新娘看，然後說該是時候讓兩人成為真正的夫妻。宙斯拉長當天夜晚的時間，然後一次又一次地與愛克美娜翻雲覆雨。

宙斯前腳才剛離開，安菲屈昂後腳就踏進宮殿。他上樓來到愛克美娜的臥室，心想終於可以抱著妻子了。但疲累的愛克美娜無法理解她的丈夫在經過一夜激情後，怎麼還有這麼多力氣。天剛破曉，可憐的女人詢問丈夫怎麼會一夜回來找她兩次，而且第二次還彷彿第一次般興奮。聽到此話，安菲屈昂氣得火冒三丈，他決定去找先知狄瑞西亞斯，要揪出是誰在他之前與愛克美娜親密。先知向他透露當晚宙斯確實與她同床。安菲屈昂聽聞後悶悶不樂，但對於當晚的事情他無法怪罪妻子也無法對天神發怒，只好不情願地接受事實。

宙斯又在外偷情，希拉十分生氣。於是她決定要讓愛克美娜和她的孩子付出代價。九個月後，宙斯自奧林帕斯仙境的王位起身，宣布他當天出生的子嗣未來會成為阿哥斯的國王。此舉讓希拉更急於報復。希拉要宙斯發誓他所言屬實，然後便偷溜到邁錫尼。特涅羅斯的年輕太太正好懷胎七個月，女神刻意讓她早產讓她的兒子取代愛克美娜的兒子達成預言。特涅羅斯正好他是宙斯的孫子因此預言。

同時為了要讓特涅羅斯的太太先行產下胎兒，希拉便派出生產女神艾莉西雅在愛克美娜的床邊守候。艾莉西雅非旦沒有減輕她生產的痛楚，反而利用這魔法延遲她的生產進度。愛克美娜的叫聲持續數個鐘頭，疼痛也不見間斷。最後有位僕人名叫葛蘭西絲發現異狀，她看到陰暗處有個陌生人，立刻明白這號神祕人物的詭計，葛蘭西絲隨即大喊：「太好了，孩子出生了！愛克美娜產下孩子了！」

「不可能，」艾莉西雅大吼，但如此打亂她的專注力竟破除咒語。艾莉西雅因受騙而心有不甘，於是當場把僕人變成一隻鼬鼠。痛苦多時的愛克美娜總算產下孩子。她生下了不只一個，而是兩個兒子。一位是凡人安菲屈昂的孩子伊菲克里斯，另一名則是同晚經宙斯受孕的兒子，他的名字叫做赫丘力士。

赫丘力士誕生之後，母親愛克美娜害怕自己會如同宙斯其他的戀人遭到希拉的謀害。因此她把嬰兒帶至荒郊野外讓他自生自滅，希望能藉此安撫希拉。但雅典娜遇見小嬰兒，把他帶到奧林帕斯山交給希拉。她詢問希拉是否願意養育她發現的漂亮小嬰兒。希拉當下並不知道這孩子是誰，而她向來也無法抗拒小孩，因此她開心地答應了，把嬰兒抱在懷裡。一切都很順利，直到早熟強壯的赫丘力士用力咬下天神奶媽的乳房。希拉痛苦地大叫一聲，不自覺地跳了起來將乳汁灑了一地。於是雅典娜只好把嬰孩帶回底比斯，送回他母親的身邊，說服她撫養孩子。而希拉的母乳灑遍天庭，成了之後所謂的「銀河」（英文為milky way）。

驚險重重的童年

赫丘力士才幾個月大，希拉就試圖謀殺他。有天夜裡他和兄弟伊菲克里斯躺在搖籃中女神派了兩條毒蛇進入房間，蛇靜悄悄地爬過地板來到他們床邊，然後爬到嬰兒身上。伊菲克里斯倏然醒來，見狀大叫，但與此同時赫丘力士已用他圓嘟嘟的二雙小手分別捉起二頭蛇用力掐牠們。愛克美娜和安菲屈昂聞聲衝進房間，發現小嬰兒赫丘力士手裡正捉著兩條已死的毒蛇，二人哈哈大笑。

從很小的時候，赫丘力士就是體育健將。他擁有全希臘最好的老師。他的凡人父親安菲屈昂教導他駕馬車，國王尤里特斯則指導他使用弓，海倫的哥哥卡斯特教他用劍攻擊，而赫美斯的兒子哈帕里克斯則教導他摔角。奧斐斯塔麗雅的兄弟林諾斯試著教他唱歌和彈琴，但赫丘力士沒什麼音樂天分。林諾斯十分沮喪，有天他出手打了赫丘力士的耳光，此舉讓赫丘力士動怒，他把豎琴砸在老師的頭頂，不小心殺死他。年輕氣盛的赫丘力士因謀殺罪而必須接受審判，但他卻爭論道古老的習俗曾說要是誰先出手對方就有權殺死先出手的一方。法官非常欽佩他的聰明才智，於是撤除他所有的指控。

之後安菲屈昂做了明智的決定，派赫丘力士到鄉間農場裡做事，好排解他多餘的精力。赫丘力士喜愛田園生活，也較其他同伴的表現更好，傑出地完成農場及森林打獵的工作。少年時期的他已經比同儕高出一個頭，目光炯炯有神。無人能在技能競賽上擊敗他，射箭抑或標槍亦然。

擒獅克敵的赫丘力士

赫丘力士十八歲那年，他聽聞在西達龍山附近，有頭巨大的獅子在帖斯比亞肆虐，殘害國王的羊群。野獸的行蹤飄忽不定，因此赫丘力士便在帖斯比亞住上五十個夜晚，伺機獵殺獅子。國王對這名少年欽佩不已，於是便想要讓他五十位女兒都懷有赫丘力士的孩子。赫丘力士身強體壯，但腦子卻不那麼靈光。他住在國王家的每個夜晚，都有一個女孩子溜進他的臥室，可是赫丘力士以為是同一位少女回來找他，於是開開心心地與她們燕好。有些故事甚至說，帖斯比亞是在灌醉赫丘力士之後一口氣送上五十位女兒，但無論是一晚或是經過數晚，赫丘力士都成功讓五十名女孩懷孕，此外還找得到時間擒獅。

赫丘力士住在城裡的時候，底比斯北方正由明彥族統治。米尼安人的國王厄吉諾斯治理奧丘米諾斯，要求底比斯人每年獻上一百頭最優良的牛隻。赫丘力士剷除西達龍山的猛獅後返家，正巧遇見米尼安人使者正在前往底比斯的路上，要索取他們每年的供品。赫丘力士見到自己的城鎮遭受如此羞辱，憤恨地砍下使者的耳朵、鼻子和雙手，讓他們以殘廢的面目重返奧丘米諾斯。厄吉諾斯國王見使者如此受辱，氣得七竅生煙，立刻召集最強大的軍隊前往底比斯。當他抵達底比斯城牆外，他要求克里昂交出赫丘力士接受懲罰。底比斯國王還在考慮時，赫丘力士早已召集鎮裡的年輕人闖入一間當地神廟。很久以前，底比斯人曾贈予武器給天神，武器懸掛在神廟牆壁上好多年，現在早已布滿灰塵。赫丘力士帶領眾人取下陳舊的武器對抗米尼安人。底比斯人不僅殺死厄吉諾斯，更幾乎殺光了米尼安人軍隊，他們甚至前往敵軍的首都，一把火將奧丘米諾斯夷為平地。多虧赫丘力士底比斯人終於獲得自由。

陷入渴望冒險的瘋狂

克里昂為了向赫丘力士致謝，便把女兒美加拉許配給他。這對年輕夫妻幸福地生活，生下三個兒子，但希拉尚未遺忘她對赫丘力士的怨恨，也不打算讓他繼續幸福下去。於是她在赫丘力士的耳邊低語，告訴赫丘力士他不過是個小鎮裡的無名小卒，讓自己的天神父親失望透頂。宙斯真正的兒子能完成的任務不只如此，不該只是殺死一頭邋遢懶散的獅子，也不是在一場小型戰爭中戰勝一幫的烏合之眾。她在他夜間的夢境告訴赫丘力士他絕非英雄。

赫丘力士不僅僅想當個好父親與好丈夫，比起溫暖的火爐和他更渴望危險和冒險來證明自己。夢想和家庭生活的職責讓他陷入天人交戰，他沮喪地不曉得該何去何從。希拉不斷搧風點火，直到赫丘力士失去理智。

某天赫丘力士正和妻小供奉祭神時，他可愛的孩子靜靜地抬起頭，以尊敬的目光望向父親。赫丘力士在聖壇邊拿著裝有大麥的聖籃，他站在那裡準備好撲滅聖壇的火把，然後以聖水潑灑家人，做為祈福之用。但剎那間，他卻不發一語，動也不動，美加拉和孩子緊緊瞅著他，不曉得他怎麼了。忽然他充血的雙眼瘋狂轉動，他瘋狂大笑大叫：「我為什麼要在此祭神？我應該先殺死特涅羅斯的兒子、邁錫尼國王尤里士修斯啊。我只輕輕一擊，就可以消滅這可惡的篡位者！把籃子丟到一旁。把水倒掉。誰來幫我把弓拿來！我要去邁錫尼，徒手擊垮那堵堅固的高牆。」

赫丘力士抓起弓和棍棒，爬上他幻想的馬車，鞭打看不見的馬匹奔馳。他的僕人不曉得他是發瘋了，還是在開玩笑他們的主人大喊著他就要跨越科林斯地峽，越來越接近他的目標了。他跳到地面開始繞著聖壇奔跑尋覓敵人。這下真嚇到他的孩子了，他們忍不住大哭出聲，這引來父親的注意。赫丘力士取出弓瞄準最年長的兒子，以為他就是尤里士修斯的兒子。

「住手！」美加拉大喊，她擋在兒子身前，「這孩子的命是你給的，難道你現在打算奪走這條命嗎？」

但此刻赫丘力士活在自己的世界裡，完全聽不進她的話。他在庭院裡追著兒子跑，最後總算逮到他，然後以祭刀刺入他的心臟，鮮血從小男孩瘦小的身軀噴濺四溢，最後倒在母親的懷抱裡。

「這下總算滅了你一個種，尤里士修斯，」赫丘力士大吼，「現在輪到其他人了！」

他第二個兒子試著躲在聖壇後方，但他的父親在那裡找到他，以蠻力拖行兒子出來，赫丘力士舉起棍棒準備猛擊孩子的腦袋時，小男孩捉住父親的膝蓋乞求：「爸爸，拜託，不要殺我！我是你的小兒子。」

但就如同鑄鐵的鐵匠，赫丘力士高舉棍棒，猛烈擊向兒子敲碎他的頭骨。

美加拉抓起最小的兒子跑進屋裡，然後栓起大門。但赫丘力士仍野蠻闖入，對瑟縮於角落的母親和孩子射出弓箭，一箭射穿母子的身體。

差那麼一點，他就要殺死所有在場的人，但雅典娜忽然出現在他面前，朝他的胸前砸出一顆巨石。他大吃一驚也趕走希拉降予他的瘋狂，赫丘力士緩緩從地上爬起，驚恐地望著眼前的景象，然後跌落於地面放聲痛哭。

長達好久的時間，赫丘力士都無法平復情緒。他殺了自己的妻小。無論是不是瘋狂所致，他就是無法原諒自己。親朋好友都來與他同坐哀悼，但他卻不想見到任何人，他的悲傷吞噬他，整個人只剩一副空殼。

洗淨罪孽的十二項任務

雖說時間無法治癒所有傷痛，但隨著數個月過去，赫丘力士明白他必須振作，否則就得在這空蕩蕩的黑暗房屋裡孤獨終老。最後他打起精神離開底比斯，前往狄菲神殿尋求神諭。他一路往西跨越山脈，直到他來到巴拿撒斯山腳下的阿波羅神殿。在供奉祭品之後，他進入聖殿詢問女祭司，他該怎麼做才能從傷痛中復原，找到方法原諒自己。女祭司告訴他必須回到他在阿哥斯的家鄉，侍奉他年輕的叔叔尤里士修斯，完成十二項國王指派的任務。這對赫丘力士來說是苦澀的挑戰，也是他學習謙卑最有好的一課。他不僅降格為僕役，他的主人還是偷走他阿哥斯王位的人。但他別無他法，只能跟隨神的旨意離開巴拿撒斯山坡，前往阿哥斯。

膽小如鼠的尤里士修斯聽聞赫丘力士正在前來邁錫尼的路上，不禁嚇得屁滾尿流。他以為侄子打算前來索命奪回王位。赫丘力士步入龐大的堡壘城門，左右兩側各有隻石獅子看門，尤里士修斯則躲藏在大型的青銅容器內，容器就埋藏在地底下，國王希望侄子不會發現他。但赫丘力士跨步邁入宮殿，掀起容器的蓋子，一把將尤里士修斯揪了出來。國王雙手合十，請求他手下留情，但當赫丘力士解釋來意後，他才平靜下來。阿哥斯國王決心指派侄子危險任務，希望他遇害身亡永遠都不再踏入邁錫尼一步。

刀槍不入的獅子

尤里士修斯坐在王位上仍不住地渾身打顫，他囑咐赫丘力士去邁錫尼北部的奈米亞，屠殺一頭於鄉間肆虐的獅子。赫丘力士從未想過這任務會多麼困難，因為先前他已擒拿了西達龍山的殘暴獅子。他慢悠悠地漫步前往奈米亞，最後抵達克雷歐尼小鎮。有位窮人莫洛克斯請赫丘力士到家裡過夜，供他家裡最好的食物。他對這名強壯的英雄欽佩不已，隔天清晨赫丘力士離開時，莫洛克斯試問他可否為他供奉什麼祭品。赫丘力士大笑出聲，告訴他再等三十天。如果他能成功屠獅歸來，他建議這位好心招待他的主人向宙斯供奉祭品。但如果他再也回不來了，那莫洛克斯可以供奉少數祭品給他死去的英雄。

赫丘力士抵達奈米亞地區，發現野獸的洞穴。獅子將山洞當成自己的家，赫丘力士發現獅子就在山洞入口懶洋洋地躺著。於是他在弓上搭起一支箭，準備輕輕鬆鬆宰殺獅子。箭直直射中獅子的心臟，卻從獅子毛皮上彈開。獅子無趣地打了個哈欠，赫丘力士又射出另一箭，但結果仍是一樣。原來這可不是一般的獅子。他是古獸提封和艾奇德娜的孩子，光用箭或刀鋒是無法刺穿奈米亞獅的皮膚。

赫丘力士思忖對策，最後想到一個計謀。他堵住山洞遙遠的另一側出口，然後回到獅子睡覺的入口處。他從附近的樹上砍下一條大型棍棒，喝斥大吼著驅趕獅子，逼牠走進洞裡。赫丘力士隨即跟著獅子，捉住牠的喉嚨。這下他總算激怒野獸，牠準備要把赫丘力士撕成碎片，但赫丘力士孔武有力，徒手掐住獅子，由於刀鋒無法畫開他的皮毛，於是他利用獅子如利刃般的爪子畫開獅子的皮毛，然後像斗篷一般，披掛皮毛在他的肩頭，獅子的頭顱則當頭盔戴在頭上。皮毛和在奈米亞砍伐的棍棒，成為他今後的象徵。

當他回邁錫尼行經克雷歐尼鎮時，看見莫洛克斯正準備供奉祭品給死去的英雄，但看到赫丘力士後，莫洛克斯轉而為宙斯舉辦感恩祭拜。赫丘力士回到邁錫尼，這次尤里士特斯再次躲在容器裡。他現在更懼怕赫丘力士了，嚴禁他進入城門，此後他會透過一位名為科普瑞斯的使者，派送他的聖旨。

不死的蛇、女神聖鹿和山間野豬

尤里士修斯很快便派給赫丘力士第二項任務，前往邁錫尼南方消滅勒拿沼澤的巨大九頭蛇。怪獸性情邪惡乖戾。夜晚牠會爬出沼澤地，與牠的黨羽巨蟹共同在勒拿周遭的農場田地作惡。赫丘力士偕同侄子愛歐勞斯來到勒拿沼澤，但污泥泥潭實在難以穿越，他必須利用火燒箭才能把九頭蛇逼出藏身處。九頭蛇身形龐大，與大多數的怪獸一般兇惡，但赫丘力士相信自己能輕鬆取得牠的性命。他拔出利劍驅趕蛇，砍斷牠脖子上的其中一顆頭，驕傲地站在一旁看蛇頭噴濺出劇毒鮮血，但瞬間他卻看見砍斷蛇頭傷口又一口氣冒出兩顆新的頭。他再次對九頭蛇進攻，砍下更多顆腦袋，但新生的蛇頭不斷冒出，對著他齜牙咧嘴。於是他發現九頭蛇中央的頭是不死之頭，任何方式都無法消滅它。更加危險的是九頭蛇的好友巨蟹爬出沼澤地，開始朝他的腳猛咬。

策略性的撤退看來是必要的，赫丘力士逃離沼澤地，找到站在馬車旁的愛歐勞斯，他囑咐少年手舉火炬跟著他。兩人又回到九頭蛇身邊，九頭蛇長多出更多顆頭。赫丘力士率先殺死咬他腳踝的巨蟹，然後告訴愛歐勞斯高舉火炬隨側等候。他砍下九頭蛇的一顆頭，吆喝侄子趕快上前以火炬灼燒傷口。這下總算達到目的，燒傷的頸子再也長不出新的蛇頭了。赫丘力士便如此砍下又一顆蛇頭，他俐落地從脆弱的蛇頸砍下最後那顆不死的蛇一顆頭，然後埋在巨石底下。他蒐集九頭蛇的劇毒血液，把弓箭浸泡在黑色汁液中，做為未來必須之用。

尤里士修斯指派赫丘力士的第三項任務就是追捕色瑞尼亞山的鹿，然後活捉帶回邁錫尼。這隻動物有著金黃色的鹿角，是阿提密斯的聖鹿。由於他不能傷害這頭鹿，於是赫丘力士花了整整一年的時間，穿梭於伯羅奔尼撒山林追逐牠，最後總算在阿卡迪美麗的拉頓河附近，追得鹿精疲力竭，趁鹿正在睡覺的時候，赫丘力士躡手躡腳接近逮住牠，帶牠回邁錫尼。

赫丘力士在回去找尤里士修斯的路上，阿提密斯忽然現身。他抓走聖鹿，讓女神怒不可遏，女神已準備要殺死赫丘力士，但他快速地向她解釋自己無意傷害這頭鹿，他這麼做全是因為國王指派他任務。阿提密斯總算冷靜下來，但女神仍嚴正警告他一抵達邁錫尼就得立刻釋放她的鹿。赫丘力士同意了，然後繼續踏上回到城鎮的旅途，他在讓使者科普瑞斯親眼見到鹿之後，便放鹿離開了。

到了第四項任務，尤里士修斯命令赫丘力士回到阿卡迪，帶厄瑞曼色斯山的可怕野豬回來給他。這頭龐然大物的怪獸破壞鄉間、謀害膽敢靠近牠的人。

赫丘力士沿著前往西南部的山間小路，來到親切的人頭馬怪物佛樂斯的洞穴。佛樂斯熱情歡迎他過夜，東道主不免俗吃著自己平時慣吃的生肉，但也另外為訪客烹煮精緻的晚餐。赫丘力士想要喝酒，但佛樂斯說他唯一的酒藏在山洞裡酒，而這瓶酒屬於所有人頭馬怪物，所以他不能擅自打開酒瓶。如果他一打開酒瓶，其他人頭馬怪物會嗅到酒味，他們在難以抗拒酒精的情況下恐將失控。赫丘力士向佛樂斯保證一切都會沒事，出於善意的待客之道，人頭馬怪物便開啟酒瓶的封蓋。

老酒香氣逼人，散布洞穴各角，甚至傳遍整片鄉野，不多久人頭馬怪物便從四面八方成群結隊來到佛樂斯家。他們全副武裝，已經準備好，不惜與任何阻擋他們飲酒的人大打出手。赫丘力士以弓箭射殺進入洞穴的人，緊接著跑出洞穴趕跑其他人頭馬怪物。但人頭馬怪物才沒那麼容易嚇退，他們力大無窮，可把樹連根拔起當成棍棒使用。這是一場激烈的硬仗，持續長達數個鐘頭，直到英雄殺死最後一名為酒痴狂的人頭馬才回到東道主的洞穴。

赫丘力士在洞穴附近，發現佛樂斯陷在人頭馬怪物的屍體之中，佛樂斯拔出其中一人身上的箭。因為一件小事卻致所有同伴於死地，他仍為此感到不可思議，這時他不小心失手把箭頭刺進他光溜溜的腳背，和善親切的佛樂斯就這麼痛苦地死去了，之後赫丘力士把他與親友一同埋葬，繼續獵豬的旅程。

他在山間發現野豬的藏身處。一路追逐野豬直到牠來到一堵高深的雪牆進退兩難。赫丘力士與野豬角力，直到牠放棄為止。就如指示所言，赫丘力士扛著活生生的野豬回去交給尤里士修斯。赫丘力士又通過另一項危險任務，讓國王難以置信，他躲在青銅容器裡思索著艱鉅同時又可污辱赫丘力士的任務。若赫丘力士無法完成任務，或出於為難無法完成，那試煉便可終結，他也可以永遠擺脫赫丘力士了。

忍辱完成任務

在古希臘最低賤的工作莫過於清理農場動物的糞便。唯有奴僕和最低下的工人，才會去牛棚清掃糞便。因此，尤里士修斯指派赫丘力士的第五項任務，就是到奧吉斯國王那兒，也就是赫利奧斯神的兒子，清潔他那臭名昭著的牛棚。這位國王擁有廣大的牲口畜群，但他卻不太插手照料，以致棚舍裡的動物糞便經年累月堆積如山。糞堆深到人的膝蓋處，惡臭也超乎想像。尤里士修斯規定赫丘力士必須親力親為完成這個羞辱的工作。

赫丘力士對農場生活並不陌生，但他想到要清理糞便卻退縮了。他也知道要靠他一人的力量清理奧吉斯牛棚是絕對不可能的事。由於他接受了狄菲神殿的神諭指令，也不敢試違背冒犯天神。於是他來到奧吉斯的宮殿，提議要為國王服務。當他在路途中通過水流湍急的阿爾菲斯河時，他忽然想到一個絕佳的妙計。

當他抵達宮殿時他很自信能夠完成任務，於是他告訴奧吉斯會在一天內幫他清掃乾淨棚舍。但待他任務結束時，奧吉斯必須給他十分之一的牛隻。國王知道這是不可能的事，但他決定讓這愚蠢的年輕人試試，赫丘力士沒告訴奧吉斯他是接獲尤里士修斯的命令前來，就算沒有酬勞也得完成工作。他讓奧吉斯的兒子費勞斯，擔任這項協議的見證人，然後便出發工作了。

隔天一早，赫丘力士前往棚舍的一堵牆外，在側邊敲出一個巨洞，然後他踏過泥濘來到另一側，又敲開了另一個洞口。隨後他來到附近的阿爾菲斯河岸，把水流導入一個連接牛棚的渠道，以千百加崙的湍急河水沖刷牛棚，不用幾分鐘便把堆積如山的糞便沖洗乾淨。赫丘力士關起渠道，補好棚舍的洞，然後要求收取酬勞。

奧吉斯不可置信，他發現赫丘力士是尤里士修斯派來的，於是國王連一頭牛都不願給他。他說先前是赫丘力士矇騙他，他才答應的。赫丘力士叫來見證人國王的兒子費勞斯證實父親應當支付酬勞。奧吉斯生氣下令要赫丘力士和費勞斯離開王國，永遠不得歸返。

沒有拿到任何一頭牛，赫丘力士就這樣踏上回麥西亞的旅途。心情惡劣的他，停留在當地國王迪撒米諾斯的家，這名國王遭人欺凌，被迫把女兒許配給名為尤里遜的人頭馬怪物。當天人頭馬怪物正要前來娶親。在捕殺厄瑞曼色斯野豬時遇到那群人頭馬怪物，赫丘力士因此對人頭馬十分厭惡。他當場殺了尤里遜，然後又繼續踏上回邁錫尼的道路。

赫丘力士的第六項任務不算危險，但尤里士修斯卻認為不可能達成。在阿卡迪世外桃源，史泰姆法勒斯鎮的附近有座茂密的森林。一群數不清的鳥兒定居於湖邊，破壞湖水使水骯髒無法使用。有人說鳥兒會像箭一般射出羽毛，試圖攻擊靠近的人，但大部分的故事卻認為牠們不過是一大群惱人的臭鳥。該區的居民曾多次嘗試驅趕鳥兒，但全都無功而返。因此國王吩咐赫丘力士清理湖水，並暗自覺得這個任務絕對不可能完成。

赫丘力士回到阿卡迪世外桃源，驚訝地望著眼前成群的鳥兒，他知道自己不可能殺光這麼多的鳥，於是便坐在岸邊思索計策。他謹慎地製作一對銅製響鈴，響鈴會發出驚人的噪音嚇跑鳥兒。他的響鈴發出喧囂嘈雜之聲後，鳥兒成群飛向天空永遠不再回來。

尤里士修斯擔心他永遠都無法擺脫赫丘力士，於是國王派給他的第七項任務，便是讓他去遠離邁錫尼的克里特島，希望赫丘力士能在那裡遭人滅口。他的任務就是活捉米諾斯向波塞頓祈禱求來的那頭公牛。當克里特國王拒絕遵守承諾供奉公牛，天神故意讓米諾斯的皇后帕希菲愛上公牛，與牠結合生下殘暴的牛頭人身怪物。和皇后親密過後，公牛就逃跑至田野間，危害小島上的居民。

赫丘力士不費吹灰之力找到公牛，輕鬆壓制公牛於地，但要把這頭猛獸帶回希臘本島，可就不是簡單的事了。然而赫丘力士向父親宙斯借計，就如同歐羅巴騎著宙斯，他也騎在牛背上，一路游過海洋。他把公牛帶給使者科普瑞斯後，便釋放了公牛，讓他在希臘到處閒晃，直到牠最後定居於靠近雅典的馬拉松平原，被提修斯殺掉。

尤里士修斯就算送赫丘力士至南方的克里特島，也無法如預期收拾他。赫丘力士的第八項任務，就是往北行來到荒涼的色雷斯，活捉戴歐米德斯的食人母馬。這群飢餓的母馬靠國王餵食人肉維生，除了人肉以外牠們什麼也不吃。由於牠們性情殘暴，因此連馬槽都是以青銅打造；牠們力大無窮，因此被鐵打的鍊子拴在馬廄。尤里士修斯暗自期望這一次赫丘力士能成為牠們的盤中飧。

在前往色雷斯的路上，赫丘力士途經阿德米特斯的王國，阿德米特斯是統治帖撒利的國王。赫丘力士注意到整座宮殿正在舉辦喪事，當他開口詢問時，有人告訴他有位女人過世了，但對方並非國王的血親。赫丘力士百思不得其解，為何要為非皇室成員如此大費周章。因此他要求飲酒用餐，然後整夜對著含淚哀傷的國王嬉笑。

最後阿德米特斯向客人解釋，當天過世的是他妻子愛西絲蒂他不想怠慢客人，只好先收好悲傷的情緒。赫丘力士不斷致歉，詢問如此年輕的女人為何香消玉殞，於是阿德米特斯便告訴他完整的故事。

阿波羅屠殺了獨眼巨人，宙斯感到相當不悅，於是萬神之王便派遣阿波羅侍奉阿德米特斯整整一年。國王對於天神非常和善，於是阿波羅工作結束時，答應給予國王一個恩惠。那就是他不必在自己的死期辭世，但前提是國王要能在宮殿內，找到願意頂替他的人選。

阿德米特斯找遍王國上下，希望有人樂意為他頂死。他去找了積欠債務的富有貴族，也去找過流浪街頭的邋塌窮乞丐，卻無人願意頂替他的位置。於是他找了自己的兄弟姊妹、叔伯阿姨、侄子姪女，瘋狂尋覓是否有人願意代替他踏上前往陰間的漫長旅途，但根本無人願意幫忙。最後他來到他年邁的父母家，希望他們能在人生的夕陽餘暉之際伸出援手。他父親卻代為開口發言：「阿德米特斯，陽光對我們來說可說是彌足珍貴，因為它正漸漸遠離我們。當初是我們賜予你生命沒錯，但我們卻不打算為你而死。」

就在國王幾乎快要放棄希望時，他美麗的妻子卻對他說：「我的丈夫，你翻遍整座王國，詢問有沒有人願意頂替你，去晦暗的陰間生活度日，但你卻不問最愛你的人，阿德米特斯，我願意為你而死。」

國王傷心地答應了，在她嚥下最後一口氣之前，坐在她的病床邊陪伴她。

赫丘力士被這則故事深深打動，他向阿德米特斯承諾，他會找到辦法扭轉結局。他衝到愛西絲蒂的墳墓，發現死神正在那裡正打算帶走她的亡魂。於是他制伏了黑暗幽靈，取回愛西絲蒂的亡魂，讓亡魂回到自己的軀體。他把死而復活的皇后帶回阿德米特斯國王身邊。

在普天同慶的宮殿一夜好眠後，赫丘力士又繼續前往色雷斯，身邊跟了幾位同伴，包括一位名為阿部德魯斯的年輕男子，也是赫丘力士的愛人。赫丘力士即時找到馬兒，餵牠們吃下自己的國王主人戴歐米德斯以平撫牠們的情緒。然後帶著牠們來到海邊，上了前往阿哥斯的船，色雷斯人在他們離開之際發動攻勢，於是赫丘力士便把阿部德魯斯與馬兒留在岸邊，加入其他朋友與當地人打仗。等到他歸返時，馬兒已差不多吃淨他的男友。為了紀念他，赫丘力士蓋了一座小鎮，取名為阿部德拉。然後他建立一個體育節慶，涵蓋所有運動項目競賽，唯獨不包括賽馬。

赫丘力士帶著母馬回到尤里士修斯的宮殿，但邁錫尼國王不想要這群野蠻的動物，居住在自己的領土，於是便放牠們離開。馬兒一路跑到北方的森林，在奧林帕斯山腳下被野狼吞噬而亡。

尤里士修斯國王有個女兒叫做阿德密緹，她很懂得如何擺布父親，公主要求赫丘力士航海至遙遠的亞馬遜，帶回戰士女王喜波麗蒂的腰帶，腰帶也稱為束腹。少女的腰帶就是她的性象徵，由於腰帶可固定身上的衣物，因此為男人寬衣解帶，可說是最親密的行為。強制取下腰帶即為強暴的前奏。

阿德密緹的要求獲准，赫丘力士很快地就和一群志願者，由愛琴海漂洋過海進入黑海，前進北方。一路上他圍攻不甚友善的小島，與首次遇見的敵人抗戰，殺了米諾斯國王的兩名兒子，最後他總算到了亞馬遜王國的姮蜜席拉鎮。

喜波麗蒂親切迎接來訪的英雄，眼前這位英挺的訪客讓她為之驚艷，甚至主動贈予他自己的腰帶。赫丘力士正在期待盼望時，忽然間其他亞馬遜族攻堅他的船隻。希拉在一旁向女戰士搧風點火，聲稱這群來自希臘的不速之客意圖不軌，打算綁架女王。赫丘力士誤會以為他踏入喜波麗蒂的陷阱，於是他即刻殺了女王，搶走她的腰帶。在一陣刀光劍影之下，赫丘力士和同夥迅速撤離航行遠去。

回家的路途也充滿了各種考驗。在特洛伊，赫丘力士自海妖手上解救了赫席歐妮公主，殺了波塞頓的兒子薩比頓，侵占了色雷斯岸邊的薩索斯島。最後他回到邁錫尼，把喜波麗蒂的腰帶交給使者科普瑞斯，使者又把腰帶交給尤里士修斯，讓他送給女兒阿德密緹。

赫丘力士的第十項任務，就是捕捉怪獸傑揚的牛群。傑揚為具有三個軀體的兇猛野獸，三個軀體則連接在一腰部。這頭危險至極的怪獸，就住在一座小島的最西邊，小島則座落於環繞大地的大洋氏之所，無人曾自希臘出發，抵達這麼遙遠的地方，因此尤里士修斯暗自希望，赫丘力士終會死於怪獸魔掌，或者迷航死在日落之國。

英雄獨自從地中海來到非洲，跨過沙漠一路往西邊走，直至抵達巨人安泰幽斯的國度。這位身形龐大的惡霸是波塞頓和大地之子，每次只要有陌生人來到他的國度，他必會挑戰他們摔角。雖說安泰幽斯身形高大，但事實上卻不擅長摔角，也常常被對手摔於地。但每當他一碰到母親大地，渾身的力量便再次充足豐沛。有了這項優勢，他始終可成功擊敗對手，然後取下對方的頭顱，用來裝飾父親波塞頓的神廟。

安泰幽斯已經迫不及待，想要把赫丘力士的頭加入裝飾行列，於是他照常要求比賽摔角。赫丘力士輕而易舉把他反覆摔於地，但每次安泰幽斯爬起來後，力量都顯得比先前更強大，赫丘力士的體力則漸漸下滑。最後赫丘力士發現了對手和大地的聯繫，所以他把安泰幽斯高舉過頭，不讓他碰觸到地面。無法碰到母親的巨人變得脆弱無力，赫丘力士像是折斷乾樹枝一般，把他折成兩半。

經過數周的旅途，赫丘力士來到地中海西部尾端，看見眼前浩瀚的大西洋感到歎為觀止，決定要在通往大洋氏的狹窄水道上豎立兩根對立的柱子，一根立在歐洲，另一根則立於非洲，這兩塊巨大的石頭也就是「赫丘力士之柱」，象徵世界的邊界。

赫丘力士豎立柱子的時候，在炙熱的太陽底下熱得快受不了，於是氣憤的赫丘力士便趁赫利奧斯駕著馬車、畫過天空時，朝老太陽神射出一箭，老太陽神見到他愚昧的行徑，忍俊不住笑了出來，但他欣賞這位英雄的勇氣，因此把自己的黃金馬車借給赫丘力士。赫利奧斯每晚都從日落之國乘坐這台馬車回到東方的家，然後隔天早上又再度升至天空。赫丘力士接下來的路程都不必走路了，對此他感激不盡，於是他爬上馬車，沿著伊比利亞海岸朝北行，直到他來到傑揚的島國。

他找到牛群時，牠們正在河邊吃草，於是他靜悄悄地接近牠們。但誰都無法逃過開看門狗奧特休斯犬的耳目，他是怪物提封和半人半蛇的艾奇德娜的後裔。兇狠的獵犬張牙舞爪奔向赫丘力士，但宙斯之子朝看門狗揮出棍棒，一棒劈碎他的頭顱。這下引來傑揚的牧人尤里遜的注意，他急匆匆地趕了過去，卻遭到殺身之禍。

哈得斯在附近也有一批牛群，由僕人米諾瑟斯看管。站在山丘上的米諾瑟斯，清楚看見所發生的一切，因此警告傑揚有小偷入侵打算偷走他的牛。這名三身怪獸衝到河畔的草地，攻擊偷牛的入侵者，但赫丘力士以毒液弓箭射殺了他。接著赫丘力士帶領牛群進入黃金馬車，帶牠們航過大海，來到靠近塔提蘇斯的大陸。他平安上岸，把馬車還給老太陽神，接著又繼續返回希臘的漫長旅途。

赫丘力士帶著牛群通過伊比利亞半島，然後越過庇里牛斯山，來到阿爾卑斯山腳下的利古里亞。而就在那兒，亞雷庇昂和德西諾斯兩位兄弟攻擊了赫丘力士，他們是波塞頓的兒子，試圖偷走赫丘力士的牛群。赫丘力士丟石頭攻擊他們，最後他們全遭到殲滅，利古里亞也因此處處覆蓋石頭。

赫丘力士決定往南前往義大利，而不走波河進入希臘。他跨過阿爾卑斯山，沿著第勒尼亞海的海岸，行經愛屈利亞人的城市，直到他來到臺伯河岸七座山丘下的靜謐山谷。

峭壁底下有個山洞，裡頭住了吐火的半人半獸卡科斯，他的名字意謂「邪惡」。卡科斯的住所周遭血跡斑斑，而受害者的頭顱掛在他黑暗住所的入口。山谷空無一人，赫丘力士也不知道該上哪兒過夜，所以便把牛群放在一片草地，於此就寢。當他仰躺著入眠後，卡科斯鬼鬼祟祟走到牛群旁，抓著四頭公牛和四頭小母牛的尾巴，強迫牠們像赫美斯盜走牛群一樣倒退著走，然後把牛帶進黑暗的山洞。

隔天清早赫丘力士醒來，發現八頭最出色的牛不見了。他雖看見牠們的足跡，卻相當疑惑。赫丘力士四處搜尋牛隻，但全是白費苦工，他正準備離開時，忽然有一頭牛哀怨地發出哞哞叫聲。聽到叫聲的赫丘力士，抓起他的棍棒，朝聲音的來源奔跑而去，卡科斯受到驚嚇，於是在他的山洞洞口，堆起巨大的卵石，但赫丘力士繞道走過臺伯河，發現山洞的後門。

卡科斯試圖逃跑，從喉嚨嗝出黑色厚重的煙霧，然後躲藏於後，但這招完全不起作用。赫丘力士捉住他的脖子，掐得他眼珠都凸出來。他安撫牛群，帶領牠們走出山洞，與其他牛隻碰頭，繼續回家的旅程。

赫丘力士不擅長找路，他往南走到達分隔義大利和西西里島的海峽，這時才驚覺這不是回到希臘的路線。在他找回一頭迷路的牛，又在摔角比賽中謀殺當地國王後，赫丘力士又重新回到義大利的亞德里亞海岸，最後回到希臘北部的邊境。在那裡希拉故技重施，把用在愛歐的伎倆用在牛身上。她在牛身上放了牛虻，讓牠們癢得發狂，一路逃跑衝過色雷斯，游過希拉海抵達亞洲。赫丘力士帶著剩下的牛朝南，行經馬其頓和帖撒利，直到通過科林斯地峽，抵達邁錫尼。他把牛群交給尤里士修斯，國王卻刻意把牛群全部供奉給赫丘力士的仇敵女神希拉。

赫丘力士服侍尤里士修斯八年，為他對抗怪獸、完成不可能的任務，以洗淨自己殺害妻小的罪孽。邁錫尼國王幾乎就要放棄謀殺赫丘力士的念頭，只希望讓赫丘力士到遙遠的國度離他越遠越好。他指派赫丘力士去摘取海絲派拉蒂的金蘋果。海絲派拉蒂是一群仙女，她們住在大地偏遠的地區，很少人知道要去哪裡找到她們。她們的純金蘋果生長於樹上，是大地之母餽贈宙斯和希拉的結婚賀禮。金蘋果由百頭蛇拉頓看管，拉頓能轉換不同聲音說話，但最能保證蘋果安全無虞的，便是它們無人知曉的祕密地點。赫丘力士想要摘到金蘋果，必須得先知道，必須上哪兒才能找到它們。

他先從海絲派拉蒂的仙女姊妹下手，詢問方向，但她們也不知道該往何處找，於是要他去問老海神涅留斯。海神不喜歡他人打擾，於是赫丘力士偷偷摸摸來到他身邊，趁他睡覺時緊緊捉住他。涅留斯變換各種不同的可怕樣貌，就是要嚇跑赫丘力士，但赫丘力士不為所動，他緊緊抓牢老海神，直到涅留斯放棄，最後告訴赫丘力士金蘋果的所在地。

要不是涅留斯的指示不夠清楚，肯定就是赫丘力士的方向感不好了。赫丘力士不斷迷路，為了找到海絲派拉蒂，他已經行遍世界各地。第一站來到埃及，他進入布西里斯的王國，好幾年前埃及曾遭逢九年饑荒，一位來自賽普勒斯的預言家告訴國王，倘若想要復甦國家，他必須要向宙斯奉獻一名外國人。布西里斯聽取他的建議，在祭壇上殺死這名賽普勒斯先知。尼羅河又恢復肥沃富饒，於是國王決定今後凡有外國人造訪，必將他們貢獻給天神。赫丘力士進入埃及時，被國王的士兵逮個正著，帶到布西里斯面前。國王準備供奉祭品時，赫丘力士掙脫綑綁的繩索，捉住一名祭司的腳踝，拿他當棍棒猛擊他埃及的同胞，然後將布西里斯和他的兒子滅口。

赫丘力士緊接著往北航行來到希臘小島林德斯，剛抵達的他餓得前胸貼後背。他第一個見到兩頭牛拉著車，車上的男人不斷鞭策牛隻前進。男人見到赫丘力士朝他們奔跑而來，驚恐地棄牛車而逃，於是赫丘力士抓住牛車其中一頭牛，在奉獻給宙斯神之後便立刻烤來吃。男人站在附近的山丘上，氣憤地目睹這一切，他對偷牛的赫丘力士大聲叫喊，喊出所有他能夠想得到的髒話。幾個世紀之後，林德斯的人民仍會奉獻祭品給赫丘力士，但嘴裡念著的不是祈禱文而是咒罵。

隨後赫丘力士往東走，到達高加索山。他發現石頭上動彈不得的普羅米修斯，宙斯的老鷹則不停啃噬他的肝臟。泰坦神曾預言，宙斯之子將會殺死老鷹，破壞鎖鏈，然後助他重獲自由。為了答謝赫丘力士，普羅米修斯指點了營救他的英雄，他道出一個所有希臘人都知道的事實：「海絲派拉蒂」在希臘文意指「西方的仙女」，因此他應該要往西方找。他也告訴赫丘力士，當他抵達花園時千萬不要試著自己摘下蘋果，應找強壯有力的阿特拉斯幫忙。

經過漫長的步行，跨過非洲北邊的海岸，赫丘力士終於來到遙遠的西方，找到扛著天空的阿特拉斯。他詢問這名泰坦神能否幫他摘下金蘋果，赫丘力士願意在他摘蘋果的同時，幫阿特拉斯扛著天空。阿特拉斯開心地答應了，於是把天庭的重量交付赫丘力士，讓他扛在肩膀。沒過多久，阿特拉斯便帶著蘋果回來了，但他告訴赫丘力士，他並不想扛回天空，他要親自把蘋果交給尤里士修斯。扛著重物的赫丘力士咕噥了一聲，然後他問阿特拉斯是否願意幫他扛著天空一會兒，他想要在肩膀上墊一個枕頭。阿特拉斯雖然強壯，但腦袋卻不太靈光，於是他答應了赫丘力士。當天空的重擔回到阿特拉斯肩上，赫丘力士友善地感謝阿特拉斯，然後就此上路，留下愚蠢的泰坦神繼續永遠扛著天庭。

經過漫長的旅途，赫丘力士又回到邁錫尼，把蘋果交給國王。見到金蘋果的尤里士修斯，對它們的美驚艷不已，但又害怕持有金蘋果會招致可怕的下場，於是他拒絕留下蘋果。因此赫丘力士把蘋果交給雅典娜，然後雅典娜又把它們歸還海絲派拉蒂。

赫丘力士最後一項任務最為艱鉅，也最為恐怖。尤里士修斯命令他下陰間，帶回陰間的三頭看門地獄犬。如果赫丘力士失敗的話，他勢必永遠得留在陰間。

這趟旅程可不簡單，即便對曾經斬妖屠怪、遠行至世界各角的赫丘力士亦然。赫丘力士的雙手沾滿了無辜的鮮血，陰間之王很可能會因此把他永遠留在地府。因此在他前往陰間之前，先到了愛柳西斯加入狄美特的神祕教派。女神告訴他該如何靈魂才不會永世困在黑夜般的陰間。

離開愛柳西斯之後，赫丘力士在任務途中來到斯巴達附近的泰納倫山洞。這裡看似永夜，他穿越黑暗直到最後抵達陰曹地府。所有亡靈見到他無一不逃跑，除了蛇髮女怪梅杜莎。赫丘力士拔劍相對，但她不過是空洞的鬼魂，對他不構成任何威脅傷害。英雄同情陰間的陰魂，於是他宰殺一頭哈得斯的牛，將牛血奉獻給死者亡靈。他也遇到提修斯和培里托斯，他們曾試圖從哈得斯身邊搶走波賽芬妮，因而困在椅子上，他們向赫丘力士乞求協助，但最後赫丘力士只能解救提修斯。

最後赫丘力士來到哈得斯的王位前，詢問他是否可帶走地獄犬，完成尤里士修斯的任務，實現阿波羅的神諭。哈得斯答應他，但條件是他不能使用任何武器帶走三頭狗。因此赫丘力士只好披著獅子皮，就這麼赤手空拳去找地獄犬。雙方搏鬥扭打，地獄犬尾巴上的蛇牙無法刺穿奈米亞獅的毛皮，最後赫丘力士緊緊捉住地獄犬的脖子直到牠放棄認輸為止。然後他一路帶著地獄犬回到陽間交給尤里士修斯。驚慌害怕的國王躲起來宣布任務已完成，命令赫丘力士帶走地獄犬，離開後永遠都不再回來。英雄已經洗清謀殺妻小的罪孽，和叔叔道別之後，又把地府看門狗送回牠陰暗的家。

再次犯下殺人罪行

赫丘力士已完成所有任務，該是再婚的時候了。他聽說他過去的射箭教師——奧卡利亞國王尤里特斯，正在為女兒愛歐樂招親。凡在射箭比賽上，擊敗尤里特斯及其子的人，就可以娶回美嬌娘。赫丘力士到達奧卡利亞贏得比賽，但尤里特斯卻拒絕把女兒託付給赫丘力士。國王害怕女兒和孫子的下場會跟美加拉和她的兒子一樣，死在性情不穩的赫丘力士手中。但尤里特斯的兒子伊菲托斯卻為赫丘力士說話，聲稱英雄不會做出如此卑劣的事。儘管如此，國王仍舊婉拒了這門親事，於是赫丘力士忿忿不平地離開奧卡利亞，誓言此仇必報不可。他定居在離邁錫尼不遠的阿哥斯平原泰利安鎮，一個突出岩壁的上方。

過不久，有人發現尤里特斯的十二匹優良馬兒不見了，嫌疑犯是誰已經呼之欲出，但伊菲托斯仍替赫丘力士說話，他說自己會親自去泰利安證實赫丘力士的清白。伊菲托斯抵達後，赫丘力士歡迎他來訪，還承諾會帶他去周邊的鄉間視察，證明他真的未偷藏馬匹。赫丘力士招待客人享用豐盛餐點，又領他到泰利安的高聳城牆飽覽美麗的風光。伊菲托斯正在欣賞美景時，赫丘力士趁機一把推落他，害他摔至岩石身亡。然後赫丘力士回到附近的草地，欣賞他的新寵馬兒。

赫丘力士以為自己能夠成功脫罪，因此他又去皮洛斯找尼流斯，希望能淨化謀殺伊菲托斯的罪行。但由於尤里特斯是尼流斯的朋友，因此國王拒絕幫助赫丘力士。沮喪的赫丘力士很快發覺自己患上一種可怕的疾病，顯然是謀殺罪的懲罰。他又一次來到狄菲神殿請求神諭，想知道該如何洗刷他衝動犯下的罪行，但阿波羅的女祭司不再理會他，赫丘力士輕易殺害無辜之人，然後期望每次皆能如意洗淨自己的罪行，讓她感到厭惡無比。赫丘力士因此大發雷霆，他隨手抓起神廟裡一座神聖的三足鼎，往道路俯衝而去，他大喊著如果天神不願幫他，那他會蓋一座屬於自己的神廟。阿波羅在奧林帕斯仙境的家看到這一切，馬上飛到狄菲神殿，想從英雄的手中奪下三足鼎。這時宙斯使出雷電，制止兩個兒子間的口角爭執。阿波羅只好不甘願地告訴赫丘力士，他想要治好疾病沒問題，但他得再當一次僕人。這次為期三年。天神帶上著手銬腳鐐的赫丘力士來到附近的僕奴市場，來訪的利底亞皇后翁浮兒買下赫丘力士，認為他能在床上好好為她服務。

當僕人的這三年內，每當兩人共度浪漫的夜晚，赫丘力士喜歡穿上翁浮兒的衣服。有天夜裡兩人在森林山洞共度春宵後，色慾醺心的牧神潘正好撞見他們，這隻半人半羊的神祇，鬼鬼祟祟摸黑走到他們身邊。他摸到了女人的睡袍，想要趁翁浮兒熟睡時非禮她，於是他爬上床，殊不知摸上的對象實為赫丘力士。於是赫丘力士抓起潘撞向山洞岩壁。

赫丘力士也在這段期間完成不少英雄冒險，剷除利底亞鄉間土匪和各路惡徒。其中兩名是塞科佩斯幫土匪，在路上騷擾攻擊旅人的土匪。有天他們碰見在路旁睡覺的赫丘力士，決定要對他下手。但趁他們尚無察覺之前，赫丘力士已經捉起他們的腳，綁在一根肩頭上的棍棒。赫丘力士扛著他們上路時，這兩人開始說說笑笑，赫丘力士由於行經沙漠，背部嚴重曬傷，賽科佩斯幫土匪便反覆念著：「當心黑屁股！當心黑屁股！」赫丘力士笑得東倒西歪，所以決定放他們走，之後宙斯把塞科佩斯幫土匪變成兩隻猴子。

赫丘力士的復仇

赫丘力士決定該是時候算總帳了。赫丘力士從海妖手中解救赫希奧妮時，勞米登曾欺騙他承諾最終會給予他獎賞。於是赫丘力士招兵買馬，登上十八艘船艦前往攻打特洛伊城。參與的士兵眾多，包括鄰近雅典的沙拉密斯島國王鐵拉蒙。起初特洛伊先取得優勢，逼得入侵者撤離特洛伊，但最終鐵拉蒙攻破城牆，成功攻入特洛伊城。赫丘力士不甘其他人先行闖入特洛伊，於是拔出刀劍，欲攻擊鐵拉蒙。但聰明狡猾如沙拉密斯國王，他馬上收集堆疊石頭，赫丘力士見狀，問鐵拉蒙在做什麼。「我在幫你蓋一座勝者聖壇，」鐵拉蒙冷靜應對。而受到奉承的赫丘力士，心甘情願放過鐵拉蒙。之後赫丘力士殺死勞米登和特洛伊所有王子，只留下一個名叫波達西斯的小兒子。公主赫希奧妮被帶到赫丘力士面前，被問及要讓哪一位特洛伊戰俘重返自由時，赫希奧妮很聰明地選了波達西斯，以保存皇家的命脈，她以自己的面紗為交易，送給赫丘力士。這位男孩也因此被人稱為「普萊姆」，希臘文中意指「贖回的孩子」。邁入老年之後，波達西斯成為特洛伊國王，在特洛伊戰爭時統治該城。

赫丘力士又接著前往對付奧吉斯，國王在赫丘力士清理骯髒的棚舍後，拒絕付給他當初承諾的獎賞。他殺了國王和王子，然後在奧林匹亞附近，建立一系列的體育競賽，當做是慶祝儀式。之後每四年舉辦一次，也就是現在的奧林匹克運動會。

經過這麼多冒險、羅曼史和苦澀失意之後，赫丘力士仍尚未娶妻。但他聽說希臘西部有位美麗的公主黛安妮拉，他決定要娶她回家當老婆。但少女的追求者不只一人，另一個強勁的對手是河神亞齊勒斯，赫丘力士迫不及待與他爭搶黛安妮拉。河神有著水蛇的身體，額頭上更長了致命的角，所以兩人的競爭堪稱激烈。兩位追求者近身搏鬥角力，直到赫丘力士捉住亞齊勒斯的角，從他的頭頂扯下來，爭奪戰這下才總算終結。

赫丘力士帶著新娘來到東部，定居在特拉喀斯，靠近色莫皮雷的關口。他們沿著水流湍急的艾佛諾斯河，人頭馬怪物奈色斯靠划船載乘客渡河賺取少許薪資維生。他過去幾年住在阿卡迪，但在人頭馬佛樂斯山洞的戰爭之後，赫丘力士便驅逐他離開阿卡迪，此後他就過著飽受屈辱的生活。他最不想見到的人就是赫丘力士，但當英雄出現在河岸要求奈色斯送他過河時，奈色斯別無選擇只好送赫丘力士到河對岸。

也許是好色的天性使然，也或許是愚蠢想要報復，奈色斯划到一半忽然對黛安妮拉毛手毛腳，甚至試圖強暴她。赫丘力士立刻取出有毒弓箭射向奈色斯，倒在遙遠河岸的奈色斯似乎有所悔悟：「取我的血吧。」他告訴黛安妮拉：「我的血是強力催情藥，帶著它走，以防萬一。」戴安妮拉信任赫丘力士必不會為別的女人拋棄她，但仍決定帶一些血液離開以備不時之需。

抵達特拉喀斯後，赫丘力士為自己和黛安妮拉蓋了新家。過一陣子之後，他決定完成最後一次報復行動。赫丘力士在射箭比賽上公平競爭，甚至取得勝利，但老師卻拒絕把女兒愛歐樂許配給他。因此他召集軍隊，占領國王的城市，然後殺了尤里特斯和其剩下的兒子，再把愛歐樂帶回特拉喀斯，娶她為妾。

黛安妮拉看了一眼年輕漂亮的少女愛歐樂，知道該是使用奈色斯血液的時候了。她在一件斗篷上塗上血液，然後遞交給赫丘力士。當時赫丘力士正準備供奉父親宙斯，感謝過黛安妮拉後赫丘力士便把披風掛在肩膀上，但就在這時，恐怖的事情發生了。披風像是灼燒炙熱的火舌，舔舐他的皮膚，赫丘力士痛苦地喊叫，在地上不斷扭曲掙扎，卻無法脫下披風，他請求旁人趕快殺了他，以免去身體的痛苦，但卻無人敢接近他。慢慢地，奈色斯惡毒的血液啃噬他的肉體，最後赫丘力士為自己搭起火葬柴堆，然後爬上柴堆。他拖著腳步爬到最頂端，請一位名叫菲洛可帖特士的青年點火，並把自己的弓箭餽贈於他，不用多久，熊熊火焰便吞噬了這位英雄，他的苦難總算落幕。

大火殆盡之後，他的朋友與家人前往收拾他的骨灰，但卻空無一物，宙斯已把兒子和他的靈魂接到奧林帕斯山，從此之後成為不死天神。他與繼母希拉和好，娶了青春女神希碧。赫丘力士在天庭備受眾神和凡人尊崇，最後終於找到他自始至終不斷尋覓的永恆榮耀。在一首古老希臘詩歌裡，如此唱到：

我要唱一首赫丘力士之歌。宙斯之子。全世界最孔武有力的人。愛克美娜與克羅諾斯的烏雲之子燕好，於動人舞蹈之都底比斯誕生了這名英雄。在尤里士修斯的命令之下，他行遍天下完成眾多危險任務，也經歷許許多多挫折。但現在的他居住在白雪靄靄的奧林帕斯仙境，饜足的希碧是他的愛妻。我們向你致敬，我們的王。宙斯之子，請讓我們富足卓越。

伊底帕斯
Oedipus

建立底比斯

很久很久以前，遠在赫丘力士誕生於底比斯之前，有座城市因為一頭流浪的母牛以及一頭性情乖戾的龍誕生了。卡德馬斯從黎巴嫩而來，尋覓他的姊妹歐羅巴。假扮成公牛的宙斯劫走歐羅巴，遍尋不著歐羅巴之的卡德馬斯來到狄菲神殿，請求阿波羅的神諭，想要知道上哪兒去才可找到歐羅巴。但神諭卻要他別再找歐羅巴了，去找一隻小母牛，等他找到這頭母牛，就一路尾隨牠，直到牠累得走不動為止。母牛在哪兒停下腳步，他就得在那兒奉獻母牛，然後建立一座新城鎮。

這聽在卡德馬斯耳中不免奇怪，但沒有人能不顧天神的指令。於是他離開狄菲神殿，往東沿著山坡路走下去，直到他遇到一群牛。可是他並不知道究竟該跟著哪隻牛走，這時他發現其中一隻與眾不同，牠的側身有一個宛如滿月的球形胎記，彷如一個暗示，所以他跟牧人買下這頭牛，然後跟著牠四處流浪。牠常常停下腳步，在草地上吃草、溪流邊飲水，但最終總會慢悠悠踏上旅程，攀過高山和湖泊，穿山越嶺，直到雅典北部一大塊遼闊平原的山脊的波奧西亞，牠才躺下來休息。

這是建立新城鎮的好據點，有自然屏障的堡壘，周遭也有肥沃的土地。卡德馬斯蓋了座祭壇，然後派出幾名同伴，前往附近的泉水汲水，供奉天神。頓時他聽見一陣尖叫聲，於是他跑向尖叫的來源，卻發現他的朋友已經斷氣，倒在一隻齜牙咧嘴的巨龍腳邊。據傳泉水的看守人正是阿瑞斯的後裔，儘管如此，卡德馬斯毫不遲疑舉起劍矛攻擊巨蛇。經過一場激烈混戰，腓尼基王子屠殺了巨龍，為他的朋友報了一箭之仇。這時雅典娜出現在他面前，要他敲下怪獸的牙齒，然後如播種般灑在土壤中，對於天神奇奇怪怪的指令，卡德馬斯早已司空見慣，於是他拔除巨龍的牙齒，把牙齒深植於犁溝中。

最後一棵牙齒植入土壤後，有樣東西倏地從土地冒出來。起初卡德馬斯看見成千上萬的矛頭衝土而出，然後是有羽冠的頭盔，再來出現男人的臉龐、胸部和腿足，他們穿戴閃閃發亮的盔甲全副武裝。一整支面色凝重的戰士隊伍，便如此由龍齒而生，卡德馬斯驚愕地舉起利劍，正準備要保衛自己時，最靠近他的士兵開口：「請別拔劍，這不關你的事情，你別插手。」然後這群剛剛誕生的戰士便開始自相殘殺，鮮血覆蓋大地，而卡德馬斯只是瞠目結舌，佇立旁觀。最後只剩下五名戰士，其他人皆已紛紛滅亡，雅典娜一聲令下倖存者退下戰役，把武器擱置一旁，他們就是底比斯五個主要家族的創始人，卡德馬斯則是城市的統治者。

一個城市只有男人是沒有未來的，因此卡德馬斯找了個皇后。皇后名為哈莫妮亞，是阿瑞斯和愛芙羅黛蒂的美麗女兒。諸神參加了婚禮，為這對幸福的新人餽贈賀禮。之後他們共度長久卻悲慘的一生，他們的四名女兒──奧陀妞、伊諾、西蜜莉和阿蓋芙的人生，充滿暴力、瘋狂與喪親之痛。奧陀妞的兒子阿克泰溫，在看見阿提密斯的裸體後被自己的獵犬四分五裂。西蜜莉也在懷了戴奧尼索斯之後，受宙斯的強烈神光照射而亡。伊諾發狂跳入大海，而阿蓋芙則失去理智，在兒子潘修斯拒絕敬拜戴奧尼索斯時將他碎屍萬段。只有卡德馬斯和哈莫妮亞的兒子波利多魯斯，平靜度過一生。波利多魯斯生下一個兒子，叫做拉布達克斯，之後拉布達克斯生下兒子萊瑤斯，也是未來的底比斯國王。卡德馬斯和妻子哈莫妮亞最後未能享得清福，他們被驅逐至伊萊里亞，最後被變成兩條蛇。但卡德馬斯的家族一路興盛，直到後代米諾修斯產下克里昂和妹妹柔卡絲塔，柔卡絲塔則與遠房親戚萊瑤斯聯姻，生下一個兒子。

弒父娶母的預言

萊瑤斯從未想過與新娘相好。因為在他成為底比斯國王後，狄菲神殿的神諭告訴他，他會死於自己親生兒子之手。因此他決定永遠不讓柔卡絲塔懷孕。但有天夜裡，他實在喝得太醉，於是二人有了夫妻之實。她生下孩子時，萊瑤斯下令把嬰兒遺棄在西達龍山坡上。他以鐵製別針固定住可憐嬰孩的腳，然後把他交由信任的牧羊人帶到荒郊野地棄嬰。萊瑤斯當時確定自己永遠都不會再見到兒子了。

但仁慈的牧羊人卻不忍心見孩子就此死去，於是他把嬰兒交給一個來訪的朋友。這位朋友來自科林斯。他答應牧羊人會把孩子帶到遠離底比斯的地方，後來孩子又交到科林斯國王波利布斯手上。膝下無子的科林斯國王以及他的妻子美柔碧收養了孩子。他們對孩子視如己出，因為他腳踝上有刺傷的傷口，所以為他取名為伊底帕斯，意指「腫脹的腳」。科林斯王子伊底帕斯快樂地長大成人，但當他成年時，有位朋友在宴會中喝得醉醺醺，指著他的鼻子說他並非國王的親生兒子。伊底帕斯前去找波利布斯尋求真相，但無論是國王也好，皇后也罷，都無人願意告訴伊底帕斯他真實的身分究竟為何。不計一切想發掘真相的他，便遠行至狄菲神殿，想知道他是否真為領養的孩子。女祭司不願回答他的問題，反而告訴他一個可怕的消息，那就是他未來將會弒父娶母。伊底帕斯不願眼睜睜見可怕的罪行和亂倫發生在他最為敬愛的父母身上，於是他飛也似地逃離狄菲神殿，發誓再也不回家。

伊底帕斯一路東行，路上充滿絕望。在一個三岔路口，他不慎被一個駕著馬車的人壓到腳、跌入壕溝，然後這人又以棍棒毆打他。伊底帕斯自離開狄菲神殿之後，心情就已經不太好，這個情形對於他的心情毫無助益，他氣憤地把男人拉下馬車，以利劍一刀刺死，之後轉向其他同行的人，將他們全部滅口，但獨漏一個人，他害怕地逃跑了。

伊底帕斯最後來到底比斯，他發現整座城市動盪不安，起因是人面獅身獸不斷擾民。這頭怪獸有著女人頭、獅身、鷹翼，也是古獸提封和艾奇德娜的子嗣。她伏坐於城外的山頭，她看到人出便會從山頭俯衝而下。為了公平起見，她會先對驚恐的受害者丟出一道謎題，承諾對方若是答對了便會無條件釋放他。但從來沒有人知道正解於是大家很快就被人面獅身獸吞下肚。底比斯國王萊瑤斯因此出城尋求狄菲神殿的神諭，看能否擺脫這頭謀害人命的野獸。但國王卻遲遲未歸返，眾人都認為國王已經死了。絕望之際，攝政者克里昂開出條件，只要有人能解開謎語、驅離人面獅身，那他就有資格獲得底比斯王國和柔卡絲塔皇后。

伊底帕斯來到底比斯時，長著翅膀的怪獸見到他，便俯衝下來擋住去路，人面獅身獸以為伊底帕斯會害怕，但他卻冷靜地坐在一顆石頭上靜心等候。怪獸向他解釋規則，然後祭出謎語：

什麼東西早上以四足走路、正午以兩腿行走、晚上以三足行動？

人面獅身獸舔了舔嘴唇，盼望著下一頓美味餐點，但伊底帕斯答道：

答案是「人類」。嬰兒在人生初期以四肢爬行，成年後以雙腿行走，於黃昏之年需要拄著一根拐杖走路。

人面獅身獸無法相信他竟然解出謎語，挫敗的她便直接由懸崖跳下，一頭撞死。伊底帕斯進入底比斯，成為光榮勝利的英雄。他開心接下王位，也娶了年輕動人的皇后柔卡絲塔。這對幸福的夫妻之後生下四名子女，分別為兩名男孩和兩名女孩。對伊底帕斯來說，一切麻煩都似已拋諸腦後。

神祕難解的詛咒

伊底帕斯統治底比斯，國家連年豐饒富足，但有天城裡上下卻開始不對勁。母牛不再生產小牛、城鎮裡的女性也無法孕育小孩、瘟疫降臨底比斯城，男女老少無一倖免。底比斯看似受詛，但卻無人知道該如何是好。富人向天神供奉祭品，但卻徒勞無功，詢問當地的神諭也無消無息。最後城鎮裡的老者代表來到宮殿，乞求伊底帕斯採取行動，他曾經從人面獅身獸手中拯救眾人，這次他難道不能解救大家，遠離這場最新降臨的瘟疫嗎？「伊底帕斯，世上最強大的領導者，我們請求你保護我們，盡快解救我們的城鎮！你帶給我們的沒有別的，就是好運，如果你再不拯救我們，你的國土就將化為蠻荒之地。」

伊底帕斯答道：「我的老友，相信我，我知道肆虐城鎮的瘟疫所帶來的苦痛，沒人比我更深感其痛。做為一名國王，我肩負所有人的負擔。我已派出我的舅子克里昂前往狄菲神殿，向阿波羅請示神諭，看看天神是否願意透露事情的因素。」

克里昂不久回到底比斯，帶了消息給國王。神諭提到底比斯人民會飽受折磨是因為子民竟允許殺了萊瑤斯國王的兇手逍遙法外。要是底比斯不揪出兇手、讓他接受責罰，那詛咒就永遠不會離開底比斯，底比斯也終將面臨毀滅命運。伊底帕斯坦承他對前任國王了解不多，因此克里昂向他解釋，萊瑤斯在數年前試圖尋求對付人面獅身獸的神諭，但在前往狄菲神殿的途中卻不幸遭一票搶匪滅口，人馬無一倖免，除了一名當時逃跑的僕人。底比斯應當追捕兇手，但當時他們深受人面獅身獸之苦，因此城裡根本沒有人手。怪獸消失之後，新的國王上任。卻忘了兇手，繼續眼前的生活。

聽到這裡，伊底帕斯訓斥底比斯的人民怎可不替國王報仇。他向諸神發誓他會不計一切抓出兇手，然後淨化底比斯城。如果兇手是城裡的人，就算是皇室成員，他也會將他驅逐出境，讓底比斯重新繁榮。

伊底帕斯做的第一件事，就是召集全民發出公告。任何人凡是握有萊瑤斯死亡的消息，都必須自己前來招出所知所聞。就算最終認定有罪，也得以毫髮無傷地離開底比斯。而公布透露罪犯的人，也會接受優渥的獎賞。反之，若是有人知情不告，不但會被驅逐出境，所有的家當財產也會遭到沒收，未來也不准參與天神的祭拜活動。

無人前來通報，但老者建議國王前去詢問先知狄瑞西亞斯，畢竟他是代天神發言的人。伊底帕斯告訴老者他已派人去找先知，先知隨時可能抵達。很快地狄瑞西亞斯來到國王面前，卻不願意鬆口。伊底帕斯請求他：「狄瑞西亞斯，你必須幫我這個忙，我求求你，不要在母國有難時轉身離去，告訴我們，萊瑤斯究竟是誰殺死的。」

「讓我回去，伊底帕斯。我接下來說的話，你不會想聽的，只會讓你倍感哀傷罷了。」

「讓我哀傷？怎麼可能比我現今所處的情況更糟呢？現在底比斯上下都在受苦受難，我要你透露天神告訴你的內容，否則我真要生氣了。」

「好吧，那我只好說了——兇手是你，伊底帕斯。你就是兇手！」

「這不可能，你這可悲的大騙子！是克里昂付錢要你這麼說的？他想要藉機篡位嗎？」

「別管克里昂了，這全都是因為你啊，伊底帕斯。我的眼睛也許是瞎了，但你的耳朵和心靈才是蒙蔽了！快讓我走，不然我會說出更可怕的事。」

「快給我滾開這裡，永遠都別讓我再見到你的臉！先知只會帶來麻煩。貪婪的騙子，只在乎金錢，不在乎天神！」

狄瑞西亞斯離開後，伊底帕斯派人找來克里昂。當他的大舅子抵達，國王語帶慷慨激昂，殘酷地指控他。克里昂聲稱自己是清白的，但伊底帕斯不願聽進任何一字。伊底帕斯的妻子柔卡絲塔，同時也是克里昂的妹妹，來到他們面前。她斥責這兩個男人在眾人面前竟如此不得體地爭執，於是克里昂憤而離去，柔卡絲塔要求知道問題原委。在伊底帕斯說明克里昂計謀叛變後，他的妻子安撫他，說這只是他愚昧的臆測，此外先知所說的話也不足以採信，先知和神諭都只能嚇唬無知的烏合之眾。她可以向他證明這點，因為萊瑤斯曾經接獲神諭，說他會遭自己的親生兒子謀殺，但這說法既無知又愚蠢，因為他的兒子早在好幾年前，就已經不復在。萊瑤斯是在一個三岔路口死於一群強盜手下。

伊底帕斯聽到這席話時，背脊頓時一涼。他要柔卡絲塔說明細節，事情發生在何處？總共有多少強盜？國王的隨行人員又有幾位？是否還有倖存者？柔卡絲塔說倖存者是名家僕牧羊人他親眼目睹謀殺經過便倉皇逃跑了，但在伊底帕斯統治底比斯後他卻自己要求希望派遣到遙遠的田野鄉間。如果他想要的話，她可以派人去找牧羊人，但此舉似乎多餘。然而伊底帕斯仍舊堅持要前來牧羊人，接著他向她解釋自己為何會如此恐懼。事實上，他曾經在一個三岔路口殺死一個男人，但當時伊底帕斯是獨自一人。如果目擊證人能證實當時是成群結的人馬殺死萊瑤斯，那他的恐懼就可煙消雲散；但如果兇手是單獨一人的話，伊底帕斯擔心他恐怕真是殺死國王的兇手，但老國王絕不可能是他的父親。

在僕人到達之前，科林斯的老信差來到底比斯帶來悲傷的消息，伊底帕斯之父波利布斯國王死於老年。伊底帕斯聞訊難過地哭出來，撫養他長大成人的父親已歿，但一方面他也慶幸狄菲神殿的恐怖預言不可能成真。這下他不可能殺死自己的父親，因為波利布斯已自然老死。柔卡絲塔相信伊底帕斯肯定也能了解神諭淨是一派胡言。但伊底帕斯告訴柔卡絲塔，他還是害怕自己因命運捉弄與母親美柔碧亂倫，但柔卡絲塔又打消他的念頭：「伊底帕斯，先知對於未來根本一無所知，你只管好好享受人生，不要過度擔憂。許多男人都曾在夢裡與自己的母親相好，沒有人認真看待這種恐懼。」

科林斯的信差眼見國王如此心煩意亂，便詢問是否能做些什麼幫忙排解他的憂慮。伊底帕斯告訴這名老人弒父娶母的預言，而自己又如何為了避免這一切發生才遠遠逃離科林斯。老人握住他的手，告訴他務必要寬心。波利布斯現今已歿，他也不必擔心會與美柔碧亂倫，因為他確定波利布斯和美柔碧並非伊底帕斯的親生父母。當初國王和皇后膝下無子，就是這位信差把還是嬰兒的伊底帕斯交給國王與皇后。事實上，信差是在靠近底比斯的地方，從一名牧羊人的手中接過他；牧羊人是伊底帕斯的救命恩人。被帶到科林斯的嬰兒腳踝上有傷口疤痕，而這道疤痕在伊底帕斯身上仍清晰可見。他向伊底帕斯保證他不用擔心預言成真。

柔卡絲塔聽到科林斯信差所言不禁臉色發白，她央求伊底帕斯別再追查下去了，讓這件事情就此石沉大海。伊底帕斯以為皇后擔心孩子的父親出身卑微。但他向她保證，重要的是一個男人的本質，而非他的血統。她衝至宮殿大聲嘶吼，要伊底帕斯永遠都不要挖掘自己的真實身分。伊底帕斯仍鐵了心要解開他出身之謎。

目睹萊瑤斯遭到謀殺的牧羊人，最後總算抵達。於是伊底帕斯在科林斯老信差面前，開始詢問事情的原委。這位底比斯僕人猶豫不決，吞吞吐吐地回答國王的問題，最後終於坦承自己確實知道兇手何人。他曾從伊底帕斯父親手中，接過還是嬰兒的伊底帕斯。他也曾把伊底帕斯交由科林斯信差。他也曾目睹伊底帕斯殺害萊瑤斯國王。伊底帕斯要求知道他的親生父親是何人，但牧羊人不願說。最後國王語帶威脅，逼迫僕人告訴他事情真相。牧羊人這才坦承，確實是萊瑤斯國王本人告訴他，國王必須遺棄自己的兒子，因為他曾接到神諭，知道自己的孩子終有一天會殺死他。

伊底帕斯哀慟欲絕：「不！不！不！這一切總算水落石出。噢，光明的太陽，我可否最後一次仰望你？我的出生就是一大詛咒，我的婚姻遭到詛咒，我的謀殺也是一場詛咒。」

心慌意亂的柔卡絲塔，無法接受事情的真相，於是她奔回他們亂倫的婚床，於椽子上吊自盡。當伊底帕斯見到自己的妻子同時也是自己的母親已死，便從她衣袍上取下黃金別針，挖出自己的眼珠，如此一來，他再也不用看見任何折磨苦痛。伊底帕斯發誓，他會遵守自己先前發布的公告，將自己逐出底比斯。身無分文的伊底帕斯四處流浪，陪伴他的只有女兒安蒂岡妮。他把王國和照顧孩子的職責交由克里昂，然後離開。這個被眾神詛咒的男人便被人帶領著踏出底比斯城門。

難獲平靜的底比斯

伊底帕斯和安蒂岡妮在希臘流浪數年，眾人避之惟恐不及，無人歡迎他們。過去的國王，現在卻淪落到在路邊乞討度日。但在底比斯城內，他的兒子艾特歐克里斯和波利奈色斯長大成人，已從叔叔克里昂手中接下國家。兩兄弟同意共享王位，每人輪流統治一年，期滿交接換人，條件看似合理公正，但第一年結束波利奈色斯準備接任時，艾特歐克里斯卻拒絕下台，並且把弟弟趕出底比斯。波利奈色斯偷走眾神送給祖先哈莫妮亞的項鍊和袍子，然後逃到阿哥斯。這一切動盪傳到伊底帕斯耳中。在伊底帕斯遭到驅逐之後，兩名兒子便背棄他，於是伊底帕斯詛咒他們。

這段期間，阿哥斯由阿德拉斯特士掌權治理，他歡迎來自希臘各城的難民，因為他希望有朝一日能利用這些人擴張自己的勢力。除了波利奈色斯外，阿哥斯也收留了泰鐸斯，也就是卡利敦國王歐紐士之子。泰鐸斯在盛怒之下謀殺一位親戚，然後逃到阿德拉斯特士的國家尋求庇護。但他和波利奈色斯卻處得不融洽，兩人經常打架，。有天他們再度陷入劍拔弩張，阿德拉斯特士來到中庭希望停止打鬥，要不兩人乾脆動手徹底了結一切。阿德拉斯特士猛然發現，波利奈色斯的盾牌上繪有獅子，而泰鐸斯的盾牌上則以野豬做飾。狄菲神殿的神諭曾指示他：「將女兒軛上獅子和野豬」，但他卻無法理解這訊息的涵意。於是他把兩位女兒嫁給波利奈色斯和泰鐸斯，承諾兩位年輕人會幫他們重返自己的王國。

阿德拉斯特士召集阿哥斯最優秀的戰士參加底比斯遠征，其中包括他的舅子安菲亞勞士，他也是位天資異秉的先知。安菲亞勞士預見戰爭的慘澹下場，也因此拒絕參戰。但先知的妻子愛麗髮兒卻早已習慣平息丈夫與哥哥之間的爭執，同時，她也具有十足的鑑賞禮品。有天晚上，波利奈色斯私下前來找她，他說只要愛麗髮兒能說服安菲亞勞士參戰，他就把哈莫妮亞的項鍊和袍子送給她。於是她便出面調庭，要丈夫接受自己的命運。安菲亞勞士要自己的兒子誓言復仇，因為他知道自己必會死於底比斯城牆外。

準備就緒之後，七名戰士便帶領龐大的軍隊出征。這七人分別為國王阿德拉斯特士、先知安菲亞勞士、波利奈色斯、泰鐸斯和三名阿哥斯和阿卡迪貴族，七位戰士分別領軍突擊七道底比斯的傳奇城門。

神諭再度預言骨肉相殘

狄菲神殿的神諭一向扮演極其重要的角色。而今隨著軍隊前進底比斯，天神又透過女祭司宣布，這兩個國家之中，凡是能逮到伊底帕斯的國家——或至少獲取他的屍骨——必能凱旋而歸。飽受眾人辱罵詛咒的伊底帕斯，這下頓時成為兩名兒子急欲爭奪的戰利品。

伊底帕斯和安蒂岡妮不停流浪，最後他們來到雅典外的科龍諾斯城。就在這裡，眼盲的老人抵達一個神聖果園，找到一塊石頭坐下。他告訴女兒，他再也不會離開這裡了。很久以前他就聽說，有天他會來到黑暗復仇女神的聖地，他會在這裡死去，然後為這座城市帶來祝福。當地居民發現他就住在城裡時，無一不感到害怕，但他們又擔心趕走行乞者恐會得罪諸神。雅典國王提修斯來到果園，向他保證會保護他不受任何傷害。伊底帕斯謝過國王後說道雖然他的軀體已殘破不堪，但必會為城市帶來龐大益處。

提修斯離開之後，伊底帕斯的另一位女兒伊絲敏也找到父親，然後告訴他底比斯的消息。她提到兩個兄弟為了接踵而來的戰爭都急著想找到父親。很快地，克里昂便從底比斯而來為艾特歐克里斯和底比斯民眾說情，底比斯現在已遭到圍攻，他要伊底帕斯將過去的憂慮拋諸腦後，雖然底比斯曾帶給伊底帕斯難以言喻的痛苦，但盼望他能多為底比斯著想。不過伊底帕斯淡淡地婉拒了，他告訴克里昂別再來煩擾他，語畢便吆喝女兒前來。但克里昂卻告訴他，他的女兒已被他們逮住藏在附近當人質。失明的老伊底帕斯咒罵克里昂，卻無力解救安蒂岡妮和伊絲敏。所幸提修斯這時折返，解救了兩個女兒，也趕走了克里昂。

不用多久，就輪到伊底帕斯的另一個兒子波利奈色斯，抵達科龍諾斯乞求父親幫他攻下底比斯。他辯稱自己是大兒子，弟弟艾特歐克里斯理應讓出王位：「父親，我曉得我不是盡責的兒子，但這都可以改變。請你再給我一次機會，加入我榮耀的軍隊，我們兩人同是天涯淪落人，你我都遭遇不公不義，被自己的城市驅逐出境。艾特歐克里斯是暴君，他不斷嘲諷我們。拜託，請跟我回去，我們一定會贏的！」

伊底帕斯非但拒絕波利奈色斯，還朝兒子吐口水咒罵，他說他們註定會在底比斯城牆前手足相殘。波利奈色斯知道父親的詛咒將會成真，也已預見自己的命運，於是離開科龍諾斯，希望姊姊能承諾在他戰死後，好好安葬他。

僅有提修斯在旁陪伴的伊底帕斯，走到果園的一個暗處，準備在那裡等待死亡降臨。他的大地和光明的天空致意，不見雷電交加，也沒有來自天庭的旋風，伊底帕斯便驟然消失無蹤。他是如何死亡、屍體葬身何處，無人知曉，只有提修斯知道實情，但他承諾要保留緘默。隨著伊底帕斯死亡，底比斯兄弟的希望也跟著幻滅。對伊底帕斯的女兒來說，前面等待著她們的只有痛苦與折磨。

當波利奈色斯和阿哥斯軍隊抵達底比斯，七名隊長群聚於城外，向天神獻祭祈求勝利。他們在倒置鐵盾牌，割破公牛的喉嚨、雙手浸泡在鮮血中，對著阿瑞斯、希拉和恐慌之神祈禱，他們要把底比斯化為斷垣殘壁，不願戰死沙場，葬身此處。之後大軍抽籤決定由哪位將領進攻城門。也許是巧合，也或許是伊底帕斯的詛咒生效，波利奈色斯抽到的城門正好由弟弟艾特歐克里斯掌管負責。

底比斯人也備好獻祭，許下莊嚴的誓言。先知狄瑞西亞斯告訴他們，他們唯一能拯救底比斯的方法，就是以活人獻祭。受害者必須是主要家族的成員，是自龍齒蹦生的戰士後裔，而且必須是名處子。唯一符合以上描述者，就是克里昂的兒子年輕的米諾修斯。他的父親拒絕奉獻兒子給諸神，但米諾修斯深愛著底比斯，於是便在城牆外、敵軍的眼前自盡。

接踵而來的殺戮不斷，整城四處腥風血雨。阿哥斯領導人卡巴紐斯英勇地攀上城牆，口中大喊連宙斯神也無法抵禦他，他勢必攻下底比斯城。但一陣雷電卻忽自澄淨的天空劈下，劈頭砍死這名勇敢的戰士。一塊巨石則粉碎另一位阿哥斯將領包色諾包伊斯的頭顱，另一名將領喜波米登也遭屠殺而歿。底比斯戰士米拉尼普斯攻擊泰鐸斯，致使他重傷幾近不治，但這位阿哥斯將領仍成功滅殺對手。當泰鐸斯倒在戰場上等待死亡來臨，一向欣賞這位英勇戰士的雅典娜便詢問宙斯神，是否可讓他獲得永生。萬神之王應允她，但先知安菲亞勞士知曉雅典娜的意圖。安菲亞勞士痛恨泰鐸斯把他捲入這場無望戰役，於是先知決定要阻撓女神。他砍下米拉尼普斯的頭，把頭顱拿到瀕死的泰鐸斯面前。泰鐸斯恨極米拉尼普斯，於是便劈開他的頭顱，生吃他的腦漿。雅典娜見狀，對他野獸般的行徑感到反感，於是便摔破裝有永生之水的瓶子，讓泰鐸斯在骯髒泥濘中慢慢死去。過不了多久，先知安菲亞勞士閃過背後飛來的長矛，但地上裂開的巨大裂縫卻吞噬了他。

七位帶領攻打底比斯的將領中，現在只剩下阿德拉斯特士和波利奈色斯了。阿哥斯國王駕著聖馬阿里昂逃離戰場。阿里昂是狄美特遭波塞頓侵犯後，所生下的後裔。但波利奈色斯卻堅守城牆，挑釁艾特歐克里斯與他來場一對一的殊死戰。在無人沙場上兩兄弟總算碰頭了；波利奈色斯向希拉禱告，希望手刃能弟弟於血泊當中，而艾特歐克里斯則向宙斯祈禱能夠穿刺手足的心臟。

戰爭的號角響起，波利奈色斯和艾特歐克里斯兩人手握著劍矛，朝對方俯衝而來，他們擲出長矛卻不慎錯過目標，兩人像是兩隻持劍的野豬打了起來。只要一人以武器進攻，另一方就會舉起盾牌阻擋攻勢。兩人打得難分高下，無法突破對方的抵禦、取得優勢。但艾特歐克里斯因地上的石頭而不慎打滑。此舉給了波利奈色斯機會，他高舉長矛擲向弟弟的小腿。受傷的艾特歐克里斯尚未倒下，他也朝對手的胸膛擲出長矛。但波利奈色斯不為所動，兩個帶傷奮戰的男人在沙場上痛苦掙扎卻仍堅持下去。艾特歐克里斯的左腳先是向後退一步佯裝撤退，然後以右手對波利奈色斯揮出一刀，刺中他的身側、粉碎他的脊椎骨。哥哥倒在地上，死期彷彿終將降臨，但正當艾特歐克里斯丟下武器，想要脫下哥哥的盔甲時，波利奈色斯不死心，用盡最後一絲力氣站起來，然後把劍刺入弟弟的肚腸。伊底帕斯的兩個兒子，就這麼肩並肩在血淋淋的戰役中倒在一片屍海中死去。

待塵埃落定，克里昂再次取回底比斯的統治權，他聚集所有底比斯戰士屍體，準備好好安葬他們。但他竟下令讓敵人的屍首——包括侄子波利奈色斯的屍體——繼續留在戰場上任其腐化敗壞。此外他還下令，任何人若是膽敢埋葬他們，將會被處死以示懲罰。眾人皆對這項命令感到詫異。根據習俗若能獲得安葬，即便只是把小小一撮塵土灑在屍體之上，也足以讓死者橫渡守誓河，平靜地進入陰間。但若無舉行葬禮，亡靈將只能在河岸遠處遊蕩，悲慘地度過一百年。從未有希臘人拒絕安葬敵人，就算是最憎恨的敵人亦然，就怕因此觸怒眾神。

由於安蒂岡妮和伊絲敏無處可去，於是她們返回底比斯，當下也聽聞了克里昂的可怕宣示。伊絲敏想到自己兄弟的軀體就此橫屍街頭，任由禽鳥野狗當大餐啃噬，就感到備受屈辱，但她也只能接受這條命令。然而安蒂岡妮卻把家族的榮耀置於這條褻瀆天神的規定之前，決定要好好為波利奈色斯舉行喪事，就連她與克里昂之子哈伊蒙訂婚在即她都不為所動。

當克里昂聽聞有人在波利奈色斯屍體上灑了塵土，便展開追捕罪犯的行動。他發現是姪女破壞規定時，感到詫異不已：「安蒂岡妮，妳願意承認這恥辱之舉嗎？還是妳打算否認呢？」

「我可以驕傲地向你承認。我知道你的法令，但在你出生之前還有更古老的律法。無論你說什麼都好，宙斯神和正義感都要我們好好安葬死者。你不會愚笨地以為自己可以對抗所有天神！」

「妳這個蠢蛋，以為自己可以反抗得了我！如果我甘願讓一介女子鄙視我的律法，那底比斯豈不是要毀了。妳會為自己的所作所為付出代價的。」

「你就殺了我吧！我寧可死於榮耀天神的光輝，也不願活在你邪惡齷齪的規矩之下。」

因此克里昂下令把她關進山洞，直到死為止。哈伊蒙乞求父親撤銷判決，饒恕他的新娘一命，但就連他兒子所說的話都無法改變他的心意。狄瑞西亞斯出現在新任國王面前，告訴他褻瀆天神的行為已經觸怒眾神。狄瑞西亞斯警告他，要是不肯對安蒂岡妮大發慈悲，他之後的悲慘命運會難以想像。聽到這些話，克里昂猶豫了。但當他回心轉意卻為時已晚，安蒂岡妮已在山洞裡自縊身亡。哈伊蒙見到摯愛已成一具冰冷屍體，便抽出劍砍殺父親，最後再把劍刺向自己的心臟。當克里昂的妻子聽到兒子死了，她也跟著自殺身亡。如同先前的伊底帕斯，克里昂最終在沉痛之中，理解到人類在天神的意念之前，比什麼都還要脆弱無能。

阿哥勇士
Argonauts

騎著金羊的兄妹

阿伊歐樂士是鐸卡連跟皮雅的孫子，宙斯派來洪水摧毀人類時，只有這對夫妻順利躲過一劫。阿伊歐樂士就在奧林帕斯山南方統治帖撒利的馬格尼西亞，他擁有七位兒子，其中一名叫阿撒馬斯。年輕的阿撒馬斯搬遷至波奧西亞，成為奧丘米諾斯國王，距離底比斯僅咫尺之遙。國王娶了一名叫做妮菲兒（意指「雲朵」）的女人，兩人生下兒子福里瑟斯以及女兒希拉。過了一段時日，阿撒馬斯發現妮菲兒年華老去，於是便遣走她，娶了年底比斯國王卡德馬斯的年輕女兒伊諾。伊諾為阿撒馬斯產下兩個兒子，然後開始密謀殺害福里瑟斯，好讓自己的兩個兒子可順理成章繼承王位。

於是伊諾前去尋找王國裡收納穀物種子的女人，賄賂她們在耕種之前先曬乾種子，如此一來穀物自然不會生長，奧丘米諾斯很快面臨饑荒。阿撒馬斯派遣使者前往狄菲神殿，詢問阿波羅該如何做才可以拯救自己的國家。然而伊諾在使者歸來的路上阻攔他們，說服他們跟國王報告假消息。他們告訴阿撒馬斯，神諭說拯救奧丘米諾斯的唯一方法就是為宙斯供奉他的長子福里瑟斯。

國王一想到要謀殺自己的孩子，不免感到害怕，但人民卻不斷嘶聲吶喊要福里瑟斯死。因此阿撒馬斯帶著福里瑟斯來到祭壇前，手裡握著一把鋒利的刀子，開始綑綁兒子，然後準備獻祭。此時此刻，有頭金羊出現在祭壇邊，有人說這頭羊是妮菲兒派來的，這羊正是赫美斯贈予妮菲兒的禮物。於是福里瑟斯和妹妹希拉便雙雙爬上金羊的背部。阿撒馬斯一邊看著，一邊鬆了口氣，伊諾卻暴跳如雷。兩個孩子就此乘著金羊，躍入高空。

這對兄妹飛越海洋，在靠近特洛伊的海面時，希拉一個抓不穩便不小心哉入歐亞交界處的海峽死了。這條海峽因而得其名，此後叫做「希拉海」。但福里瑟斯仍一路飛越黑海，最後抵達科爾奇斯國度，靠近高加索山的不遠處。科爾奇斯的國王伊帖斯是老太陽神赫利奧斯的兒子。國王的姊妹之中，其中一位正是法力高強的女巫色琦，另一位是克里特國王米諾斯之妻帕希菲，也是米諾斯公牛的伴侶。伊帖斯開心地接納福里瑟斯，把自己的女兒許配給他。福里瑟斯慶幸自己能躲過死亡命運，為了表達自己的謝意，福里瑟斯便奉上金羊給宙斯，之後則把金羊毛送給伊帖斯，科爾奇斯國王把這貴重之禮掛在阿瑞斯神聖果園的一棵樹上，交由殘暴的巨龍看管，任何膽敢靠近的人都無法逃過巨龍的魔掌。

阿撒馬斯的兄弟沙爾蒙紐士生了個美麗的女兒蒂柔。這位公主嫁給表親克里修斯，但她卻愛上當地河神伊尼普斯。柔蒂經常趁整理家務時偷溜出門，獨自漫步於愛人的河畔，而就在此處，波塞頓見到蒂柔，當下就決定要占有她。為此他假扮成伊尼普斯，然後兩人就躺在柔軟的草地上相好，紫色巨浪覆蓋遮蔽他們，阻擋旁人窺視兩人親熱的目光。事後，波塞頓向蒂柔顯現自己的真實身分，告訴蒂柔她就快懷有一對雙胞胎兒子，隨後海神便回到海裡，再也不曾想起她。

蒂柔生下皮里亞斯和尼流斯。俊俏的男孩長大成人後，成為高大強壯的男子，他們天生註定成為統治者。皮里亞斯成為帖撒利岸邊的伊奧可斯國王；伊奧可斯擁有眾多牛馬牲畜，但皮里亞斯卻趕走兄弟尼流斯，之後尼流斯來到希臘的遙遠西南方，在黃沙滾滾的皮洛斯建立自己的王朝。蒂柔則另與她的凡人丈夫，生下兩個兒子伊森和菲瑞斯。

身處伊奧可斯的皮里亞斯，嚴加戒備防範他同母異父的兄弟伊森。許多人認為伊森才是王國的合法繼承人。伊森知道他要保持低調才能夠活命，所以從未給皮里亞斯國王添麻煩。伊森的妻子為他產下一子時，這對夫妻故意宣布兒子已死，如此一來，皮里亞斯就不會擔憂自己的王位被搶走。事實上伊森偷偷把孩子交由人頭馬奇龍，託他在佩連山附近的山坡上養育孩子。男孩的名字叫做傑森，他便如此日漸茁壯。

誓言取回金羊毛

隨著歲月過去，皮里亞斯的戒心從未鬆懈。他曾聽說一個神諭，若有名男人腳上僅著一隻涼鞋來到他的國家，皮里亞斯的王位就會受到嚴重威脅。因此他向來十分提防戒備。

傑森成年後便決定要下山來伊奧可斯，非要叔叔皮里亞斯交出王位。他很快地來到溪邊，溪水因為春雨而暴漲，他在那兒遇見一位瘦弱的老婆婆，老婆婆走向傑森詢問他是否願意揹她過河。傑森雖然正在趕時間，但仍舊揹起老婆婆，然後帶她安全抵達遙遠的河岸，但他走到半路時腳滑了一下，不慎在泥濘中遺落一隻涼鞋。老婆婆感謝傑森如此善良，隨後他便繼續趕路，絲毫未察覺自己剛剛遇到的老婆婆，實為女神希拉。皮里亞斯國王沒有好好供奉希拉，讓宙斯之妻十分憤怒，於是她在河邊測試傑森，看他是否擁有資格可以取代叔叔。在他展現如此善良的心性之後，希拉立刻下定決心要把皮里亞斯趕下王位。

傑森抵達伊奧可斯的時候，國王正在為波塞頓舉行盛大獻祭，待皮里亞斯結束獻祭後，他驚愕地在人群中發現這名少年。少年的腳上只著有一隻涼鞋。經過詢問知道他是何許人之後，皮里亞斯主動接近傑森，歡迎他的侄子來到伊奧可斯。然後國王問傑森若是一個國王發現臣民打算殺害你，你打算怎麼做？

傑森大笑，立刻想到一個驚人的方法來擺脫國王：「我會派他去取金羊毛。」

「好主意，」國王答道，然後他望向傑森的雙眼說道：「去取金羊毛吧。」

血氣方剛的傑森急欲證明自己的能力，他興高采烈地從叔叔手中接下挑戰，開始準備出發取得羊毛。他曉得若要踏上這趟危險漫長的旅程，他需要一艘不凡的船艦，於是他請求遠親阿古士替他打造一艘備有五十隻船槳的大船。他要乘著大船，遠航至科爾奇斯。雅典娜女神給予阿古士建船的提議，讓他於船身安裝特殊的橡木船首，船首的木頭來自希臘西部宙斯的神聖果園多多納，果園內的樹擁有神奇的演說能力。大船終於完工，傑森將它命名為「阿哥號」（音似阿古士），以向造船者致意。

阿哥號起航

至於誰陪伴傑森踏上阿哥號，實在是眾說紛紜。但大家都認同他的夥伴都是全希臘最偉大的戰士。赫丘力士中斷他的任務參與遠征；偉大的吟唱詩人奧斐斯塔麗雅，以及海倫的兄弟卡斯特和波樂克斯；北風之神波瑞士的兒子齊特士和卡萊斯也加入了，他們的背上長有翅膀；宙斯的孫子皮流士也在行列之中，他也是阿基里斯的父親；皮流士的兄弟，亦為阿賈克斯的祖先鐵拉蒙也參加了。有人說雅典的提修斯加入了傑森的航海行列，但也有人說出名的女戰士阿塔蘭塔也隨著這幫男人參與遠征，但大多數的人卻認為這種冒險是不准許女人參加的。赫丘力士之妻黛安妮拉的哥哥梅勒阿格羅也加入傑森的行列。另外還有先知伊德蒙、擔任舵手的泰菲士。還有許多其他人參與水手行列，他們全都是英勇善戰的英雄，也就是廣為人知的阿哥勇士。

水手有志一同選出赫丘力士成為阿哥號的領導人，但這位英雄卻拒絕這項榮譽。他說傑森非得當隊長，否則他不願意加入這場遠征。年輕的王子接受這個頭銜，然後以一段冗長的演講承諾眾人不死的榮耀。很快地，連船都快要受不了他的漫長演說，橡木船首低吼出聲表示該是出發的時候了，所有人這才各就各位登上大船的凳椅，浩浩蕩蕩地出發。阿哥號駛離伊奧可斯海港，前進愛琴海，而這時皮里亞斯國王站在岸邊遠眺他們離去的身影，確信自己這輩子再也不會見到傑森。

勇士墜入美人鄉

數日過後，阿哥號勇士來到愛琴海北方的蘭姆諾斯島，船隻抵達時小島居民大吃一驚，他們以為是色雷斯人來尋仇了。曾在很久以前，蘭姆諾斯的男人襲擊色雷斯，搶奪他們的金銀珠寶和奴僕，特別是北方國度的異國女子。小島海盜迷戀上他們從色雷斯搶來的俘虜，此後不再理會自己的合法妻子。有人說這是愛芙羅黛蒂的報復，因為蘭姆諾斯的女人疏於供奉女神，因而遭致如此下場。但無論起因為何，島上的妻子很快就承受不了，她們殺了自己的丈夫以及丈夫的色雷斯小妾。自此之後，蘭姆諾斯島就只有女人了。

這群寡婦很快發現沒有男人的生活倒也不錯，過去她們必須成日洗衣煮飯，為丈夫縫紉織布，但丈夫卻懶得理會她們。現在她們可以照料自己的牲畜、耕種屬於自己的田地，她們的丈夫一直抱怨男人工作辛苦，但女人發現她們先前所負擔的家務，遠比男人的工作更繁重。

阿哥號的男人航行至蘭姆諾斯的海港，想要尋覓乾淨的水源。小島上瀰漫著詭異的靜謐氛圍讓他們感到格外不安，於是他們派出赫美斯的兒子使者伊撒里德前去與國王溝通，卻萬萬沒想到國王竟是美麗的海普西碧兒。雖然伊撒里德一看到女王和她的同伴難掩訝異，他仍試著表示阿哥號勇士不會帶給蘭姆諾斯任何威脅，他們只是需要一些糧食罷了。於是海普西碧兒傳喚島上的女人，招開集會討論該如何處理此事。她贊成給予水手所需的物資，然後請他們立刻啟航離開，但島上一位老智者波莉索卻站了起來提出另一個計畫。波莉索說，在殺光島上的男人之後大家的日子是過得挺不錯，但同時她們也得思考未來，她們難道想要無子無孫終老一生嗎？仍是處子之身的女性同胞難道不想嘗試男人的擁抱，也不想知道成為母親的喜悅嗎？波莉索希望大家能歡迎阿哥號勇士，邀請他們來到自己住家的暖床，當這群英挺的訪客完事後便可讓他們啟程離開。

這項提議引起蘭姆諾斯女人的贊同，她們雖然不想要丈夫，但卻懷念與男性親熱的歡愉。於是她們換上自己最撩人的衣服，邀請阿哥號勇士分別來到家裡。傑森盛裝打扮，迫不及待與海普西碧兒溫存，島上女人則共享其他勇士。酒足飯飽之後，所有人都與蘭姆諾斯女人共度春宵，直至天光破曉。

一夜變成一周、一周拖至一個月，阿哥號勇士輪流與蘭姆諾斯的女人燕好。最後是赫丘力士將大家拉回現實，他與他帶來的年輕男性密友海拉斯一直都待在船上，對於島上的女人毫無興致：「你們這群蠢蛋！我們踏上這趟旅程是為了跨越遙遠的海洋，完成永恆榮耀的功績。金羊毛還在那兒等著我們，在遙遠的東升旭日之處，不是在這座島上。如果傑森想要當小白臉，在海普西碧兒的床上浪費青春，那就由他去，我要航海到科爾奇斯！」

聽到赫丘力士的話時，阿哥號勇士全都慚愧不已，他們拾起長矛與美麗的蘭姆諾斯女人道別。她們已準備好讓勇士離開，也期待重新過著不需要男人的正常生活。阿哥號啟程的時候，她們揮手道別，然後開心地回到自己的工作崗位上。

誤殺摯友

阿哥號自蘭姆諾斯一路往東北航行，途經愛琴海航往黑海第一道狹窄海峽希拉海。他們乘風破浪，穿過海峽，經過阿拜都斯，也就是李安德為了與祕密愛人希羅共度夜晚，曾經游過的險惡水域。過了希拉海後，他們來到普羅龐提斯的內海，然後沿著南岸航行，直到他們抵達熊山。當地僅由一個狹窄的地峽聯繫著大陸本島。在這座山上住著令人聞之喪膽的動物，牠們力大無窮，叫做「地人」，每一個地人都揮舞著六隻強壯的臂膀。

但阿哥號勇士在海邊遇到的，並非這群怪獸，而是和善的民族多力歐尼斯，領導人為年輕國王賽奇克斯，國王最近剛娶了一名年輕少女克麗緹。他曾收到一個神諭，倘若有一船外國英雄上岸，應當要盛情歡迎對方。於是賽奇克斯照著做，由於他與傑森兩人年紀相仿，因此兩人立刻結交為好友。

傑森和他的隊友又再一次把赫丘力士和他的愛人海拉斯留下顧船。船隻停靠在一個隱蔽的水灣，然後勇士們便踏入多力歐尼斯人的城鎮，準備接受帝王般的待遇。地人自熊山俯瞰而下，看見形影單隻的大船，於是決定趁虛而入侵襲阿哥號。因為多力歐尼斯人有守護神波塞頓的庇護，因此這群怪獸無法騷擾他們，但旅行至他們岸邊的陌生人可就不同了。地人開始往水灣口扔擲巨石防止阿哥號逃逸，但此舉卻只引起赫丘力士的反擊，赫丘力士拉起弓開始射下視線範圍內的地人。阿哥號勇士聽見騷動後，也立刻趕回加入戰局，很快地，海邊就堆滿了怪獸的死屍。

賽奇克斯向傑森介紹他們接下來旅途中會經過的王國和國度。隔天清早，阿哥號勇士滿懷感謝帶著賽奇克斯和多力歐尼斯人的友誼又重新踏上旅程。他們整日繞著雄偉的熊山航行，最後經過半島北端，然後順著路線往東方航行。但當夜幕低垂，驟然暴風四起把他們的船吹至西部，風雨交加使得他們搞不清楚自己身在何方，他們只知道得趕快找到陸地，否則就只有等著沉船。最後他們看到遠方有個海港，於是向前開去抵達陸地。但未知國度的人已先看到陌生人登陸，在黑暗之中他們看不清對方為何方神聖，但他們從不歡迎來自東方的訪客，認定他們是皮拉斯基的入侵者，打算搶走他們的女人，把他們的城鎮洗劫一空。於是一場激戰便在黑暗中爆發，當地人和阿哥號勇士彼此廝殺，雙方皆不知自己屠殺的對象是誰。

當太陽總算冉冉升上天空，傑森和隊友這下才驚覺原來他們對抗的人正是他們的朋友多力歐尼斯人。強風把他們吹回狹窄地峽的對面，也正是他們前一個早上啟航離開的地點。阿哥號勇士傷心欲絕，看到多力歐尼斯人死在自己的腳邊，最為傷心的人莫過於傑森，正是他把長矛刺入賽奇克斯的胸口，阿哥號勇士難過地痛哭流涕，為了自己鑄下的大錯悔恨不已，他們剪下自己的頭髮以示哀悼，然後親手為多力歐尼斯人堆起火葬柴堆，再為賽奇克斯蓋了特別的墳墓，然後穿上他們的青銅盔甲繞行三圈向國王致敬。賽奇克斯的年輕新娘克麗緹無法承受喪夫之痛，因此在家裡自盡身亡。這讓阿哥號勇士更是沉痛，他們帶著撕裂般的心痛航行離開海港，徒留多力歐尼斯人獨自哀悼。

分道揚鑣的赫力丘士

為了忘卻悲劇，阿哥號勇士決定來場較量，看誰划船能划得最久通過普羅龐提斯海岸。但勇士一個接著一個放棄，唯獨赫丘力士仍持續不斷地划著船，最後只剩下他一人快速划槳前進。當他們來到密西亞，赫丘力士的槳忽然折成兩段，害赫丘力士攤倒在甲板上，同伴哈哈大笑。天色已黑，於是阿哥號的旅人把船停靠在休思河口，接受密西亞當地人民的熱情款待，享用烤羊肉和美酒佳餚。

然而赫丘力士卻毫無興致用餐，他請同伴慢慢享用，自己和男友海拉斯走進森林，準備砍伐樹木打造一支新槳。他仔細查看了許多樹木，最後找到一棵高聳挺拔的松樹，尺寸正好。宙斯之子放下獅皮和棍棒，徒手抓緊松樹底部奮力一拔，連根拔起樹木，他隨即把樹扛在肩頭，回到船上刨削形塑成槳。

赫丘力士左右查看樹木，海拉斯很快感到無趣，於是他便自己去找清淨的水源。夕陽西下，他在山丘的遙遠盡頭發現一處美麗的泉水，於是他彎下腰盛滿手中的銅製水壺。一位住在泉水的水精看見他，立即對海拉斯一見鍾情。她從未見過樣貌如此俊美的少年，特別是在高高掛起的月亮底下，微暈月光籠罩著他模樣是如此迷人。她倏然躍出泉水，一把捉住海拉斯的脖子親吻他，然後拉著他的手臂，讓他站不穩，不慎跌入黝黑的池水中。

有位叫波利菲莫斯的阿哥號勇士聽到海拉斯呼救的叫聲，立刻奔向泉水處，當他趕到時，卻只看見水面上餘波盪漾，於是他大喊海拉斯的名字，卻沒有任何發現。接著他跑回去找赫丘力士，赫丘力士立刻放下手上的樹，發狂似地尋覓他的愛人，擔心自己會就此失去他。

天光破曉之時，徹夜飲酒做樂的阿哥號勇士，帶著朦朧的意識，搖搖晃晃回到船上，然後隨著平順的風勢啟航。幾個鐘頭之後，他們才發現三名船員失蹤了。一場激烈的爭論就此爆發，大多數的人認為要趕快將船轉向回頭找回三名船員，但卡萊斯和齊特士卻說這陣和風是天神贈予他們的禮物，不可輕忽。眾人望向傑森，期望他能為他們做主，但他卻無助地坐在船尾無法做出決定。這時因吃了神草而變成海神的漁夫格勞柯斯，自海浪中緩緩升起，他告訴眾人切勿回頭，因為這一切都是宙斯的神旨。波利菲莫斯會為密西亞人建立一座偉大之城，而赫丘力士也應當回去繼續執行尤里士修斯的任務。海拉斯現在則成了水精的丈夫，再也無法回到人間。於是阿哥號勇士只好不情願地繼續踏上少了這幾位同伴的旅程。

在小島上的赫丘力士沉痛悲傷，他威脅密西亞人幫他找回海拉斯，否則他就要摧毀密西亞。他擄走當地貴族的兒子當人質回到帖撒利，告訴密西亞人，除非他們承諾繼續搜救海拉斯，不然這幾個貴族下場必死無疑。家族的人嚴正認真地許下承諾會繼續尋覓海拉斯。過了好幾個世紀後，密西亞人每年都會在特定的一天漫步於鄉間大喊著海拉斯的名字，直到深沉的黑夜降臨，但海拉斯卻從未回應他們。

拳擊勇士大敗國王

連續好幾天都有陣西風，吹拂著阿哥號前進。行經普羅龐提斯後，水手最後來到貝布呂西斯此處靠近博斯普魯斯海峽的入口。貝布呂西斯的國王是一名叫做阿密克斯的粗野之人，他身形龐大、性格魯莽暴躁，是波塞頓和一名當地仙女的兒子。他和自己的一幫忠實隨從在海岸迎接阿哥號勇士上岸，他告訴阿哥號勇士該國的法律規定，陌生人必須與他比賽拳擊搏鬥。他們可以挑選出隊伍中最精良的戰士，但務必精心挑選，因為過去與他交手的人皆已暴曬在大太陽下化為白骨。

卡斯特的雙胞胎兄弟波樂克斯立即跳出人群接下這分挑戰，雖然他的個頭並不高大，但他卻是整支遠征隊裡身手最矯健靈活的拳擊手。國王嘲弄他的愚蠢，國王的同夥也已幫他在沙地上畫好比賽用的拳擊圈。雙方在手腕上繫好生皮條後，便轉身正面迎向敵人，準備進行一場殊死戰。阿密克斯占有身材的優勢，但波樂克斯動作敏捷、戰略精明，他很快就知道該如何閃過國王的拳頭，讓對方腳步站不穩。就像頭對抗年輕挑戰者的老公牛，阿密克斯激動怒吼威脅對方，卻遲遲無法掌握對手。波樂克斯耐心等待最佳時機，國王全力進攻時，他在最後一秒退到一旁。在國王跨過他身邊時，對他迅速使出一記拳頭，粉碎他耳後的頭骨，國王便瞬間倒地死於拳擊場。

貝布呂西斯人見狀忍不住怒吼，手持劍矛朝阿哥號勇士衝去，但傑森和戰友節節逼退他們。雖然波樂克斯才剛與國王比完賽完整個人疲倦不堪，但他也加入戰局。兩個暴徒同時攻擊波樂克斯，他先逮到其中一個把他丟入空中飛揚的沙塵，然後再捉住另一位，撕毀他半張臉讓他的眼珠暴露於外。希臘人迅雷不及掩耳地擺平了阿密克斯的跟班，然後站在諸多屍體旁邊拍拍彼此的背部。他們在海邊紮營休息、治療傷兵的傷勢，奧斐斯塔麗雅徹夜哼唱著勝利之歌。隔天的天色漸亮之際，他們又再度啟程航向博斯普魯斯海峽，迎接進入黑海前最後一個挑戰。

先知預言此行險阻重重

博斯普魯斯海峽西側為地尼亞人的國度，國王菲紐士據傳是腓尼基人阿吉諾的兒子，也是底比斯國王卡德馬斯的兄弟。就如他人在希臘的手足，菲紐士的人生也充滿慘痛磨難。阿波羅給了他預知能力，但菲紐士卻向迫切知道未來的人透露太多，這讓宙斯生氣了，為了懲罰他，宙斯便讓菲紐士日後雙眼再也看不見，但這一切都還只是開端。萬神之王甚至派來鳥身人面怪不間歇地折磨他。這群可憎的生物擁有女人的臉孔、大型食腐肉鳥禽的身軀。每當有食物擺放在菲紐士面前，鳥身人面怪便會飛快撲來以爪子搶走國王的食物，有時甚至從國王的嘴邊叼走，臨走前還留下腐敗惡臭的汙物。有時他們會留下一小口給國王吃，但這麼做的目的只是為了延長他的痛苦。菲紐士骨瘦如柴，由於年老虛弱而不斷顫抖，在滿是鳥身人面怪排泄物的宮殿空地，來回蹣跚踱步。

阿哥號勇士停留於此地，準備要晉見國王，當他們看到這副慘烈的景象，不禁感到驚駭不已。菲紐士示意勇士再靠近一些，但他們都無法忍受這股惡臭。國王聲音顫抖地告訴勇士，他已經預知他們的到來，希望能請他們幫一個忙。如果他們願意趕走鳥身人面怪，那他願意告訴他們旅途前面會有什麼等待他們。傑森和同伴對國王深感同情，於是便答應他了，長有翅膀的北風之子齊特士和卡萊斯，對他特別心生憐憫，因為菲紐士正好是他們的舅舅。

阿哥號勇士為菲紐士準備了豐盛的一餐，然後靜候鳥身人面怪來臨。等到他們一來，齊特士和卡萊斯振動雙翅，驅趕鳥身人面怪直到牠們消失無蹤。有人說北風之子殺了鳥身人面怪，也有人說奧林帕斯山派來使者，命令他們饒了怪物一命，並承諾之後絕不會再來騷擾菲紐士。齊特士和卡萊斯帶著勝利返回宮殿。

隨後水手幫菲紐士洗滌髒污惡臭，餵他吃這幾年來最像樣的一頓飯。出於感激，擁有預知之眼的國王告訴他們在博斯普魯斯海峽出口有個可怕的滾擊石正在等著他們，他也教他們該如何克服困境。然後菲紐士描述了阿哥號抵達金羊毛所在地的科爾奇斯王國之前會遇到的黑海南岸國度的人民。他們會安全抵達該處，但國王警告道這裡卻也是麻煩與困境的開端，有頭巨獸看守寶物，尚無人能僥倖逃過巨獸的手掌心。

傑森站著靜靜傾聽，卻越聽越絕望，最後他開口問國王自己是否該折返回到家鄉，而不是面對如此困頓煎熬的旅程。國王斥責質問傑森要是他選擇就這麼如女人般逃離生命危險，那他算得上是什麼英雄好漢？

「請對天神有信心，」菲紐士勸告眾人：「尤其是愛芙羅黛蒂。」

插翅也難飛的海峽通道

阿哥號勇士離開地尼亞國，帶著忐忑不安的心情前往博斯普魯斯海峽。一團冰冷的迷霧環環圍繞他們，四周寧靜無聲，但很快地他們聽見遠方傳來一個陌生卻漸強的聲音。聽起來像是大鼓的聲響，但音量卻更強大尖銳，是他們從不曾聽過的聲音。當他們終於划到海峽的彎折處，總算看見鼓譟聲音的來源。原來正是菲紐士預告他們的滾擊石，此處兩顆巨大的岩石如同看門人，在進入，分別佇立於黑海的狹窄入口處兩側。它們恣意拍擊水道、擊潰任何經過它們中間的東西。

菲紐士已經告知他們，安然航行通過的唯一辦法，就是先從船上送出一隻和平鴿。如果鴿子能平安無恙飛過岩石，即使機會渺茫，阿哥號還是有可能平安通過。

水手全部驚恐地望著眼前不可能通過的障礙，但就此放棄，他們恐將永遠背負恥辱的污名。於是他們釋放一隻鴿子，然後專注看著牠敏捷飛向滾擊石。起初兩根強大的巨柱似乎絲毫未察，有隻如此渺小的動物朝它們飛來，但隨後卻赫然見到它們迅速於海峽間撞擊。鴿子繼續往前飛，當巨石朝牠撞擊而來時，牠狂亂害怕地試圖逃跑，當它們撞在一起時，發出一陣彷彿大地崩裂似的巨響，但鴿子卻安然飛了過去，只有在最後一刻，掃到尾巴上一根羽毛的邊緣。

之後岩石又滾回原本的位置，阿哥號勇士興奮地為鴿子歡呼喝采，但他們其實也知道，阿哥號是不可能像鴿子一樣，能夠如此敏捷飛過海峽。但他們仍然決定要不顧一切，爭取眼前的榮耀。於是他們雙手舉起槳，準備划向生命的盡頭。即便赫丘力士也在船上，阿哥號也不可能以快速之姿航過海浪。水手以驚人的速度往前划著槳，但滾擊石的動作卻比他們更快，海水拍打在他們的面頰，讓他們幾乎無法看清周遭，卻能聽得見兩側朝他們撞擊而來的巨石。他們嘴裡不住向眾神祈禱，手裡划著槳、對彼此精神喊話，繼續努力向前划啊划的，這時巨石就快要碰到他們的頭頂了。就在最後一刻，他們已用盡全身的力氣，但同時也安全進入黑海，滾擊石碰撞時發出如雷般的巨響，粉碎搖曳於船尾的阿哥號旗幟。

阿哥號勇士四肢癱軟倒在甲板上，幾乎不敢相信他們還活著，兩顆巨石撤退回到海峽兩側，此後永遠靜止不動，因為天神曾經決議，只要有船艦能安全通過巨石，那這兩顆石頭便會永遠不再移動。等到阿哥號勇士體力終於恢復時，他們望向面前的未知大海，心裡不禁懷疑，還會有什麼樣的嶄新危機，在他們前方等待他們。

待他們一通過滾擊石，傑森又再次陷入深沉的絕望，他告訴舵手泰菲士不知道他們是否真能抵達科爾奇斯。他坦承他日日夜夜無止盡地擔憂，這趟遠征是否終會出錯，也不禁希望自己從未接下叔叔的挑戰，踏上尋找金羊毛的旅程。泰菲士安撫沮喪的船長，最終一切肯定會沒事的，特別因為他們有神助。彷彿鼓舞他的信仰似的，就在此時，他們看見阿波羅飛越天際，天神正前往遙遠的北方，海波柏利亞人國度。除了傑森以外，眾人都把此景當做是天神的恩寵，然後舉行獻祭儀式，感念天神。

同伴一一陣亡

數天過去了，他們來到馬里安地尼亞人的國度。該國由萊庫斯統治，這裡最出名的，就是一個臨海的陰暗山洞，不斷送出冰冷寒風，即使在最炎熱的夏日亦然。這裡是通往陰間的入口，但是阿哥號勇士並沒有興趣進入山洞，反而直接走進萊庫斯的皇宮。國王歡迎精疲力竭的旅人，以豪華尊貴的晚宴招待客人，但他很失望赫丘力士並未一同來訪。赫丘力士在從亞馬遜王國返家的途中，曾經經過萊庫斯的王國，於是他很想再見見赫丘力士。即便如此，他仍舊對傑森和其他同伴刮目相看，他甚至也派出自己的兒子加入遠征行列。

但在此地，悲傷卻降臨阿哥號勇士，因為他們的同行先知伊德蒙在森林打獵時，不幸遭到一頭大野豬攻擊，野豬以白色的獠牙拖行他。先知的友人痛宰野豬，但先知卻早已傷重不治回天乏術，他們整整三日哀悼伊德蒙，為他舉行了盛大的喪禮儀式。他們才剛與伊德蒙永別，這時泰菲士卻忽然死於高燒。傑森在經歷這兩場悲劇之後，已經喪失所有希望，要大家盡快回頭，因為船上已經無人能幫忙掌舵了。但其他水手仍舊重振士氣，選出經驗豐富的水手安卡歐斯，帶領阿哥號前進。

又過了數日，船員經過一處海岬，海岬頂端是希臘人特涅羅斯的墳墓，他在赫丘力士對抗亞馬遜族的征途中不幸殉難身亡。戰士的亡靈感應到同鄉經過此處，於是他全副武裝地站在海岬上低頭俯瞰阿哥號。水手見到此景紛紛感到害怕，於是他們停下船祭祀寂寞孤單的亡靈，希望亡靈能讓他們安全通過。

沿著海岸又經過數哩的距離，他們來到希諾佩的亞述殖民地，補充存糧補給品。在那裡，他們遇見三名倖存的難民，他們曾經參與赫丘力士與亞馬遜族的戰爭。這三名難民跟傑森一樣來自帖撒利，試圖要回到希臘，他們很開心能在如此遙遠的國度遇見同鄉，於是很開心地接受他們的邀約，加入船員的行列。他們建議傑森，必須盡快航海通過亞馬遜王國，切勿試圖測試這群可怕的敵人。幸運如阿哥號勇士，宙斯送來一陣和風，將他們安全送離女戰士的海岸。

阿哥號勇士航行數周，行經許許多多不同的國度和部落，他們的風情民俗與希臘人南轅北轍，其中有群人稱為查利比，他們從不耕種，也從不牧羊，只是四處採集鐵料，與人貿易交換所需的食物。繼續沿著海岸走下去，他們遇見提巴瑞尼亞人，這個地方的人實踐傳統農業，但對於生育，他們卻有屬於自己的特異習俗；當女人進入分娩時，丈夫必須躺在床上痛苦呻吟，彷彿自己也在生產。然後，當孩子出生了，疲憊的母親必須起身照料他。莫希諾西人更奇怪了，這群人會在公共場合做最私密的事情，這個部落的男人，可以當街與女人翻雲覆雨，而不覺有異。莫希諾西國王就住在高塔上，他會針對必須審理的案子做出判決。如果人民認為國王的判決不公，他們可以把國王關在高塔，除非他改變判決，否則不讓他進食。

眼盲的先知菲紐士曾告訴他們接下來會來到阿瑞斯的聖島，如果他們希望獲得祝福，就必須停靠於此地。但正當阿哥號勇士試圖停泊船艦時，一群飛鳥開始攻擊無助的水手，朝他們身上射出飛鏢般的羽毛。大部分的人從未聽聞過這種鳥，但其中有一人卻忽然想起，赫丘力士曾說過，他在伯羅奔尼撒的史泰姆法勒斯湖，征服過類似的鳥兒。聽聞這個故事之後，傑森集結一半的船員划槳，另一半的人則以盾牌擋住大家的頭部，讓他們繼續朝海岸划行。當阿哥號抵達海邊，他們就學赫丘力士的做法，手持盾牌和劍，以劍拍打盾牌，用盡全身的力氣大吼，嚇跑飛鳥。

前進內陸時，他們看見四個身材高瘦的男人，朝他們走了過來。原來這幾個樣貌可憐落魄的流浪漢，正是福里瑟斯遭逢船難的兒子，年輕的福里瑟斯在幾年前，乘著阿哥號勇士要尋覓的金羊，漂流至科爾奇斯。福里瑟斯的兒子正在歸返奧丘米諾斯的路上，打算取回父親留下的王位。傑森很高興遇見自己的遠親，於是邀請他們加入遠征隊，但這幾位兄弟卻興致缺缺，他警告阿哥號勇士，伊帖斯是名殘忍精明的國王，絕不會輕易讓他們擁有金羊毛的，他們要阿哥號勇士盡快航海回到希臘，對於不必面對如此惡劣的國王，他們應該謝天謝地才是。水手因這席話而有些退卻困擾，但他們仍然決定要繼續前進，四名兄弟只好不情願地加入他們，只要能夠逃離這座讓他們滯留不前的飛鳥小島，要做什麼都好。

女神相助

傑森和勇士帶領人數齊全的船員，繼續航海之路，直到他們看見遠方聳立的高加索山脈。最後他們把阿哥號停靠在費西斯河口，費西斯河水流湍急，流經科爾奇斯的心臟地帶，以及伊帖斯王的王國。漫長的旅程終於結束，但即使是阿哥號最英勇的戰士，也不禁懷疑自己是否能安然回到阿哥號，啟航踏上回家的歸途。

出於好奇，女神希拉一路尾隨傑森和他的同伴，她和雅典娜都希望阿哥號勇士能旗開得勝，但與其他天神相同，她們較傾向讓凡人靠自己的能力，通過人生的試煉和困境。儘管如此，英雄偶爾也是需要協助的。宙斯的妻女兩人祕密會面，偷偷籌畫幫助傑森，讓他從伊帖斯手中，成功取得金羊毛。她們曉得科爾奇斯國王十分強悍，因此沒有超凡的手段，是無法擊敗他的，於是她們最終選擇融化所有男人與天神的力量愛情。

她們前往奧林帕斯仙境，來到愛芙羅黛蒂的閨房，女神正獨自梳理著一頭金黃色的秀髮。她起身歡迎訪客，這兩位非凡的女神，竟會來到家裡找她，讓她十分訝異。她們詢問愛芙羅黛蒂，能否幫她們一個小忙，請她的兒子邱比特去科爾奇斯一趟。她們希望他能對伊帖斯的女兒——美狄亞，射出無法抵擋的愛神之箭，讓她無可自拔地愛上傑森。美狄亞是法力高強的女巫，她能運用她的魔法，協助阿哥號勇士取得金羊毛，然後逃回希臘。愛芙羅黛蒂聽聞後樂意地答應了，然後以一顆金球賄賂兒子幫忙，這顆金球飛過天空時，會留下如彗星般的火焰之尾。邱比特無法抗拒這麼棒的賄賂，於是便飛到科爾奇斯，尋找美狄亞的蹤跡。

同一時間，傑森和同伴離開阿哥號，由福里瑟斯的四個兒子帶路，前往伊帕斯的宮殿，但想到國王會給予他們怎麼樣的待遇，大家都不免感到害怕。希拉用迷霧包圍他們，讓他們能夠在無人察覺的情況下，進入國王的城市。他們從費西斯河上游，經過結實纍纍的果樹園，最後來到宮殿大門，希拉也吹散周圍的迷霧，展開在眾人眼前的，就是黑腓斯塔斯為國王親手打造的城市，金碧輝煌。而就在此時，美狄亞正好望出窗外，瞥見窗戶底下的傑森，邱比特也在這時拉弓，朝公主的心臟射出弓箭。她立刻對他一見鍾情，愛上這個來自希臘的英俊訪客。

傑森和阿哥號勇士經人帶領，來到國王的王位座，伊帖斯冷淡卻合宜地歡迎他們，他曾接到一通神諭。神諭說道外國訪客終會招致他的毀滅，所以聽到訪客說絕無傷害的意思時，國王只是冷冷譏諷一番。傑森有禮貌地詢問自己是否可以擁有金羊毛，也就是數年前由福里瑟斯帶到科爾奇斯的寶物。國王壓根不想把他最寶貴的物品拱手讓人，但他告訴傑森只要他們通過一個勇氣測試，那他就可以帶走金羊毛。他得為兩隻噴火牛上軛，然後讓牠們犁田，耕種底比斯王卡德馬斯宰殺的怪獸，所遺留下的龍齒。成千上萬的武裝戰士，會從龍齒誕生，就如同當初在底比斯的情況一般。傑森必須剷除對手，否則他們必會殺死傑森。等到他完成這項任務，就可以前往阿瑞斯的果園，嘗試從野蠻的看守巨龍手中，取得金羊毛。

美狄亞助傑森取得金羊毛

傑森離開宮廷後，萬念具灰。他坐在宮殿空蕩蕩的角落啜泣，悔不當初，後悔自己當初不該離開佩連山上的家。就在這時，美狄亞發現他，然後對他傾訴自己的愛意。她承諾傑森，可以幫協助擊敗父親的邪惡計畫，讓他順利取得金羊毛，傑森喜出望外，感激地發誓他會永遠疼愛美麗的公主。於是美狄亞便給他神奇藥膏，讓他塗抹在身上，保護他不受噴火牛的侵襲。

隔天傑森和戰友、伊帖斯和宮廷的人，抵達恐怖的噴火牛所居住的山洞。傑森先以美狄亞給他的靈丹妙藥塗抹全身，然後帶著劍矛，手裡則握著盛有龍齒的頭盔，他發現伊帖斯擺放銅軛的草原——很快地，這些樹木會在一瞬間焚燒殆盡——然後他就在那塊空地上，掛好頭盔、固定好長矛。接著他拿著盾牌進入黑暗的洞穴，洞穴裡翻騰著硫磺的臭氣和煙霧。噴火牛衝出他們的家，嘴裡怒吼噴出火焰，但有賴於美狄亞的藥膏，傑森毫髮無傷，他以盾牌阻擋尖銳的牛角，等到噴火牛停下腳步喘息時，傑森的動作快如閃電，捉起一隻牛的牛角，然後把牠摔倒於地，他先是壓制住倒在地上的牛，再以腳猛踹另一頭牛的腿部，然後撂倒牠。有了卡斯特和波樂克斯的鼎力相助，他舉起一個沉重的銅軛，固定於牛的頸子，然後把槢裝入把柄中，固定住這兩頭牛，之後再利用長矛，逼迫這對噴著鼻氣的牛，前進周遭的田地，開始犁田。

噴火牛挖開土壤之後，傑森便以龍齒播種犁溝，一邊回頭張望，確認戰士尚未在他毫無預警時，忽然冒出地面。等到結束之後，他放開噴火牛，讓牠們回到自己的洞穴，然後再穿上盔甲，躲在盾牌後方，站在田地周圍靜候。接著他望著眼前最奇特的景象，一群男人自土壤中緩緩升起，但只有少數人完全現身，美狄亞已經教過他該如何做了，於是他拾起一顆巨石，往田地中央擲了出去，所有戰士皆轉向石頭，以為自己遭到攻擊，其中某些自地底長出的戰士，開始自相殘殺，但大多數的人依舊無法動彈。然後傑森奔向田地，趁士兵分心的時候，猶如手拿鐮刀的農夫，開始一一砍殺對手。在他砍殺士兵時，新生的士兵不知道發生何事，有些人試著從地上舉起武器，悍衛自己，但很多人在那之前就先被擊倒，絕大多數的人連腳都還沒冒出地面，就倒臥在血流成河的犁溝，連日光都還來不及看見，就已經魂歸西天。很快地，所有戰士都死了，像是大地枯萎的花朵，萎靡地倒在夏天的烈日底下，只剩下傑森一人存活，光榮獲勝。

伊帖斯在宮殿裡徹夜與顧問人員討論，計畫奪取傑森和同伴的性命。他一刻也不需遲疑，馬上就知道傑森的成功，必全歸功於美狄亞，因為沒有她的魔法，要為牛上軛是絕對不可能的，傑森也不可能擊敗生於土壤的戰士。美狄亞早已料到父親會發現，全都是她從旁協助，於是她密謀與阿哥號勇士逃離科爾奇斯。她偷偷摸摸在黑暗之中逃離宮殿，僅在背上揹著能帶得走的物品，也把弟弟阿比西阿特斯一併帶走。昏昏欲睡的孩子不曉得姊姊為何如此匆忙，但她一向待他很好，所以他完全信任姊姊。

美狄亞一路赤腳跑過空蕩蕩的街道，一邊還催促著阿比西阿特斯，最後她總算出了城，來到停靠阿哥號的河岸。她爬上甲板，雙膝一跪，乞求傑森帶她離開，跟著眾人一起前往希臘，她可以當晚幫助傑森取得金羊毛，但他們的動作得快，否則若等到她父親知道，他們勢必得付出慘痛代價。傑森欣喜地答應了，並且對著宙斯和同伴發誓，他一回到家便會立刻娶她為妻。隨後她把睏倦的弟弟留在船艦的床上，沿著河水帶領著傑森，直到最後他們來到阿瑞斯的神聖果園。

他們見到金羊毛就在果園中央，掛在一棵巨大橡樹上方，但他們也看見一隻奇大無比的巨蛇，盤繞在金羊毛周圍，巨蛇發現果園裡有人，於是便發出恐怖警告的嘶嘶聲，嚇得傑森背脊的毛髮全部豎直。他想要逃跑，但美狄亞緊緊捉住他，不讓他走，然後她跑到巨蛇身旁，雙眼緊緊瞅著牠。美狄亞的眼神瞬間就催眠了怪獸，但她知道自己撐不了太久，因此她拿出刺柏樹枝，沾了沾強效的藥水，然後灑在巨蛇的頭部，嘴裡還念念有詞著咒語，讓牠慢慢產生睡意。但即便是這種魔法，面對如此龐大的怪獸，也是有它的極限，所以她踢了踢傑森，要他立刻取下金羊毛。他快速取下獎賞，小心翼翼地後退，與此同時美狄亞也繼續對巨蛇施展魔法。原本昏昏沉沉的野獸，緩緩抬起頭露出利牙，想要攻擊小偷，但咒語的威力實在太強大，牠只有逕自倒在地上的分兒。

傑森和美狄亞迅速帶著手裡的金羊毛逃離果園，最後來到阿哥號旁邊，傑森以利劍切割繩索後，命令船員切勿怠慢，立刻啟航上路。阿哥號勇士毫不遲疑，用盡全身的力量划槳，划過費西斯河，進入大海。他們都清楚伊帖斯會很快跟上來，對於偷走他最寶貴物品的外國人，也絲毫不會手下留情。

黎明破曉之際，阿哥號勇士已經沿著海岸航行離去，但伊帖斯也已經召集船艦，正在追捕他們的路上。科爾奇斯人熟知水路，於是很快關閉船隻之間的縫隙，就是要成功圍捕阿哥號。這時美狄亞帶著她的弟弟，站在甲板上，回頭看著緊追在後的父親，伊帖斯就算能夠不假思索，便謀取她的性命，但他無論如何，都絕不會傷害阿西斯阿特斯。接著美狄亞取出匕首，往弟弟的心臟猛然一刺，阿哥號勇士和國王驚愕惶恐地望著這一切發生。她接著搶走傑森的利劍，然後把阿西斯阿特斯剁成碎片，她先是把一隻手臂丟進身後的海裡。伊帖斯痛哭失聲，誓言此仇必報，但仍命令船艦放慢速度，取回兒子漂流在海上的手臂。美狄亞重複著這個動作，直到阿西斯阿特斯的殘肢軀體，全部都丟在海面上，任其起伏漂動。伊帖斯必須為兒子舉辦合宜的喪禮，於是他被阿哥號遠遠拋在後頭，慢慢撿拾兒子的屍塊。起初對於美狄亞的熱情相助，希臘水手都深深感激，但現在卻忍不住懷疑，他們是帶了怎樣的女人上了自己的船。

傑森知道科爾奇斯人會一路尾隨他們，經過黑海南部的海岸，來到博斯普魯斯海峽，於是他反其道而行，選擇走西岸，來到達努比河口。但國王仍料到傑森可能選擇這條路線，於是他派遣兒子領導一艘戰艦，來到達努比河追捕敵軍。阿哥號勇士漂洋過海，經過漫長的旅途，來到達努比河口時，卻發現科爾奇斯人早已抵達，擋住他們的去路。美狄亞告訴傑森，她可讓阿哥號無虞通行，但前提是他不能心軟。這時傑森懼怕女巫美狄亞，更勝於她父親的手下，於是他只好同意。然後美狄亞派遣一名信差，去請她的哥哥獨自到小島上，與她討論投降和歸還金羊毛的條件。天真上當的哥哥抵達時，傑森便以利劍砍殺他，然後美狄亞要他從屍體砍下手指與腳趾，然後吸乾每根手指和腳趾的血液，再把血吐在地上，重複這個動作三次，這個魔法儀式的目的，是為了不讓死者亡靈，之後還繼續跟蹤追捕他們。完成血腥的儀式之後，兩人便折返回到阿哥號，傑森下令全員划行通過達努比河，直至深入等待他們的未知荒野。

勇士歸途

有些故事提到，阿哥號勇士的旅途，帶領他們經過歐洲的黑暗森林和雪白山頭，一路由努達比遠行至阿爾卑斯山腳下，甚至到更遙遠的地方。但是這趟旅途的細節卻相當模糊不清。有人說他們抵達亞德里亞海的源頭，然後又航行至義大利的波河，最後到達賽爾特人的國土，位於萊茵河的上游處。故事提及，他們接著穿越隆河、經過高盧，來到利古里亞的地中海岸。他們沿著義大利海岸，一路經過愛屈利亞人的國度，以及未來的羅馬，最後抵達愛亞亞島，也就是恐怖女巫色琦的家鄉。

色琦坐在海邊，以海水清洗著秀髮。昨夜她做了一場夢，她從未做過如此可怕的夢，她夢見鮮血自她宮殿的牆上滲透滴落。隔天早晨她來到海岸邊，身後跟著一群野獸，之前牠們都是來到島上的陌生人，色琦運用魔法，把他們全都變成動物了。

當她見到傑森和美狄亞緩緩靠近時，她沉靜地以手勢示意他們，要他們跟著她走。他們一來到色琦的宮殿，就立刻跌坐在她面前，雙手摀住臉，希望有人能幫他們洗滌自己謀殺的罪孽。由於宙斯看顧世上所有落難的懇求者，於是出於對宙斯的尊敬，色琦便開始準備淨化儀式。首先她在他們面前，高舉一隻還在吃奶的小豬，然後畫破牠的喉嚨，讓他們兩人的雙手浸泡在血水中。接著她向宙斯祈禱，淨化她的訪客，最後再焚燒一塊不含酒精的糕餅，以撫慰冷酷的復仇女神，她們會一路跟著謀殺自己親屬的罪人。

色琦結束之際示意客人坐下，請他們娓娓道來自己的旅程，以及他們尋求原諒的滔天大罪為何，她尤其急著想知道美狄亞究竟為何人，因為她可以在美狄亞閃閃發光的眼睛裡，看見熊熊烈火，絕對是遺傳自老太陽神赫利奧斯，而老太陽神正好也是色琦的父親。美狄亞以科爾奇斯方言，說明自己的血統系族，她確實是赫利奧斯的孫女，也是伊帖斯的女兒。因此美狄亞就是色琦的姪女。她說到阿哥號勇士自希臘遠征為求金羊毛，而她又如何在這場遠征協助他們。美狄亞並未提及謀殺，但色琦這時早已看穿她的內心。

「妳這個蠢女孩，」她忍不住大喊，「妳所踏上的旅程，是恥辱之途。妳怎麼能夠殺害兄弟，然後以為自己能逃過父親憤怒的手掌心？我在不知情的情況下，為妳洗淨罪惡，因此無法責罰妳，但妳的人生不會美麗的，反而會充滿悲劇。快帶著這個卑鄙之徒，滾出我的小島吧！」

當美狄亞聽見這些殘酷的話語，悲傷總算朝她襲捲而來，傑森牽著她的手，帶她回到船上時，她以袍子矇住雙眼哭泣。她現在終於開始明瞭，自己所作所為的代價。因為愛上一名陌生人，她不得已痛殺自己的親人，永永遠遠都失去家人與家鄉了。

阿哥號離開色琦的小島，伴隨希拉送來的一陣和風，他們沿著義大利海岸一路向南。阿哥號勇士途經金嗓女妖的島嶼，許多男人都曾被她們甜美的歌聲迷惑，招致不幸身亡。吟唱詩人奧斐斯塔麗雅預知這個狀況，於是當他們接近小島時，他便開始大聲歌唱，以壓過致命的金嗓女妖歌聲。之後船艦通過怪獸喜拉和大漩渦恰利底斯，所幸他們有女神宗蒂絲領導，帶領他們划槳通行。阿哥號也成功閃避過專門粉碎行經西西里島的船隻的「漫步石」。但在他們進入友善的菲西亞港口時，科爾奇斯的船艦總算追上他們。這批船艦是由伊帖斯派遣而來，一路通過博斯普魯斯和希臘，為的就是在歸途中逮到阿哥號勇士。菲西亞皇后阿瑞蒂，對這對年輕戀人深感同情，只要美狄亞和傑森正式成婚，她承諾他們，她丈夫絕不會把他們交給科爾奇斯人。當晚這對戀人便匆匆忙忙舉行婚禮，正式成為結髮夫妻，傑森也發誓自己尚未與美狄亞燕好。無論真假都好，婚姻就此生效，菲西亞國王阿爾辛諾斯也擴展對他們的庇護。科爾奇斯人不敢挑戰權勢龐大的國王，但同時也害怕空手而歸。因此阿爾辛諾斯把周遭的殖民國餽贈他們，如此一來，他們就不必回去面對伊帖斯的惱怒。事成之後，菲西亞人便派阿哥號上路，讓他們帶著禮物和新鮮的存糧離開。

傑森和同伴就快要到家了，但待他們來到伯羅奔尼撒之角，一陣強烈的暴風雨襲擊而來，把他們自地中海一路吹至非洲。有陣滔天巨浪捲起船艦，把阿哥號推入沙漠數呎遠的地方，讓他們遠離大海，孤立無援。這次不只傑森，船上所有人員對於事情的發展，皆感到心灰意冷，他們以衣袍裹住自己，躺在滾滾黃沙中坐以待斃。

傑森獨自離開，想要在熾熱之中等死，但就在這時，他忽然看見三名美麗的仙女，出現在自己面前。她們對著傑森微笑，說她們是這塊土地的守護神，要他切勿擔憂：「起來吧，傑森，快去提振戰友的士氣！等安菲屈蒂解放波塞頓的馬之後，你和同伴必須回報辛苦孕育提攜你們的母親。你們可以安全回到希臘了！」

語畢她們便消失不見，傑森以為自己總算發瘋了，他不僅見到仙女在沙漠跳舞，還聽到她們對他說了莫名其妙的話。他把這席話告訴阿哥號勇士，他們對此都半信半疑，直到有匹馬從大海的方向，遠遠朝他們奔馳而來，皮流士喜出望外地大喊，那是波塞頓之妻安菲屈蒂解放的海神之馬。仙女所指的母親肯定就是阿哥號了，它載著阿哥號勇士經歷許許多多，應該換他們把船扛於肩，帶著它回到海裡了。

其他人的態度都有點遲疑，但總比在沙漠裡等死要來得好，於是他們高舉船艦，走過荒野，直到九天之後，來到一個綠洲。原來這裡正是海絲派拉蒂的花園，也就是赫丘力士前來取得金蘋果的地點。花園裡的仙女告訴他們，他們遲了一步，英雄不久前才剛離去。阿哥號派出搜查人員，但卻無法追到他們的前戰友，只能在遙遠的後方瞥見他的身影。

水手再度扛起船艦，一路來到內陸的屈東尼斯湖，漫無目的地游了好幾天的水。最後波塞頓的兒子，天神屈東同情他們的處境，便把船送回地中海，他們又再次踏上回希臘的歸程。路上他們在靠近克里特島時，想要取得一些新鮮的水源，卻遭逢銅巨人塔樂斯攻擊；巨人看守這片海岸，對任何試圖接近的人投擲石頭。宙斯曾經把塔樂斯贈予歐羅巴，目的是要保護她，但即使不幸的女孩早已香消玉殞，巨人仍未停止執行工作。阿哥號勇士口乾舌燥得不得了，卻苦於無計可施，美狄亞又一次前來協助，她對塔樂斯下咒，讓他的腳先是踢到一顆石頭，然後塞子不慎鬆脫，維持他生命的神水因此漸漸流失。等到他體內的神水都流光之後，眾人便上岸填滿水罐，為剩下的旅程做準備。他們經過愛琴海，一路朝北航行，數日之後，他們最後終於來到帖撒利，位於佩連山腳下，傑森的伊奧可斯城，他們離開這裡已經很長一段時間了。

另結新歡的傑森

關於接下來發生的故事，有眾多不同版本，但大多數的人認為，傑森來到叔叔皮里亞斯的宮殿，信守諾言，把金羊毛交給他。阿哥號勇士之後則把他們忠誠的船，贈予科林斯，貢獻給波塞頓，在互道珍重再見之後，大家便各奔東西。傑森和美狄亞回到伊奧可斯定居，而傑森的父親伊森則仍健在，然後在傑森的要求之下，美狄亞利用魔法，讓他回復青春活力。這讓皮里亞斯國王的女兒嘖嘖稱奇，於是她們也要求美狄亞，讓年老的父親恢復青春活力，美狄亞恭敬不如從命地照做了。

她取來一隻老公羊，將牠剁成塊，然後把公羊丟入沸騰滾燙的鍋子，裡頭盛滿魔法藥草，過了幾分鐘，科爾奇斯女巫把手伸進鍋子，拉出一頭年輕力盛的小羊，健康又有活力。國王的女兒興奮不已，同意她們也可以為父親做同樣的事，於是她們在當晚，趁國王熟睡的時候，偷偷潛入國王的房間，圍繞在他身邊，趁他醒來之前，她們便把他碎屍萬段，然後趕緊帶著依舊溫熱的屍塊，交給美狄亞。美狄亞把屍塊扔進大鍋，灑入藥草，然後對著沸騰的鍋子念起咒語。國王的女兒滿心期待地望著鍋子，但卻只看見父親的屍塊，在滾燙冒泡的水面上浮浮沉沉。美狄亞只是聳聳肩道歉，說明有時候魔法也不見得管用。然後她飛奔至傑森身邊，告訴他王位現在歸他所有。

但對此，皮里亞斯的兒子卻不認同，他把傑森和美狄亞逐出伊奧可斯，以死威脅他們永不得歸返。希拉處心積慮的計畫，決心處罰皮里亞斯，如今卻讓傑森有家歸不得，但美狄亞卻要他另覓其他城市，他們再重新開始新生活，科林斯似乎是不錯的選擇，因為城裡的國王——與底比斯國王同名的克里昂，對傑森相當讚譽有加。於是這兩個難民便沿路往南，來到伯羅奔尼撒，身上只帶著能揹上的衣物。美狄亞也已經失去一切，但她想到傑森對她永恆不渝的愛，便已經感到欣慰滿足。

傑森與美狄亞幸福快樂地住在科林斯，長達十年的歲月。他們的生活簡樸，但夫妻卻能在美狄亞生下的兩個兒子身上，尋找到快樂的意義。在他們的工作許可之下，有時夫妻倆會帶兒子到海岸邊，看看阿哥號，對兒子訴說他們偉大的冒險故事。

但內心深處，傑森卻根本不快樂，他渴望皇室生活，也懷念過往大家景仰他的日子。在科林斯，大家都在背地裡嘲笑他，只因為他娶了一個外國妻子——更別說對方還是名女巫。希臘的法律規定，如果孩子的母親是野蠻人，兒子就無法成為公民，因此傑森認為必有方法可以改變現況。

美狄亞的復仇

有天傑森回到家裡，對美狄亞宣布他要娶動人的葛勞絲，也就是科林斯國王克里昂的女兒。他解釋道由於美狄亞是外國人，所以他們的婚姻並不算數，因此不會妨礙他加入皇室家族之路，國王和他的女兒都急迫想與英雄結為親人，畢竟他可是隻手取回金羊毛的大英雄。傑森向美狄亞解釋，這場聯姻對她和兒子來說也是好事，如此一來，他們未來的生活就不用愁了。不過當然，他的新娘並不希望他的野人女友和私生子，繼續逗留在城裡，因此她必須離開科林斯，但他向她保證，他會為他們找到一個遙遠的好村莊讓他們度過餘生。

美狄亞一邊聽著傑森描述，不可置信的怒火也一邊燃燒，直到她的憤怒最後終於爆發。是他帶回金羊毛的嗎？他不過是個膽小如鼠、沒用的可憐蟲，是她幫他取得金羊毛，也是她帶領他和同伴歷經無數危險，才得以安全回到希臘。他們的婚姻不算數嗎？為了達到他的目的，婚姻可不是充分有效嗎？她為了傑森賠上自己的一生，而這就是他回報她的方式？他真的以為能就此擺脫她？想都別想！

傑森躲在角落，說她應該要心懷感激。是他帶她遠離她父親王國的一片死寂，把她帶到希臘這個榮耀國度，希臘文明可是照耀世界的燈塔。語畢他奔出家門，跑回宮殿。

美狄亞怒不可遏，這時她已經氣到說不出話來了。在她為傑森做盡一切之後，他竟然會為了一個年輕女人將她棄如敝屣。她知道傑森會忘掉自己的承諾，讓她和兒子三人孤苦在希臘的路邊流浪餓肚子。現在能做的事情只有一件，無論多麼可怕也好，要報仇也只有這個方法了。

美狄亞送了一個訊息到宮殿給傑森，說自己剛剛反應過度，都是一時氣話罷了，她知道傑森最關心她了，所以她想要彌補一切，甚至準備了最高級的布料打造的華麗衣袍，打算送給新娘子。

傑森很高興見到美狄亞恢復理智，於是收下餽贈予公主的禮物，把包裹著的禮物遞給公主。但正當葛勞絲在宮廷前穿上衣袍時，她的面色忽然轉為慘白，人也重心不穩地往旁邊一倒，然後嘴裡開始吐出泡沫，衣袍也灼燒她的肌膚，公主驚嚇地不住尖叫，國王衝向她，想要幫她脫下衣服，但她的皮膚也跟著衣服一併剝落，光連碰到致命衣袍，也能把劇毒傳染給她的父親，於是國王的皮膚也開始融化，於是兩人就在痛苦交加中身亡，傑森和其他親屬只能驚愕地在一旁，望著慘劇發生。

傑森趕回與美狄亞同住的家，僅看到她安靜地坐著，手中握著一把沾滿鮮血的利劍。他本來準備好要殺了她，全因她給葛勞絲一件沾滿劇毒的衣袍，毀掉他擁有美好人生的美夢，但這時他卻感到背脊一陣寒意，他問美狄亞，兒子上哪兒去了。美狄亞冷靜地回答他，孩子全都死了，是她不顧孩子乞求，親手殺了他們的。她承認這是她此生做過最艱難的事情，但她不能讓孩子沒有父親過著苦日子。此外，即便孩子不過是半個野蠻人的私生子，她也清楚，膝下無子肯定會讓傑森痛不欲生。

傑森癱軟跌坐在家裡的泥土地板，傷心欲絕地放聲痛哭，他幾乎未發現美狄亞就此消失——有人說她是駕著祖父老太陽神送她的馬車，由巨龍拉著馬車離去，帶她安全抵達雅典。而今，失去妻小，也失去希望，傑森已然真正失去所有。

一周又一周，一年又一年過去了，他遭到眾人鄙視，不過是個遭天神詛咒的人罷了。他帶著自己僅存保留的軀殼，坐在科林斯海邊，就在阿哥號腐敗的遺跡底下，試著回想憶起充滿冒險和愛情的歲月，當時的他勇於冒險，也受到眾人擁戴，但這似乎已是很久以前的事了。最後就在那麼一天，他坐在腐朽的老舊船艦下方，宙斯果園橡樹所打造的沉重船首，雖然沉寂已久，這時卻頓時坍塌，奪走傑森的性命。

特洛伊戰爭
Troy

金蘋果之爭

故事起源於一顆蘋果。

宙斯決定將榮耀賜予他的凡人曾孫——皮流士，也就是與傑森一同航行阿哥號的勇士。於是宙斯把美麗的女神佘蒂絲許配給他。萬神之王本可將佘蒂絲占為己有，但普羅米修斯曾告訴他，凡是與佘蒂絲共育兒子的人，兒子未來的權勢會高於父親。而遭到推翻的命運，向來是宙斯最害怕的事，於是他才把佘蒂絲拱手讓給皮流士，如此一來，她的子嗣就不會對他造成威脅。這場安排看似完美，但宙斯卻忘了與佘蒂絲討論接踵而來的婚宴。

為了協助皮流士贏得這名神仙美嬌娘，眾神便告訴他，佘蒂絲與海精於月光下赤裸共舞的祕密場所。於是皮流士偷偷摸摸來到海邊，躲藏在岩石後方，悄悄望著她們嬉戲。等到佘蒂絲和仙女總算累了，眾人躺下來休息時，皮流士便躡手躡腳走到女神身邊捉住她，宣示要與她結為連理。佘蒂絲感到不可思議，竟然有人能逮得到她，更別說對方還是名凡人，於是她開始變身，將自己化為各種可怕的樣貌，打定主意就是要嚇退他，但年輕的皮流士不死心不動搖，直到逼得她投降，同意嫁給他為妻。

他們舉辦了一場華麗的婚禮，以佩連山坡的林地為場地，奧林帕斯大神全員到齊，諸神就坐在大帳篷底下，金碧輝煌的宴客桌。佘蒂絲的五十名姊妹高歌歡唱，繆斯女神負責伴舞，宙斯的斟酒人兼男友甘尼梅德，也為眾人把酒倒入黃金酒杯。重要的角色全都到場了——除了世界起頭便誕生的厄麗絲，又名「衝突」。宙斯害怕厄麗絲會為婚宴帶來爭端，因此特意不把她加入賓客名單。出於報復，厄麗絲偷偷溜進婚宴場地，然後往地板滾出一顆金蘋果。這顆金蘋果後來停在舞池中央，蘋果上頭寫著「獻給最美麗的女人」。

就在這一瞬間，希拉、雅典娜和愛芙羅黛蒂三人，開始伸手搶奪蘋果，三人厲聲尖叫，大打出手，拉扯彼此的衣服，聲稱自己才是理應得到獎品的人，直到宙斯再也受不了，以他雷霆般洪亮的聲音出面制止。他表明必須公平決定此事，而且決定方必須對鑑賞美女，具有獨到公正的見解。宙斯很聰明地退至一旁，不淌這池渾水，反而選了特洛伊王子帕里斯，當這次紛爭的仲裁。

赫丘力士摧毀特洛伊致其城倒後，特洛伊這些年來不斷掙扎，希望能重建國城。尚存的皇室成員普萊姆，曾討過眾多老婆，也曾見證自己的城市在希拉海岸重新復甦榮華之景。其中一任妻子是赫谷芭，為他生了第一個俊俏的兒子赫克托。但在懷第二胎時，她卻做了一場夢，夢見肚子裡的孩子是團烈燄火把。先知告訴她，這個兒子終會招致特洛伊城滅，於是普萊姆和赫谷芭便把新生兒帕里斯，交由他們的牧羊人遺棄至特洛伊城上方的愛達山曠野。

就如同其他故事一樣，牧羊人不忍心殘殺天真無辜的嬰孩，於是便將孩子視如己出地帶大了，教導他如何看顧羊群、驅趕野生動物。男孩打擊歹徒和小偷的能力，讓他贏得「惡徒終結者」美名。成年的帕里斯擁有俊俏的樣貌，讓他贏得不少當地少女的青睞。帕里斯對動物也很有一套，他悉心照料一頭寵物牛，於是當地人都熟知這隻公牛。但有天，特洛伊國王的宮廷派出幾個人，要來帶走公牛，他們說國普萊姆需要這頭公牛，他要為自己不得不遺棄且過世已久的兒子舉辦一場喪禮競賽，而這隻牛就是獎品。

帕里斯的公牛遭到沒收，讓他氣憤難平，但他知道自己無法反抗國王的手下，於是便決定親自參與競賽，把公牛贏回來。他讓在場的皇室成員全都大吃一驚，因為他參與的武力與技能比賽，是場場必贏。這名沒沒無聞的農夫，竟然可以在每場競賽中，將普萊姆兒子打得落花流水，這讓他們感到相當惱怒，於是其中一位兒子戴佛伯斯，最後拔刀相對，意圖當場殺死這名外人。帕里斯跳上宙斯的祭壇尋求庇護，就在此時，普萊姆的先知女兒卡珊德拉，卻聲稱這位年輕陌生人，實為普萊姆失散多年的兒子，也就是他們的親兄弟。大家難得聽信卡珊德拉的話，樂見帕里斯尚安然活著，卻也完全忘記過去的預言曾說帕里斯會招致城滅一事，於是熱烈歡迎他回到宮殿。

即使帕里斯享受特洛伊宮廷的生活，但他仍會造訪愛達山周遭的鄉間，繼續看顧他的羊群。有天夜晚，他正獨自為羊群吹奏長笛，天神赫美斯忽然出現在他面前，另外還帶了三個帕里斯所見過最明豔動人的女神。赫美斯向他解釋道，宙斯希望他能當這次的仲裁，裁決三位女神之中，誰是最美麗的一位。王子答應了，接著便仔細來回端看希拉、雅典娜和愛芙羅黛蒂，她們全都褪下身上的衣物，站在王子面前，好讓他細細端詳。三位女神皆完美無缺，因此他實在難以抉擇。女神知道他當下的難處，所以便紛紛到他身邊對他耳語。

「選我吧，」希拉說：「我會讓你成為所有國度的國王。」

「選我吧，」雅典娜說：「我會讓你成為史上最偉大的戰士。」

「選我吧，」愛芙羅黛蒂說：「我會賜予你全世界最美麗的女子。」

帕里斯僅僅遲疑一秒鐘，便立刻決定將最美女神的頭銜，賜予愛芙羅黛蒂。希拉和雅典娜憤而離去，誓言必對帕里斯和特洛伊報仇。但愛芙羅黛蒂告訴年輕牧羊人，他的新娘正在希臘對岸等著他。他的新娘是海倫，麗妲和宙斯的女兒，也是卡斯特和波樂克斯的姊妹，廷達瑞斯國王將她視如己出，一路將她拉拔長大。她現在已經是帕里斯的了——只不過，她已經結婚了，丈夫是斯巴達國王米奈勞斯，也正是希臘國王阿加曼儂的兄弟，但愛之女神卻安慰帕里斯，這並不構成問題。

王子難掩興奮之情，立刻衝回特洛伊，告訴眾人他要啟航至希臘。帕里斯抵達米奈勞斯的宮殿時，受到皇室般的款待，國王熱情招呼歡迎他來到家裡，深信遵從善待客人的誓言。但當米奈勞斯前往克里特島，參加一個突如其來的喪禮時，帕里斯趁機進入海倫的閨房引誘她。俊俏的年輕王子告訴美麗的皇后，他想要永遠有她相伴，如果她願意與他一同回到特洛伊，他會讓她成為世上最幸福的女人。海倫毫不遲疑地答應了，投入帕里斯的懷抱，獻給他熱情之吻。當晚，海倫牽起稚女荷蜜歐妮的手，離開斯巴達宮殿，與帕里斯航海回到特洛伊。

絕世美人海倫

數年前，海倫到了適婚年齡時，希臘上下最偉大的國王和戰士，全都前來講親，希望贏得美人歸。他們贈予海倫的凡人父親廷達瑞斯，各種非比尋常的禮物，期望廷達瑞斯能選擇自己，成為他未來的女婿。眾多追求者之中，包括了阿賈克斯和圖瑟，亦為佘蒂絲丈夫皮流士的侄子；另外還有戴歐米德斯，也就是泰鐸斯的兒子，泰鐸斯在攻打底比斯時不幸殉難；以及帕愁克勒斯，阿基里斯最要好的朋友；還有奧德修斯，伊撒卡足智多謀的國王。但卻是阿加曼儂富裕的兄弟米奈勞斯帶來了最高尚的禮物。

廷達瑞斯陷入膠著的難題，因為所有他打算拒絕的追求者，都是有權有勢、強壯威武的男人，若他們不被挑中，可能會為此生廷達瑞斯的氣。他想要讓海倫自己挑選丈夫，但這麼一來，又違背傳統，也無法調解眾怒。於是聰明的奧德修斯私下找國王；這位來自伊撒卡小島的國王，明白自己的家世清寒，無法與其他追求者比聘金禮物的內容，因此他向廷達瑞斯提議，如果他願意的話，奧德修斯願意幫他解決難題。若廷達瑞斯可以安排奧德修斯迎娶潘妮洛普，也就是廷達瑞斯的姪女，讓她跟著他回到伊撒卡，成為小島的皇后，那他便會讓所有海倫的追求者發誓，對著諸神許下誓言，會平心靜氣接受廷達瑞斯的決定。此外，若有人想強行擄走海倫，他們也會竭盡所能搶回海倫，把她交還給她的法定丈夫。

對廷達瑞斯來說，這看似是最完美的解決之道，於是他安排姪女下嫁奧德修斯，然後所有海倫的追求者也依約發誓。之後，正如預期所見，國王選擇將海倫許配給米奈勞斯，因為他送的禮物最為高貴。其他追求者只有嘟噥的分兒，因為他們已經承諾不會招惹麻煩，現在甚至還有義務要不顧自身性命危險，出於榮耀之名，必須誓死保護海倫，不讓任何男人強行奪走她。他們航海回到自己的家鄉後，分別娶了其他女人為妻，但卻在夜深人靜之時，躺在妻子身邊，腦中不斷地想，和海倫共枕眠，究竟會是什麼樣的感覺。

眾人聽聞年輕的帕里斯趁米奈勞斯不在偷偷把海倫帶回特洛伊，可說是心情複雜。大多數的人看到米奈勞斯出糗，都不免幸災樂禍，沒想到他竟然這麼愚昧，讓年輕的嬌妻與帥氣的外國王子共處一室。許多人很氣米奈勞斯，但他們曉得自己有參戰的義務要與特洛伊人爭奪海倫。他們冷靜下來，仔細思考了解與特洛伊一戰事實上不是什麼太糟糕的事情。他們都是雄心壯志的戰士，渴望參與戰役，希冀自己的英雄事蹟能永遠讓吟唱詩人傳頌歌唱。希拉海岸邊的城市富足得教人難以想像，因此戰爭對他們來說是有益無害。如果他們能拿下該城，財富和戰俘的掠奪將會數之不盡。米奈勞斯的兄弟阿加曼儂，也是希臘國王之中，最偉大的一名，對於事情的發展，也是感到興奮不已，因為他早就想要組織勢力龐大的軍隊，拿下特洛伊城。這會是場榮耀之役，也是有龐大附加收益的冒險。現在他具備充分的理由，可以實現這個想法。

奧德修斯參戰

阿加曼儂送出訊息，給當初對廷達瑞斯發誓的人，要他們到波奧西亞海邊的希臘奧里斯海港，集結整頓軍隊。大多數人想到掠奪和榮耀，就既興奮又滿心盼望，但仍有少數例外。其中一個就是奧德修斯，他才剛與美麗的新娘潘妮洛普結婚，過著穩定安逸的婚姻生活，也很享受與妻子及甫出生的兒子鐵拉馬庫斯共處生活。他也知道其他希臘人不知道的事；大多數的人都認為，他們會航海至特洛伊，血洗特洛伊，然後在收割之季便可返家，帶著滿船的黃金和女性戰俘，讓她們在田地或床上服務。然而奧德修斯卻知道要是真與特洛伊開戰，恐怕將會是一場漫長的硬戰，理想的結果只不過是眾人的猜想。抵擋強風侵襲的特洛伊城牆，可是出了名的厚實堅固，特洛伊城的男人也是強敵輩出，特別是普萊姆之子赫克托。特洛伊人更是擁有無數盟友，他們可以從小亞細亞各地，呼叫召集戰友協助。想要打敗特洛伊，勢必花上好幾年時間群起圍剿。奧德修斯明白，這些急欲航海經過愛琴海的希臘人，有許多都將無法回到家人的懷抱，而他並不希望成為其中一人。

當米奈勞斯和戰友巴拿米德抵達伊撒卡，召集奧德修斯參戰時，他們發現這位年輕國王戴著軟毛帽，軛起一匹馬和一隻牛，在田裡犁田工作，於地上灑入鹽巴耕作，潘妮洛普見狀，倏然流下眼淚，說自己摯愛的丈夫已經失去理智。但巴拿米德懷疑這只是他的詭計。他一把搶來潘妮洛普手中的嬰兒鐵拉馬庫斯，然後跑到田地，把嬰兒放在犁溝中央，潘妮洛普驚慌大喊，要巴拿米德快點住手。奧德修斯毫不遲疑，立刻朝兒子走了過去，牛馬蹄看似就要踩上嬰兒了，但就在最後一刻，他挪開犁頭，迅速抱起犁溝裡的鐵拉馬庫斯。米奈勞斯和巴拿米德這時馬上知道，奧德修斯完全沒瘋，他的狀況也完全可以參戰。被他們發現真相之後，奧德修斯便遵守信用，接受自己的命運，全心致力準備征戰。他集結了島上的士兵，總共為滿滿的十二艘船艦，然後協助他們整裝待發，準備好面對漫長的戰爭。他擁抱了潘妮洛普，要她承諾等到鐵拉馬庫斯已長出鬍子，而他仍舊尚未返家的話，就請她另尋他人再嫁。他深情親吻妻小，看了伊撒卡最後一眼，然後就帶領船艦出海。他心裡再清楚也不過了，下一次再見到這片海岸，會是很久很久之後的事情了，但他也在心裡偷偷發誓，自己勢必回來不可。

希臘戰士阿基里斯

海洋女神忒蒂絲和凡人丈夫皮流士的婚姻，在兒子阿基里斯出生之前都相當幸福美滿，但有人說引起這場婚姻問題的關鍵是皮流士發現妻子做了一件事情；與狄美特在愛柳西斯對凡人的兒子所做的事如出一轍，忒蒂絲祕密把兒子浸泡於瓊漿玉液裡，並且於烈火中燒烤阿基里斯讓他成為不死之身。皮流士見狀，驚恐地大喊出聲，然後把孩子從烈火中搶了過來，忒蒂絲氣憤不已，於是便離開她的丈夫，回到海裡生活，但她對阿基里斯的母愛仍持續不間斷。其他故事版本說道，女神把兒子浸泡在守誓河裡，嘗試讓兒子獲得永生，但過程中由於她抓住阿基里斯的腳踝，於是他的腳踝並未浸濕，也因此不耐武器攻擊。

皮流士帶著他年幼的兒子來到佩連山，就如同傑森一樣，讓聰穎的人頭馬怪物奇龍養育他。阿基里斯的半人半馬老師教導他音樂與詩歌、體育與戰爭能力，並且餵他食用野生動物的內臟，讓他更為勇敢強壯。當阿基里斯長成青年時，他來到佛提亞，重回父親的身邊，跟著一名年長的導師腓尼斯完成他剩餘的學業。在那裡，他遇見一名叫做帕愁克勒斯的年輕人，後來與阿基里斯結交成為最好的朋友，有人甚至說，他是阿基里斯的戀人。

當特洛伊戰爭進入準備之際，希臘領袖接到神諭，提及他們需要皮流士的兒子參戰，否則無法攻下特洛伊城。但阿基里斯的仙女母親佘蒂絲知道，如果他的兒子航海至特洛伊，他將無法平安歸返。命運之神早已決定，阿基里斯要不是過著安定長久的一生，然後死於自己溫暖的床上，之後不會有人傳頌記得他；要不就是會成為當代最偉大的英雄，但相對的，他的生命也會相當短暫。佘蒂絲知道，如果能夠選擇，他的兒子會做出什麼樣的決定，於是她把阿基里斯送至愛琴海上的塞羅斯島，刻意把他裝扮成女孩，掩飾他的真實身分。

阿基里斯痛恨這種欺瞞行為，因為他急欲證明自己在戰場上的實力，但他向來就是聽話的孝子，所以只好遵照母親的意思。儘管如此，奧德修斯仍聽聞阿基里斯躲在塞羅斯島，於是便前往小島尋找他。他假扮成商人來到宮殿，在中庭擺放自己販賣的商品，讓國王的女兒慢慢挑選。在珠寶香水之中，他故意放置一把漂亮的劍矛，期望能引起阿基里斯的注意。奧德修斯的使者與他串通好，設計了一個信號，然後發出號角聲響，假裝宮殿遭人襲擊。女孩聞聲無一不驚慌失措，尖叫逃跑，找尋安全的地方藏匿，但這時卻有一個特別高大的年輕女人，抓起武器奔向城牆，想要力抗敵人，也就是這個時候，奧德修斯知道自己終於找到阿基里斯了。阿基里斯被人發現之後，鬆了一口氣，開開心心地踏上船艦，與奧德修斯一同航海至奧里斯海港。童年終於走到盡頭，阿基里斯要參戰了。

希臘遠征軍出發

曾經向廷達瑞斯發過誓的人，形成對抗特洛伊的希臘遠征隊，但仍有許多聚集於奧里斯海港的人並非先前海倫的追求者，只是期望在財富與榮耀上分一杯羹罷了。阿加曼儂接到遠征的指令時，自邁錫尼帶來一百艘滿載士兵的船艦，他的兄弟米奈勞斯則帶了六十艘船艦，從斯巴達出發。年輕的阿基里斯雖抵達的時間較晚，但仍從父親皮流士的王國徵召許多英勇戰士，包括他的好友帕愁克勒斯。除了鐵拉蒙之子阿賈克斯，還有奧伊流士的兒子，也叫做阿賈克斯，正是大家熟知的小阿賈克斯。皮洛斯的年邁國王尼斯特，帶領九十艘船艦；阿哥斯偉大的戰士戴歐米德斯則帶領三十艘船艦加入戰役。米奈士修斯自雅典帶了五十艘長形黑艦；而阿蓋佩諾則自阿卡迪山脈，帶領六十艘艦隊。克里特的國王——伊多梅紐斯，領軍八十隻艦隊抵達。曾經點燃赫丘力士火葬柴堆的菲洛可帖特士只召集到為數較少的船隻，但他卻帶了從赫丘力士手中取得的禮物，當是這次出兵的武器。阿加曼儂也召集了卡爾恰斯，美加拉國的偉大先知。除了這些人以外，還有無數名國王、王子和戰士，全部聚集在奧里斯海港的海邊，準備為了一名美女，派出成千上萬隻船艦出兵遠征。

隨著響透愛琴海的號角聲，艦隊浩浩蕩蕩啟航，幾天過後抵達靠近希拉海的小亞細亞海岸。倘若這幫人是好水手，他們就可以出其不意攻下特洛伊，但他們卻反而在登陸後，先把鄉間夷為平地，過不久他們才發現，原來他們抵達的地點並非特洛伊，而是密西亞南部的海岸。正當他們準備撤退回到船上時，密西亞國王泰勒佛斯，也就是赫丘力士的兒子，以及普萊姆國王的女婿，已經從後側展開進攻攻勢，奮勇殺敵，許多入侵者因而斷送性命。而國王在不慎被藤蔓絆倒的時候，阿基里斯趁勢以長矛刺傷泰勒佛斯，但這卻是希臘軍不光彩的開場。

船艦在撤離過程中，遭到暴風侵襲，很快就各自分散了。最後他們總算回到奧里斯海港，但士兵信心盡失，不斷咕噥抱怨，這樣他們是絕對無法成功出戰。屋漏偏逢連夜雨，這時風勢轉向，朝他們逆風而襲，讓他們無法再次出海。

這件事情過後不久的某天，眾人意外地見到密西亞國王泰勒佛斯帶傷跛著腳抵達海邊，他來到阿加曼儂的帳篷，帶著和戰的旗子，解釋他來此是因為一個神諭。阿基里斯攻擊留下的傷口劇痛難耐，於是他尋求阿波羅協助，阿波羅告訴泰勒佛斯，唯有尋找當初刺傷他的人，否則傷口不會癒合。阿基里斯抗議道，他說自己並非醫生，但奧德修斯卻建議大家，以其他方式解讀天神的話語。奧德修斯以他的論點指出，傷害泰勒佛斯的其實並非阿基里斯，而是阿基里斯的長矛。因此他們取出武器，於傷口處刮下長矛上頭的鐵鏽，很快地，疼痛消失，傷口也癒合了。

阿加曼儂見到泰勒佛斯著實開心，因為希臘人也收到一個神諭，提到他們非得帶著密西亞國王出兵至特洛伊，否則他們贏不了戰爭。這讓泰勒佛斯左右為難。雖然希臘人治好他的傷，所以他算是欠他們一個人情，但一方面他與特洛伊人也有親戚關係，必須善盡家族義務。最後他終於妥協，同意帶領艦隊前往特洛伊，但說明自己不會參戰。阿加曼儂答應了，於是泰勒佛斯也準備好，帶領艦隊通過愛琴海。而現在，他們只待風勢停止便可出發。

為求勝獻上親女性命

一周又一周過去了，他們仍留守奧里斯海港的希臘軍營，眾人遠征的熱情也快速消退。糧食耗盡、疾病纏身，無趣沉悶的士兵越來越焦躁不安。這對阿加曼儂來說，無疑是場惡夢，他努力提振眾人的士氣，但他心裡也知道，他們必須盡快出海，否則就等著解散軍隊。他不斷向天神禱告，大肆供奉祭品，期望能趕快停止風勢，但風仍然肆無忌憚地逆向吹送。

最終阿加曼儂派人找來先知卡爾恰斯。先知心不甘情不願地來了，然後說他已經嘗試過所有想像得到的跡象，從群鳥飛行的軌道，到公牛的內臟，但答案總是一成不變。阿提密斯生阿加曼儂國王的氣，因為他曾在某次狩獵過程中，自誇自己投擲出的長矛，比阿提密斯投出的更遠。阿加曼儂要求知道，自己該如何才能平息女神的憤怒，但卡爾恰斯卻猶豫了，他乞求阿加曼儂撤離軍隊，但國王卻掐住先知的脖子，威脅他要是不肯說，他便不放手，在威脅之下，先知只好道出真相。唯一能贏得女神協助、平息逆風的做法，就是阿加曼儂得向阿提密斯，供奉他自己的女兒，也就是美麗的少女伊菲姬妮亞。

阿加曼儂雖然疼愛自己的女兒，但他卻更愛權力威勢。其他將領紛紛開口，他們已快無法讓士兵守在奧里斯海港，請求他為了戰爭，盡快供奉自己的女兒。國王雖然不情願，但最後還是答應了。他寄出一則訊息到邁錫尼給妻子克莉坦娜絲查，說他決定把伊菲姬妮亞許配給年輕英俊的阿基里斯。皇后知悉後欣喜不已，很快就把女兒帶到奧里斯海港。但當她們抵達後，阿加曼儂捉住伊菲姬妮亞，綁著她來到祭壇前面。祭司先緊緊封住她的嘴巴，否則處女臨死前的詛咒，威力可會非常強大。

阿加曼儂嘴裡朗誦著儀式禱告文，舉起雙手敬拜狩獵女神，祈禱阿提密斯能讓他們順利航行至特洛伊。然後祭司便把少女高抬至祭壇，少女身穿死神新娘的婚禮禮服，她簡直不敢相信發生了什麼事。小時候曾將她抱在懷裡的父親，曾經喜愛聽她在廳堂裡歌唱的父親，如今真的會殺死她嗎？但她人可不就在這裡，無助地像隻動物般被五花大綁，喉嚨上還架著一把利刃。她用眼神苦苦哀求父親，但他的眼睛卻拒絕迎向她的目光。眼淚自阿加曼儂的臉龐滑了下來，接著他向天高舉刀刃，迅速地一刀畫破女兒的喉嚨。

少數人說，最後一刻阿提密斯釋放了少女，換了一隻鹿來替代伊菲姬妮亞，當女神的祭品。這類故事提到女神帶伊菲姬妮亞回到克里米亞與陶利安野人生活，伊菲姬妮亞在那裡成為女祭司，專門對不幸踏入該地海岸的陌生人下手，拿他們當做祭品供奉天神。但大多數人都認為，伊菲姬妮亞就在奧里斯海港，血淋淋地躺在祭壇上，成為男人野心底下的犧牲品。

戰爭的第一滴血

風勢漸弱，希臘人又從奧里斯海港出發，再次航向特洛伊。他們小心謹慎希望贏取天神的歡心，於是停靠在蘭姆諾斯島，一座位於愛琴海中央的小島，開始供奉祭祀。菲洛可帖特士是名優秀的神射手，他協助預備祭壇所需的綿羊、山羊和公牛，但正當他於開鑿岩石的中間，穿梭忙碌之時，有條蛇卻爬了出來，往他的腳上一咬。他的腳迅速腫脹成兩倍大，然後開始流出膿汁，膿汁的臭味遠比濃汁的模樣更驚人。雖然眾人都很喜歡菲洛可帖特士，但他們無法忍受這股惡臭，於是便把他留在小島上，讓他自己照料自己。傷口無法癒合，經歷數天痛苦折磨之後，只有一名當地的善心牧羊人願意解救他，並未讓他獨自挨餓死亡。

船艦一路航向希拉海，行經亞洲海岸邊的特涅多斯小島，然後前往靠近史卡曼德河口的大陸，該河就位於特洛伊附近。眾人可以由遠處遙望壯闊的特洛伊城，它就高聳壯麗立於山頂堡壘，俯瞰著大海之上的平原。極少人見過如此高聳堅固的城牆，集結列隊迎接他們的軍隊，勢力龐大也是他們前所未見的。希臘人在密西亞發生的倒楣遭遇，早已傳至特洛伊人的耳中，所以他們早已知曉希臘人前來之事。他們已經自小亞細亞各處招兵買馬，一起站在特洛伊城前方的平原靜候。此刻的希臘軍隊，在望向特洛伊軍隊的龐大人海時，不只一人在心裡暗自思忖，當初自己為何選擇離家出戰。

希臘人早先接到一個神諭，神諭提到第一個踏上特洛伊土地的人必死無疑，由於知道這件事，大家都遲遲不敢行動，害怕成為第一個跳上海岸的犧牲者。最後普羅特西勞士，亦為帖撒利南部城鎮費拉斯的國王，終於放下恐懼，率先跳入海邊，赫克托以長矛正面迎戰，直接刺入他的心臟，灑下這場戰役的第一灘鮮血。阿基里斯立即出動擊退赫克托，然後他攻擊西可諾斯，亦即特洛伊的盟友以及鄰近城鎮的國王。他的父親波塞頓賜予他刀槍不入之軀，於是阿基里斯緊勒他頭盔的帶繩，讓他窒息而亡。其他希臘人很快抵達海邊，開始擊退特洛伊的防衛隊，以便搭蓋自己的灘頭陣地。這是場緩慢又血腥的殺戮，但隨著天色漸暗，特洛伊人也撤退回到城裡，徒留希臘人在海邊，建蓋自己的防禦營地。普萊姆和他的臣民自城牆向下俯瞰，一點也不擔心外國兵占據他們的海岸，因為他們清楚特洛伊的城牆是沒有人可以跨越得了的。如果希臘人決定停留，那這恐會是場漫長的戰役。

雙方衝突很快便發展為僵局，希臘軍遲遲無法攻下特洛伊城，而特洛伊人也無法迫使希臘人撤離他們的海岸。特洛伊城前的平原，戰爭持續不斷，但雙方皆無法取得決定性的優勢。當希臘人明白，他們無法靠蠻力攻下特洛伊，他們就開始攻打特洛伊的盟友，以破壞特洛伊的供應鏈。這類突襲也提振了入侵者的士氣，並在戰爭僵持不下時，帶給他們戰利品和戰俘。由阿基里斯領軍的希臘人，攻打超過二十座支持特洛伊的城鎮，屠殺他們的子民，掠奪他們的財產，然後把女人小孩壓回兵營，當做他們的奴隸使喚。

為女人內鬨的希臘軍

經過九年，這場衝突仍不見終結之日。城牆內的特洛伊人仍過著繁華富足的生活；即便希臘人努力阻止他們，但運送糧食和貴重物品入城，仍然是輕而易舉。由於這些小規模的突襲，阿加曼儂和軍隊從中稍有獲利，但經過如此漫長的時間，眾人也開始對無意義的衝突紛爭感到疲累。

希臘人目前士氣未消，全有賴於夜間還有擄來的女性戰俘，雖然這並非出於她們的意願。相較於他們家裡的希臘妻子，亞洲女人較具異國風情，也較甘願討他們歡心、讓他們開心，因為她們的生死，全部操之於希臘戰士的手裡。阿加曼儂特別鍾情於一位美麗的年輕奴隸，她的名字叫做克萊賽絲，是從特洛伊南部的一座小城捉來的。她是阿波羅祭司克來塞斯的女兒。阿基里斯也有自己鍾愛的女子，一名叫做布里賽絲的年輕女子，來自愛達山附近的呂爾奈索斯。在攻城之時，阿基里斯殺了她的丈夫、父母和兄弟，然後綑綁她架上船艦。返回特洛伊附近的希臘營地後，她雖然心驚膽跳，卻仍忠實地在阿基里斯的帳篷裡服侍他。

當時有個習俗，如果戰俘仍有親人在世，並且有能力支付一筆費用，那他們便能夠以物質贖回戰俘。這對諸神和持有奴隸的一方，都是相當樂見的慣例，因為女人是可以交換的利益來源。按照禮俗，祭司克來塞斯的女兒遭人劫走後，過不了多久的某天，他就帶著許多禮物及阿波羅神的聖杖，來到希臘人的營地，要求阿加曼儂接受贖金，釋放他的女兒，這麼做也會讓天神感到滿意。希臘人全體同意，這項要求十分合理，於是便催促他們的領袖接受放人，但阿加曼儂卻由王位倏然起身，拍掉懇求的祭司手裡托著的禮物，怒叱大吼道：「老傢伙，快滾出我的視線，永遠都別讓我看見你回來營地！我永遠也不會放棄你女兒的！戰爭結束之後，我會把她帶回邁錫尼，讓她為我紡織，與我共枕。」

語畢，國王便把害怕的祭司趕出帳篷，克來塞斯對著他所侍奉的天神高舉雙臂，誠心禱告道：「阿波羅，銀箭之神，若我提供的祭品曾讓您滿意，若我曾焚燒公牛和山羊的骨頭、然後以肥肉包裹骨頭，誠心奉獻於祭壇上，那就請您聽聽我的禱告！請摧毀這群嘲弄您忠心祭司的希臘人，將您的銀箭如雨水般降臨於他們身上！」

天神聽見忠誠祭司的禱告，於是他手裡拿著弓，自奧林帕斯仙境俯衝至人間。他跪在希臘軍營上方的一座山丘，然後朝帳篷間射出瘟疫的飛箭，希臘兵開始不支倒地、紛紛死亡，接著連續整整一天，喪禮的火不斷延燒，從未停歇。

最後阿基里斯與希臘領袖舉行會議。他指出，若無法找出天神懲罰他們的原因，他們就應該盡快航行返家，先知卡爾恰斯站起身來，說他願意透露真相，但前提是阿基里斯必須承諾，會保護他不受兇手的盛怒所害，年輕的阿基里斯答應了，於是卡爾恰斯說了出口，阿加曼儂就是一切的起因，全因他輕蔑拒絕了阿波羅祭司克來塞斯的贖金；如果邁錫尼國王願意歸還祭司的女兒，那弓箭之神便會終結這場瘟疫。

聽聞此言，阿加曼儂便對卡爾恰斯發怒，他抱怨這對他並不公平，他可是希臘遠征隊的領袖，為何偏要他放棄自己的獎品，而其他人卻可以留下他們的：「我喜歡這位年輕女孩，更甚於我自己的妻子克莉坦娜絲查。但我是講道理的人，只要你們其中一人，願意給我具備同樣美貌和資質的奴隸，那我願意放棄我自己的。」

阿基里斯怒叱道：「為了滿足你個人的私慾，你打算要讓誰放棄自己的女人？你這隻貪婪的豬！我們又沒有滿是帳篷的女人，可以任你自由挑選，你可否就這麼一次，為了軍隊著想，而不是只想著你自己？快交出那個女孩，等到我們攻陷特洛伊，你想要怎麼樣的女人都隨便你。」

但阿加曼儂不願改變心意：「你這年幼無知的小鬼頭，你是在告訴我該如何帶兵嗎？我在沙場上奮勇殺敵的時候，你還在尿褲子呢。我就讓你見識誰才是老大，我收下你的戰利品了，阿基里斯。讓你的布里賽絲準備好，我會派我的手下接她過來的。」

阿基里斯差點就要拔劍刺殺阿加曼儂，但就在這時女神雅典娜僅出現在阿基里斯面前，命令他立刻停下動作，阿基里斯不情願地答應了，但他告訴阿加曼儂和其他在場的人，他要帶著自己的軍隊撤離戰役，他的榮譽遭到羞辱，他的憤怒也無法安撫平息。在他們見到哈得斯之前，阿基里斯和他的軍隊不會再與特洛伊人交手。

遵從女神的命令之後，阿基里斯把布里賽絲拱手讓給阿加曼儂，然後便獨自惱怒地坐在帳篷裡，直到他的神仙母親佘蒂絲前來，詢問他有什麼能幫得上忙的。阿基里斯要母親去尋找宙斯，請萬神之王協助特洛伊人，好讓希臘人知道他們是多麼需要他。阿基里斯想見到希臘的千軍萬馬戰死特洛伊平原，如此阿加曼儂才能學會謙卑，求他再度回來參戰。佘蒂絲答應阿基里斯，然後飛到奧林帕斯仙境，抓著宙斯的膝蓋央求他，請他不要再繼續維持中立的立場，至少就這麼一次也好，協助特洛伊人。宙斯答應她，但他內心也清楚，如此一來，必會與希拉產生爭執，因為她忠誠支持著希臘軍。

為了讓國王做出錯誤的判斷和行動，宙斯先是讓阿加曼儂做了一場夢，夢中宙斯告訴他，若他能立刻向特洛伊人進攻，那勝利就是他的了。希臘領袖從床上跳了起來，立刻召集人馬開會，告訴士兵他剛剛從諸神那兒看見的景象，他們當日就可一舉拿下特洛伊。經過數年無止盡的等待，希臘戰士開心地對國王歡呼，然後套上他們的盔甲。偉大的戰役最後終於來到。

畏戰的帕里斯

赫克托由城牆後方望向希臘軍營，看見帳篷間士兵緊鑼密鼓備戰，他立刻知道這是怎麼一回事，於是讓所有特洛伊軍隊整軍列隊，到平原上集合，迎戰敵軍。很快地，雙方便在無人的戰場上面對面，蓄勢待發。阿加曼儂站在希臘列軍中央的戰車上，與兄弟米奈勞斯並肩作戰，阿賈克斯、奧德修斯、戴歐米德斯和其他希臘將士，除了阿基里斯，皆全體站在自己軍隊的前方，等待號角鳴響。赫克托和他的弟弟帕里斯則站著面對敵軍，特洛伊軍隊和盟友全聚在一塊兒。

整整九年的時間，因為一名年輕特洛伊人勾引帶走海倫，而讓米奈勞斯飽受羞辱。斯巴達國王是一名英勇之人，也是強健的戰士，但他曉得眾人都在他背後竊竊私語，像他這樣連自己妻子都管不住的人，憑什麼要他們為他出兵打仗。米奈勞斯怨恨帕里斯害他戴綠帽，所以當他見到王子站在對面時，他跳下戰車，彷彿示威要拿下所有特洛伊軍隊。帕里斯害怕地畏縮，躲在哥哥赫克托背後，遠離這位高大的希臘戰士。赫克托逼他回到前面，罵他是膽小鬼和笨蛋。

「赫克托，你說得沒錯，那是當然了，你一向如此英勇，我在戰場上的表現，一向不如我對女人的吸引力。我知道這場戰爭是因我而起，所以我想也該讓我自己結束這場戰爭。請派出使者告訴希臘軍，讓米奈勞斯知道，我會在一場戰役中，與他一決生死。贏家會得到海倫，榮譽也終會實現，之後大家都可以安心回家。」

米奈勞斯樂意接下挑戰書，兩方軍馬也很開心，戰爭終於要在這天結束了。兩方奉上祭品和對天神立過誓，希臘和特洛伊兩軍必尊重戰爭結果。所有人皆發誓，戰爭時無人會在戰士間攪和干預，在神聖停戰之時，也不會有人朝敵軍投擲武器。然後兩軍便站在原處，望著斯巴達的老戰士，朝兩軍之間的空地大步邁進，正面迎戰年輕的特洛伊王子。身為這場戰役的獎品，海倫就在城牆上，站在普萊姆國王身邊，望著自己的命運發展。

米奈勞斯首先發動攻擊，他奮力朝帕里斯擲出手中的橡木長矛。長矛柄動作飛快，刺破了特洛伊王子的盾牌，全力朝他的盔甲襲來，幸好帕里斯在最後一刻巧妙閃避，一個側身躲掉致命一擊。米奈勞斯隨即抽出他的銀劍，往帕里斯奔跑而去，劍身猛然刺下他的頭盔頂冠，但由於強大的重擊力，利劍被震裂成碎片。帕里斯震懾，但仍站在米奈勞斯的跟前。現在的米奈勞斯空著手，沒有任何武器，但這名希臘戰士卻毫無退卻撤離之意，反倒衝向帕里斯，緊緊抓住他的頭盔帶繩，用力將他拽到地上，然後開始拖曳他，準備帶他回希臘軍隊，在那兒殺了帕里斯。女神愛芙羅黛蒂看著這一切，卻不打算讓帕里斯死，於是她切斷頭盔的生皮帶繩，送帕里斯回到特洛伊城牆內，回到他安逸香暖的房間。

帕里斯醒來時，發現自己躺在溫暖的床上，立刻就明白，肯定是女神介入了。他興奮發現自己還活著，於是派人去找海倫來，他要以親熱來好好慶祝。與此同時，米奈勞斯卻來回遊走在軍隊之中，不斷搜尋帕里斯的蹤影。這時，特洛伊弓箭手潘達魯斯，見機不可失，於是便對斯巴達國王，射出致命的一箭，飛箭射中國王的肚子，但只是輕輕畫過，未釀成傷害。希臘軍群起抗議，特洛伊軍違反停戰規定，於是眾人便舉起手中的長矛，朝敵軍衝刺而上。特洛伊軍毫不鬆懈退卻，在平原上正面迎戰敵人。本來期待當日能以和平收場的戰爭，在兩方如滔天巨浪般相互衝突時，希望頓時消失地無影無蹤。很快地，希臘軍和特洛伊軍的橫屍遍野，埋首於灰飛塵土之中。

愛神相助特洛伊

希臘戰士中，在戰場上最驍勇善戰的，莫過於來自阿哥斯的戴歐米德斯。他在戰役中，一個接著一個英勇刺殺特洛伊軍，同時諸神隱身也站在一旁觀看，他本來可以成功殺死伊尼亞斯，也就是安喀西斯與愛芙羅黛蒂之子，但他的神仙母親無法袖手旁觀，因此趁戴歐米德斯使出致命一擊時，她迅速把伊尼亞斯舉到半空中。由於雅典娜向來很喜歡戴歐米德斯，於是便吹散戴歐米德斯眼前的迷霧，讓他可以看見平原上的諸神。她甚至對他低語，當機會來了，她要他拿起銅矛，擲向愛芙羅黛蒂。

處女之神前腳才剛離去，戴歐米德斯便瞥見愛芙羅黛蒂，她就在特洛伊軍隊之中，於是他尾隨女神走過殺戮戰場，當他夠接近愛芙羅黛蒂時，就拿起長矛刺向她的手腕，害她痛地把伊尼亞斯扔在地上。天神雖是不死之軀，但他們仍會受傷，愛芙羅黛蒂痛苦地慘叫，自戰場上逃跑，戴歐米德斯在她撤離之時，忍不住揶揄她一番：「怎麼這麼快就棄權了呢，我的女神？也許妳比較適合對他人惡作劇，毀了對方的人生才是，看來妳今天應該無法再打仗了吧。」阿瑞斯也在協助特洛伊軍隊，因此緊接著，戴歐米德斯便把長矛刺入戰神阿瑞斯的腹部。愛芙羅黛蒂和阿瑞斯飛回奧林帕斯仙境，向宙斯抱怨雅典娜讓一名凡人攻擊他們，之後雅典娜回到奧林帕斯山，加入他們，為自己辯駁，最後萬神之王受夠他們的抱怨，把他們都遣送離開。

回到戰場上，戴歐米德斯正準備脫下伊尼亞斯的盔甲，打算就此結束他的生命，就在這時戴歐米德斯見到阿波羅，正跨坐於伊尼亞斯的肩上，但即便面對的是如此強壯有力的天神，戴歐米德斯仍未退縮，他前後試了三次，想趕走阿波羅神，但卻在第四次嘗試時，阿波羅開口了：「戴歐米德斯，用你的腦袋好好想想你自己在做什麼吧。你只是一介凡人，而我是永生不死的天神，你我永遠都是不同的。我不想毀了你，但我發誓我做得到。所以趁一切還來得及的時候，快點住手吧。」阿哥斯的偉大戰士恢復理性，這才停下對天神的攻擊，把注意力轉移至其他凡人敵手身上。

特洛伊戰士赫克托

特洛伊王子赫克托站在最前線抗敵，卻看著身邊的戰友一一倒下，當希臘人最終快要抵達特洛伊城門前，赫克托請其他將今守住最後防線，然後回到城內，請特洛伊城的女人趕快加緊祈禱並且供奉祭祀諸神，以求獲得解救。他往軍隊後方前進，直奔經過城門，來到堡壘上方。當他經過帕里斯的臥房時，卻見到自己的弟弟躺在沙發上休息。帕里斯才剛與海倫親熱完，累得無法動彈。「我的老天，帕里斯，你在這裡做什麼？敵軍就快要攻進我方的城牆了。快點起身加入戰役，你這可悲又無用的小子，別坐等特洛伊化做灰燼！」在喚醒弟弟之後，他跑回自己的府第，想找他的妻子安德柔瑪姬，請她安排其他女人一同祈求諸神。但她卻不在他們的房裡，赫克托最後在城牆上發現她，安德柔瑪姬正焦慮地觀望戰場，盼望禱告自己的丈夫依舊活著。

兩人相擁過後赫克托開始指示嬌妻，然後她把兒子愛斯臺安納克斯交給丈夫，但當孩子看見罩在父親臉上的銅盔，卻忍不住嚇地哇哇大哭。赫克托見狀忍不住笑了出來，他摘下頭盔，然後把兒子抱在懷裡。安德柔瑪姬緊抱著丈夫，求他別再回到戰場：「親愛的赫克托，我孤單無依地活在這個世界。你現在就是我的父親、我的母親、亦為我的兄弟。你是我的丈夫，年輕有為、溫暖強壯，為你的兒子想想吧，陪在我們的身邊，我不想成為寡婦。你也清楚，如果希臘人殺了你拿下特洛伊之後，會是什麼樣的局面，我會被強行拖到希臘成為他們的奴隸，這就是戰敗國的女人，所必須面對的命運。拜託你了，我求你留下來，留在安全之地。」但赫克托卻緊緊抱著她，說道：「我的摯愛，我必須回到戰場上，如果我躲在安全的城牆內，只讓我的手下迎戰打仗，我必會羞愧而死。在我心裡我十分清楚，神聖的特洛伊城有天終會倒下，我的父親普萊姆，會和其他兄弟一同面臨毀滅，我年邁的母親赫谷芭也會被帶到希臘，被視為最低下的奴隸，幫他們編織著亞麻布。但這些都還比不上妳的遭遇；當我想到希臘人抓走妳，離鄉背井，逼妳在他們的織房裡工作，並服侍他們，光想到這些，我的心就隱隱作痛。但我不能轉身逃離這場戰役，我也許會死，但卻絕不能當一介懦夫。」語畢，他便離開淚流滿面的妻子，回到戰場上。

赫克托才剛回到平原，鐵拉蒙之子阿賈克斯就發現他，於是出手挑釁他。見到這位體型壯碩的巨人，特洛伊王子並未退縮，他戴回頭盔、迎戰敵軍，絲毫不退卻顫抖。兩方士兵緊繃地觀望著，這兩名偉大的戰士面對面，赫克托首先擲出長矛，擊中阿賈克斯的盾牌，卻無法刺穿他的盾牌。希臘這方的阿賈克斯，立刻往空中射出他的長矛，擊中刺穿赫克托的盾牌，劃破對手的盔甲，甚至劃破他的上衣。本來赫克托可能會死於這一擊，但攻擊猛烈的長矛畫過盔甲時，卻讓赫克托在最後一刻成功閃避攻擊。雙方開始以利劍進攻對打，僵持不下，直到夜幕低垂。最後等到夜色包圍，雙方的使者請兩人先停戰。兩人都不願意放棄，但都同意暫時撤退，回去療癒他們的戰傷，改天再繼續。希臘人拖著身軀回到營地之後，他們享用著晚餐，舉杯向當日戰死沙場的朋友致敬。他們誇口，當天光破曉之時，勢必可攻破城牆、拿下整座特洛伊城。

而就在這時，宙斯猛然憶起自己對佘蒂絲的承諾，他答應她，要讓希臘人乞求阿基里斯歸隊。隔日清晨，阿加曼儂和他的士兵來到特洛伊城，準備攻進城門時，宙斯對希臘人使出他的雷霆，天空瞬間下起滂沱大雨，雷電交加。雷電的烈火撕裂大地，讓兩方的軍隊車馬陷入惶恐，最有智慧的長者老涅斯特，立刻明白了萬神之王是在與他們做對。但仍有戰士，例如戴歐米德斯，在烈焰火球降臨之時，依舊站在城牆外徘徊猶豫，不死心地想爬上特洛伊的高聳巨塔，打算一舉攻陷城市。但無人能對抗天神宙斯，於是希臘人開始撤退，而赫克托及其他特洛伊軍則是士氣大增，一路在平原上追趕敵軍，趁他們逃命之際，趕盡殺絕眾多戰士。

希臘軍原先看似勝利在握的一戰，這時卻演變成慘敗局勢。入侵者聚集在海邊的堡壘，祈禱特洛伊人當晚千萬不要攻擊他們，把他們逼入大海。當希臘軍望著特洛伊平原上點燃的燈火，如天空的繁星一般密集，希望一夕全失，赫克托和他的手下當晚並未回到特洛伊城，反而在希臘營地前方，也搭起帳篷，準備在隔日天光乍現之時進攻。

苦求阿基里斯出面迎戰

與此同時，希臘將領與阿加曼儂會面商議，究竟接下來該如何作戰。許多人想要當晚就航海離去，但涅斯特卻站了起來，請他們派大使去找阿基里斯，乞求他回到戰場，與他們並肩作戰。涅斯特提議道，若阿加曼儂能放下驕傲的身段，希臘人必能把特洛伊人逼回城門。於是阿加曼儂起身，承認自己確實錯得離譜，他說自己因為盛怒，雙眼遭到矇蔽，看不清真相。他願意立刻派出使者，前去尋找阿基里斯，向他致歉，然後奉送他豪華的大禮，贏回這名驍勇善戰的年輕戰士。他也會把布里賽絲送回去，發誓自己絕無碰過她，當然還有黃金青銅打造的財寶。他也承諾如果阿基里斯能夠擱下自己頑固的傲慢，等他們回到希臘，他願意把自己的女兒許配給他。

奧德修斯帶著大使來到阿基里斯的帳篷，他們看到這名戰士正在彈奏豎琴，吟唱著古老榮耀英雄的歌曲。主人熱情地起身招呼他們，火炬的光線籠罩著阿基里斯，他細細聽著每一個字，然後對奧德修斯說：「雷特斯之子，就讓我開門見山地說吧。阿加曼儂的慷慨能否贏回我？想都別想。他想要的話，就儘管留住布里賽絲吧，但他怎麼也請不回我的，因為我還保有自尊。我明日天亮就要啟航離開，你們也應該如此，否則就等著讓特洛伊人，把你們打得落花流水。」

阿基里斯過去的導師、年邁的腓尼斯，隨即起身，對他的學生說話。如同所有的好老師，他從不說教，反而說了一個故事，故事是關於一個不願從自己怒火中學會妥協的人；這個人就是卡利敦國王梅勒阿格羅，他曾與傑森一起踏上阿哥號航海。在他結束遠征，回到家鄉之後，他愛上一位美女，叫做卡莉歐佩德拉，之後兩人成婚，他也以節制與智慧之名統治國家，但某天他卻因為自己的舅舅，試圖偷走卡利敦野豬的獸皮，憤而失手殺死舅舅。因兒子殺了自己最愛的哥哥，梅勒阿格羅的親生母親便出言詛咒他。梅勒阿格羅對母親氣憤難消，因此舅舅的族人庫瑞提斯族攻城時，他拒絕參與戰爭。敵人就在城門外，但他仍拒絕離開自己的房間。朋友家人前來請求他重新考慮，但他不願聽進他們所說的話。最後當庫瑞提斯族衝破城牆，正準備進攻宮殿時，他的太太克莉歐佩德拉最後一次央求他，請他加入戰局，她問他是否明瞭自己現在的行動，可能會讓他們背負什麼樣的後果，他是否真想見到她遭人侵犯、謀殺、或被當做奴隸帶走。梅勒阿格羅這下才願意讓步，於是帶領他的戰士，獲得最終勝利。結局會如此，全是因為他在一切都太遲之前，能夠即時明白，自己的憤怒與驕傲，會讓他最珍視的一切，付出如此龐大的代價。

亞吉利耳朵聽著腓尼斯的故事，心裡卻無法理解話語中的涵意。他依舊拒絕回到戰場，於是送走阿加曼儂的大使，讓他空手而歸。如果希臘軍真要面對特洛伊人，那他們就得自己想辦法。

希臘戰士當晚幾乎輾轉難眠，恐懼在黑暗之中占領了他們，但天光破曉時，宙斯派來了衝突女神、來提振希臘兵營的士氣。衝突女神在皮流士和宗蒂絲婚宴上滾出金蘋果，導致目前發展出如此情勢。而今她站在奧德修斯的黑底船艦上，就停泊於其他希臘戰艦之中，她放聲嘶吼，聲音洪亮驚悚，這麼一喊，倒讓苦惱的入侵者內心又重燃戰爭之火，雖然前一秒時，戰爭才看似無望，但正如宙斯所意，現在他們又渴望與龐大的特洛伊軍隊交手。

希臘將領紛紛帶領士兵，行經他們的堡壘，來到赫克托軍隊面前，為了獲得榮耀的勝利而戰。雖然特洛伊也出現傷亡，但希臘軍中最出色的戰士，卻不幸一一戰倒。一名特洛伊矛兵潛伏到阿加曼儂身邊，趁他一個不注意，往他的手臂畫下一刀，直接刺入骨頭，害他不得不退出戰役。另一個則是戴歐米德斯，他的腳部遭受飛箭攻擊，疼痛不斷穿透他的身體，害他必須撤離戰線。特洛伊人圍攻奧德修斯，試圖殺死雷特斯之子，獲得光榮。雖然奧德修斯成功戰勝多人，但其中一名士兵，仍以鋒利的長矛刺中他，穿過他的盔甲，撕裂包覆在肋骨外的皮膚。伊撒卡國王因此退出，僅留下少數珍貴的希臘領導，繼續在場上激勵戰友士氣。

誓言替好友復仇

阿基里斯在帳篷上方的堡壘，遠離戰場之處觀看戰局，然後派出好友帕愁克勒斯去找涅斯特，想向他詢問戰役現況。他當日早晨本預計回到希臘，卻無法就此離去。涅斯特歡迎帕愁克勒斯，告訴他希臘軍現在戰況慘烈，隨著特洛伊軍隊步步逼近，他們就快不能守住船艦。如果特洛伊軍放火焚燒希臘船艦，那他們就必死無疑。若阿基里斯執意不放下驕傲身段，加入戰局，涅斯特乞求帕愁克勒斯，至少他也加入戰役吧。就算只是阿基里斯的朋友，可是希臘戰士見到他，也會有鼓舞的作用，讓他們能持續對抗特洛伊，直到敵軍撤離。

帕愁克勒斯衝入阿基里斯的營地，詢問他是否願意參戰，這時赫克托終於突破守護希臘船艦的堡壘，他的雙眼燃燒著熊熊的火焰，命令其他手持火把的特洛伊戰士，全部往船艦進攻。希臘人無望地垂死掙扎，努力想逼迫敵軍撤退，但特洛伊軍卻步步逼近第一艘艦隊船。克里特國王伊多梅紐斯，帶領希臘軍隊防守特洛伊軍隊，不讓他們繼續逼近。在戰役的局勢高漲之時，他是從不懈怠的勇將。一名特洛伊王子阿爾卡勞斯攻擊他，伊多梅紐斯狠狠把矛刺進對手的胸膛，將他的胸骨切成兩半，矛頭更直直插入他的心臟。阿爾卡勞斯四肢無力攤開，橫躺於沙塵中，在他心臟停止跳動的同時，伊多梅紐斯猛然把長矛拔出他的胸口。

但誰都無法阻擋特洛伊軍，他們猶如巨浪擊垮希臘營地的城牆，最後他們抵達最近的一艘希臘船艦，猛然朝船身擲出火把，火焰跳動吞噬了船隻，宛如特洛伊的勝利燈塔般，點燃照亮天空。希臘軍雖然仍守住其他船艦，不讓敵軍靠近，但他們曉得，自己就快見不到隔日的太陽了。

宙斯坐在奧林帕斯山上，開心地觀望戰事的進展，他讓希臘軍陷入頹勢，也禁止其他天神干預戰爭，但喜愛支持阿加曼儂這邊的天神，例如他的妻子希拉，眼見希臘軍輸得如此慘烈，可就無法再忍氣吞聲了。希拉知道她無法直接挑戰宙斯，所以她便轉而嘗試其他方法。

她先是進入閨房，泡了個天神間盛傳充滿誘惑香氣的澡，然後在她赤裸的肌膚塗抹橄欖油，讓全身閃閃發亮。接著她換上一件貼身袍子，讓她渾身優美的曲線畢露，然後搽上從愛芙羅黛蒂那兒取得的魔法藥水，又去找了死亡之神的兄弟睡神，請他協助讓宙斯在適當的時機沉睡，如果睡神願意幫忙，她願把亮麗的美姿女神許配給他。最後她悠閒信步山林草地，宙斯正坐在那兒，她彷彿毫不經意地走過他身邊，似乎只是打算前往拜訪一個朋友。

宙斯見到如此動人的希拉，渾身立刻燃起熾熱的慾火，無論特洛伊平原的凡人在做什麼，此刻都不再重要。他喚住希拉：「希拉，妳急匆匆的是要上哪兒去？來吧，讓我們激情享樂吧，我從未見過任何女神或凡間女子，能夠讓我的心臟跳得如此猛烈。歐羅巴、西蜜莉、麗托——她們全部都不是妳的對手。」

但詭計多端的希拉回答：「我的大王啊，克羅諾斯之子，你在胡說些什麼？我們怎麼可以在光天化日之下，這麼一個曠野裡相好呢？要是給人瞧見可怎麼辦？」

然後宙斯回答她：「不用擔心。聽著，我會用一塊厚雲圍繞住我們，這樣別人就看不見啦。快把衣服脫了，親愛的，我現在就要妳的愛！」

於是這對夫妻就在草地上親熱，全靠一層厚厚的迷霧，阻擋住天神與凡人的視線。然後待宙斯一結束，睡神便往他身上倒下藥水，讓他立刻陷入深沉的睡眠。

希拉馬上起身，飛到奧林帕斯山腳下，位於特洛伊城外的希臘營地。她協助希臘士兵逆轉局勢，阻擋特洛伊軍不再前進。阿賈克斯甚至在短時間內，以石頭擊倒赫克托，石頭擊中這名特洛伊領袖的胸口，教他頭暈目眩。戰役如潮水來回漲退，有時希臘軍把特洛伊人驅逐趕出他們的船艦，但下一秒他們又被逼退至大海前。

帕愁克勒斯回到阿基里斯的營地，懇求他的好友讓他帶兵加入戰局。阿基里斯同意了，甚至把自己的盔甲借給他穿，但警告他最親愛的同伴，只要擊退特洛伊人，不讓他們靠近船艦就好，可別一路打到城裡，因為阿基里斯無法在他身邊幫助他。帕愁克勒斯答應了，然後穿上閃亮的盔甲，帶領成千上萬的新兵，加入戰局。

帕愁克勒斯一現身，立刻激勵鼓舞希臘士兵，也讓敵軍為之害怕。特洛伊人以為阿基里斯終於放下私人恩怨，重新加入戰爭。伴隨一聲響徹雲霄的怒吼，希臘人逆轉局勢，把特洛伊人逼退至堡壘，回到平原。他們的熱血沸騰，熱烈到甚至認為他們這天就可以攻下特洛伊。帕愁克勒斯完全忘卻好友的警告，又命令他的手下跟著他，往特洛伊城牆進攻。

若非宙斯從盛怒中甦醒，希臘人本來即可於當日攻進特洛伊。宙斯派出兒子阿波羅看守城牆，年輕天神走到帕愁克勒斯身後，往他的兩肩之間一擊，讓他有如待宰的公牛眼冒金星，一名叫做由佛伯斯的特洛伊戰士，此時便使出長矛攻擊他，但卻並未讓他倒下，赫克托飛快地高舉他的銅製矛頭，往帕愁克勒斯的腹部一刺，這一刺穿過了他的背部，年輕英俊的戰士應聲倒下，躺在滾滾沙土中，他的靈魂離開軀體，飛往哈得斯的宅邸，生命總算畫下句點。

赫克托扒下阿基里斯戰友身上的盔甲，正打算把他的遺體帶回特洛伊時，米奈勞斯卻奔向前，彷若一頭母牛保護自己新生的小牛，站在帕愁克勒斯前面。希臘將領最後驅趕赫克托離開，把戰友的遺體放上戰車，帶他回到希臘營地，打算好好安葬他。赫克托讓他離去，但仍驕傲自己取得盔甲，也很高興自己殺死帕愁克勒斯，亦為希臘戰士中最強悍的一名，以及阿基里斯的摯友。

早在希臘軍帶回帕愁克勒斯遺體之前，皮流士和汆蒂絲之子便獲知同伴已死。希臘戰線發出的哀號痛哭聲，已足以說明一切。最後當帕愁克勒斯的屍體躺在他面前時，阿基里斯沉痛地坐在塵土之中，憤怒扯著自己的頭髮、無法克制自己地嚎啕大哭，他痛徹心扉、痛苦地放聲嚎叫，音量之大連深海的忒蒂絲都聽見了，她來到兒子身旁安慰他，告訴他事情雖看似跌入谷底，但他卻似乎忘了自己的初衷，阿加曼儂已經為自己的驕傲，付出龐大的代價，希臘人也明白他們沒有阿基里斯，是不可能贏得戰爭。

但阿基里斯知道，帕懋克勒斯不在了，那人生還有什麼意義。腓尼斯說得沒錯，他的驕傲讓他失去他的最愛。最後阿基里斯決定放下憤怒，重新加入戰局，他的意圖明確，就是要毀掉赫克托，就算最後難逃一死也無所謂，現在除了報仇，什麼都無所謂了。

阿基里斯大戰赫克托

阿基里斯的母親忒蒂絲飛到神仙鐵匠希拉斯特斯的家，請求天神為兒子打造全新的盔甲。宙斯把他扔下奧林帕斯仙境時，幸虧當初有忒蒂絲願意拯救他，於是黑腓斯塔斯很樂意幫助她。他在火裡添柴，呼喚他的侍女前來協助他鑄鐵。然後他開始打造一副無人見過的無敵盔甲，巨大的盾牌上頭浮刻著人物，訴說這兩座尊貴之城的故事，一個關於戰爭，另一個則是關於和平。上頭的男女戰爭、耕作、死亡、舞蹈，還有葡萄果園以及宮殿、牛群和草地、婚禮與戰役——全世界的狀態全都刻印於上，還有大洋氏的偉大流水，環繞在盾牌的邊緣。他另外打造了閃亮如火的護胸甲、堅實的頭盔、保護戰士腿部的護脛套。忒蒂絲打從心底感謝黑腓斯塔斯之後，又迅速回到特洛伊，把這些華麗的禮物贈予兒子，阿基里斯現在已經整裝待發。

宙斯低頭望向特洛伊平原，知道自己對忒蒂絲的承諾已經兌現，阿基里斯踏入戰場，準備大肆虐殺特洛伊人，希臘人向歸隊的阿基里斯致意，他的身分無人可比。他第一個遇到的隊長是伊尼亞斯，亦為女神愛芙羅黛蒂之子。阿基里斯本來可在此終結伊尼亞斯的生命，但諸神又救了他一命。他們知道他必須撐過特洛伊的前線，在另外一個地方，也就是某個遙遠西方的偉大國度，尋找屬於自己的命運。阿基里斯之後轉向其他特洛伊人，有如宰殺群羊般屠殺他們。流經平原的史卡曼德河，因為阿基里斯屠殺的受害者堆積如山，而讓河水阻塞不通，於是河神現身於這位希臘戰士面前要他立刻停止。但阿基里斯拒絕，河水便湧出河岸，宛若巨浪般，在平原上追逐阿基里斯，直到黑腓斯塔斯前來協助以火逼迫河水歸位。

最後阿基里斯來到特洛伊城牆外，他大喊著要見赫克托。赫克托的父母、親愛的妻子安德柔瑪姬，全都央求他不要出去，但他仍舊披上盔甲，走出城門面對當代最英勇的戰士。兩人戰得如火如荼，彷如兩頭獅子，打得難分難捨、未見高下。但赫克托知道在盛怒的阿基里斯面前，他根本就撐不了多久，最後他轉身逃逸，繞著特洛伊城牆跑了三圈，阿基里斯也緊緊跟在他身後追趕。然後女神雅典娜以他兄弟戴佛伯斯的樣貌，出現在赫克托面前，然後告訴他，讓他們一起並肩對付敵人。赫克托恢復士氣，轉過身面對阿基里斯，但當希臘戰士逼近時，戴佛伯斯卻瞬間消失，赫克托當下立刻知道，他是逃不過這一劫了。他勇敢地與阿基里斯打鬥，但最終阿基里斯仍舊戰勝，把長矛深深刺入赫克托的頸子。赫克托嚥下最後一口氣，阿基里斯炫耀自己的成功，誓言要讓地犬和飛鳥啄食他的屍體。待特洛伊領袖魂歸西天之後，阿基里斯以生皮穿刺赫克托的腳腱，然後拖著他的遺體，經過滾滾沙塵，一路拖行回到希臘營地。而此刻，赫克托的家人正站在城牆上，驚懼惶恐地目睹著眼前發生的一切。從來無人如此對待敵人，但阿基里斯對於帕愁克勒斯之死的憤怒和悲傷，讓他無視一切。

親入敵軍贖回兒子遺體

帕愁克勒斯的喪禮辦得盛大，奉獻了包括馬、狗、特洛伊戰俘等祭品。而此時，赫克托的屍體卻大剌剌擺放於阿基里斯的營地。儘管如此，眾神刻意不讓屍首腐敗。宙斯雖然偏愛阿基里斯，但仍無法讓他這麼不尊重死者，他派了忒蒂絲去找他，請他以贖金把屍體贖回還給敵人親屬。阿基里斯不情願地答應了，但前提是必須要有夠英勇的特洛伊戰士願意跨過戰線，帶回赫克托的屍體。

當晚普萊姆國王做了一場夢，夢境告訴他，要他去找阿基里斯把兒子的屍體贖回來。他的妻子與家人都認為他瘋了，才會置自己的生死於度外，把性命交付於殘殺赫克托的怪物之手，但老國王無所畏懼。在赫美斯的陪同下，普萊姆在黑暗之中獨自推著手推車，走過平原，來到阿基里斯的帳篷。他進入帳篷之後，立刻在阿基里斯的跟前跪了下來，他握起阿基里斯的雙手，那雙殘忍屠殺自己親生兒子的雙手，然後親吻這對雙手，普萊姆請求他歸還兒子的遺體，他得帶兒子回去妥善安葬。

阿基里斯見到老國王如此跪在他面前，不禁為之震驚，也深到同情。他想起自己的老父親皮流士，他再也不會見到、遠在海岸那頭的父親，然後想起其他死於沙場、渴望獲得永恆榮耀的年輕士兵，現在也已經化為塵土。最後他想起他最深愛的帕愁克勒斯，他是如此熱愛生命，卻英年早逝，再也不會醒來了。當晚在帳篷裡，回憶與哀愁湧上兩人的心頭，淚水止不住地滑落他們的臉頰，這時他們才理解到戰爭真正的代價。

阿基里斯將赫克托的屍體扛至普萊姆的推車，輕輕擺放在推車裡，然後他和普萊姆道別，送他平安回到特洛伊城，並向他擔保十天的和平停戰，讓他可以好好哀悼安葬兒子。赫克托尊貴的遺體進入城門時，特洛伊的女人見狀，便開始嚎啕歌唱哀傷之曲，他是最了不起的人物，無論是以戰士的身分，抑或一名男人的身分。他的母親赫谷芭擁抱兒子，而這也是最後一次，安德柔瑪姬可以緊緊擁抱他。特洛伊人為偉大殉職的英雄，搭起一座大型火葬柴堆，以合宜的方式焚燒遺體。火焰最終燒盡他的屍體之後，眾人拾起他的白骨，以紫色布料包裹、最後把遺骨放入墳墓中的黃金箱子。

阿基里斯之死

赫克托雖然已歿，但特洛伊的城牆仍堅不可催，新的盟軍抵達加入，支持普萊姆國王依舊強大的軍隊。亞馬遜族的女王潘特西麗娥潘特西麗娥，亦為戰神阿瑞斯的女兒，也帶領她的女戰士駕馬前來，殺了不少希臘最優秀的戰士。但阿基里斯卻讓女王傷重不治，並在她臨死前愛上她。在她嚥下最後一口氣之後，希臘人之間以毒舌著稱的佘西提斯，不斷嘲笑阿基里斯愚蠢的迷戀，因而為自己招來殺生橫禍。另外，阿基里斯也殺了衣索比亞人的國王門農，他大老遠帶兵自尼羅河上游而來。

由於母親曾讓他浸泡於守誓河，所以阿基里斯看似無可匹敵。但阿波羅知道他最脆弱的地方，於是在阿基里斯攻打史卡因城門時，阿波羅特別引導帕里斯的箭，讓它射中阿基里斯的腳踝，於是，最偉大的希臘戰士死於此處，就在特洛伊城牆下方，血流不止，魂歸西天。特洛伊人本打算帶走他的神聖盔甲，但阿賈克斯和奧德修斯卻趕走他們，帶著好友的遺體，回到他們海岸邊的營地，所有希臘人都在那兒哀悼他的死，在火葬柴堆上焚化他的屍體，然後把他的骨灰與好友帕愁克勒斯的放在一起。

之後希臘人便舉辦一場競賽，看看有誰能夠贏得阿基里斯的榮耀盔甲。阿賈克斯爭說，自己奮勇殺敵，殺過的特洛伊人數眾多，唯獨僅次於阿基里斯，因此應當獲得這分獎品。但奧德修斯卻以他的三寸不爛之舌，辯駁自己憑藉機智，勝過眾人所加起來的蠻力，來協助希臘人得勝，因而讓他最後贏得這副盔甲。阿賈克斯由嫉妒生恨，誓言要讓所有希臘將領付出代價。當晚他從床上爬了起來，攻擊他的朋友，殺了阿加曼儂、米奈勞斯和奧德修斯和其他人，但等到天色漸亮，他恢復理智，才發現自己只不過殺了一群羊。由於感到羞愧萬分，他便來到海邊附近，一個偏遠無人的山洞，在那裡拔出自己的劍自盡。

希臘軍隊攻下特洛伊城的距離，仍與十年前的進度相當，當他們詢問先知卡爾恰斯，到底該怎麼做，才可以得勝，先知說他們需要赫丘力士留給菲洛可帖特士的武器。但十年前，他們已在蘭姆諾斯島遺棄菲洛可帖特士。於是眾人顧不得他傷口的惡臭，派出代表團來到小島，帶著菲洛可帖特士回到希臘營地。一到達特洛伊的海邊，一名醫術高超的醫生，便幫他妥善治療傷口，然後菲洛可帖特士答應使用赫丘力士的武器，幫助自己的戰友。武器做出最大的貢獻，就是瞄準射中帕里斯，致其死亡，讓海倫成為寡婦。

於是帕里斯的兄弟先知海倫諾斯，以及戰士戴佛伯斯，便開始爭奪全世界最美麗的女人，成為她的第三任丈夫。最後戴佛伯斯勝出，海倫諾斯難掩失望，悄然離開特洛伊，來到偏遠的愛達山坡生活。希臘人知道海倫諾斯是極具權威的預言家，於是便派出奧德修斯，把他從山上綁架回來，帶到希臘軍營。海倫諾斯知道卡爾恰斯不知曉的祕密，例如至今仍舊守護著特洛伊的神諭。不滿的海倫諾斯向希臘人揭露，想要攻下特洛伊城，他們必須要把皮洛普斯的遺骨，也就是阿加曼儂祖父的遺骨，自希臘運送至軍營。再者，他們需要阿基里斯的兒子，出生於塞羅斯島的尼奧普托勒莫加入他們的陣線。最後他們必須偷走從天而降、位於雅典娜神廟的木雕「巴拉甸」。這三樣物品是不可或缺的，海倫諾斯說道，但光是如此仍無法攻占特洛伊城，你們還必須自己去挖掘無人知曉的祕密。

希臘人輕輕鬆鬆就找到皮洛普斯的骨骸，也找到急欲加入戰爭的青年尼奧普托勒莫，但要從特洛伊城中央的神廟，偷走雅典娜的雕像，卻是一大難題。因此奧德修斯決定祕密潛行，他和戴歐米德斯裝扮成乞丐偷溜進特洛伊城。有人說海倫認出他們，然後協助他們，但也有人說，他們靠自己的能力偷走巴拉甸，然後帶回希臘軍營。現在他們已經萬事具備，準備好拿下特洛伊了，但卻仍欠東風——他們還必須想到辦法，讓軍隊突破城牆。

木馬屠城

奧德修斯想到一個妙計，至於他是怎麼想到的卻無人知曉。但當希臘人聽到之後，都認為這招肯定管用。這個方法聽起來很大膽、甚至瘋狂，但卻簡單又狡猾，特洛伊人肯定會上當。奧德修斯指揮工匠大師艾皮厄斯打造一具龐大的木馬，尺寸之大必須能在其空心部位，容納入五十名戰士。從外觀來看，看似實心，但卻有個祕密小門，可以任躲藏在裡頭的人自由打開。

黑夜降臨，木馬也完成了，奧德修斯、米奈勞斯、以及其餘四十八名希臘士兵，全部攀爬入木馬的腹部，然後關在裡面伺機而動。剩下的希臘人則焚燒帳篷，航至特涅多斯島較遠的一端，然後等待預先約定好的信號。

隔天旭日東升之時，特洛伊人從遠處看見希臘軍營仍冒著煙的廢墟殘骸，以及一具龐大的木馬。他們駕駒來到海邊，瞠目結舌看著木馬，不禁懷疑為何敵人會建造如此物品。就在這時，一名男子赫然從樹叢奔了出來，跪在普萊姆的腳邊，他說他是希臘人，名字叫做西農，他與奧德修斯爭吵，出於報復，奧德修斯便決定把他當做祭品。他幸運脫逃，但供奉給雅典娜的和平木馬仍留在這裡。希臘人最後終於明白，攻下特洛伊城無望，只想要帶著女神的祝福，平靜航海回家。西農乞求國王提供他庇護，不讓他兇殘的同胞傷害他。

特洛伊人聽到這麼哀傷的故事，眼眶不禁泛紅，但並非所有人都相信這名希臘難民的話。預言家卡珊德拉指出西農絕對是在說謊，但卻無人願意相信她。波塞頓的特洛伊祭司勞孔也嘲諷西農，他往木馬扔出一支長矛，發現空心的聲響，可以將人藏匿在內。他警告眾人，不應該相信希臘人，尤其是他們帶來的禮物。但波塞頓卻派來一隻海蛇到海邊，把勞孔和他的兒子一口吞噬下肚，如此徵兆似在告訴眾人，不該相信祭司所言，於是欣喜若狂的特洛伊人，便在巨馬身上套入繩索，把它拖曳入城。

在當晚的慶功餐宴上，有音樂、舞蹈和多到數不清的酒喝，大家飲酒狂歡直至深夜，最後一一踉蹌著腳步，回到自己的家裡睡覺，永遠不再甦醒。

天光尚未破曉，城裡也終於陷入一片寂靜，木馬腹部底下的門，靜悄悄地打開了，希臘士兵放下繩索、指示眾人打開城門，西農早已在阿基里斯的墳墓上，燃起一團火焰，這是示意希臘船艦回來的信號。希臘軍隊已經迅速自特涅多斯航海歸來，在城門外靜靜等候。

希臘軍隊兵分四路，遍及特洛伊城各角，屠殺仍在睡夢中的特洛伊人、放火焚燒他們美麗的家園。唯有愛芙羅黛蒂的兒子伊尼亞斯，早有先見之明，他盡自己所能，聚集了男女幼童，然後逃逸無蹤。但大多數的特洛伊人卻不那麼幸運。普萊姆國王到宙斯祭壇尋求庇護，卻在那兒遭到宰殺。小阿賈克斯在雅典娜的神廟逮到卡珊德拉，並且在那裡侵犯占有她，然後把她交由阿加曼儂，當他的奴隸。赫克托的母親赫谷芭和妻子安德柔瑪姬，兩人的手腳上了鏈子，被希臘人擄走，而在此之前，赫克托的小兒子愛斯臺安納克斯，也已經被丟出城牆外，一頭栽入死亡。希臘人帶走了普萊姆最年幼的女兒波莉西娜，然後在阿基里斯的墓前，割破她的喉嚨，血祭他們死去好友的亡靈。最後，當城市化為一片斷垣殘壁之際，米奈勞斯殺了海倫的新丈夫戴佛伯斯，他準備把利劍插入前妻的胸口前，這時海倫露出她的胸脯，乞求他手下留情，帶她回到斯巴達，她絕對會讓他滿意幸福的。米奈勞斯遲疑片刻，想到許多因她而死的好男人，但仍然收起手中的劍，牽起她的手，帶她回到船艦上。

邁錫尼

Mycenae

伯羅奔尼撒的由來

在阿加曼儂帶領希臘軍來到特洛伊的好多年前，他的祖先坦特勒斯統治著利底亞，距離普萊姆和帕里斯的城市不遠。坦特勒斯身為宙斯的凡人之子，也是集萬千寵愛於一身的孩子。萬神之王常常邀請兒子來到奧林帕斯仙境用餐，但坦特勒斯卻利用父親的好意招待，偷走諸神的瓊漿玉液、把他們的祕密洩漏給凡人。宙斯不管他的逾矩行為，於是坦特勒斯就更變本加厲。

有天，坦特勒斯邀請眾神到他的宮殿，與他共進晚餐，他在諸神面前擺滿豐盛的餐點。但在餐宴準備就緒之前，他殺了自己的兒子皮洛普斯，然後在大鍋裡烹煮兒子的肉，製成垂涎欲滴的美味晚餐，供神仙客人享用。國王很好奇，天神是否會發現擺放在面前的美食其實是人肉。而當時狄美特正在哀悼自己失去的愛女波賽芬妮，因此只有狄美特未察覺有異。趁大家來得及阻止她之前，她已吞下小皮洛普斯的肩膀。

宙斯憤怒地站起身，要赫美斯把孫子的肉全部放回鍋中，他的手伸進鍋子，又拉出一個完整、活生生的皮洛普斯，缺失的那塊肩膀，黑腓斯塔斯之後則以象牙填補。然後宙斯便把兒子坦特勒斯扔入黑暗的陰間，他就在那裡永恆飽受飢餓口渴折磨。他站在一池乾淨的水邊，但每當他想彎腰飲水的時候，池水卻突然消失。飢餓的時候，他想要摘下頭頂上飽滿多汁的果實，但每當他的手伸出去，一陣風卻會吹走果實，讓他永遠也構不到。因此坦特勒斯便永遠被只看得見、卻吃不到的食物逗弄。

在悲劇晚餐事件之後，重獲新生的皮洛普斯，模樣更添俊俏，因而吸引了海神波塞頓的注目。海神曾帶他到奧林帕斯山，讓他成為自己的斟酒人和戀人。等到他厭倦了這位美少年，波塞頓便送走皮洛普斯，讓他帶著一個馬車當做禮物，馬車奔馳的速度之快，有人說能夠飛躍橫度海洋。

皮洛普斯曾有過特殊的時機，可以使用馬車，當時他聽聞在奧林匹亞附近，比薩國王歐諾矛斯正在舉辦比賽，看看有誰能贏得女兒希波妲美雅。國王其實根本不想與女兒分開，他對女兒產生一種不自然的感情，曾嘗試勾引女兒未果。在不斷嘗試之下，國王也設計了一項不可能完成的競賽，讓來人無法真正娶走女兒。所有參賽的新郎候選人，必須與希波妲美雅一起從比薩出發，奔馳通過伯羅奔尼撒，然後趁國王追趕上他們以前，抵達科林斯地峽。如果歐諾矛斯追趕上新郎那他就會殺了追求者，斬首對方之後，再把他的頭顱當做獎盃一般，掛在比薩的城牆上。由於他擁有戰神阿瑞斯餽贈的馬，所以他總能如願得逞，希波妲美雅樣貌出眾，已有十二位戰士參與嘗試，但全都不幸喪命。

皮洛普斯認為自己得勝的機率很高，於是決定要挑戰歐諾矛斯贏走他的女兒。他從利底亞一路跨越愛琴海來到比薩，敲了敲宮殿的大門，試圖不去理會城牆上了無生氣的人頭，正由上往下盯著他瞧。希波妲美雅對皮洛普斯一見鍾情，因此決定要幫這名年輕人贏得比賽。她請歐諾矛斯的戰車御者米爾提路斯，鬆開父親戰車的輪軸。由於米爾提路斯也深愛公主，於是他便遵從她的指示。因此，在比賽一開始沒多久，戰車就四分五裂了，歐諾矛斯也被拋到路邊，撞上石頭斷氣身亡。

米爾提路斯陪伴這對快樂的新人回到利底亞，但在他們停留的第一站，米爾提路斯竟趁皮洛普斯為希波妲美雅取水時，試圖非禮公主。王子逮個正著，然後一把將他從懸崖上推了下去，但米爾提路斯卻在死前出言詛咒皮洛普斯和其後代子孫。皮洛普斯很快回到比薩接下王位，而希波妲美雅則成為他的皇后。他很喜歡自己全新的國度，因此將整個半島取名為伯羅奔尼撒，意指「皮洛普斯之島」。這件事情之後，皮洛普斯在此落地生根，與希波妲美雅生下眾多子女，包括兩位兒子阿楚斯和柴耶斯特斯。

邁錫尼王位繼承與金羊毛之爭

在赫丘力士之子謀殺邁錫尼國王尤里士修斯之後，城裡的子民接到一通神諭，他們應選出皮洛普斯其中一位兒子來擔任他們的新國王。邁錫尼人不曉得該選哪一位，於是他們派人去找阿楚斯和柴耶斯特斯。阿楚斯年紀較長，因此他說自己才是合理之選，但柴耶斯特斯卻不苟同。他爭論說能把金羊毛帶回給城民的人才是新國王。

阿楚斯認為這是個絕妙的構想。多年前他曾立誓，要把他飼養的羊群中最優良的一頭羊，供奉給女神阿提密斯。當年春天，有隻牡羊產下一隻小羊，小羊的毛色是黃金。這隻羊無庸置疑，絕對是最優良的了。阿楚斯知道自己應該信守承諾把羊奉送給阿提密斯，但他又無法就此把神奇的禮物拱手讓人。於是他掐死金羊、剝下牠的皮，然後把牠的羊毛安置在一個箱子裡。

但阿楚斯毫不知情柴耶斯特斯與自己的妻子愛洛碧暗通款曲，愛洛碧是克里特國王米諾斯的孫女，她悄悄從丈夫的箱子裡取出金羊毛，然後把它交給愛人。於是當阿楚斯回去找羊毛，想要向邁錫尼人證明自己應當為王，卻只發現一只空蕩蕩的箱子。然而此時，柴耶斯特斯卻從他的袍子底下抽出這塊羊毛皮，交給城鎮長者端看，長者當下立刻賜予他王位。對於妻子與弟弟的背叛，阿楚斯怒不可遏，但幸運的是他的曾祖父宙斯也同樣感到不滿。天神派出赫美斯前去通知阿楚斯，要他告訴柴耶斯特斯，如果他能讓太陽倒著走那柴耶斯特斯就必須把王位讓給他。他的弟弟聽到這個荒謬的想法，忍不住捧腹大笑，但隨即答應了。隔天太陽於天空升到一半時，忽然開始往後退，最後落於東邊。邁錫尼的人民很快就改變他們的心意，決定要讓能改變天體運行軌道的人成為他們的國王。因此阿楚斯便取得王位，驅逐柴耶斯特斯離開邁錫尼。

新國王無法忘卻弟弟的背叛，很快便以和解之名義為陷阱，引他和他的家人回到邁錫尼。阿楚斯舉行盛大餐宴，邀請弟弟加入他坐在餐桌的主座用餐。但柴耶斯特斯卻絲毫不知情，阿楚斯已經抓走他的三名兒子。他在殺死孩子之後，切下頭部和四肢，然後把身體其餘部位放入大鍋中烹煮。在酒酣耳熱之後，阿楚斯詢問弟弟是否喜歡今天的晚餐菜色。柴耶斯特斯回答，這是他吃過最美味的一頓晚餐了，詢問阿楚斯這是什麼肉。阿楚斯立刻拍了拍手，這時有個人忽然端著個大盤子走了出來，上頭擺放著柴耶斯特斯兒子的頭顱與四肢，阿楚斯告訴柴耶斯特斯，他剛剛吞下肚子的其實就是自己兒子的肉。他的弟弟驚愕不已，一陣噁心反胃，詛咒阿楚斯和他的兒子，然後又一次被逐出邁錫尼。

孤零零又身心具疲的柴耶斯特斯，來到狄菲神殿想要尋求神諭得知能夠報復自己哥哥的方法。女祭司告訴他，要達成這個目的，他必須先與自己的女兒佩洛皮亞孕育一個孩子，但他已經多年未見女兒了。柴耶斯特斯光想到這就覺得害怕，於是打消念頭，繼續旅行至伯羅奔尼撒北部的錫西翁。當他某天夜裡經過一座森林時，他遇見一群年輕女孩正在森林裡慶祝阿提密斯的儀式。他不想要現身褻瀆這場敬拜，於是便躲在樹後偷偷觀看。領舞的舞者是一位特別漂亮的女孩，她不小心踩到祭祀壇中央的一灘羊血因而離開群眾，到附近的溪水清洗她的袍子。柴耶斯特斯趁機跟著她，凝視著她脫下衣服在水裡搓洗著衣物。然後他偷偷接近女孩一把捉住她，把她壓制於地，就在森林裡成功侵犯了少女。這名少女正是佩洛皮亞少女無力反抗如此強壯的陌生人，但她在他離開前，偷走藏起他的劍，之後把武器放在阿提密斯神殿的祭壇下方。

亂倫而生的王子

而與此同時，邁錫尼的土地生長不出作物，這全是阿楚斯殺害侄子的血腥罪行為國家帶來的懲罰。他來到錫西翁附近的神廟尋求解決之道，但卻有人告知他如果想要邁錫尼復甦繁榮，必須把柴耶斯特斯帶回邁錫尼。神諭並未提到柴耶斯特是生或死，阿楚斯也從未詢問。但在他離開之前，他看到神廟附近站了一個年輕美女，他為之傾倒，問她願不願意成為他的妻子，卻不曉得對方其實是他的姪女佩洛皮亞，也不知道她早已懷了父親柴耶斯特斯的孩子。女孩同意了，跟著阿楚斯回到邁錫尼，渾然不知他就是自己的伯父。過了九個月不到的時間，她產下一個兒子，取名為艾吉斯策斯。

時光飛逝，阿楚斯仍持續尋找柴耶斯特斯，最後他派出兩名兒子阿加曼儂和米奈勞斯來到狄菲神殿尋求神諭，詢問天神到底該往哪裡去才能找到自己的弟弟。奇蹟似地，柴耶斯特斯也正巧在阿波羅的神諭所尋求報復阿楚斯的方法。當阿加曼儂和米奈勞斯認出叔叔，他們簡直不敢相信自己的好運，然後便強行架著他回到邁錫尼。能夠把弟弟抓回來，讓阿楚斯興奮不已，他下令將他關入監獄，然後命令另一個兒子艾吉斯策斯帶著利劍去殺了監牢裡的叔叔。

艾吉斯策斯樂意為父親執行任務，於是打開包裹地好好的利劍，這把劍是母親佩洛皮亞最近送給他的。他下了台階，來到宮殿裡的潮溼地牢，然後命令囚犯跪下。柴耶斯特斯認出年輕人手中的劍，詢問他是如何取得這把劍的。在艾吉斯策斯告訴他之後，柴耶斯特斯向正欲處決他的人吐露事情，其實艾吉斯策斯正是他的兒子，是數年前他與自己的女兒所生下的孩子。艾吉斯策斯請母親來到地牢，在她證實了故事真實性之後，佩洛皮亞隨即取回利劍，往自己的心臟猛然刺了下去。這一切對艾吉斯策斯來說太過震憾了，他到剛剛才曉得原來自己是因亂倫強暴而出生，而他實際上也並非阿楚斯的兒子，阿楚斯則一直都在迫害自己的生父。他帶著沾滿母親血肉的劍回到王位室，然後把劍交給阿楚斯。國王視此為柴耶斯特斯已死的證據，但由於他太過興奮，以致於並未注意到艾吉斯策斯悄然走到他背後，往他的背部猛刺而去。

接著艾吉斯策斯從地牢釋放了柴耶斯特斯，協助他登上邁錫尼王位。阿加曼儂和米奈勞斯逃逸至外地，在斯巴達尋求廷達瑞斯國王的庇護。待時機成熟，他們又返回邁錫尼，再次把柴耶斯特斯趕出王國。阿加曼儂成為國王，仁慈寬厚地原諒他同母異父的哥哥，不計較他殺害父王的事。艾吉斯策斯看似感恩，生活既平靜又安定，忠誠地服侍著阿加曼儂，但艾吉斯策斯對阿楚斯家族的憤怒，卻在平靜的表面下熱血沸騰著。艾吉斯策斯全心的奉獻最後獲得報酬，阿加曼儂出兵遠征特洛伊時，讓他升格成為邁錫尼攝政者。國王臨行前把王國交給他，囑咐他好好照顧他的妻子克莉坦娜絲查，直到他歸國為止，艾吉斯策斯也恭敬不如從命地照做了。

急欲復仇的母親

阿加曼儂在奧里斯供奉少女伊菲姬妮亞後，在特洛伊戰爭時期，只剩下女兒伊萊克查和小兒子奧瑞斯特可以好好安慰他們的母親。多年來，克莉坦娜絲查內心醞釀著怨恨與苦澀，直到她終於想清楚。無論過去她曾如何深愛阿加曼儂，這一切都早在奧里斯祭壇上阿加曼儂殺了女兒後煙消雲散。

特洛伊淪陷的消息終於傳至邁錫尼，眾人等待國王凱旋歸來的這天總算到來。消息是以火炬的方式送達，堡壘高塔上的看守人，見到城市北方的山峰上烈火跳躍，於是便知道國王要回來了。克莉坦娜絲查很久以前，便設定點燃一系列的信號火焰，所以在普萊姆的城市遭到攻陷時，她就會比其他人更早知道阿加曼儂正在回家的路上。她的手下在靠近特洛伊的愛達山點燃烈火，之後又由西方的蘭姆諾斯島同伴接手，這盞火光讓希臘本島阿蘇斯山的看守人瞥見，然後他點燃火焰，通知帖撒利和波奧西亞的人，一路經由雅典、然後經過海灣，直至邁錫尼。在焚燒特洛伊城的灰燼殆盡之前，克莉坦娜絲查早已準備好迎接丈夫歸國。

經過數周後，阿加曼儂停泊於接近阿哥斯的海港，然後駕上他的馬車，回到他在邁錫尼的宮殿。看到自特洛伊滿載而歸的金銀財寶，民眾簇擁夾道歡呼。曾經也有自己奴僕的女奴隸，如今正邁向自己慘澹的嶄新人生。但普萊姆的女兒卡珊德拉，卻坐在駕車的阿加曼儂身邊，行經他列祖列宗的墳墓，進入邁錫尼莊嚴的獅子城門。

克莉坦娜絲查也在城門，歡迎丈夫光榮歸返，為他舉辦盛大的慶典，她在他面前鋪上一條價值不菲的緋紅地毯，地毯腥紅如鮮血，讓他的腳在走向王位時，不會直接踩在地面。阿加曼儂駁斥她，說這等榮耀比較適合天神，而不是一介凡人，但他的妻子說服他，他在特洛伊搜刮的光榮戰績，已證實他值得這一切。然後他囑咐妻子，帶領卡珊德拉準備服侍。

皇室隨行人員進入宮殿，但唯獨卡珊德拉被皇后留在門廊外。這時，她赫然發出一陣慘叫，大叫著她見到四處都是血跡，嬰兒遭到屠殺，然後被父親吃下肚子。她預見這個受到詛咒的廳堂裡，出現一次又一次的謀殺案，她自己也將難逃一死。但城裡的人卻不斷安撫她，告訴她這些都是過去的事情了，阿楚斯家族現在很平靜安然，然而卡珊德拉卻一個字也聽不進去，只是進入國王的臥室，等著接受自己逃不掉的命運。

接著，從宮殿裡傳來一陣懾人的慘叫聲，是一個男人不支倒地的呼喊，以及一個垂死女人的呻吟聲。邁錫尼市民群聚在宮殿門外，直到最後克莉坦娜絲查手裡拿著滿是鮮血的劍，步出宮殿宣稱：「任務總算完成，國王已死。我等這天等了好久，自從他為了特洛伊戰爭殺了我的寶貝女兒，我就一直等待良機，伺機而動。我願意坦承確實是我親手殺了他，我砍了他三刀，這是場撫慰我女兒亡靈的血祭儀式。他的鮮血如滂沱大雨，不停墜落於大地，我也殺了他身邊的娼妓。謝天謝地，正義總算獲得伸張。」

眾人無一不感到驚恐，但這時克莉坦娜絲查的愛人艾吉斯策斯卻驕傲地站在她身旁，四周圍繞著全副武裝的男人，她宣示他們兩人會一起治國。人民無能為力，只能對新國王和皇后屈膝鞠躬，但在內心深處他們卻向天神祈求報復。

無止盡的報復

克莉坦娜絲查在謀殺阿加曼儂之前，曾經派出兒子奧瑞斯特前往狄菲神殿附近的王國，藉此移除對她的計謀可能造成的威脅。然而，他卻把女兒伊萊克查留在家裡。弒夫之後，克莉坦娜絲查把丈夫的屍體埋在宮殿附近，但在這之前，她先是砍下了他的生殖器，然後擺在他的腋窩下方，如此一來，便可讓孤魂野鬼無法報復。隨著時間慢慢過去，沒有人敢去阿加曼儂的墳墓祭拜，唯有伊萊克查會偷偷倒上一些酒，撫慰父親飽受折磨的靈魂。

有一天，有兩位陌生人出現在阿加曼儂的墓前，他們遵從傳統習俗，清除墳墓上的雜草，然後在墓上放下一撮頭髮。其中一人叫做皮拉德，另一人則是他的朋友奧瑞斯特。這兩人站在墳塚前祭拜時，奧瑞斯特見到一位年輕女孩走了過來，於是他躲在一棵樹後。原來是他的姊妹伊萊克查上前祭拜父親。在這麼荒蕪冷清的地方，她卻看見地上有男人腳印，以及墳墓上一束祭拜用的頭髮，讓她感到詫異不已。腳印和頭髮看起來都很像她自己的，於是她知道是她的哥哥回來了。奧瑞斯特從樹後走了出來，兩人互相擁抱，奧瑞斯特詢問，在他不在家的這幾年來，究竟發生了什麼事情。伊萊克查告訴他，自從父親遭到謀殺之後，她的人生就是一片漆黑，她也告訴哥哥他們邪惡的母親不斷受到惡夢侵擾。在夢裡，她產下一條蛇，蛇以利牙撕裂她的身體，然後吸吮著沾滿鮮血的母乳。奧瑞斯特說，他就是那條蛇，是阿波羅派他來的。阿波羅透過狄菲神殿的神諭告訴奧瑞斯特，他必須為父親報仇。天神向他透露，父親的陰魂在地府心有不甘地大聲叫喊，要他人為他報仇。邁錫尼發生了如此可怕的謀殺，王子理應回來，解決掉他心性邪惡的母親，以及靠謀殺奪取父親王位的人。伊萊克查聽聞之後，感到十分欣慰，詢問有沒有什麼她能幫得上忙的。於是奧瑞斯特告訴她，要她回到宮殿後，千萬別對任何人說她看到他回來的事情。他會掩飾自己的身分進入宮殿，然後實踐計畫。

很快地，奧瑞斯特和皮拉德假扮成旅人，操著狄菲當地的方言，出現在獅子城門前。他們要求晉見皇后，因為他們要傳遞一則悲傷的訊息。當克莉坦娜絲查引領他們進入城門時，他們告訴克莉坦娜絲查，他們是帶著壞消息前來的，她的愛子奧瑞斯特已歿，現在不過是一把裝在銅甕裡的骨灰。克莉坦娜絲查奔進宮殿裡痛哭，但藏在淚眼底下的實為一抹難以掩飾的笑意。心頭大患這下總算消失了，現在她與艾吉斯策斯總算可以安然度過餘生，不必擔心奧瑞斯特歸來對他們犯下的罪行進行報復。

但這時克莉坦娜絲查卻聽見一聲哀號從宮殿中庭傳來。她跑出室外，見到年輕的陌生人手裡，握著一把血淋淋的劍。他告訴她，他就是她的兒子奧瑞斯特，他剛剛總算結束了艾吉斯策斯的生命。奧瑞斯特接著說道，現在輪到妳了。但克莉坦娜絲查卻緊抓著他的膝蓋，乞求他手下留情：「你真的打算殺了我嗎？我可是你的親生母親，從你還很小的時候就養育拉拔你長大，把你抱在我的懷裡。是的，我是殺了你的父親，可是那也只是因為他殺了你的妹妹。我這麼做是為了替我的孩子報仇啊！」

奧瑞斯特陷入兩難，他受阿波羅派遣殺了她，但他又怎麼可以殺了養育自己的母親？

手刃親母的代價

帶著鋼鐵般的決心，他高舉利劍，往克莉坦那絲查身上刺了下去。他認為天神的旨意必定高過血親的聯繫。但此刻他望著腳邊的母親，難以相信自己竟然做了如此可怕的事。這個復仇的循環是否將永遠如此下去？他的曾曾祖父殺了兒子，然後供奉天神食用兒子的肉。之後皮洛普斯生下兩個兒子，他們也是終其一生不斷策畫對彼此的復仇和反復仇計畫，中間夾雜著強暴、自殺和謀殺。他的父親在祭壇上殺了妹妹，逼得母親也殺了父親，而他現在則殺了母親，又成為無止盡的暴力與死亡循環的一節。接著會是誰來奪取他的性命？

狄菲神殿的阿波羅女祭司早晨醒來淨身，一切看似神廟裡再平凡不過的一天。向大地之母蓋亞禱告之後，她又向正義守護者特密斯祈禱，最後是阿波羅神。結束後她坐在她的三足鼎上，在大地一處裂縫上頭，嗅著神聖的煙霧，如此一來便可與阿波羅溝通。等會兒會有農夫前來詢問，是否該買下橄欖樹園，或者父親會前來詢問意見，女兒的哪一位追求者，才是成親最好的選擇。也許某位異鄉的國王會派來使者，詢問是否該侵略鄰國。問題永遠是一成不變，慣例也不會出現例外。

但當她步入神殿大門時，她看見一個景象，害得她花容失色地連忙轉過身，一路驚聲尖叫跑走。有個男人躺睡在中心石上方，就在大地的肚臍之上，手裡握著一把沾血的劍，另一手則拿著懇請時使用的橄欖枝葉。在聖所祭壇周圍，有幾個女性生物，渾身包裹著黑色破布，頭髮如蛇，空氣裡瀰漫著一股死亡之息；她們是復仇女神，特別前來追趕弒母的奧瑞斯特。

阿波羅安靜地進入自己的神廟喚醒奧瑞斯特，請他前往雅典讓女神雅典娜介入裁決。當年輕的少年離去之後，克莉坦娜絲查的陰魂出現了，她喚醒復仇女神，提醒這是她們神聖的職責，要對殺親之人投以報復。阿波羅厭惡地命令她們全部離開他的聖所，此舉讓復仇女神出言訓斥，因為很明顯地，阿波羅並不尊重她們的神職。但阿波羅仍告訴她們前往雅典，雅典娜會聆聽她們的案件。

在靠近雅典衛城的阿瑞巴古斯山丘上，雅典娜舉行了一場審訊大會。奧瑞斯特身為被告人，復仇女神則是起訴人，雅典娜選出雅典人民當陪審團，而她自己則是主持的法官。復仇女神辯稱，她們的職責既悠久又神聖，倘若沒有因流血事件而產生憤怒，就不會有公正的動機，如此世界必會向後倒退，回到當初由卡厄斯主宰、諸神尚未誕生的時期。然而又有什麼罪行比得上弒母之罪？母親可是孕育孩子的人啊，她們告訴雅典娜，如果她無罪釋放奧瑞斯特，那這個社會上，維繫神人關係的聯繫，就會一夕間分崩離析。

阿波羅為奧瑞斯特辯駁，這位少年只是為了阿加曼儂才向母親報仇。難道父子間的聯繫就不神聖了嗎？生育自己的父親遭人謀殺，而他謀殺報復兇手，何錯之有？復仇女神聲稱克莉坦娜絲查的罪行雖然重大，但她殺的對象與她並無血緣關係，夫妻是靠誓言結合，而非血緣。奧瑞斯特殺了母親，因此他的罪狀應該更重。

就在此刻，阿波羅提出大膽的論點維護奧瑞斯特。這孩子事實上與母親並無血緣關係。他爭論女人只不過是丈夫種子的接收者，在她的體內孕育著種子直到孩子準備好出生罷了。由於是麵包師父捏製麵包而非烤箱，同理可證父親才是孩子生命的源頭而非母親。他聲明自己的論點，可由眾人面前的法官得以證實，雅典娜就是從父親宙斯的額頭蹦出，而不是母親的子宮。

阿波羅結束他的論述後，雅典娜仔細思量這番爭論。隨後她判阿波羅的論點正確，應該無罪釋放奧瑞斯特，但她也承認文明的正義系統也應需有憤怒的存在。因此她鄭重邀請復仇女神跟她一起住在雅典，就在阿瑞巴古斯山丘底下成為雅典城的正義基石。

復仇女神接受這項提議，於是開始住在審判山丘底下。此刻雅典娜宣讀坦特勒斯家族牽扯五代的謀殺與復仇正式走入歷史。

奥德修斯
Odysseus

樸實慧黠的國王出征

經過十年漫長的特洛伊戰爭之後，希臘英雄紛紛航海回到祖國。阿加曼儂很快回到家人的懷抱，雖然沒多久他就死了，家人相聚時間短。有些人因眾神的盛怒被風暴吹到遙遠國度，但最後還是成功歸返希臘。有些人則喪生大海，深深墜入波塞頓的深海王國。唯有一名特洛伊奮勇抗敵的英雄生死不明，一年又一年過去，卻始終沒有人知道伊撒卡國王奧德修斯的命運。有人說他得罪波塞頓因此不幸葬身大海。但也有人說，他在遙遠國度找到屬於自己全新的王國。就連他自己的妻子潘妮洛普以及他們已長大成人的兒子鐵拉馬庫斯也無從得知奧德修斯的下落。希臘艦隊帶著勝利離開，揮別特洛伊殘存的廢墟，至今已經過了十年，但奧德修斯仍未返家。

就在伊撒卡嶙峋的山丘底下，鐵拉馬庫斯坐在搖搖欲墜的房屋中庭，國王的宮殿充其量不過是個大型農舍罷了。奧德修斯的宮殿屹立在希臘世界角落的一座窮困小島上。米奈勞斯也許正在斯巴達以白銀酒杯飲用醇酒；而老涅斯特的女兒也許在皮洛斯穿金戴銀；但在伊撒卡就連皇室成員也得下田耕作，食用簡便餐食。奧德修斯過去勤儉度日，他們努力儲存下的糧食用品也在過去幾年被前來追求潘妮洛普的食客消耗殆盡。潘妮洛普雖然已不若以往年輕，但時值中年的她依舊如花似玉。伊撒卡人民認為，奧德修斯肯定已不復在，潘妮洛普應該再嫁才是。就連她的父母都逼迫她快點結婚，但鐵拉馬庫斯和潘妮洛普依然等待著國王返家。皇后曾試著逼追求者退出。她為奧德修斯的父親編織壽衣，奧德修斯父親雷特斯年事已高，住在伊撒卡鄉間。潘妮洛普說等到壽衣完成她就會做出抉擇。她在白天紡織，晚上則在黑暗之中偷偷拆掉白天織好的部分，但眾人仍舊識破她的技倆。潘妮洛普繼續拖延做決定的時機，但根據古代待客的規定，所有前來家裡的客人都應該受到歡迎和禮遇，即便這些新郎候選人幾乎吃盡他們的家產，還在夜裡勾搭女奴僕。

踏上千里尋父之途

唯有眾神知道奧德修斯的命運。在奧林帕斯大神中最關切奧德修斯的人，就屬詭計多端的戰爭守護神雅典娜，奧德修斯命運多桀，但他總能身處各種困境中找到解決問題的出口。雅典娜看見鐵拉庫馬斯獨自坐在中庭，追求者則在一旁貪婪地享用餐點。她自奧林帕斯仙境飛了下來假扮成遠航而來的塔菲昂國王門鐵斯。鐵拉馬庫斯見到訪客立刻起身歡迎，請他坐在桌邊的尊座，為客人斟酒。待客人酒足飯飽之後，鐵拉馬庫斯問他身分為何、為何來到伊撒卡？這位男人說，他是奧德修斯的老友，想來看看他是否已經回到家。鐵拉馬庫斯哀傷地搖搖頭。這名訪客則如慈父般一隻手輕放在他的肩膀上，安慰鐵拉馬庫斯要他先別絕望：「奧德修斯還活著的，我年輕的朋友，千萬不要懷疑！沒有什麼能阻止他返家的，他也許回來得遲，但他始終會回來的。不過，你為何乾巴巴坐著等待呢？領船航海至皮洛斯詢問涅斯特他是否曾耳聞些什麼啊。或者去斯巴達看看米奈勞斯是否有何消息。好消息會找上主動尋覓的人，而不是默默等候的人。當個有擔當的男人吧，鐵拉馬庫斯，出門尋找自己的父親。我告訴你，等他終於歸返時，他的身邊會需要一個男人協助他趕跑這群卑鄙的追求者。」

女神的這一席話讓鐵拉馬庫斯勇氣倍增，他起身開始準備遠行。他告訴母親要外出尋父。這也是他生平第一次堅持己見，即使母親說他還太年輕，他仍堅持到底。於是鐵拉馬庫斯召集伊撒卡的老者，與他們調來一艘船及水手，準備沿著海岸航行至皮洛斯。他語帶威權與信服力，對島上人民宣佈該是時候要找出國王是否仍在世。如果國王還活著，他會帶回消息，甚至可以成功帶回父親。但如果不是，他會請母親改嫁。潘妮洛普從未聽兒子如此發表演說，一方面為他感到驕傲，一方面卻也害怕大海的暴風雨會讓她痛失愛子。以安提諾斯為首的追求者表達支持，但其實心懷不軌。他們想要趁鐵拉馬庫斯從皮洛斯歸來時，設船埋伏鐵拉馬庫斯，謀殺他之後就可高枕無憂了。美麗的潘妮洛普終將歸屬他們其中一人，奧德修斯的國土和王位亦然。

鐵拉馬庫斯航向黃沙滾滾的皮洛斯，途經科林斯海灣的入口，然後沿著靠近奧林匹亞的海岸，來到伯羅奔尼撒西部的麥森尼亞國，最後他抵達大半島西南側的陸岬。涅斯特的堡壘就巍然矗立於海浪之上。這天國王正好在海邊奉獻九頭黑公牛給波塞頓。雅典娜陪伴年輕的鐵拉馬庫斯前來，這次她扮成伊撒卡一名備受尊崇的長者曼陀，他也是奧德修斯的好友。女神要他放下男孩的羞怯主動去找涅斯特。於是鐵拉馬庫斯上岸後，就主動接近聚會地點。國王和與他年紀相仿的王子庇西特拉圖，立刻歡迎他的到來。全船的船員接受邀約，參加祭祀過後的聚餐，好好讓主人招呼他們，享用烘烤牛肉條及美酒。

用膳完畢後，涅斯特詢問這群陌生人的身分，鐵拉馬庫斯起身對國王說話，感謝他的盛情招待，也報上自己的名字。他說他在尋找關於父親奧德修斯的消息，任何消息他都會感激不盡。涅斯特很開心與老友的兒子共進晚餐，與他分享許多特洛伊城牆下的故事。然而不幸的是，對於他父親的命運涅斯特是一無所知。他要鐵拉馬庫斯把船擱於岸邊，通過涅斯特的國家，前往內陸的斯巴達。他可以在那裡找到米奈勞斯國王和美麗的海倫皇后。也許他們能協助他尋人。

鐵拉馬庫斯致謝老涅斯特之後，就讓其子庇西特拉圖帶領他，兩人隔天清早躍上馬車，跨越群山前往斯巴達。守護著米奈勞斯之城的山脈映入眼簾，鐵拉馬庫斯從未見過如此高聳的山脊，最後他們經過高低起伏的通道，總算抵達埃羅塔斯河谷及斯巴達城。米奈勞斯富麗堂皇的皇宮並不難找，就位於山腰上，俯瞰著整座城鎮。這兩位年輕人將馬車停靠於城門前，尋求晉見國王。

特洛伊戰爭的英雄事蹟

米奈勞斯蓄著鮮紅色的頭髮，相當容易辨認，他熱情歡迎訪客，帶他們到廳堂裡，讓他們梳洗旅途的疲累困頓，然後到餐桌上用餐。晚餐結束後，他詢問客人身分為何，這時他的妻子海倫走進屋裡，咬定他肯定是奧德修斯的兒子，因為他與父親長得實在太神似了。鐵拉馬庫斯證實海倫的猜想，自己確實就是失蹤已久的國王之子；他詢問米奈勞斯，可有父親的消息，如同涅斯特，米奈勞斯見到摯友的兒子也欣喜若狂，告訴他關於他們在特洛伊的種種事蹟，以及所有在遙遠海岸痛失的戰友。國王為失去的朋友潸然落淚，海倫也頻頻拭淚。聽著自己父親的故事，鐵拉馬庫斯的眼淚也不自覺滑落臉龐。

海倫捉著年輕客人的手臂，告訴他自己記憶猶新的事件。奧德修斯曾假扮成乞丐潛入特洛伊城，大家都被他耍得團團轉，只有她知道真相。她說自己私底下是站在希臘人這邊的，而且盡自己所能協助奧德修斯，進行間諜任務。她甚至把他藏在自己的閨房，之後再帶他安全走出特洛伊城。

米奈勞斯說，他的太太說了一個好故事，但他還記得另一個。木馬被拖入特洛伊城後，他和奧德修斯與其他戰友躲在木馬的肚子裡，當他們靜悄悄地等待良機時，只要有人發出一個聲響，肯定就會被發現，因而連累大家喪命，就連他們攻城的計畫也會化為泡影。然後他從一個小洞孔，看見海倫與特洛伊戰士接近木馬。她對於這分希臘人留下的大禮，抱持十分懷疑的態度，於是她繞著木馬走了三圈，撫摸牠的腿足，對她懷疑躲在木馬裡的士兵，裝出該士兵太太的聲音，呼喚他們的名字。大多數的希臘士兵都險些上當，對她發出回應，但幸好奧德修斯以手摀住他們的嘴巴，直到他們恢復理智了才鬆手，因而阻止了海倫狡猾的計策。

斯巴達國王與皇后間瀰漫著一股緊繃的氣氛，就連鐵拉馬庫斯都可以感受得到，但此刻他再度開口，詢問他們是否曾聽見任何風聲或謠言，為何父親尚未返家。米奈勞斯轉過身，背對皇后告訴他自己在返家的途中所聽聞的事。由於奧德修斯並未好好侍奉天神，因此也遲了好幾年才回到家。風勢把他一路吹至埃及，他來到一個名為法洛斯的沿岸小島。米奈勞斯把船隻停泊於此，然後為了飢餓難耐的船員前往找尋水源和食物。不久他遇見一個深具同情心的海精，她告訴他該上哪兒尋覓糧食，另外提及她的父親普羅投斯也住在附近；普羅投斯是一名天神，他知道所有事情，如果米奈勞斯想要知道家鄉或朋友發生的事情，可以逼迫天神開口說出事實。

受困小島的奧德修斯

米奈勞斯想要知道所有事情，於是他潛入普羅投斯的海邊洞穴，然後躲在他飼養的海豹之中。當天神進入洞穴，躺下準備就寢時，米奈勞斯忽地跳到他身上，不肯放手，擅於變身的天神化為蟒蛇、黑豹、野豬、巨浪和高聳入半空的巨樹，卻無奈怎樣也擺脫不了米奈勞斯。最後他變回原始的樣貌，嘆了口氣，詢問米奈勞斯到底想要什麼。國王說他只想知道希臘的消息，好準備返家之途。普羅投斯告訴他，他的王國安全無虞，但他的兄弟阿加曼儂已不幸遭到謀害，慘死於邁錫尼。米奈勞斯聽聞此事，掩飾不住哀傷，但天神告訴米奈勞斯其他偉大戰士的命運時，他仍然冷靜地洗耳恭聽，其中亦包括了詭計多端的奧德修斯。普羅投斯曾見到伊撒卡國王，坐在女神卡麗騷小島的海岸，女神一直偷偷藏匿他，奧德修斯想到遲遲無法抵達的家鄉，因而日漸憔悴削瘦，忍不住掩面哭泣。米奈勞斯對鐵拉馬庫斯說出他所知道的內情，但奧德修斯是否仍在那座小島，或是已經啟航前往下一個國度，抑或已經拜訪哈得斯的陰間地府，這些都沒有人知道。

晨光灑落奧林帕斯山，雅典娜前來尋找父親宙斯。她向他鞠躬，詢問父親奧德修斯在遊盪離家二十年後，是否該是時候讓他回到家鄉了。他吃的苦難道還不夠多嗎？波塞頓的憤怒難道還未能獲得滿足嗎？宙斯同意地點點頭，喚來赫美斯。他派出使者赫美斯，前往卡麗騷遙遠的西方小島，告訴她可以釋放奧德修斯了。此事刻不容緩，也不再有任何藉口，這名流放戰士必須回家。

赫美斯飛下奧林帕斯山，來到卡麗騷的宮殿，發現女神身旁圍繞著仙女，正在編著頭髮。她歡迎赫美斯拜訪，但立刻知道他的來意。她壓根不想讓奧德修斯離開，但她又有何選擇？她前往小島東岸的海邊，這名流浪英雄正坐在岩石上望著伊撒卡方向的汪洋，眼淚不自覺溼濡臉龐。夜裡，他會到她溫暖的床邊與她共枕，卻非出於自願的。他的命運全操之於女神的手中。白天的時候他會來到這起伏的海岬，思念著遠方的太太與兒子，想到兒子現在已經長大，也想到自己年邁的老父親雷斯特。

卡麗騷告訴他，她收到宙斯的訊息要放他離去。她甚至會協助他，航海離開她的小島。但她警告他跟女神待在一起能夠獲得青春永生。凡人的太太根本不能給他比這更好的事物。

奧德修斯答道：「女神，妳說的對。我的潘妮洛普美貌不若妳，我知道現在她的頭髮肯定開始斑白了，臉上一定也出現第一道皺紋了——畢竟她不過是個凡人，不若妳擁有永恆青春。即便如此，我依舊日日夜夜思想著她，想要再次見到她，撫摸她的頭髮、她的臉頰。青春永生？確實是很慷慨的禮物，但失去妳所愛的人，永生又有何意義呢？我寧可短暫與我的潘妮洛普共度一生，也不要與其他人共度永恆的生命。」

話說到此，他開始利用卡麗騷帶來的木頭打造小船，他在船上儲存少許酒水及一袋食物，然後就與女神道別，獨自揚起船帆，他手握舵柄，往東航向伊撒卡。

整整十八天，他隨著背後吹來的和風航海，然後就在糧食耗盡之時，他見到海平面有座島嶼。但就在此刻，海神波塞頓見到海面上的奧德修斯，然後咒罵他在奧林帕斯仙境的弟弟：「宙斯，這就是你對待我的方式嗎？我只不過去拜訪衣索匹亞的朋友幾天，你就決定放奧德修斯航海回家？好吧，就算我無法阻止他，也能讓他的人生悲慘晦暗！」

語畢，他湊起雲朵，召喚暴風，讓狂浪拍打在小船身上。船帆破損、木板也崩裂破碎，閃電打在桅杆上，將它一分為二。奧德修斯被拋入海中，不斷拍打的巨浪撕裂他的衣服。唯有靠著海洋女神伊諾，他才得以抵達小島海岸，但此時的他卻已失去所有。全身光溜溜、疲憊不堪的他，浸泡在海水中，最後他倒在沙灘上，陷入無夢的深沉睡眠。

親切的國王收留

公主瑙西卡厭倦了宮殿生活，她躺在色彩繽紛的閨房，侍女陪伴在側，她決定了，她想要到海邊玩兒。但她的父親、偉大的阿爾辛諾斯國王，對於玩樂之事卻嗤之以鼻。他只想要女兒成天在家紡織，像個淑女一般學習正經的事物，可以嫁個好丈夫就好。

她跳下床，要她的侍女去哥哥的房間，把所有找得到的髒衣服，全部聚集帶來。她隨即前去尋找父親，她的父親正在中庭，與幾位貴族成員散步，然後她在父親耳邊說：「親愛的爸爸，我也不想在你忙碌的時候打擾你，但我實在擔心哥哥。有兩個哥哥已經結婚，但其他三個還在找老婆。可是說到他們的衣物，他們真的是無藥可救，老是隨意亂丟髒衣服，只穿他們找得到的乾淨衣物。他們要老是這樣的話，女孩子才不會願意多看他們一眼。讓我把他們的衣服帶到海邊，好好地洗個乾淨吧。也許會耗費一整天的時間，但我很樂意幫助我親愛的哥哥。」

阿爾辛諾斯不是傻瓜，他也知道女兒究竟在玩什麼把戲，但他疼愛女兒，也無法抗拒她的請求。於是他命令僕人備車，帶瑙西卡和朋友到海邊去。

等到公主和她的朋友來到海邊，她們盡快洗滌骯髒衣物，把衣物晾在岩石上，等它們乾，然後就開始在沙灘追逐嬉鬧。她們在海裡游泳，於海邊攤開野餐餐巾，彼此交換宮裡年輕男孩的小道消息，嬉笑著她們的父親會指派誰與她們結婚。隨後她們躺在陽光底下，享受這屬於自己的幾個鐘頭，沒有父母命令她們做東做西的悠閒時光。

奧德修斯在聽見年輕女孩的笑聲時，終於驚醒過來，他以為自己在做夢。現在日正當中，他環顧四周，然後看見自己躺在靠近沙灘的草叢。他見到自己的衣服已被暴風雨沖走，他現在的模樣看起來挺嚇人，全身覆蓋著鹽水和沙子。接著他又聽見聲音了，這才確定自己不是在做夢，他在卡麗騷小島上打造的船，帶他來到這個全新的小島，他不知道自己能否回到伊撒卡的家，因為他清楚了解自己的小島，而這裡肯定不是伊撒卡，不過這座小島看來也舒適愜意。他決定要接近這群女孩，問問她們能否帶他去找國王。

瑙西卡和朋友見到衣不蔽體的男人朝她們走來，全都驚愕地倒抽一口氣。他的模樣嚇人，但公主注意到奧德修斯的不凡，他散發著一種貴族氣息，讓她停下腳步，而未驚惶逃跑。她站在原地詢問奧德修斯想要什麼。奧德修斯先是誇獎年輕女孩的美貌，之後詢問她可否拿幾條破布，讓他裹住自己的身體，然後能否指引他方向帶他到當地的宮殿。瑙西卡命令侍女拿幾件哥哥的舊衫給他，然後告訴他附近哪裡有溪流，可以讓他洗淨身上骯髒的鹽巴與沙子。等到他結束之後，公主便告訴他，他正位於菲西亞人的小島，這座小島與諸神的關係良好，國王則是她的父親阿爾辛諾斯，他的結髮妻子是她的母親，優異的皇后阿瑞蒂。國王擁有許多戰士與船艦，但她告訴奧德修斯要是她帶著一名陌生男人回家，看起來恐怕不甚合宜，但他可以沿著道路走，然後輕鬆找到皇宮。

公主和她的同伴接著便收拾東西，踏上回家的路途，奧德修斯則思忖著該如何做才好。公主看似和善，但他也遇過許多人起初對他和善，但之後讓他吃盡苦頭，所以他最好還是謹慎一點，除非必要不要透露太多自己的事。但他向雅典娜祈禱，希望這是他找到歸途、回到伊撒卡前的最後一站。他請求女神居中調解，讓國王贈予他一艘船，可以航海回到潘妮洛普的懷裡。

奧德修斯前往阿爾辛諾斯富麗堂皇的宮殿時，他在路邊見到一位小女孩，小女孩願意當他的嚮導，她告訴他一些事情，關於這座令人讚嘆的小島及國王優良的品德，但她警告奧德修斯，小島居民是波塞頓的子嗣，對陌生人的態度戒備。幸虧有一層厚厚的迷霧籠罩他們，所以一路上都沒人看見他們，兩人就這麼安然無恙走進城裡。女孩告訴他應該先去找皇后，然後跪在她的膝邊懇求，因為對於來訪的陌生人，阿瑞蒂比她的丈夫更為寬厚。當他們進入果樹圍繞的宮殿時，女孩便祝他好運，然後就這麼突然消失了。不用多說，她正是偽裝之下的雅典娜女神。

奧德修斯鼓足勇氣，走進國王的王位室，趁任何人瞥見他以前，他已經跪在皇后面前，緊緊捉住她的膝蓋：「阿瑞蒂皇后，經過這麼多磨難之後，我來到您的面前，乞求您憐憫我。祈求天神賦予您富足繁榮，也希望您的孩子成為您人生的驕傲。至於我，我只需要一艘船，可以讓我回到我的母國。如果您曉得我經歷了多少磨難、走過了多少的路，您會樂意幫助您眼前這名可憐男人的。」

皇后與國王見到有人忽然出現在宮裡，向他們懇求，兩人著實嚇了一大跳，但他們也懂得待客之道，於是請他起身請下人送來一張椅子，讓他坐著享用酒肉飯菜。

一頓酒足飯飽之後，他們問這名神祕的陌生人身分為何，他來自何處。奧德修斯回答，他目前寧可先不提及自己的名字，但他可以告訴他們，他出生貴族世家，過去七年被困在泰坦神阿特拉斯之女卡麗騷的小島上。他最後終於逃離小島，抵達他們的海岸，現在的他只需要一艘小船，可以送他回到他的家鄉伊撒卡。國王說他可以協助他抵達家鄉，但現在就請在宮殿裡好好休息，隔天他們會準備豐盛餐點，歡送他回家。奧德修斯感謝阿爾辛諾斯，然後便到客房休息。幾年的痛苦折難，似乎終於快要畫下句點，只要他能夠回到伊撒卡。即使他曉得回到家裡，仍有許多難題等待著他，但至少他已經回到家了。

隔天夜晚，國王擺了盛大餐會宴請尊客，全國所有貴族也受邀前來。經過幾盤美食和幾杯美酒之後，國王請他的吟唱詩人狄莫多庫斯前來娛樂賓客。全體一致起身歡迎這位眼盲的歌者，他熟知歷史故事以及當地人民的故事，也知悉許多關於其他國度的歌曲，隨著他嘴裡開始哼唱，手裡也彈奏起豎琴。他唱到黑腓斯塔斯在奧林帕斯仙境，網羅住妻子愛芙羅黛蒂與阿瑞斯的故事，眾人一致歡呼叫好。然後有人提出，想要聽特洛伊的寓言，還有希臘人是如何攻下偉大的特洛伊城。狄莫多庫斯揚起音調，唱著足智多謀的奧德修斯的木馬計策，以及特洛伊人如何拖著這不幸的大禮，進入他們的城牆。他唱到希臘人當晚躲在木馬的肚子裡，在烈火吞噬特洛伊時，希臘人則痛宰特洛伊居民。

英雄的冒險流浪

奧德修斯坐著聽吟唱詩人唱出每一個字，彷彿自己也身歷其境。在他的腦海中，他又再次見到當晚的恐怖景象——勇敢的男人為了保護家人，一一倒在他們身邊，母親在兒女面前遭到他人侵犯，希臘人則在一旁大笑，孩子被仍出城牆外時，也忍不住驚聲尖叫——這一切的一切，全都是為了戰爭的榮耀。當晚奧德修斯屠殺了特洛伊的男人，他們的妻子則一邊失控地抽搐哭泣，一邊跌坐地面，之後希臘人拖著寡婦離開，踏上奴隸與羞恥之路。而現在奧德修斯也跟她們一樣跌坐於地，抽搐痛哭。菲西亞人帶著深切的憐憫心，望著奧德修斯讓他慢慢冷靜下來。然後阿爾辛諾斯拉了他一把，輕輕扶他入座。他再次問他究竟是何人。

「偉大的國王，尊貴的女士，菲西亞良善的人民。你們問我是誰，是什麼帶我來到這座小島的。這是個充滿痛苦折難的漫長故事，但如果你們想要聽，我願意告訴你們。我是奧德修斯，雷特斯之子，我所承受的苦，超越世上任何人所知。」語畢，他開始說起自己的故事。

很久很久以前的那天，我們歡天喜地離開特洛伊，風勢帶領我們的船艦往西，來到西科尼亞人的色雷斯國度，他們也是特洛伊的盟友。就在那裡，我與我的戰士攻下其中一座城鎮，然後屠殺了當地男人，帶走了女人和小孩當我們的奴隸。我與戰友分享成果，然後要他們趁更多西科尼亞人到達前，趕快航行離開，但他們不願聽我的話，只是坐在海邊喝光偷來的酒，然後沉沉入睡。隔天早晨，鄰近地區的西科尼亞人衝出迷霧，砍殺我的戰友。我們艱難地舉起青銅武器，與他們抗戰，但駕著戰車的他們，動作實在太迅速敏捷，逼得我們只有逃逸的分兒。許多在特洛伊抗戰十年的人，因為自己的愚昧，在當天命喪黃泉。

一陣暴風把我們吹離海邊，風勢吹得我們的船隻在海上載浮載沉，整整兩天兩夜。當太陽終於灑向伯羅奔尼撒，伯羅奔尼撒出現在船隻的右側時，我們已經精疲力竭。強風將我們送往想去的地方——家就在不遠處了！本來可以很快就見到家人的，但另一陣狂風暴雨又襲擊我們，比先前的暴風更加猛烈，將我們推入不知名的汪洋大海，長達九天九夜。在第十天的早晨，我們總算抵達忘憂國。我把我們的船艦拖上海岸，汲取乾淨水源，然後派出三名偵查人員，去內陸查看這裡住了什麼人。他們遲遲未歸返，於是我便和一群武裝的士兵前往內陸，進入備戰狀態。但當地人民卻無意傷害我們，他們熱情歡迎我們，給我們吃一種甜蜜的忘憂花果實。有些士兵品嘗後喪失回家的興致，他們只想要待在這裡，永遠食用甜美的忘憂果實。我抓著其中幾個人的脖子，逼他們回到船上，然後命令全部的船艦立刻划槳，離開這個海岸。

船隻航行至另一個陌生海岸時，我方人員的精神低迷，這是一個無人國度，內陸的山丘崎嶇不平，到處都是隨處晃盪的野山羊。我們在一個小海港找到錨地，於是就出發捉羊當晚餐，用過豐盛的晚餐之後，我們就安然地睡著，度過當夜。隔日天光破曉之時，我把大部分的士兵留在海邊，然後和幾個戰士離開海岸，前去查看這裡住著什麼樣的人。走了不消多久，我們就遇見一個山坡洞穴，入口處的大石頭擱置一旁，附近有群羊正在吃草，這群羊比希臘所見的羊隻還來得大。我帶著少許醇酒進入洞穴，希望能以酒交換食物，但卻無人在家。很快地，與我隨行的戰士便發現曬在架子上的乾酪，角落還有一圈小羔羊。

我們把這裡當做自己家，生火烤羊肉，然後吃著乾酪，等待牧羊人歸來。當天稍晚太陽西下之時，我們頓時聽到聲響，似有龐然大物接近洞穴，於是迅速熄滅篝火。這個走進洞穴的龐然大物，是我不曾見過的生物，他是一名巨人，高過三個男人疊起的高度，他的額頭上有一個巨大的眼睛。他走進洞穴，然後滾動巨石，阻擋出口，留下的空隙只有小老鼠才出得去。我和隨行戰士安靜地躲在角落，他則為他的羊擠奶，然後把凝乳擱置柳枝架上，讓它曬成乾酪。但在他點燃篝火時，他見到躲在陰暗處的我們。

「你們是誰？」他問我們。

「我們是希臘水手，」我回答他，「正在從特洛伊返家的路上，請看在宙斯的面子上，宙斯一向看顧旅人訪客，而我們只不過是想與你交換食物，隨後就會上路了。」

「你這個蠢蛋，」巨人說，「我是波利菲莫斯，一名獨眼巨人，我是波塞頓的兒子，而且我完全不在乎宙斯。」語畢，他伸出手，捉起兩名戰士的腳，然後他們就像小狗一樣，被他一把捉起，頭部猛往石頭上砸。他把他們的四肢與軀體撕裂，然後在我們面前，生吃地一乾二淨，連他們的骨頭與內臟都不放過。我們向宙斯大喊，希望他主持公道，但獨眼巨人毫不予以理會，與他的羊群一同進入夢鄉。我曾想過以利劍刺死他——但如此一來，又有誰能來幫我們移開石頭？我們和怪物被困在山洞裡，接著他會殺了我們所有人，把我們全部吞下肚子的。

我和其他戰士徹夜未眠，獨眼巨人隔天一早，又小心地把石頭歸位，將我們困在裡頭。我們試過各種方法，想要移開巨石，但都徒勞無功。我的戰士在旁哭泣祈求諸神時，我坐著思量該如何做才好。就在天黑之前，我想到一個妙計，然後告訴其他人，把我們帶來的酒，倒入獨眼巨人的碗。巨人當晚折返，又再次把我們關起來，於是我開口對他說話。

「力大無窮的波利菲莫斯，偉大海神波塞頓之子，請收下我們這分禮物。這是醇酒，出自人類之手，卻是來自天神的禮物。」

怪物拿起碗，一口灌下酒，然後又跟我們要了第二碗。在第二碗之後，他問我叫什麼名字。

「如果你答應給我一分禮物，」我說，「我會告訴你我的名字的。我的名字叫做『沒有人』——沒錯——就是『沒有人』。」

「真是奇怪的名字，」獨眼巨人說，「好吧，沒有人，我給你的禮物，就是我最終必會吞你下肚！」說完他開始大笑，又抓起另外兩名戰友，跟先前一樣生吞活剝。結束之後，他因飲酒而陷入昏睡，打呼的聲音之大，連整座洞穴都為之震動。

「拿出勇氣，」我對剩下的戰士竊竊私語：「現在是我們報復的時候了。」

我囑咐他們拿出一根木棍，然後在削尖之後，放入火中燒烤硬化。待一切準備就緒，我爬上一塊石頭，俯瞰呼呼大睡的獨眼巨人，然後把棍棒筆直插入他單眼的沉重眼皮。怪物痛苦地尖叫醒來，然後四處摸索，稍微移開擋住出口的石頭，空隙足以讓他對住在隔壁的車輪眼巨人呼救。

「救命啊！」他大喊道，「沒有人攻擊我啊！沒有人害我失明了！」

自遠處山丘傳來一陣回應：「閉上嘴，你這蠢蛋！不要大呼小叫的，如果沒有人傷害你，你叫我們要做什麼？」

波利菲莫斯隨即倒在洞穴地板，然後把石頭移回原位，他想用手摸索找尋我們，但我們的動作快得讓他摸不著。最後他終於倒在門前睡著，在夢裡也不斷因疼痛哀號。

隔天清早，咩咩叫的羊群吵醒獨眼巨人，因為牠們肚子餓了，想到外面的草地吃草。我要戰友迅速靠攏羊的腹部，如果他們還想活著出去，就捉緊羊兒切勿鬆手。然後波利菲莫斯再度移開石頭，站在出口處，一次只讓一隻羊通過。他小心謹慎地觸摸每一隻羊，以確定通行的是羊不是人，但他卻遺漏腹部的位置。我們努力憋著氣、不敢喘息，緊緊靠著捉住這群可愛的羊，成功地離開洞穴。

我們奔回仍停泊在小海港邊的船上，同行的戰士陷入欣喜若狂。當船員划船離去時，我見到波利菲莫斯踉蹌走向海邊的一條小徑，大喊著害他眼盲的人逃跑了。我的戰士都要我安靜別說話，但我實在無法不嘲弄這愚蠢的怪物：「喂，波利菲莫斯，你這齷齪的食人狂，小心不要絆倒受傷了！這下你該學會好好尊重招待客人。還有，我的名字不叫沒有人，你這傻蛋，我叫做奧德修斯，雷特斯之子，攻下特洛伊城的英雄。」

獨眼巨人朝我們丟擲巨石，但石頭只砸到船尾後方，並未造成傷害。然後他雙膝跪地，向波塞頓祈禱，詛咒我：「父親啊，如果我真是你的兒子，請你答應我，永不讓奧德修斯，雷特斯之子成功返家。但命運若非如此，至少讓這一天來得晚，讓他孤單無依、殘破不堪回到家鄉。」

波利菲莫斯如此祈禱道——而波塞頓也聽見他的禱告了。噢，我在離開那座小島時，真不應該多嘴才是！但愚昧如我，竟然報上自己的名字讓他知道，讓他用來詛咒我，使我受苦受難直至今日。

離開獨眼巨人的國度後，我們來到一座美麗的島嶼，那裡只有高聳入天際的岩石懸崖。這裡就是風王阿伊歐樂士的家，他的廳堂整天都瀰漫著烤肉的香氣。風王招待我們足足一個月，我則告訴他在特洛伊的漫長戰爭，以及戰爭到現在所發生的事。然後在我們離別之前，他給我一個以成年公牛皮製成的皮囊，裡面裝滿世界各處的風，但他放出西風把我們吹上航海回家的路途。

離開風王的小島之後，我們航行了九天，到了第十天，伊撒卡已近在咫尺！但由於我不眠不休操縱船舵，因此再也撐不下去，很快便倒頭沉睡。同行的士兵都嫉妒我，能夠擁有阿伊歐樂士的禮物，他們以為皮囊裡裝滿金銀珠寶，於是趁我睡覺的時候，偷偷鬆開袋口。各種風衝出皮囊，一陣颶風拋得我們的船翻來覆去，吹到離家遙遠的地方。很快地，我們就發現自己回到阿伊歐樂士的小島。我抱著謙遜的態度，來到國王的殿堂，請求他再派出一陣和風，送我們回到伊撒卡，但他輕蔑地責備我，竟然敢要第二次禮物，然後就讓我們空手而歸。多虧了船員的愚昧，我們現在離家的距離更遙遠了。

我們在平靜無浪的海上漂流了六天，到了第七天的時候，船隻抵達雷斯屈罕巨人的國度。黑暗從未籠罩此地，但日出與日落仍天天交會。我們航海進入深深的港口，發現安帝費提斯國王的宮殿。這個國家的人全是巨人，但他們看似友善，也親切歡迎我們進入殿堂。然後國王進來了，他抓起我們其中一個人，把他撕得四分五裂，當做晚餐吞下肚子。其他雷斯屈罕巨人也自四面八方奔來，像刺魚一般刺起我們的人當晚餐。有些人奮力逃回海港，但唯有我的船成功離開這座受詛咒的小島，這艘船也是許多年前，航海離開伊撒卡的十二艘船其中一艘。

我們內心雖為遇害的戰友感到難過，但仍繼續向前航行。我們孤獨迷惘地飄蕩在未知的海域，然後又見到另一座小島，疲憊不堪的我們便把船停靠在海邊。隔天清晨，我攀爬至船隻上方的懸崖，俯瞰小島中央飄來的裊裊炊煙，於是派出戰友尤里羅丘斯，帶領二十四名武裝士兵，前往內陸查看小島上住著怎麼樣的居民，他們是否願意協助我們。不到幾個鐘頭，他氣喘吁吁地跑回船上，要我們立刻啟航離開。我試著讓他冷靜下來，請他告訴我們究竟發生什麼事，但他恐懼地完全無法開口。最後他終於告訴我們，他們在森林裡經過一個宮殿，宮殿的大門以閃亮的青銅打造。有一位美人身旁圍繞著馴服的野獸，她為我們打開大門，然後招呼我們入內，但因為尤里羅丘斯覺得其中有詐，所以並未進入，不幸的是，其他人在喝下她提供的酒之後，全部都變成豬了。

我告訴船員，我們不能就此離開，因為我們已經失去太多人員，應該堅守自己的立場。我逼迫尤里羅丘斯帶我回到宮殿，然後再讓他回到船上。就在此刻，宙斯派來天神赫美斯，告訴我現在要進入的殿堂屬於偉大的女巫色琦，他讓我服用神奇藥草，說明藥草能夠保護我，不受女巫藥水的影響，說完人就消失了。

色琦來到前門迎接我，身旁圍繞著她的寵物，然後歡迎我進入宮殿，給了我一個高腳杯，要我喝下她的甜酒，好好休息一番。我一口灌下杯子裡的酒，然後把酒杯扔在地上，高舉利劍抵在色琦的脖子上，她很詫異我竟未變成豬，但也向諸神發誓，會把我的士兵變回原形，然後協助我再度啟航。我放過她一馬，然後在旁看著士兵一一變回人樣。之後色琦招呼款待我，請她的美麗仙女帶來留在船上的人。至此我們已歷經許多磨難，因此船員皆樂於享有美女相伴，以及色琦家裡招待的美酒佳餚，一場永不止息的餐宴。

我與我的手下在色琦的小島上住了一年，他們享受色琦侍女的款待，我則是每夜都來到色琦的床邊——這麼做是為了不招惹她生氣——我們就這樣忘卻了時間。但最後我提振精神，告訴女主人我們必須離開。色琦並未嘗試阻擋我們，但她警告我前面等待著我們的危機：「奧德修斯，雷特斯的尊貴之子，在你回到伊撒卡之前，會踏上另一個旅途，是任何船隻都不曾到過的地方。你必須遠行至陰曹地府，哈得斯的殿堂，並在那裡尋找明理的狄瑞西亞斯協助。」

這些話語讓我的心一沉。航海到陰曹地府？我詢問她這怎麼可能呢，她說在遙遠的北方之境，跨過大洋氏河水，就有個通往哈得斯王國的入口。狄瑞西亞斯的靈魂會告訴我，我所必須知道的事情，該如何完成我的旅途，又該如何與波塞頓和平共處。

眾人當晚欣喜若狂，最後一次大口喝下色琦的酒，也最後一次與她的仙女相好。其中一個水手，一名叫做艾爾佩諾的愚蠢年輕人，喝得醉醺醺的，在清晨時刻不慎摔下宮殿屋頂、跌斷了頸子，但啟航前我們卻無時間安葬他。我在出發之際，向船員說道：「各位，我們現在要啟程回到伊撒卡，但在此之前，我們必須去最後一個地方，我希望你們在這最後一次，也能夠完全信任我。色琦告訴我，除非我前往陰間，請示預言家狄瑞西亞斯，否則我們是找不到回家的路了。」

一開始眾人皆以為我在開玩笑，然後他們望著我的臉，知道我是認真的。但有誰能夠通往陰間，又安然歸返？他們問我。赫丘力士曾經到過陰間，奧斐斯塔麗雅也是，但他們都是上一個世代的偉大英雄，他們大喊道，而我們只不過是凡人，我們只想再度回到家，與家人團聚。就算我們如奇蹟似地，真的航海到哈得斯的國度，但也會躲不掉困在陰間的命運，永世不得離開。

但最後經過我多次說服，而非脅迫之下，我總算讓船員信服了，我們必須遊一趟陰間，否則永遠也回不了家。於是，我們最後一次回頭張望人間，然後就轉向前往日落之地，航向黑暗之心。

我不曉得旅程花費多長的時間，也許數周，也許數個月，最後我們抵達陽光永遠照耀不到的國度，萬物之間唯有永恆深沉的黑夜。我們把船隻停泊在荒涼的海岸，帶著祭祀用的動物登陸。我在了無生氣的海岸線見到一處沙地，於是用劍挖出溝渠，接著在洞裡倒入牛奶、蜂蜜和酒，奉獻給死者，然後再奉上水與大麥。這時我抓起羊，割破牠們的喉嚨，讓牠們黑色的鮮血流入溝渠，然後

我見到一個懾人心魄的景象，成千上萬的陰魂從黑暗緩緩升起，朝我簇擁而上，其中不乏年輕新娘與年長男人、孩子、戰死沙場的戰士。我從劍鞘抽出劍，令衝向鮮血的陰魂全部不許再前進，然後我在陰魂之間瞥見年輕的艾爾佩諾，他在色琦的小島上不幸喪生，比我們的船還快就抵達陰間。我讓他啜一口黑血，讓他可以開口說話，然後他乞求我，如果回到色琦的家，務必好好安葬他，我答應了他，然後看著他飄回黑暗之中。

下一個見到的人，引起我心底的悲憫與恐懼，讓我就在淒涼的海岸邊啜泣起來。這個人是我的母親安蒂克麗娥，在我航向特洛伊的時候她還活著，但現在的她，卻只是幽靈，這個一閃而逝的影像，曾經是拉拔我長大、疼愛著我的女人。但儘管我再怎麼想問她問題，在我和狄瑞西亞斯說過話之前，我還不能夠讓她靠近這灘鮮血。

底比斯預言家的陰魂出現在我面前，他飲用溝渠裡的鮮血時，示意要我放下手中的劍。最後他開口了。

「奧德修斯，雷特斯之子，你眼前的旅途艱辛，在許多海岸上，有更多的磨難和痛苦等待著你。你會來到老太陽神赫利奧斯的小島，他所飼養的牛群就在島上放牧吃草。但無論你多麼飢餓，都千萬別碰牠們。如果你不動牠們的腦筋，你必能安然回家。你回到岩石嶙峋的伊撒卡時，會發現一切已不若你離開前的模樣。即使你又當回一家之主，你的旅途卻尚未完成。你必須帶著船槳，一路來到遠離大海的山上，若有人最後開口問你，為何你肩上會扛著簸箕，請把槳葉深植於地，供奉予波塞頓。最後你就能獲得平靜。」

先知語畢便離去，退回黑暗之中。然後我讓母親往前走喝下鮮血，讓她可以開口說話。她一喝完，我就請她告訴我伊撒卡發生的點點滴滴，她是怎麼來到陰曹地府的。

「我的兒啊，追求美麗的潘妮洛普的惡徒，現在占據了你的家，但她抗拒他們的追求，至少現在還是，不過媳婦和孫子鐵拉馬庫斯，不可能永遠抵擋得了他們。你的父親雷特斯已經哀傷地選擇離家，來到鄉間小屋過著貧民的生活。至於我呢，我再也等不到你回來了，我親愛的奧德修斯，我太思念你，思念到生命都耗盡了。」

眼淚如雨水般撲簌簌淌下我的臉頰，我三度伸出手想擁抱母親，但雙手卻穿過她煙霧般的陰魂。

其他人也喝下溝渠裡的血，偉大英雄的母親如產下卡斯特和波樂克斯的麗妲，以及伊底帕斯的母親柔卡絲塔；然後戰士也跨步向前，這群我在特洛伊認識的朋友。阿加曼儂的靈魂也在其中，他告訴我他死於妻子克莉坦娜絲查的毒手，警告我不得相信女人，就連潘妮洛普也一樣。然後英勇的阿基里斯喝下鮮血，我恭喜他成為陰間最出名的陰魂，但他卻語帶嘲諷地對我說道：「光榮耀眼的奧德修斯，如果你以為這裡有榮耀可言，那你真是個傻蛋，我寧可在希臘當窮苦農人的奴隸，也不願意在陰曹地府稱王。」

我也見到強壯的阿賈克斯，但他轉身離去不願喝下鮮血，他還在氣我贏得阿基里斯的盔甲，而不是他。

我看見坦特勒斯在那兒，接受永無止盡的折磨，努力想摘取果實、嘗試喝下一口隨之消失的水，卻一再徒勞無功；我見到薛西弗斯不停滾動石頭上山，隨後又滾下山丘；我甚至與赫丘力士說到話——但卻是他部分遭毀的凡人靈魂，而非住在奧林帕斯仙境的天神赫丘力士。我也見到提修斯、米諾斯、強悍的獵人奧利安，以及其他無數的人，前來汲取鮮血飲用。但很快地，太多死者蜂擁而上，我再也無法鎮壓他們。恐懼爬上我的心底，在陰間的陰魂淹沒我們之前，我呼叫船員備船出發。成群的靈魂蜂擁至海岸、大喊著要更多鮮血時，我們已經剪斷繩索，航行逃離了。最後我們將陰間抛在身後，開始啟航前往光明生命的世界。

我們回到色琦的小島，就如承諾所言我們安葬了同伴艾爾佩諾的遺體。美麗的女巫歡迎我們從地府回來，然後拉著我到一旁，警告我將接踵發生的事情——誘惑、怪獸、更多戰友身亡，但此事我並未告訴其他人。隔天一早我們又啟程，踏上回伊撒卡的旅途。

一陣和風吹了好多天，但我們的船忽然靜止停在海面，於是大家拿起槳開始划。色琦告訴過我接下來會發生的事情，於是我把蜂蠟切成塊狀，遞給船上的組員，要他們把蜂蠟緊緊塞入耳朵，直到危險過去。然後我命令他們，拿出兩條繩索，把我綁在桅桿上，這樣一來，就只有我才聽得見金嗓女妖的歌聲。這群可怕的生物以甜言蜜語，妖惑著男人進入死亡的殿堂，從未有人能抵擋得了。水手奮力划著槳，通過金嗓女妖的小島，但我仍聽得見她們的歌聲：「歡迎你到來，奧德修斯，靠近一點吧，偉大的將士！我們知道你在特洛伊完成的功績，我們全部都曉得，也會對你吟唱你的豐功偉業，快來吧，迷失在你的過往吧。」

我因她們的歌聲陷入瘋狂，然後命令我的船員幫我鬆綁，我要前去找她們，但兩名同伴卻緊緊固定著我，不讓我掙脫，直到最後遠離堆滿受害者屍骨的海岸。

我們通過金嗓女妖的關卡不久，就遇見一個狹窄的海峽，一側是怪獸喜拉，她本是一名美麗少女，而今卻成了長有六顆頭的生物，專門抓取人類、生吞活剝。我們本來可以安然避過她，但另一側還有大漩渦恰利底斯，大漩渦會把通過的船隻攪入死亡命運。我們唯一的希望，就是快速通過喜拉和恰利底斯，不斷向諸神禱告，不要有人因而受害。然而喜拉卻忽然襲擊我們，帶走了六名勇士，他們在嚥下最後一口氣前，驚恐呼喚著我的名字。然後喜拉把他們帶回黑暗洞穴，在那兒將他們生吞下肚，而我們卻一籌莫展。我在特洛伊及歸途中見識過許多死狀，但這卻是最難以承受、也最怵目驚心的場面。

最後我們找到一座綠油油的小島，然後停泊於岸邊。我告訴我的同伴，我們應該繼續划槳前進，因為這裡是老太陽神赫利奧斯的小島，色琦警告過我，千萬別來這裡，否則飢餓的同伴恐會吃了老太陽神的牛。但他們乞求我讓他們休息一會兒，發誓他們絕不碰老太陽神的牛。起初他們確實信守承諾，但一陣強勁的南風，讓我們不得不待在島上，長達一個月的時間，直到我們耗盡糧食。飢餓折磨著我們的肚皮，夜裡我們則聽著牛兒甜美的低鳴。最後在我入睡之後，我的船員便私自決定，寧可面對盛怒的神祇，也不願再繼續挨餓下去。於是他們宰殺燒烤其中一頭牛，然後盡情享用牛肉。我醒來發現後，痛斥他們是群笨蛋，但一切都已經太遲。

隔天風勢總算停止，我們離開了備受詛咒的小島。但赫利奧斯來到宙斯面前，向宙斯告狀自己的牲口遭到侵害，於是乎，萬神之王在一陣暴風雨中，朝我們的船擊出雷電。我的夥伴從毀損的船跌入海裡，在沉入深海的時候，最後一次向我發出呼叫求救。我無計可施，只能任由他們沉入海底，而我則抓著一塊破碎的浮木，等待死亡降臨。十天之後，我被海水沖上卡麗騷的海岸，數年前與我自伊撒卡出發的人，現在全部都死了，只剩下我一人。

這就是在我昨天沖上您小島之前，所發生的故事，偉大的阿爾辛諾斯國王，以及優雅的阿瑞蒂皇后。你們已經聽到悲慘故事的全部了，現在我只求能獲得一艘小船，讓我可以找到回家的歸途。

奧德修斯故事說完了，菲西亞國王和宮廷的人也聽得入神。然後阿爾辛諾斯起身，向奧德修斯保證，他當晚會派出最快的船，讓自己的水手陪同他，帶他回到伊撒卡。國王請貴族提供金銀財寶當做禮物，餽贈這名身無分文的流浪者，這樣他回到家時，才不會空手而歸。菲西亞的貴族全體同意，然後派出僕人把財寶裝載上快艇。國王和皇后帶著奧德修斯來到碼頭，看著他踏上船艦，然後親切地與他道別。雷特斯之子奧德修斯這時已精疲力竭，所以在耳邊傳來船槳的規律聲音時，他就忍不住沉沉陷入夢鄉。菲西亞船艦當晚乘風破浪，以奇蹟般的速度航行，東方晨星升起的時候，他們已可遠遠地從船頭見到伊撒卡的海岸。奧德修斯仍沉沉睡著，不省人事，於是他們把睡夢中的奧德修斯抬下船，輕輕擱置於他家鄉的土地上，再把金銀財寶小心翼翼貯藏在附近的山洞，最後登上船艦，航海離開。

偽裝返家

奧德修斯甦醒時已是正午，他發現自己又在某個未知的國度，起初他以為菲西亞水手把他擱置於某個荒蕪的海岸，然後自己收下他的財寶，但他很快就發現了山洞，然後一邊數著財寶，一邊感謝阿爾辛諾斯國王，以及他誠實仁慈的人民。但他人究竟身在何處？就在這時，一位牧童出現在海邊上頭的山丘，領著自己的山羊。奧德修斯呼喊他，詢問他這是哪個國家，牧童笑了出來，說他在伊撒卡的小島上。回到家讓奧德修斯欣喜若狂，但他並未讓牧童察覺自己的情緒，他決定先不要向任何人公布自己的身分，直到知道自己在島上的朋友為何人。他回道：「伊撒卡？是啊，我想我曾聽過這個地方。我來自克里特島，從特洛伊歸返之後，我在那裡殺了一個男人，因為他試圖偷走我從特洛伊取得的戰利品。於是我就隨著腓尼西亞商人的船逃逸，然後他們就把我帶來這裡了。」

這時牧童又笑了，他變回女神雅典娜。

「奧德修斯，這就是我喜歡你的原因。在經過二十年之後，其他人都會迫不及待衝回家裡，但你卻總是冷靜思考、籌畫計謀，這也是為何我永遠無法在你受苦時，就這麼擱著你不管。你凡事小心謹慎，不輕易相信他人是正確的——連你的妻子潘妮洛普也一樣。在你公開自己的身分前，不妨先測試她吧，也測試其他人。我現在會把你變成一名老乞丐，讓你能不被他人識破，出入自己的家。然後我會前往斯巴達，帶回鐵拉馬庫斯，他一直在找你呢。但切記要當心，奧德修斯——你尚未完全回到家，你面對過怪獸和憤怒的神祇，但前面等待你的危險更狡詐詭譎。」

語畢，女神觸摸了奧德修斯，弄皺他的皮膚，幫他換上一頭白髮，穿上骯髒的破布。她給了他一支拐杖，以及乞丐的背包，由一條舊繩索披掛於肩。然後她就此消失，徒留奧德修斯一人。

奧德修斯從海邊來到附近山丘的小屋，養豬的尤茂斯就住在那兒。老僕人熱心歡迎陌生訪客——出於宙斯關心陌生旅客之故——然後供應他飲食。國王並未透露自己的真實身分，反倒告訴豬農，他是來自克里特島的難民，他曾在特洛伊服侍奧德修斯，他也告訴尤茂斯，他在戰爭中英勇抗敵，但卻在歸途中，被強風吹離航海軌道，最後來到埃及，由於船員私人愚昧的行徑，所以他所有的船員全都喪生了。在他被海水沖刷上岸後，他已經什麼也不剩——家人、自己的家和財產，現在他只想知道，該如何前往當地宮殿，可以讓他要一些剩菜剩飯。尤茂斯告訴他該如何前往國王的皇宮，但同時也警告他，國王不在位已久，而可惡卑鄙的追求者，就像一群骯髒齷齪的豬，想要贏得潘妮洛普的心，他們現在占據國王的家，這幫人也算是乞丐，但他們不會友善對待他，所以他最好自個兒當心。奧德修斯感謝過豬農之後，問他可否在他這兒待一陣子，由於尤茂斯樂意有同伴加入，於是便同意了，在小屋角落為陌生人準備一張床。

同時雅典娜也飛到斯巴達，她喚醒鐵拉馬庫斯送他回家。王子謝過米奈勞斯和海倫之後，便回到船隻停泊的皮洛斯，啟航回伊撒卡。在女神的協助之下，他避開追求者為他設下的陷阱，繞到小島遙遠的一端登陸，把他的船員送至海港，之後再與他們會合。這位年輕人想先去找他的老友尤茂斯，詢問他在自己不在的期間，宮殿都發生什麼事了。

豬農像擁抱失散多年的兒子般抱著王子，然後帶他走進自己簡陋的小屋，食用麵包與紅酒。角落的老乞丐滿臉驚訝地凝視著他，把自己的位子讓給鐵拉馬庫斯，但王子卻請他坐著就好，尤茂斯則一邊告訴他最新的消息。乞丐在王子說話時，緊緊盯著年輕王子瞧，注意到他端正的舉止和清晰的頭腦。當他們結束的時候，鐵拉馬庫斯問他為何人，他來自何方，流浪漢說他什麼人也不是，只是一個來自克里特的可憐流浪漢，在大海飄蕩，被海風吹上不同的海岸。然後趁尤茂斯離開照顧豬隻的時候，雅典娜除去她在國王身上附加的偽裝，於是奧德修斯就像宙斯一般，現形於吃驚的王子面前。

「我的朋友，」鐵拉馬庫斯讚歎道，「你的衣服和容貌就這麼在我眼前變了！你是不是奧林帕斯仙境降臨的天神？請善待我們這座微不足道的小島，我們會供應您豐盛的祭品。」

但閃耀尊貴的奧德修斯卻搖了搖頭，說道：「我不是天神，而是像你一般的凡人。聽我說，鐵拉馬庫斯，過去這二十年，你已在這個世界承受太多痛苦，但這都快要結束了，因為我已經回來了，我是奧德修斯，你的父親。」

起初鐵拉馬庫斯不敢相信這番話，但奧德修斯告訴他自己的經歷，還提到雅典娜如何讓他變身，最後王子終於瞭解，這一切皆屬事實，於是以雙臂環繞父親，兩人就如此站著相擁哭泣。

父子兩人徹夜長談，鐵拉馬庫斯告訴父親所有發生的事，向他描述每位前來追求潘妮洛普的人。奧德修斯仔細聆聽，最後他告訴兒子他們該如何做。王子先回到母親身邊，讓她知道他已經安全從斯巴達回來。然後隔天雅典娜會把奧德修斯變回老乞丐，接著國王會自己來到宮殿。當他知悉所有必須知道的事情之後，便會趕走這群侵門踏戶的傢伙，不論對方人數多寡。但鐵拉馬庫斯不能跟潘妮洛普提到他，等到時機成熟了，奧德修斯會自己告訴她的。

隔天早晨鐵拉馬庫斯離開之後，豬農尤茂斯帶領客人來到奧德修斯的宮殿，再次警告他，千千萬萬要小心應付這些殘酷的追求者。路上他們遇見梅蘭修斯，也就是皇家的牧羊人，他嘲笑衣衫襤褸的乞丐，然後出腳踹奧德修斯害他跌坐在泥巴地。有那麼一秒鐘，奧德修斯差點就要舉出拐杖、活生生打死對方，但他很快控制住自己的脾氣，任梅蘭修斯為所欲為。

經過二十年後，流浪國王終於進入自己宮殿的中庭，他幾乎不敢相信自己的家，如今竟變得如此殘破不堪，也不敢置信喧囂聚集的追求者，幾乎吃盡他家裡的糧食。就在這時，中庭角落有隻老狗抬起一隻耳朵，牠是阿哥斯。許多年前在牠還是小狗的時候，奧德修斯就親自訓練牠，讓牠可以跟著他到森林山丘打獵。而今由於主人長年不在家，牠已失明腿瘸，窩在一堆肥料上取暖，有時僕人會丟給牠剩菜剩飯，但大多時刻，牠都獨自躺在肥料上取暖，幾乎已無法移動自己的老骨頭。但在牠聽見老主人進門時說話的聲音，牠使出自己僅存的虛弱氣力抬起頭，卻無法爬向前方迎接主人回來。奧德修斯雖然見到牠，卻不敢認牠，以免被人識破。然後這隻忠犬最後一次垂下頭，安安靜靜地離開人世，牠的主人趁眾人不注意時，擦乾眼角的一滴淚水。

追求者見到尤茂斯帶著老乞丐來到宮殿，便責罵他如此不像樣的行為，竟然期望潘妮洛普會餵養一名陌生人。因為最近連他們都吃不夠了，更別提被海水沖刷上岸的流浪漢。奧德修斯謙和地提醒他們，宙斯保護所有陌生旅人，但他們只是以凳子攻擊他，在他跌坐一地沙土時嘲笑他。出於好玩，他們要他與另一個當做信差差遣的乞丐打架，喜好諂媚的乞丐之前是名拳擊手，擁有寬闊的胸膛和有力的雙臂，似乎可將牛折成兩段。奧德修斯立刻左右打量他，然後在一陣周旋和假動作之後，出拳攻擊他的耳朵下方，讓他倒地不起。

就在這時，潘妮洛普出現在中庭上方的陽台，如女神般容光煥發。追求者全部停下來向她鞠躬，腦海中幻想著與她同床的畫面。但她訓斥他們對老乞丐不敬，然後便厭惡地回到自己的閨房。即使她已經離開了，奧德修斯仍繼續仰望她剛剛站著的地方。她仍如從前一般美麗動人，眼睛仍舊閃著光芒，在數不盡的夜晚，他幻想著能再次見到她，撫摸她柔軟的肌膚，告訴她自己有多麼愛她。現在她人就在這裡，但他卻不敢讓她知道自己的真面目。追求者眾多，他們又全副武裝，要是他公然挑釁他們，這群人肯定會殺了他和鐵拉馬庫斯。不行，最好還是等候良機反擊。

當晚，在追求者和僕人回到房裡休息之後，奧德修斯獨自坐在空蕩蕩的宮殿中庭，吃著一小塊麵包。然後有位侍女走下階梯，告訴他女主人想與他談談。他跟著侍女來到女子閨房，發現自己與潘妮洛普獨處。她給他一張凳子坐下，然後為他在家中所受到的待遇表示歉意。她再三向他保證，當丈夫還是一家之主時，這種情況是絕對不可能發生的。他知道如何接待客人，但他這二十年來消聲匿跡，大多數的人都認為他已經死了。奧德修斯感謝她如此和善待他，建議她也許該是時候另尋丈夫了，但她仍想念渴望見到她所愛的奧德修斯。潘妮洛普已經試過所有想得到的計謀，拒絕這些追求者，但她已經快拖不下去了。她不能再等下去了，否則他們可能會殺了鐵拉馬庫斯，逼她嫁給其中一位。老乞丐說他能夠了解，然後告訴她，他很久以前，曾經在克里特島遇見她的丈夫，當時他在前往特洛伊的途中停留小島。潘妮洛普仔細聆聽他的故事，聽他描述著自己的丈夫，直到眼淚不聽使喚地滑下臉龐，彷若漫長冬季後的融雪。她就距離他咫尺之遙，奧德修斯的心忍不住為她悸動，他渴望擁抱她，告訴她一切真相，但為了他們兩人以及他們的兒子，他如石頭般沉靜冷漠地坐在原處，直到她離開回到自己房裡，從甜美的睡眠尋求安慰。

老侍女尤麗克萊亞遵照女主人的吩咐，來到奧德修斯身邊，為他洗去腳上的髒汙泥土。她曾照料仍是孩子的奧德修斯，把他抱在自己懷裡，左右搖晃讓他入睡。她是家僕之中，少數仍對潘妮洛普和不在家的主人依舊忠心的人。她彎下腰，把奧德修斯的腳放入水盆，此刻她看見他童年時期留下的腿部傷疤，便立刻知道他就是奧德修斯。主人總算回來了。她開始起身吆喝潘妮洛普要她盡快過來，但狡猾的戰士馬上掐住她的喉嚨，告訴她雖然他喜歡她這位老保母，但她要是敢再多說一句話，那他就會馬上掐死她。她發誓會為他保守祕密，並會竭盡所能協助他。奧德修斯要她準備就緒，因為他的報仇之日已不遠了。

隔天清早潘妮洛普再次出現在階梯頂端，對所有追求者說話，她說漫長的等待終於結束了，奧德修斯肯定已不復在，她必須再嫁，但首先，她的新丈夫必須先證明自己的能力。她命令僕人拿出十二把長戰斧，然後刀柄朝上、一直線立於中庭。想要娶她的人，必須能為奧德修斯的弓上弦，然後射出一箭，貫穿斧頭尾端的鐵環。追求者看看斧頭，然後紛紛開口說這是不可能的，就算他們能為國王傳奇的弓上弦，但無人可以一口氣射穿十二把刀柄。聽聞此話，潘妮洛普只是訕笑道，她說奧德修斯就做得到，然後就轉過身回到閨房，讓鐵拉馬庫斯監督競賽。

奧德修斯呼喚兒子前來，對他竊竊私語，要他收起屋裡所有武器，快速鎖起來，不讓人拿到。然後他命令把各扇大門由外拴起，不讓任何人逃跑。之後他坐在角落，看著追求者嘗試上弦。戰士一個接著一個拿起弓，用盡全力想把弦勾上尾端，但卻遲遲無法完成任務，最後在所有人嘗試失敗之後，奧德修斯站起身說道：「先生，你們介意讓我試試嗎？當然我只是想討你們一笑，我也想看看我這副老骨頭，是否還有殘存的力氣。」

眾人叫他閉上嘴，管好自己的事就好，但他拿起沉重的弓時，他們並未出言制止。老乞丐輕撫木弓的動作看似不同反響，然後一個飛快的動作，就為弓上好弦了。他拉起弦，發出一聲彷彿豎琴樂音的單音，然後取出一支箭上弦，往後一拉，箭就這麼乾淨俐落地穿過十二把刀柄，射上遠處的牆壁，追求者全都看得一愣一愣的。

在他們能夠反應之前，奧德修斯取出另一支箭，一箭射穿領導人安提諾斯的頸子。追求者喧譁抗議走向前意圖殺了乞丐，但奧德修斯瞄準他們，然後開口：「你們這群笨蛋！你們真以為我永遠不會從特洛伊回來了，是嗎？你們榨取我們的家產，引誘我的女僕，趁我仍在世時追求我的妻子，從未懼怕頭頂上的諸神。你們的死期已到，準備淌在自己的鮮血裡吧！」

追求者震驚地站在原地，不敢置信，直到奧德修斯再次拉弓迅速射穿他們。他們一個接著一個不支倒地，鐵拉馬庫斯舉起劍也加入殺戮。在毫無防備的情況下，有人嘗試爬牆逃跑，也有人全力反抗，但都徒勞無功。最後存活的人乞求國王，讓他們補償自己形成的傷害，但奧德修斯不願聽理，中庭很快就如戰場般橫屍遍野，奧德修斯吆喝鐵拉馬庫斯，要他請侍女稍事整理，然後請他的母親下來。

當所有血跡和屍體都清空之後，長椅也清洗乾淨了，美麗的潘妮洛普走下台階，面對奧德修斯而坐，她既沒有靠向他，也不對他微笑，只是雙手環胸靜候。鐵拉馬庫斯詢問母親，她怎麼能如此冷淡對待父親，但聰明的國王卻告訴兒子，可以先讓他們獨處，如果他的母親想測試他的身分，那就讓她測吧。

潘妮洛普仔細打量奧德修斯，承認他確實長得像二十年前離家的丈夫，除了髮際有些斑白了。即便如此，她仍無法確定，她認為最好的做法，就是請侍女把他們的大床搬到中庭，讓他當晚可以躺在床上休息，因為她絕對無法與陌生人共枕眠。

聽到這席話，奧德修斯氣得冒煙，移動他的床？他說這張床是多年前他親手打造的，是由橄欖樹枝做成的，他沒有把樹砍下樹幹，只是把活生生的樹枝塑型成一張床，樹木則依舊連著地面，他可是環繞著這棵樹，建造他們的臥室，蓋了他們的家，這張床絕不可能移動的，除非有人已從根部砍斷床了。除了他們之外，從未有人進過他們的房間，所以沒有人知道這個祕密。床已經被砍下來了嗎？還是仍舊穩當地與根部連著？

這是潘妮洛普給奧德修斯的測試，她淚流滿面、投入丈夫的懷抱，愛意與思念滿滿占據兩人的心，他們緊緊相擁，喜極而泣。在暴風雨的海洋上無助漂流的水手，流下開心的淚水，因為他們終於不再流浪，雙腳也終於可以再次踏在平地。丈夫與妻子緊緊擁抱，彷彿再也不讓彼此離開。奧德修斯終於回到家了。

伊尼亞斯
Aeneas

特洛伊城後裔

與希臘人一樣，羅馬人也有自己的特洛伊戰爭故事。他們的英雄是伊尼亞斯，亦為安喀西斯和女神愛芙羅黛蒂的兒子。伊尼亞斯離開戰火延燒、化為斷垣殘壁的特洛伊，航海至義大利，建立了一座新興城市。眾神預示第二個特洛伊城必會蘊育出統治世界的種族。這些人就是羅馬人。他們也引用希臘人所撰寫的神話，然後賦予眾神屬於自己的名字；因此宙斯變成朱彼得，希拉是茱諾，愛芙羅黛蒂則為維納斯，而波塞頓則叫做涅普頓。但無論他們的別名為何，諸神依然主宰宇宙萬物，不停捉弄凡人的人生。

其中又屬茱諾報復心最強，她也不輕易遺忘。特洛伊王子帕里斯選維納斯為最美麗的女神，然後把蘋果送給她，而不是贈予茱諾，此事茱諾從未忘懷。於是她也成為特洛伊的死敵，即使特洛伊已被夷為平地，仍無法讓她心滿意足。有人預言伊尼亞斯會在西方，建立一座嶄新的榮耀之城，但茱諾心意堅決，不打算讓這位特洛伊流亡者好過——甚至不惜推翻命運之神的旨意。

茱諾見到特洛伊戰艦航向平靜無浪的大海，前往日落的方向時，她飛到風王阿伊歐樂士的小島，尋求老友的協助。

「阿伊歐樂士，朱彼得在此給予你特權，讓你決定讓大海平靜無波，抑或揚起滔天風浪。我要你幫我一個忙，我痛恨的特洛伊倖存者，現在正渡海前往義大利，請你把他們吹得遠遠的、偏離航道，事成我會許你一個美麗的仙女當妻子。」

風王很快便應允她，然後喚起一陣暴風雨，打算就此摧毀特洛伊船艦。當天色漸漸暗去，船艦在海上載浮載沉，風勢將船隻吹散，遠離義大利海岸，往非洲的方向而去。

伊尼亞斯站在領船的船頭，高舉起雙手，仰天大喊：「噢，我死於特洛伊的戰友，你們於祖國的城牆下戰死沙場，遠比死於未知的大海幸運三、四倍，真希望我當初也戰死家鄉，我真的再也承受不了這一切了！」

女王蒂朵

經過漫長的掙扎，海浪將幾艘特洛伊船艦推至沙漠海岸，但無人知曉他們究竟人在何處。其他船艦已經消失無蹤，伊尼亞斯憂心船上的人和他們的家人早已不幸罹難。

伊尼亞斯帶領他性格堅毅的戰友阿查特斯，前往內陸探勘這個未知的國度。不消多久，他們就遇見一名年輕女孩，正在樹叢裡提著弓箭打獵。他們呼喚她，安撫她不要害怕，他們只是從海上漂流而來的人，想知道他們目前所處的國家究竟是個怎麼樣的地方，她是否能告訴他們，統治國家的國王是誰，他們該上哪兒才找得到他？

女孩笑了出來，她說這個國度沒有國王，只有一個女王蒂朵，也就是迦太基的統治者，最近才從席登國王的腓尼基城而來，於此西方世界建立全新的國家。蒂朵的兄弟取了她丈夫的性命，將她驅逐出城，於是她帶著追隨者來到遙遠的海岸，尋求庇護與安全。他們抵達這塊庇護之地時，當地的族長故意羞辱她，只願意賣給她一塊牛皮可覆蓋的土地。但聰明的蒂朵把牛皮切割成細條狀，細到足以圈起新城的全部面積。族長雖被一名女子耍弄，而感到憤恨不平，但卻不能因食言而顏面盡失。女孩建議伊尼亞斯，立刻前去尋找公正尊貴的女王，隨後女孩便脫下凡人的偽裝，以原始的女神姿態飛走了。伊尼亞斯朝著她背影大喊：「媽媽，妳為什麼老是得這樣呢？難道我們就不能正常地擁抱，好好聊天嗎？你們天神為什麼非得偽裝自己，欺瞞他人？」

即便如此，伊尼亞斯依舊聽從維納斯的建言，前往迦太基城的方向，女神一路上以迷霧籠罩伊尼亞斯和同伴。

特洛伊王子走進新城的高聳城牆不禁歎為觀止。到處都有如蜜蜂般辛勤工作的城民，有些人正在搭蓋堡壘，有些人則規畫建築或掏挖水井。也有人在挖掘海港、運送用來建蓋劇院的石塊，長者則負責開會制定法律規章、遴選法官。伊尼亞斯羨慕他們的工作，也希望能慢慢成立自己的城市，但特洛伊人的美夢目前似乎遙遙無期，隨著消失的船艦，一切都化為泡影。他們不能單靠幾個僥倖逃過暴風雨的人打造新家，捍衛自己的國土。

當伊尼亞斯進入宮殿，他訝異發現特洛伊戰爭的圖像，刻印在茱諾神殿的石頭上，再度重現於他的眼前，其中有阿基里斯與赫克托的殊死戰、受詛咒的木馬拖曳進城、掩面哭泣的女人被銬上鏈子遭人驅趕。看著看著，他忍不住陷入回憶，這時女王赫然出現於神殿階梯上，彷若一名女神。蒂朵就是在此處頒布法令，公正公平地對人民實施法律。但伊尼亞斯更詫異見到女王身邊的人。不為何人，正是其他走失的特洛伊船艦隊長，他們前來乞求蒂朵協助，幫忙尋回領袖伊尼亞斯，但他們也擔憂伊尼亞斯早已葬身於暴風災難。女王保證她會在能力範圍內盡她所能協助這群流亡者，幫他們早日找到英勇的伊尼亞斯。伊尼亞斯的勇猛和名譽遠近馳名，連蒂朵與她的城民都知曉。

忽然間，維納斯把籠罩兒子的迷霧一揮，伊尼亞斯和他的戰友就這麼站在女王面前。他先是感謝蒂朵的仁慈寬厚，然後讚美她正在興建的美麗城市。女王也滿懷景仰，望著眼前這名特洛伊英雄。不僅是景仰他的名聲，更是他身為男人的魅力。她請他派人帶來其他船員，與她一起在王宮殿堂裡進餐。他們可以隨心所欲，想待在城裡多久都可以。如果他們想要，甚至可以在此定居。伊尼亞斯再次對女王表達感謝之意，然後派出信差前往船艦，帶他的手下入城，他尤其迫不及待想讓他的小兒子愛斯坎紐士一睹富麗堂皇的迦太基城。

維納斯從遠處看著這一切，不禁擔憂。她很開心迦太基人如此善待他們，但這又能維持多久呢？茱諾必會找到方法，讓迦太基人對她的兒子與他的子民產生敵意，而他們現在就困於一座陌生城市，孤立無援。她也知道定居於迦太基並非伊尼亞斯的命運，伊尼亞斯應當前往義大利，建立屬於自己的王國。她得想辦法讓蒂朵維持和善的態度，直到兒子準備好啟航離開。為了達到此目的，看來勢必請她另一位兒子邱比特，動用他的弓箭。她趁人不注意時，偷偷帶走尤路士，讓他在她的神仙宮殿深沉入睡，然後邱比特則假扮成尤路士對蒂朵下咒。蒂朵對尤路士著迷，更加喜愛他和他的父親伊尼亞斯。當晚餐結束，她就決定要伊尼亞斯成為她的丈夫，讓特洛伊人和迦太基人共同建立新城，成為新的公民。

伊尼亞斯娓娓道來

蒂朵將尤路士抱在膝上，要求伊尼亞斯告訴她過去冒險的種種，自始至終的細節全都不可少。特洛伊王子回答，他就只有悲傷可與女王分享，但如果她想要聽他願意娓娓道來。

恐怕需要像奧德修斯三寸不爛之舌，才能栩栩如生地呈現我的寓言故事，親愛的女王。妳已經知道在諸神的協助下，希臘人對我的城市所做的一切，這些全都刻印在你們神殿的牆上，但請讓我娓娓道來，特洛伊淪陷的另一個版本，連同自此之後我們所遭遇的痛苦悲傷。

妳已經很清楚木馬屠城的故事了；木馬出於鐵石心腸的奧德修斯之手，當我們正讚嘆海岸邊出現的木馬時，希臘人正躲在鄰近的特涅多斯島，妳也知道沒有人聽信卡珊德拉或祭司勞孔的警告，不願摧毀敵人留下的禮物；妳也清楚曉得擅於偽裝的西農──貨真價實的典型希臘人──是如何欺騙了我們，說他遭到同袍譴責，惡意拋棄。木馬是如何進城，而奧德修斯和同夥躲在木馬裡頭時，我們正在享樂用餐，與此同時，希臘人則靜靜等候我們入睡，伺機而動，關於這些細節，在此我也不再贅述。

但當晚，我躺在美麗的妻子克露莎身旁入眠，溫柔的月光幽靜地灑落一室，忽地我死去的戰友赫克托出現在我夢裡，他警告我：「伊尼亞斯，現在立刻起身離開特洛伊！希臘人已經進城焚毀我們的家園，他們走到哪兒，就殺戮到哪兒。我們的家園已經淪陷失守，而你也無法挽救了。快帶著天父聖神的聖像走吧，也帶上你所能聚集的特洛伊人，趕緊逃命吧。你必須活著建立新城，如此一來特洛伊才能獲得新生。」

我倏然驚醒，立刻從床上跳了起來，衝到窗邊，看見街上到處都是希臘軍，他們放火焚燒所有屋舍，屠殺路上他們所看到的人，怒吼的火勢如山頂的強風侵襲，火舌跳躍舔舐著天空。我不顧赫克托的警告，隨即抓起盔甲和武器，準備與入侵者奮戰，一決生死。於是我衝出街道，發現已有幾名特洛伊戰士，進入備戰狀態，周遭是一片漆黑，難以辨別對方是敵是友，有位希臘將領向我們打招呼，然後要我們動作快些，否則所有戰利品很快就會被搶光。我們把他的手下碎屍萬段，他難道都不感到驚訝嗎？我們衝過小巷弄，彷彿失心瘋地不顧一切，奮勇殺敵，然後通過城門來到普萊姆的宮殿，宮殿已經攻陷了，我們已經來不及拯救國王，他年邁的身軀上綁著護胸甲和護脛套，普萊姆便這般於此喪命。該死的希臘人不但殺了他，還殺了其他男人、侵犯女人，就連年輕少女和老婦人也不放過，之後再逼她們走上希臘船艦，成為他們的奴隸。

當我見到普萊姆的遺體，我頓時恢復理智，想到我自己的父親安喀西斯就在城門內，無人保護他對抗這群野蠻人。但就在我前往家裡的路上，我看到海倫，這場腥風血雨與沉重悲痛的始作俑者，她就獨自佇立於自己華麗閨房的窗邊。我舉起手中的劍，決定不讓她苟活，再次成為斯巴達皇后。但忽然間我的母親女神維納斯出現在我面前，她說：「收起劍來，我的兒子，趕快逃離這座城市吧。這場戰爭該怪的不是海倫，也不是帕里斯，這一切都是眾神背地裡操作的結果。你看看吧，讓我移除遮蔽你凡人眼睛的迷霧，助你看清真相。」

語畢，她打開我的雙眼，讓我看見波塞頓以他的三叉戟撬開城牆、搖晃整座城市的地基；我還看見茱諾帶領軍隊，走過史卡因城門，手裡還握著一把劍；希臘人稱雅典娜的敏耐娃，則站在堡壘上，她野蠻的盾牌凍結了特洛伊人的心；就連朱彼得也鼓譟希臘人抗戰焚城。這時我總算了解了，我母親說的話句句屬實，而現在唯一剩下的，如果還有時間，就是拯救自己的親人，然後再逃離特洛伊。

在烈火焚燒的廳堂中，我發現我宮殿裡的房間仍完好如初，然後我告訴我摯愛的家人趕快逃命，但我的父親卻搖了搖頭，他說他已經活得夠久了，他不願看見城市在他眼前摧毀。我請求他重新考慮，我的妻子克露莎，以及小兒子尤路士也加入勸說，但父親就是不肯退讓。這時火舌赫然從尤路士的頭頂冒出來，明耀閃動，然而尤路士卻毫髮無傷，我的父親對著天庭抬起雙眼，感謝朱彼得給他這個神跡，然後立刻答應要與我一同逃離特洛伊。由於他的腿瘸，以致不良於行，於是我把他扛在肩上，揹著他走出宮殿，手裡則牽著小尤路士的手，我妻子則緊緊跟在身後。我們帶走神聖的特洛伊爐灶神的神像，然後召集所有能找到的倖存者，一路走過陷入混亂的街道。

我們就快走到城牆，這時我驚恐地發現克露莎不見了，心痛的感覺壓得我喘不過氣，我在特洛伊人海中，努力搜尋她的蹤跡，但卻始終找不到她。我們已經沒時間繼續找了，四周都是希臘士兵，城市也陷入一片火海煉獄，但我就是不能如此棄她不顧，於是我讓其他人先走，然後衝回街道呼喊著克露莎的名字，此刻火焰開始吞噬我周遭的房子，我發狂似地尋找她，也準備好了在來得及轉身離去前，就在此葬身火海，這時有個鬼魂，忽然出現在我的面前——是我妻子的鬼魂。

「伊尼亞斯，我親愛的丈夫，你已經不能為我做什麼了。我很抱歉我跑得不夠快，但命運就是不容許我跟隨你，踏上漫長的旅程。你快走吧，不然就來不及了！好好照顧我們的兒子，他是我的生命之光。永別了，我的愛人，再見。」

當我伸手想要最後一次擁抱她，卻看見她從我的指縫間溜走，就此永遠地消失了，彷若一場夢境。我往回奔跑，與我其他家人會合，他們現在都已經出城了，而我見到聚集在此的特洛伊人為數眾多，不禁感到震攝，這時男女老少全部都抬頭仰望，特洛伊城不斷冒出黑煙的斷垣殘壁。我告訴他們，我們的前方仍有未來，不要再躊躇張望過往了，然後命令他們跟著我走。就這樣，我又再次揹起老父親、牽著稚兒的手，走向山區。

在愛達山腳下的海岸，某一處藏匿地點，我們建造了一艘船，帶我們遠離自己的家鄉。我知道自己要建蓋一座新城，卻不知道該從何下手。但我們相信天神，於是我們揚起船帆、航向未知。色雷斯似乎是不錯的選擇，因為距離特洛伊只有數日遠的距離，他們過去對特洛伊也相當友善。我們抵達色雷斯之後，開始蓋起城牆，但正當我向我的神仙母親獻祭時，卻忽然發生了一件可怕的事情。我見到附近有水木樹叢，於是嘗試摘下鮮嫩的綠葉，用來覆蓋祭壇，但這時，深色的鮮血卻開始從地上竄了出來，樹叢間發出一個微弱的請求聲，求我快點住手。這是人類的聲音，他說他是波利多魯斯，我在特洛伊的朋友，他被派遣帶著沉重的金子，前往尋找色雷斯國王，希望能鞏固我們盟友的關係。但當國王聽說特洛伊城陷，背信的國王就殺了波利多魯斯，然後把他的屍體扔在這兒的一個洞裡。他要我快點逃離這備受詛咒的國度，在這裡，他們已不再重視禮遇外人的習俗法律。在安葬波利多魯斯過後，我們便丟下剛興建好的城牆，又再次航海跨過愛琴海。

然後我們來到狄洛斯島，這裡也正是神聖的阿波羅神諭所，於是我們便求知天神的旨意。他的聲音震動樹木，讓我們全部跌坐在地，然後阿波羅告訴我們，去尋找我們古老的母親，我會在那裡建立一個王朝，有天這個王朝會統領天下。我們都不確定天神所指何處，但我的父親安喀西斯卻說，我們的祖先圖瑟曾自克里特島航海到特洛伊，因此克里特必是我們的祖國。克里特島距離我們並不遠，於是我們很快抵達那裡，又再次蓋起新城的城牆，但不消多久，一場瘟疫襲擊而來，侵害我們長達整整一年的時間。我們能做什麼呢？天神怎麼會送我們來此處尋死呢？

當晚我做了一場夢，夢到我們家庭的天神出現在我面前，然後他們說：「伊尼亞斯，安喀西斯之子，阿波羅從未要你們安居於克里特。西方有個國家，土壤豐饒，戰爭勢力強大，當地人民稱之為義大利，那裡是達達諾斯的出生地，也就是你六代以前的祖宗真正的根源。那裡才是你真正的家鄉。」

我醒來之後，把我的夢境轉告父親，他聽聞之後忍不住咕噥一聲，然後才恍然大悟，說他鑄下了大錯，把我們送來克里特島。在特洛伊的時候，女先知卡珊德拉曾多次宣稱，我們的未來就在西方的義大利海岸，但這次仍舊無人採信她的話語。最後他總算知道，真正的目的地就在義大利，於是又一次，我們搭上船，往涅普頓的海洋出發。

驟然一場暴風侵襲而來，把我們自克里特島沿著南岸吹至伯羅奔尼撒，雷雨烏雲黑壓壓一片，就連我忠誠的舵手巴利奴魯斯，在划著槳通過周遭的水牆時，都已分不出是白天或黑夜。終於到了第四天，風勢漸漸減弱，而我們也來到了史托費德島，距離滾滾黃沙的皮洛斯不遠之處，皮洛斯的國王是涅斯特，那個可惡的老男人。鳥身人面獸定居於此杳無人煙的海邊，牠們曾經不斷折磨菲紐士，直到阿哥號勇士前來趕走牠們。但我們實在太想念平地，於是便於此停泊船隻，登上可愛的陸地。有一群肥碩的牛正在吃草，我們很快宰了幾頭，供奉給朱彼得，也為自己準備了一頓豐盛的晚餐。與我們同行的女人煮了一桌佳餚，但正當餐桌準備齊全之際，趁我們還來不及反應，可怕的鳥身人面獸一邊尖叫，一邊朝我們飛撲而來，以牠們骯髒的爪子，撕裂我們的食物，破壞我們期盼已久的晚餐。於是我們決定再試一次，這次宰殺更多頭牛，然後把肉帶進懸崖深處的山洞烤食，四周圍繞著茂密的樹木。我們拔劍以對，守護著珍貴的晚餐，但這一切根本起不了作用，可憎的生物又再次破壞我們的食物，留下穢物滴落的痕跡。即使我們使出利刃攻擊，但牠們仍舊無動於衷，只是嘲笑我們無用的防守。牠們的領導是一隻叫做卡列諾的母獸，卡列諾棲息於附近的一棵樹上，對我開口說話。

「我親愛的伊尼亞斯，你真以為我們會為破壞你的野餐時光，而感到難過嗎？真是可惜啊，英勇的特洛伊戰士。你們可以使用武器，把我們從我們自己的王國趕走嗎？但這可是我們的家呢，你這愚蠢的男人，你宰殺的牛也是屬於我們，你可要好好聽我說，也要記清楚了——為了懲罰你們擅闖我們的領土，在飢餓逼你們吃下自己的盤子之前，你們是絕對找不到新家的。」

說完牠就尖著嗓音飛走，徒留我困惑不解其語。

之後我們便從那裡，經由伊撒卡海岸往北走，也就是冷血的尤里西士所統治的嶙峋之島，一路上我們也詛咒這名害我們毀家滅國的男人。在希臘西部的海岸，我們見到一個小海港，於是便把船隻停泊於此，而就在這裡，我們無法相信自己的眼睛，因為站在河岸邊的正是安德柔瑪姬，也就是特洛伊最優秀的戰士赫克托的遺孀，她也以為我們是鬼魂，無法決定當下是該逃跑還是跪下。

「伊尼亞斯，女神之子，真的是你嗎？你是活生生的人，或是來自陰間的鬼魂？如果你來自陰曹地府，請告訴我關於赫克托的事，他還好嗎？我兒子愛斯臺安納克斯也跟他在一起嗎？」

我安撫她，我是活生生的真人，不是來自陰間的幻象，我們像好久不見的好友般擁抱彼此。她說阿基里斯的兒子把她當成奴隸捉走她，阿基里斯的兒子也正是殺了她親夫的兇手，然後安德柔瑪姬被迫懷了他的孩子，他則娶了一個出身皇室的妻子，之後讓她改嫁另一位特洛伊人海倫諾斯，也就是出名的預言家及普萊姆之子。他們和幾位來自家鄉的流亡者定居於此，嘗試拾起過往，重新建立新世界。

海倫諾斯熱情地接待歡迎我們，帶我們去看他們建蓋的新城。當我們走過他們的城鎮，我不住地讚嘆他們的成就，但一方面卻又忍不住同情他們。這是一座小型的特洛伊城，只是是以木頭搭建，而非石頭。城牆不過就是高過一個人的木柵欄，而傳奇的史卡因城門，也不過是以當地松樹製成的簡單門廊。他們以冉色斯河之名，稱呼一條乾涸的小河，並且把一個空蕩蕩的土堆，當成紀念赫克托的墳墓。這時的我們十分渴念家鄉，就連這個特洛伊的影子，也足以成為閃耀輝煌的奇景。接著我們享用他們供應的簡單餐食，交換著特洛伊攻陷的恐怖夜晚之後，發生在彼此身上的故事。

接著海倫諾斯供奉祭品，然後以他的預知才能告訴我們，接下來會發生的事情。我們在建立新城前，會先經歷一場漫長的旅途，但當我們在河岸一棵橡樹底下，見到一隻色如雪般的母豬，哺乳養育著三十隻小豬，那就表示我們的旅途終於畫下句點。我們不可尋最短的捷徑來到義大利西岸，因為這麼一來，我們就會經過怪獸喜拉和可怕漩渦恰利底斯的海峽。反之，我們應繞過西西里島，再慢慢靠近西部的幸福國度。我們必須尋找臺伯河，但首先得先去庫馬找女先知西碧拉。她會告訴我們，我們即將面臨的當地部落，以及我未來孕育打造的榮耀王國。

我們迫切地想要上路，於是船上的特洛伊人，便與城鎮的人交換禮物，彼此互道珍重，給予祝福。安德柔瑪姬是最後一個與我們道別的人，她把一件佛里吉亞的上等袍子，送給我的兒子尤路士，然後她不禁哽咽，說尤路士讓她想起自己的兒子，當晚她的兒子被敵軍扔出特洛伊城牆，不幸喪生。我們帶著哀傷，與朋友告別分離，隨著風勢帶領我們來到新家。

我們快速通過亞德里亞海，雖然還有段距離，但我們很開心這下終於看見，遙遠的一端便是義大利的海岸。船隻航行的軌道，帶我們從半島的下緣，一路往南行，通過南方海岸，直到我們來到西西里島，我們小心謹慎避開由喜拉與恰利底斯看守的海峽。我們越來越逼近埃特納火山，傳說這裡住著深入地底的怪獸提封，也有人說這裡是天神兀兒肯——希臘人稱黑腓斯塔斯——的煉冶場。我們航過起伏波濤的海浪，日落之時抵達一個小海港，將水瓶裝滿新鮮的飲水。由於眾人急切地想離開這個荒蕪之地，於是天剛破曉之際，我就命令大家立刻出航。但就在此刻，有位男人從內陸的山丘，朝我們直奔而來，那是一個樣貌悲慘的可憐人，全身只瘦得剩下皮包骨，骯髒的身體僅僅裹著破布。他蹣跚跑過沙灘朝我走來，然後在發現我是特洛伊人之後，赫然停下腳步。我看得出他眼中的遲疑與猶豫，他在內心不斷交戰，是否該轉身逃跑，但最後還是往前走了，在我跟前跪了下來。

「噢，特洛伊戰士，無論你是誰，如果你願意的話，就算拔劍劈了我都好。無論什麼都比在這可怕的地方多待上一天，我是阿切米奈斯，一個來自伊撒卡的可憐希臘人，我參加了特洛伊戰爭，與你們抗戰，但我的隊長尤里西士卻在這裡拋棄了我。你們想怎麼樣對我都好，但現在就快點砍斷繩索，趁波利菲莫斯回來前，趕快出航離開吧！」

我拉這個可憐男人起身，正當我想要開口想詢問誰是波利菲莫斯時，就看見沙灘上頭的山脊，站著一個體型龐大的獨眼巨人，他的單眼已經遭人掏空。他聽見我們說話的聲音，於是以飛快的速度奔了下來，直接往船的方向而來，於是我吩咐手下快點拋下繩纜，趕緊划槳。我帶著阿切米奈斯一起離開。在這個節骨眼，就算他是敵人，我也無法讓他面對如此命運。我們安靜地划槳離去，獨眼巨人則只能朝我們漫無目的丟擲石頭。

我們繼續沿著西西里海岸航行，直到來到小島最西邊的海港，但就在這裡，沉痛的悲劇降臨了；安喀西斯的心臟忽然停止跳動，他是這世上最棒的父親，也是這趟漫長旅途的領導，在我試著帶領人民尋得新家時，他總是我尋求慰藉的來源。當我們航離他的墳墓時，眼淚撲簌簌地滑下我的臉頰，我知道我再也見不到他了，未來只能在陰間相會。

優雅的女王蒂朵，妳已經知道之後發生了什麼事情，一陣暴風雨把我們吹到妳友善的海邊，於是我就以懇求之姿，出現在妳的面前。我已經失去太多事物了——故城、妻子、朋友和父親——現在的我只能向天神祈禱，未來日子能夠更美好。

蒂朵坐著聽我下了故事的結論，聽得一愣一愣的，現在已經夜幕低垂，繁星在迦太基的宮殿上方閃閃發亮，她把熟睡的尤路士交回他父親手裡，然後命令僕人，帶領這位特洛伊領袖到隔壁的客房休息。接下來幾天，蒂朵不斷想著伊尼亞斯，以及她對他的愛意。邱比特深植於她內心的熱情占滿了她，很快地，她就覺得自己非嫁給伊尼亞斯不可。她的姊妹安娜也鼓勵她，安娜特別指出，有了特洛伊人的協助，迦太基未來必定會成為世界第一的強國。

伊尼亞斯也對蒂朵深深著迷，他發現自己已漸漸遺忘，需要航海至義大利的事，就連停泊在海港的船，外殼也開始腐朽。但此時他卻心滿意足地鋪設溝渠、監督城鎮建設。他幾乎每晚都與蒂朵用餐，雖然兩人相敬如賓，但周圍的人卻不疑有他，看得出這兩人肯定是陷入愛河了。有天夜裡，伊尼亞斯和女王外出至森林打獵，兩人在一場茱諾派來的大雷雨中，不慎與隨從走散，於是便尋找溫暖的洞穴躲雨。看來當晚暴風雨不會停歇，於是伊尼亞斯便生起篝火，烘乾他和蒂朵身上溼淋淋的衣物。此刻四下無人，他們之間的愛意便自然而然地蔓延；隔天早晨，女王躺在愛人的手臂醒來。他們回到宮殿後，她已無法掩飾對這名特洛伊英雄的感情，不斷想著要他承諾娶她，正如她也想要嫁給他一般。

與羅馬世代仇敵的迦太基

這一切並未逃過朱彼得的法眼，雖說他也喜歡美女相伴，但命運就是命運。於是他派出摩丘力——希臘人所稱的赫美斯，來到迦太基，提醒伊尼亞斯是時候航行至義大利了，伊尼亞斯只准遵照不許有二話。摩丘力發現伊尼亞斯時，他正在迦太基建蓋新家，穿著蒂朵贈予他的紫色袍子。信差神祇忽然出現在他面前，開門見山地說：「夠了，伊尼亞斯。朱彼得派遣我來，目的是要告訴你，沒有任何一個女人能比你的職責來得重要。束好你的腰帶，備好你的船隻，現在就立刻航海至義大利。你的命運不該在迦太基，而是海洋那端的臺伯河。現在馬上出發！」

伊尼亞斯為自己的行為感到羞愧，迅速吩咐他最信任的助手備船；由於他們的動作不大，所以蒂朵並不曉得他準備要離開的事。但無人能輕易騙過女人，尤其是戀愛中的女人。猶如動作飛快的小鳥一般，消息立刻於宮殿傳開，特洛伊人準備要離開了。蒂朵憤而起身，喚了伊尼亞斯來到她的王位室，英勇的戰士來到她面前，正準備開口時，卻讓女王打斷了：「你這哭哭啼啼的膽小鬼！你真以為你能靜悄悄溜走，不讓我發現嗎？這就是你回報我的方式嗎？我與你分享我王國裡的大小事物，連我的床也與你共享，而今你卻打算在夜裡偷偷摸摸離開？」

伊尼亞斯解釋的時候，不敢正視她的眼睛：「蒂朵，我美麗的女王，我的愛人，事情不是這樣的，我是準備要離開沒錯，但這並非我的過錯。妳要知道，我絕不可能出於自願離開妳。這是眾神的旨意，祂們要我到義大利為我的子民建立新城。我在這裡與妳共度了美好的時光，這點是無庸置疑的，我也真的很想留在這裡，可是我不能。我以為要是我靜悄悄地離開，妳會比較好過些，此外，我們也並無婚姻關係。」

伊尼亞斯本來打算繼續說下去，但蒂朵卻把他轟出宮殿。伊尼亞斯離開之後，她就回到自己的睡房，倒在床上哭了好幾個鐘頭。最後她的姊妹過來找她，試著安撫這名可憐的女人，但蒂朵卻寧可不要別人的同情。她拭乾淚水，像眾神禱告，要他們詛咒伊尼亞斯及他未來興建的城市：「請讓伊尼亞斯與迦太基的後代子孫，永永遠遠都是世敵，直到哪天其中一城摧毀另外一個。」

然後蒂朵便囑咐僕人收集一大把木柴，再把木柴放在城市堡壘的最高處，讓特洛伊人和他們尊貴的王子，在離別之際能看見猶如烽火塔的烈火。然後她帶著所有伊尼亞斯曾餽贈她的禮物，來到這堆木柴旁，最後她一聲令下，命令手下點燃烈火，她則跪在柴火上，將刀刃刺入自己的胸口。跳動高升的烈燄吞噬女王，她就如此遭到愛人背棄，就連在遙遠的海面，伊尼亞斯都看得見熊熊烈火，內心也明白蒂朵已死。

特洛伊人離開非洲，朝北航行，再次抵達西西里島的西側尖端。伊尼亞斯想要在父親安喀西斯的墓邊，舉辦一場喪禮競賽，於是船隻全部停靠於海邊，眾人根據古代傳統，帶著祭品和體育競賽，敬拜他們老族長的靈魂。從西西里島，他們航向義大利的航道，沿途風和日麗，海面平靜無波。但若想要安全航海，波塞頓可不會這麼便宜他們，他必會向船員索取代價，因此忠誠的舵手巴利奴魯斯跌落海裡，在海角失去蹤跡，因此這個海角之後便以他為名。

在哀悼他們失去的戰友後，特洛伊人看見遠方高聳的維蘇威火山頭，接著很快就抵達庫馬的海邊，也就是女先知西碧拉的家。伊尼亞斯知道自己必須尋求神諭，但卻害怕必須面對的道路。預言告訴他，如果他想知道未來，就必須來到陰間。即便如此，將領阿尼亞斯依舊踏入阿波羅的神殿，與西碧拉打招呼。西碧拉告訴伊尼亞斯，在他建立新城之前，他首先得在臺伯河畔面對一場腥風血雨之役。就我們所知，這個叫做拉丁姆城的所有部落，會派出一個有如阿基里斯的戰士與他對抗，但伊尼亞斯會在出乎意料的時刻獲得協助。

伊尼亞斯遊陰間

這是眼前即將發生的未來，但他如果還想要知道自己打造的王國，將來的命運會是如何，那他就必須跟著西碧拉，深入陰森可怕的陰間一探究竟。入口距離他們不遠，但為了進入陰間，他必須先探訪她的神聖果園，然後找出一棵與眾不同的樹。這棵樹上長了黃金樹枝，西碧拉告訴他，如果可以的話，他必須摘下它。命運已經決定，金樹枝只能由命定之人摘下。對伊尼亞斯而言，摘下金樹枝簡直是易如反掌，但對於其他人來說，樹枝則會牢牢固定於樹上，無論他們怎麼嘗試，都無法摘下它。

伊尼亞斯聽從西碧拉的話，樹枝也輕鬆得手。有了進入陰間的鑰匙，他跟著女先知進入岩石嶙峋的山洞，他們對黑暗女神黑卡蒂以及其他當地能量獻祭，然後就走進洞穴了。

當他們兩人踏進敞開的洞口時，四周宛若無月之夜黝黑深沉。世界甫誕生便出生的古代眾神也住在那兒，包括死神、衝突、疾病、飢餓、戰爭和恐懼。隨著他們越往地心走，伊尼亞斯也聽見了毛骨悚然的尖叫聲，看到牆上詭譎恐怖的怪獸影子，他們也許才走了幾分鐘或一會兒，但感覺起來卻彷若數天。

最後他們抵達河邊找到船夫哈隆，以及成群結隊等待渡河的陰魂。臉上爬滿皺紋的老人趕跑伊尼亞斯和西碧拉，他說因為他們陽壽未盡，因此他拒絕載客。西碧拉請伊尼亞斯拿出金樹枝讓哈隆看看，暴躁乖戾的船夫喉嚨嘟噥了一聲，然後示意他們上船，小艇因為活人的重量而在河面載浮載沉。抵達遠方的海岸後，伊尼亞斯聽到各種哭喊聲，包括哺乳時即過世的嬰兒，以及命不該絕的人。附近就是一處平原，於此哀悼因愛過世的人。伊尼亞斯見到蒂朵的靈魂，於是嘗試與她說話，但她卻轉過身不予理會，悄然飄入黑暗之中，伊尼亞斯見狀，忍不住難過落淚。

伊尼亞斯越來越深入陰間，他所見到的無數陰魂，包括曾與他在特洛伊並肩作戰的隊友，以及與他對戰的希臘人，部分為阿加曼儂的手下，他們見到伊尼亞斯時，試圖對特洛伊王子喊出戰爭口令，但嘴裡卻發不出任何聲響。西碧拉帶領伊尼亞斯來到一個地方，那裡是兩條路的分岔口，她告訴伊尼亞斯，右邊的路通往極樂淨土，也就是他們的目的地，而左邊險惡的軌道則通往地獄，邪惡之人的靈魂將在那兒接受永恆的懲罰。

他們抵達極樂淨土之後，伊尼亞斯感到欣慰，能夠看見靈魂快樂地群聚於綠油油的草原。但接著西碧拉卻指向某個陰魂，有個陰魂正佇立在遠方，望向行進隊伍的無數靈魂。這個陰魂轉過身，伊尼亞斯終於看到他的樣子，原來正是自己的父親安喀西斯，他穿著柔滑閃亮的衣袍，氣宇非凡。伊尼亞斯試著擁抱他，但老人家卻笑了，向他解釋自己再也不具實體，他只不過是一個幽靈，但是個快樂的幽靈，尤其現在他又再次見到自己的兒子，更是感到開心。安喀西斯帶他來到山丘頂端，告訴他所有陰魂都在等待轉世投胎，等著投胎至伊尼亞斯於義大利建立的新國度。

他帶伊尼亞斯見見席爾維斯；席爾維斯是伊尼亞斯在老年時，會與義大利嬌妻拉維妮亞共同孕育的兒子。眾人之中包括了雙胞胎羅穆路斯和列姆斯，兩人未來會共同興建羅馬城；還有布魯圖斯，他會推翻一位不得民心的外國國王，然後建立共和政體的城市；偉大的英雄卡密羅斯也行經他們身邊，卡密羅斯會是城市的救星，不讓城市毀於可怕的高盧人之手；接著出現費邊馬爾西穆斯的靈魂，他會擊潰漢尼拔，然後趕著力大無窮的大象，經過阿爾卑斯山脈。其中還有凱撒大帝，也就是最偉大的羅馬軍事統帥，他率軍越過盧比孔河擊敗敵軍；安喀西斯最後讓伊尼亞斯看的，就是奧古斯都，他帶全人類回到歷史久遠的黃金時期。

渾身透著光輝的靈魂望著兒子，語帶驕傲地說：「在這個世界上，有些人會比其他人更懂得鑄鐵，更懂運用大理石雕刻人像，有些人說的語言較為迷人優雅，有的人則懂得觀察追蹤天上的繁星軌道。而羅馬人呢，則會以權力與正義統治大地的人民。我們人民的專長，就是建立和平、保護挫敗者，以及摧毀所有反抗我們的人。」

語畢，安喀西斯就放兒子回到人間。伊尼亞斯通過回程行經的閃亮象牙大門，然後爬上長長的路途，抵達光明的世界，迫不及待地想要回到他最後的家，打造光輝燦爛的未來。

羅馬建國

特洛伊船艦沿著義大利翠綠的海岸，繼續往前航行，直到抵達有著大片樹木的河岸，鳥兒婉轉吟唱的河口。船長命令眾船轉向進入河川，來到陸地。這個地方是如此美麗，伊尼亞斯和兒子尤路士及他的手下帶著食物上岸，開始在涼爽的樹蔭底下，吃起他們的午餐。特洛伊女人在河岸烘烤小麥餅，在小麥餅上頭堆疊她們在附近摘到的果實。眾人餓得前胸貼後背，不僅大口吞下果實，就連果實底下的餅，也都吃得一乾二淨。此時小尤路士笑了出來，然後說：「看呀，爸爸，我們餓壞了，連盤子都可以吞下肚子了。」就在此刻，伊尼亞斯想起鳥身人面怪卡列諾的話，她說他們抵達最終站時自會明白，因為他們會吃下自己的盤子。稍後伊尼亞斯見到一頭雪白色的母豬，正在河邊餵三十隻小豬哺乳，他更是激動興奮，因為一切正符合先知海倫諾斯所言。「搭營，」他對眾人大喊：「這裡就是臺伯河了！我們要在這裡建立屬於我們的新城。歡迎回到家！」

眾人歡天喜地，漫長的旅途總算結束了，尤其終點站還是如此豐饒富足的土地。伊尼亞斯一邊監督搭建營地，一邊派出他最信任的同伴，去查看本地的國王為何人，他們該如何與國王和平共處。信差很快就發現了拉丁諾斯國王的小鎮，拉丁諾斯是撒頓——希臘人稱克羅諾斯——的後代；拉丁諾斯熱愛和平，也已經統治國家數年，但膝下僅有一女，也就是與妻子阿瑪妲生下的女兒，名為拉維妮亞。皇后是個性格頑固的女人，擅自決定將女兒許配給突諾斯，一名位高權重的當地國王，也是某位仙女的後代。但無論她如何縝密地計畫，至今仍無法說服丈夫，讓他信服突諾斯就是理想人選，這是因為國王曾接到一通神諭，神諭提到，他應該把女兒許配給遠道而來的陌生人。

伊尼亞斯派出的大使來到拉丁諾斯面前，贈予他許多精美的見面禮，說他們是特洛伊人，國破家亡之後航海至西方，意圖在此處建立新的家園，他們此行的目的並非征服這片土地，只不過是希望尋得安全的庇護所，可以讓他們建立屬於自己的城市。如果國王歡迎特洛伊人，那他們勢必成為國王忠誠的好友和盟軍，與他並肩作戰，對抗所有與國王為敵的敵人。拉丁諾斯滿心歡喜地歡迎他們，同意接納特洛伊人的所有要求。此外，他要求伊尼亞斯私下前來見他，因為他懷疑伊尼亞斯就是神諭所言之人，也就是將來會娶走女兒的男人。於是特洛伊人離開了，回到他們的營地，向伊尼亞斯報告好消息。

但阿瑪妲卻憤怒不平，特洛伊人一離開，她馬上轉過身對丈夫說：「你這個老糊塗！你想要和這群陌生人和平共處？還想把我們的獨女交給被海水沖刷上岸的流浪漢？你又不認得這群特洛伊人，也不曉得他們可能對你的王國構成什麼樣的威脅。你以為他們真會幫你擊退敵人嗎？我的老天啊，他們可是特洛伊戰爭的輸家啊！拉丁諾斯，我向你發誓，我絕對無法就此袖手旁觀！」

阿瑪妲的憤怒正合茱諾之意。朱彼得之妻雖無法制止特洛伊人抵達義大利，但也許她至少可將他們趕盡殺絕。她深入地底之心，找到最可怕的復仇女神阿勒陀，讓她挑撥拉丁名族間更多的不和情結。阿勒陀先往阿瑪妲的憤怒火上加油，然後再前去探訪突諾斯，引發他對於特洛伊人的仇恨，尤其是可能搶走他新娘的伊尼亞斯。阿勒陀飛越整個義大利國度，引起眾人對入侵者的憤慨情緒：愛屈利亞人、薩賓人、沃爾西人，以及其他更多族人，紛紛聚集在突諾斯的旗幟底下。不到幾天的光景，似乎全義大利都與特洛伊人為敵。拉丁諾斯國王絕望地嘟噥哀號，但他年事已高，身體孱弱，無法對抗群起抗爭的族人，於是他把自己關在宮殿裡，放下統治權。

伊尼亞斯聽聞所有族人群起反抗他時，感到既無奈又不甘願，不過仍然準備應戰。當初他是帶著和平抵達這塊土地，自己也是順應諸神的旨意，在此建立一個全新的國度。即便如此，他內心深知自己無法孤軍奮戰，光靠自己單薄的力量，是無法成功抵抗義大利的當地人民。但是，他又該上哪兒去找盟軍？當晚他挨著河畔睡覺，睡得並不安穩，而臺伯河的靈魂則在夢裡對他說話：「不用害怕，伊尼亞斯，援兵就在你的身邊。沿著我的河岸，有一個城市叫做巴拉廷姆，國王是一個很好的人，叫做伊凡德，他會在你需要的時刻伸出援手。他也是摩丘力的兒子，來自富饒阿卡迪世外桃源的摩丘力。雖然他是希臘人，但你千萬不要害怕去找他，尋求協助。」

伊尼亞斯赫然從睡夢中驚醒，幾乎不敢相信河神告訴他的話，尋求希臘人的協助？他們可是特洛伊人的死敵啊。

但神祇的命令不可輕忽，伊尼亞斯備好最優良的船艦，帶著全副武裝的部隊，開始往河川的上流前進。航行順利穩健，讓他們正午就抵達伊凡德的城市，正好就在臺伯河岸的七座山丘底下。國王和他的兒子巴拉斯圍繞著祭壇，向赫丘力士供奉祭品，這時突然見到一群武裝的陌生人，開始把船停靠在河岸旁邊。巴拉斯捉起一支長矛，奔向特洛伊人，要求他們說明身分究竟是敵是友。伊尼亞斯向英勇的少年再三保證，他們是出於河神的旨意，帶著和平前來，因此伊凡德歡迎他們來到他的小鎮，並且安撫他們，自己對特洛伊人並無敵意。達達諾斯許久以前，也是從這塊土地出發航海，建立城市，所以普萊姆和伊尼亞斯也是他的後代，他很歡迎伊尼亞斯來到他傑出祖先的家鄉。

伊凡德帶伊尼亞斯走訪城市，讓他看看卡畢多丘和塔拜亞巨岩，然後沿著廣場和四周的建築繞行。國王解釋道，他自己也曾以流放者之姿來到這兒，在充滿敵意的土地，努力奮鬥興建自己的家園。他歡迎特洛伊人成為他們的盟友，對抗他們敵對的鄰居，特別是愛屈利亞人，愛屈利亞國王是性格殘暴的麥森投斯。伊凡德告訴他，這個男人是生性野蠻的暴君，以行使邪惡之事為樂，例如把活人與死人面對面綁起，直到死屍腐敗流出了黏液，嚇得活人失控發狂。他很開心自己能與伊尼亞斯並肩，對抗這種野蠻的敵人。他甚至詢問特洛伊領袖，除了帶領他城裡的士兵部隊之外，能否帶著他的兒子巴拉斯打仗，這樣巴拉斯就可以從最優秀的戰士身上學會戰爭的技巧，伊尼亞斯欣喜地答應伊凡德，兩人因此建立起友情的聯盟。

伊尼亞斯人在伊凡德的城鎮時，特洛伊營地這邊的情況卻不太妙。如同希臘人在特洛伊城外建蓋護欄，伊尼亞斯的戰士也在臺伯河畔搭蓋起護欄。他們所處的位置相當強勢有利，但卻無法永遠抵擋群起圍攻的軍隊。突諾斯明白這點，於是他趁伊尼亞斯不在時突襲營地，希望能逼迫伊尼亞斯的小隊長從牆後出來，在平原上與他對戰。現在他占盡優勢，刻意以言語嘲諷刺激特洛伊人：「害怕光明正大地出來迎戰我們，是嗎？只有懦夫才會躲在營地裡！你們真是奮勇對抗希臘人的特洛伊戰士嗎？沒有伊尼亞斯就不敢出來應戰了嗎？」

特洛伊人緊咬牙關，忍受他的嘲諷屈辱，因為他們不能不遵從伊尼亞斯所下的嚴格指令，不得在他回來之前與敵軍對戰。但兩名年輕的特洛伊戰士尼休斯和尤里阿路再也無法忍受突諾斯的嘲諷，於是當晚便偷偷潛入義大利兵營，對他們進行游擊戰略，在黑暗之中砍殺數名敵人，但最後兩人被逮個正著，在天亮之前便雙雙喪命。之後突諾斯把他們的頭顱，掛在特洛伊兵營前方的柱子，想要藉此刺激伊尼亞斯的手下出來與他們打仗，但這招完全不管用。突諾斯最後終於失去耐性，決定突襲營地，甚至攻入護牆內，儘管勝算渺茫，仍要奮勇對抗到底，可是最終突諾斯失敗了，被迫跳入臺伯河逃命。

很快地，伊尼亞斯就帶領巴拉斯及伊凡德派出的盟軍返回營地，浩大的戰役就此展開，特洛伊人和義大利人在平原上抗戰，死傷人數慘重，開啟義大利戰爭史上最早的先例。雙方人馬都是英勇的士兵，他們於沙場上賣命，為的就是為自己爭取建立新家園，或者保衛他們所愛的國土。伊凡德之子巴拉斯雖為初生之犢，但卻站在第一陣線，奮勇殺敵無數。突諾斯注意到他，然後宛如一頭憤怒的公牛，前來挑戰巴拉斯，他的橡木長矛刺穿巴拉斯的護胸甲，直直刺入男孩的胸膛，之後突諾斯扯下他的盔甲，把男孩的劍帶當做戰利品掛在肩頭。

伊尼亞斯雖然感到憤慨，卻抽不了身反擊突諾斯，因為他正在對付殘暴的麥森投斯和他的兒子。雖然他們無所畏懼地迎戰伊尼亞斯，最終伊尼亞斯仍成功奪取這對父子的性命。然後伊尼亞斯轉向面對其他敵人，戰役持續了好幾天，雙方打得難分難捨，有時一方獲得領先，有時另一方占得優勢。最勇猛的義大利軍人中，有一位是沃爾西女戰士兼指揮官——卡蜜拉。她自小就喜愛狩獵，忠心追隨黛安娜——亦為希臘人所稱的阿提密斯；在她年幼的時候，就接受父親的訓練，成為無可匹敵的戰士。貞潔貌美如她，卡蜜拉在特洛伊軍之間衝鋒陷陣，每一回都成功抵抗死神，但最後伊尼亞斯的盟友阿倫士擲出長矛，刺穿她的胸口，卡蜜拉終於不敵死神辭世，但很快地，阿倫士也不支陣亡。

特洛伊人和義大利人之間的戰役持續延燒，戰場上的死傷人數不斷攀升，不用多久，就連諸神也受夠了這場殺戮，於是朱彼得喚來他的妻子茱諾，告訴她殺戮必須終止，茱諾只好不情願地答應了，但有一個條件，那就是可恨的特洛伊之名，必須永遠隨著戰爭消失，王國只能留下義大利人的名稱、語言和傳統習俗。萬神之王點頭應許，茱諾便迅速撤除對突諾斯和其人民的支持。

戰場上的所有凡人，都感覺到氣氛有所變化，特別是突諾斯。他發覺自己獨自站在那兒，似乎少了天神的鼎力襄助，但他的自尊卻不容他就此投降。他派出使者前往特洛伊營地，要伊尼亞斯前來應戰，與他一對一結束這場戰爭。因此兩人就在兩軍之間沾染鮮血的平原會合，兩方勢均力敵奮勇抗戰，但卻無人取得領先優勢。最後突諾斯拾起一塊石頭，奮力丟向敵人，巨石的重量連十二個男人都難以掌控，但他卻被重量壓得無法動彈，此舉讓伊尼亞斯有機可趁，特洛伊隊長如旋風般射出長矛，刺穿這位義大利戰士的護胸甲，突諾斯無助地倒在地上，躺在地上的他抬頭仰望伊尼亞斯，然後對他說：「快使出最後一擊吧，你已經光明正大地打敗我了，我不求你的憐憫。但如果你能讓我回到家裡，讓我死在父親的懷裡，我會感激不盡，我的父親與你偉大的父親安喀西斯，有許多相似之處。你已經贏了，伊尼亞斯。拉維妮亞是你的新娘了，你大可不必在此殺了我。」

落敗敵人的勇氣深深感動了伊尼亞斯，他把劍放回劍鞘，忽然間他看到巴拉斯的劍帶，就掛在突諾斯的肩膀上，閃閃發亮著，然後他知道自己該如何做才對。

「你乞求我的憐憫，突諾斯，但你可曾給巴拉斯一個機會？你可曾讓他回到父親伊凡德身邊？你把他的劍帶如戰利品般掛在肩上，這樣的你還敢要求別人對你仁慈？」

語畢，伊尼亞斯拔出劍，一把插入突諾斯的心臟，利劍深深刺入突諾斯的身體，以及其身後的義大利土壤，這就是伊尼亞斯建立的新王國，也是他給所有人的訊息：羅馬永不放棄。

羅馬

羅穆路斯和列姆斯 Romulus and Remus

羅馬建城者

伊尼亞斯娶了拉維妮亞為妻，並且建了一座小鎮，以妻之名，命名為拉維尼姆。特洛伊人和義大利當地人就此結合，成為一個國家的子民，為了維護自身的自由，以拉丁人民之名對抗敵人。拉維尼姆成為最興盛強大的城市，但伊尼亞斯在建立該城之後不久便撒手人寰，領導權轉交給兒子尤路士。尤路士之後離開拉維尼姆，獨自來到臺伯河南部的山丘，建立名為阿爾巴龍加市的新城，伊尼亞斯及尤路士的後代子孫統治阿爾巴龍加，長達好幾個世代，直到普羅加登基。普羅加育有二子——奴米特與阿姆流士，在普羅加過世之後，便把王位傳給性情溫儒的長子奴米特。

野心強大又不擇手段的阿姆流士，計畫從哥哥手下奪取王位，於是他很快罷免了奴米特，但仍留他活口，嚴密監控奴米特的行蹤。可是前任國王的兒子就不那麼幸運了，所有兒子皆遭到處決滅口，奴米特唯一的女兒麗娥席爾維亞幸而保住性命，但條件是要成為爐灶女神的處子。爐灶女神的女祭司名為「維絲塔」，終身的使命為看護城裡的聖火，終生不得結婚。若女祭司不遵守貞潔之道，那她們的命運唯有慘澹二字，必須很快處以死刑。因此麗娥席爾維亞立誓，終生維持處子之身，於是乎，阿姆流士順利移除了所有兄弟血脈的威脅，而感到安全無虞。

可是，有天卻有傳聞傳到國王耳中，據說他的姪女產下一對雙胞胎。阿姆流士勃然大怒，傳喚麗娥席爾維亞前來，要她從實招來，孩子的父親究竟是何人。麗娥席爾維亞聲稱，她從未與男人交往，但她曾在照料聖火時，遭到戰神馬爾斯侵犯。她的叔叔對此解釋嗤之以鼻，將她上以手銬腳鐐扔進監牢，然後派人把嬰兒帶到臺伯河畔，在那兒溺斃這對新生兒。但此時河水正好氾濫，阿姆流士的僕人無法接近湍急的河水，於是便把裝有小男嬰的籃子，丟棄在淤泥灘地上，棄嬰地點四下並無任何屋舍，正好位於伊凡德舊城鎮的七座山丘下。嬰兒的哭聲聽在這幾個冷血男人的耳中，根本是不痛不癢，但有隻母狼聽到嚎啕哭聲，便出來查看。牠發現這對小嬰兒時，孩子飢餓地哇哇大哭，於是母狼便為他們哺乳，哄他們慢慢陷入沉睡。不用多久，有名牧羊人發現這對嬰兒，而身旁的母狼則溫柔地以舌頭舔舐他們的臉頰。於是他帶著孩子回到自己簡陋的小屋，然後把他們交給妻子拉倫蒂亞撫養。

這對雙胞胎取名為羅穆路斯與列姆斯，英挺的少年後來成為出色的獵人和戰士。他們驍勇善戰，打擊當地搶匪，把他們的戰利品，分給該地的貧苦牧羊人。但大家也熟知，他們亦擅長對任何招惹他們的人惡作劇。這對兄弟召集一幫活潑歡樂的年輕人，參加他們的冒險活動，因此他們的英勇與惡作劇行為，在拉丁姆可說是家喻戶曉。一幫曾經遭他們洗劫的搶匪，決定要對這對兄弟反擊，因此有天在某個慶典上，搶匪特意設下陷阱讓他們自投羅網。羅穆路斯趕跑了攻擊者，但列姆斯卻被逮住，然後帶到阿姆流士國王面前，搶匪大膽指控列姆斯就是掠奪奴米特國土的人，但掠奪之罪實為這幫搶匪所為。因此列姆斯就交由奴米特，也就是他的祖父，任奴米特懲罰。

奴米特立刻就對這名男孩產生好感，當奴米特聽聞，他還有一名雙胞胎兄弟，兩人雙雙被拋棄在河畔，正巧是他女兒麗娥席爾維亞的孩子，他馬上就發現他們之間的血緣關係。列姆斯派人去找羅穆路斯，之後他們帶領追隨者，一起殺了阿姆流士，然後把王位歸還給祖父，讓他成為正統的阿爾巴龍加國王。這兩位年輕人為奴米特感到開心，但他們依然熱血沸騰，想要回到牧羊人與其妻拉拔他們長大的地方，在那裡建立屬於自己的城市。這兩人平時相處融洽和睦，但由於他們在同一天出生，於是很難決定新城的國王該讓誰來當。也因為如此，他們決定要等待神跡，然後分別到兩個不同的山丘休息——巴拉蒂尼及阿溫廷，一邊靜候神跡預兆。列姆斯首先見到六隻禿鷹盤旋天空，因此認定是來自天神的徵兆，但羅穆路斯卻看到十二隻，他們爭執著，到底誰該得到天神的恩寵；列姆斯聲稱是他先見到飛禽，但羅慕勒反駁道，說他看到的飛禽數量比列姆斯來得多。兩人爭吵不休，最後演變成打架，雙雙拔刀相對，最後羅穆路斯殺了自己的兄弟，也有些故事說，列姆斯稍後翻越蓋到一半的城牆，引來羅穆路斯的殺機。但無論情況為何，羅穆路斯成為新城唯一的國王，此後以自己為名，稱其為羅馬。

羅穆路斯國王召集願意加入他新城的土匪、逃犯和逃跑的奴隸，城鎮很快便群聚各方的野蠻青年，他們鞏固城牆、建蓋屬於自己的新家及諸神的神廟。羅穆路斯指定其中一百個最優秀的男人成為參議員，協助他管理城鎮，而這些人和他們的後代子孫，就是之後所謂的貴族。不過國王的運氣卻不太好，一直無法為臣民找到妻子，仔細想想吧，哪位父親會願意把女兒的一生託付給罪犯？為了解決這個問題，羅穆路斯邀請鄰近地區的薩賓村民，參與羅馬的盛大慶典。鄰區的男人皆好奇新城的樣貌，也不想錯過免費的晚餐，於是就帶著家人前往羅馬。酒足飯飽之後，羅穆路斯下了一個暗號，羅馬人便瞬間捉住造訪的少女，然後把她們的家人趕出城外。

薩賓少女遭羅馬人綁架，這讓她們的父親氣憤難消，困在城內的少女也感到害怕，不知道未來等著她們的會是什麼。但羅馬男人並未脅迫她們付出處子之身，反而向女孩告白自己至死不渝的愛，並以真心追求她們，解釋道他們之所以出此下策，全是因為已經沒有其他選擇。他們想給予這群女人身為妻子的權利，如果她們願意配合，他們可以共同打造一座美好的城市，給予孩子美麗的未來。聽聞這番話之後，薩賓女人的心開始慢慢融化，於是便自願把自己交給當初綁架她們的男人，成為他們的妻子。

但薩賓女子的父親仍不肯原諒綁匪。幾個月過後，在薩賓國王塔提屋斯的帶領下，他們群起圍攻羅馬城，準備帶回自己的女兒。其中一名年輕女人叫做塔拜雅，她同意晚間協助薩賓先鋒偷溜進堡壘，條件是他們要給她他們穿戴於左臂的物品，也就是他們的黃金手鐲。等到他們安全攻下堡壘，薩賓人堆疊起盾牌——盾牌同樣也穿戴於他們的左臂，沉重的盾牌壓得塔拜雅無法呼吸，最後招致她的死亡。塔拜雅喪命的懸崖，此後便稱為塔拜亞巨岩，也是背叛祖國之人，遭到處決的地點。

隔天羅穆路斯的軍隊逼近堡壘下方的廣場，而此刻薩賓人已經占據堡壘，因此他們請薩賓人出來正面迎戰，一次解決這次的紛爭。戰爭迫在眉睫，但這時薩賓妻子卻跑到兩隊的戰線中間，懷裡抱著她們的嬰兒，大聲哭喊，他們不想要父親與丈夫為了自己互相殘殺。薩賓女人的請求喚醒了雙方軍隊，於是他們放下手中的武器，共同成為羅穆路斯底下的子民。

一年又一年過去了，羅馬國王為他的新城帶來繁華與和平。羅馬人是全國人盡皆知的勇猛戰士，而羅穆路斯成功的統治雖為自己帶來他人的尊敬，同時卻也招來怨恨。有天，羅穆路斯正在馬爾斯原野召開會議，此時突然吹起一陣強大的暴風，天空也變得黯淡無光。太陽再次出現之際，羅穆路斯卻已經消失不見。有人說他被帶到天庭，與諸神共同生活，但也有人說，對他滿懷嫉妒的參議員趁亂在黑暗中殺了他，然後把國王的身體切成塊，偷偷藏在他們的羅馬官袍下帶走。無論如何，眾人此後視羅穆路斯為天神，也是創立羅馬的人物，備受羅馬人的尊敬與膜拜。

賀拉提兄弟 The Horath Brothers

智勇雙全的羅馬英雄

羅穆路斯之後由努馬龐必留斯繼位，據說他賦予羅馬許多古代宗教傳統及儀式。緊接在努馬之後，有位偉大的戰士國王，名叫圖魯斯侯斯提留士，他在位的時候，目標就是把古城阿爾巴龍加納入羅馬日益擴張的領土。然而阿爾巴人卻完全不想與他們的親戚統一，雙方因此開戰。但其實他們彼此都曉得，全力以赴展開戰爭，只會讓兩個城鎮搖搖欲墜，讓位於臺伯河北部、一向充滿敵意的愛屈利亞人有機可趁，趁亂一舉征服兩個城鎮。為了拯救眾人的性命，他們便決定雙方各派出三人，代替所有人參與殊死戰。唯一一個存活下來的人就是戰爭結果，全輸的一方要和平屈服投降。接著雙方將豬隻貢為祭品，向天神立誓，絕對會遵從比賽的結果。

幸運的是，羅馬和阿爾巴龍加各有兩對三胞胎兄弟，他們也正好都是技術高超的戰士。羅馬的賀拉提兄弟同意，願對決阿爾巴龍加的古里亞斯三胞胎，以此決定誰來統治雙城。兩個城市的居民焦慮地聚在戰場，觀看自己的命運將何去何從。戰爭信號一下，六名年輕人便開始向彼此俯衝而去，大肆廝殺，六人都相信自己能贏得比賽，彼此以盾牌相迎，利劍於空中飛舞，兩位羅馬兄弟很快便戰死沙場。剩下的賀拉堤兄弟，遭到阿爾巴人團團包圍，三兄弟靠近他，想要伺機奪取他的性命。但羅馬戰士卻開始奔跑，三位古里亞斯兄弟也繞著場地，頻頻追著他跑，直到三人分散四角，而這個局勢正中羅馬士兵的下懷，他轉過身襲擊第一個靠近他的阿爾巴人，然後第二個、第三個，三人就這麼倒地不起。

羅馬人歡欣鼓舞，為在戰場上善用機智與勇氣的年輕人鼓掌叫好。阿爾巴人的失望可想而知，但他們是遵守承諾的高尚人民，於是只有尊重比賽的結果。唯一一個哭泣的人，就是倖存的賀拉堤兄弟的妹妹，她才剛與其中一位古里亞斯兄弟訂婚。她的哥哥知道她哭泣的理由後，便把劍刺入妹妹的心臟，了結她的生命，聲稱這就是羅馬女人為敵人哭泣的下場。於是年輕戰士便接受審判，但他的父親為他緩頰，認為女兒的遭遇實屬公正。不過由於他並未按照國家旨意行事，因此法官裁決，他需要上軛，做為恥辱的象徵，遊街示眾。

獨眼賀拉斯 One-eyed Horatius

守橋保衛羅馬的英雄

羅馬的下一任國王是安庫斯馬爾休斯，他在奧斯提亞建立了城市海港，挖掘了不少溝渠，還建了一座橫跨臺伯河的橋樑。在他的統治期之後，一位愛屈利亞國王老塔爾琴篡位，於是外國王朝便開始統治羅馬，足足長達三個世代。羅馬人不滿自己必須對愛屈利亞人屈膝恭敬，不過城市仍舊繁榮興盛，並且團結對抗臺伯河對岸、其餘敵對的愛屈利亞勢力。

該區域最危險的國王，非拉爾士波瑟納莫屬，也就是羅馬北方的愛屈利亞國王。他決定要征服羅馬，於是帶軍行進到臺伯河上的唯一橋樑。羅馬軍隊也知道，他們無法制止眾多士兵通過橋樑，於是當愛屈利亞人接近時，他們開始拆除羅馬這側的橋樑。有位名為賀拉斯科可勒斯的守衛（「科可勒斯」意指「獨眼」），自告奮勇要留守後方，拖延入侵者的時間，讓他的戰友多出寶貴的幾分鐘時間，可以完成拆除工作。他的兩位朋友也留下來迎戰，但等到木材都差不多砍斷時，他就送朋友離開，賀拉斯則獨自對抗愛屈利亞戰士，直至橋樑完全拆毀，事成之後，他便全副武裝跳入河水，游回羅馬。之後他成了為羅馬冒險患難的英雄，備受尊崇。

斯凱沃拉 Scaevola

以智慧替羅馬解圍

然而，拉爾士波瑟納卻是名不屈不撓的國王，跨越臺伯河的橋樑斷了之後，他開始圍攻羅馬城，讓他們因為沒有供糧可食，逼得他們最後投降。隨著一周又一周過去，羅馬人也陷入一陣飢餓絕望，就在此刻，有位叫做蓋尤士慕休斯的年輕人，亦名斯凱沃拉，他帶著計畫前往參議院，自願假扮成愛屈利亞人，混進拉爾士波瑟納的帳篷，等到他夠靠近拉爾士時，便會伺機殺死國王，終結這場戰爭。他知道這無疑就是自殺之舉，但如果他能就此解救羅馬，就算死也值得了。

長者贊成他的計畫，於是這位羅馬勇士就在當晚偷偷渡河，潛入愛屈利亞人的營地。他毫無阻礙潛入指揮官的帳篷，可是卻認不出誰才是國王，這讓他亂了陣腳。所有愛屈利亞貴族都打扮尊貴得宜，全部的人都看似王室家族。於是他決定放手一搏，把劍刺向坐在王室座椅的男人。但很不幸的是，他殺死的人其實是國王的祕書，慕休斯因此被逮個正著，被帶到真正的國王面前，國王要他說出暗殺國王的所有計謀細節。如果慕休斯不願鬆口，那他就等著被火活生生燒死。慕休斯狂傲地放聲大笑，說他完全不顧念自己的軀體，他在乎的只有榮耀，語畢，他便把右手探入國王面前烈火燃燒的火盆，直到火焰吞噬他的手。與此同時，慕休斯完全不發出任何聲響，眼睛連眨也不眨一下，只是讓烈火繼續燒灼他的肉體。

愛屈利亞國王欽佩這名年輕人的勇氣，於是決定釋放他。但慕休斯警告他，在他失敗之後，還會有三百多名羅馬人，發誓追隨他的腳步暗殺國王。這讓波瑟納十分困擾，於是他當下立刻決定與羅馬人和解，不再圍攻羅馬。

克黎莉亞 Cloelia

英勇衛國的少女

拉爾斯波瑟納的和平條款中，有項規定要求羅馬人必須派來人質，與愛屈利亞人共同生活，以保障羅馬能在未來維持友好親善。如果羅馬表現不佳，人質便必死無疑。送至波瑟納身邊的貴族中，有位少女叫做克黎莉亞。由於克黎莉亞早已料想到，生活在愛屈利亞士兵的手中會是如何，她與其他女孩肯定會飽受虐待，於是克黎莉亞便暗中計畫，打算和其他女孩逃跑，逃離她們所待的愛屈利亞營地。經過一番苦苦追趕，她們總算來到臺伯河，安全游過河川抵達羅馬。士兵立刻對國王稟報人質逃跑的事，愛屈利亞國王對克黎莉亞的勇氣，雖然佩服不已，但卻要求她立刻折返，否則和平條款就視為破壞。他無意傷害勇敢的少女，並再三對參議院保證，他會毫髮無傷把她送回羅馬，但前提是他們必須認知他在這件事情上所掌握的權力。

羅馬人答應國王了，克黎莉亞回到營地，國王也待她很好，他尊重克黎莉亞，並且出於善意，願意讓她帶走一半剩下的人質，隨同她回到羅馬。克黎莉亞反覆思忖，究竟該帶著誰一起走，然後決定了最年幼的幾位男孩。因為少女帶著男孩一起離開，而非帶走成熟男人，看似較為適宜合理，此外，小男孩也較可能受俘虜兵欺凌虐待。就這樣，她帶著人質回到羅馬，此後羅馬為她立了一尊雕像，向她的勇氣與典範致敬。

路克瑞莎 Lucretia

堅貞的羅馬女子

羅馬的第三個愛屈利亞國王是驕傲者塔爾琴，他為了擴展羅馬勢力，便與鄰鎮阿爾迪亞展開戰爭。國王的兒子賽克斯圖斯塔爾琴，以及他的羅馬友人科拉提紐士，兩人在這場戰爭中共同擔綱軍官的角色。在某個寧靜的夜晚，他們在阿爾迪亞附近，圍繞著篝火，兩人開始爭論，到底誰的妻子比較忠貞？由於無法決定答案，於是他們決定當晚騎馬回到羅馬，出其不意查看妻子在做什麼。

他們發現賽克斯圖斯的妻子正在一場盛大宴會上，與她的朋友飲酒作樂，而科拉提紐士的妻子，也就是一名叫做路克瑞莎的女人，則在她簡陋的房屋裡，坐在油燈底下忙著打毛衣，即使已經夜深人靜，她的雙手始終不得閒。當晚他們回到營地，賽克斯圖斯為自己的妻子感到羞愧，但卻對路克瑞莎特別感興趣。很快地，他便決定，無論如何必要占有這樣的女人。

幾天過後，賽克斯圖斯獨自回到羅馬，拜訪路克瑞莎的屋舍。女主人歡迎丈夫的朋友入內，然後在晚餐之後請僕人帶他到客房休息。等到夜深人靜的時候，賽克斯圖斯帶著劍，躡走躡腳走進路克瑞莎的房間，他用左手壓住她，命令她不准出聲，否則就是死路一條。他聲稱自己已經愛上她，只是想要與她溫存罷了，但路克瑞莎堅決不肯配合，於是他就說，如果她當晚不讓他隨心所欲，那他就會殺了她，以及家裡其中一名男僕，然後把男僕的屍體扔在路克瑞莎床上，他會告訴科拉提紐士，他親自逮到這對姦夫淫婦，然後以摯友的立場，出於正義的勇氣，當場就殺了姦夫淫婦。

路克瑞莎知道自己沒有選擇的餘地，她害怕丈夫的聲譽受到玷污，更勝於自己身體的貞潔。因此在他侵犯她時，路克瑞莎並未反抗，然後在他結束暴行返回戰營後，她獨自流下屈辱的眼淚。隔天她送出訊息，請住在羅馬的父親和正在阿爾迪亞的丈夫立刻回家，兩人帶著丈夫的羅馬友人路休斯尤紐士布魯圖斯一同前去。接著路克瑞莎便把昨晚發生的事情，一五一十地告訴他們，然後說她內心因為罪惡感而折騰不已，她不希望為科拉提紐士和家人帶來家恥。但大家都勸她，這絕非她的過錯，可是路克瑞莎一個字也聽不進去，她從袍子底下抽出一把劍，倏地把劍刺入心臟，之後倒地不起。

她的丈夫與父親緊緊把她抱在懷裡，忍不住痛哭失聲，布魯圖斯拾起血淋淋的劍，對著劍發誓，有天必要剷除塔爾琴家族。過不了不久，布魯圖斯帶領反叛軍對抗塔爾琴，把他們趕出城市，羅馬此後便不再由國王統治，而是成為由人民共治的共和國。

綿延漫長的君主時代，可追溯至伊尼亞斯和特洛伊戰爭，以及希臘傳統和最早的寓言故事，而今君主政體總算畫上句點。如今古典世界也踏入歷史的一頁，但的古代神話卻永不凋零。

名詞對照表

阿基里斯 Achilles：皮流士與女神佘蒂絲之子，也是特洛伊戰爭中最英勇偉大的希臘戰士。

阿克利修斯 Acrisius：達妮之父，帕修斯的祖父，意外死於帕修斯擲出的鐵餅下。

衛城 Acropolis：指涉任何城市的最高點，但此詞彙最常用指雅典衛城，雅典娜神聖的巴色農神殿便位於此地。

阿克塔昂 Actaeon：因為看見女神阿提密斯的裸體，而被變成一頭鹿，遭自己飼養的獵犬攻擊身亡。

阿德米特斯 Admetus：說服妻子愛西絲蒂為他犧牲生命，但最後赫丘力士解救了愛西絲蒂。

阿多尼斯 Adonis：是母親梅拉與祖父西尼拉斯亂倫生下的孩子。他的樣貌出眾俊俏，備受愛芙羅黛蒂和波賽芬妮喜愛。最後死於野豬的攻擊下，他流下的鮮血其後生出銀蓮花。

阿德拉斯特士 Adrastus：阿哥斯國王，為伊底帕斯之子波利奈色斯出戰對抗底比斯，是七名將軍中的領袖。

埃阿科斯 Aeacus：宙斯與愛吉娜的兒子，宙斯把螞蟻化身為人類，成為臣民之後，就由他統治愛吉娜的小島。

伊帖斯 Aeetes：老太陽神赫利歐斯之子，也是科爾奇斯國王，美狄亞的父親。

艾格烏斯 Aegeus：雅典國王，提修斯之父，美狄亞謀殺兒子之後，協助美狄亞逃離科林斯。

愛吉娜 Aegina：懷有宙斯的孩子，產下阿伊克斯，也是雅典附近小島的名字。

艾吉斯策斯 Aegisthus：柴耶斯特斯與女兒佩洛皮亞亂倫生下的兒子，他在阿加曼儂對抗特洛伊的時期，擔任邁錫尼的攝政王；阿加曼儂返國後，他便協助克莉坦娜絲查弒夫。之後遭到阿加曼儂之子奧瑞斯特謀殺。

伊尼亞斯 Aeneas：安奇休斯與女神愛芙羅黛蒂生下的兒子，他帶領倖存的特洛伊人，於義大利建立新王國，之後蘊育出羅馬人。

阿伊歐樂士 Aeolus：⑴帖撒利國王，有時被認為是⑵風王，後者曾協助奧德修斯返回家鄉。

以太 Aether：太空，亦為夜晚與黃泉的孩子。

艾特拉 Aethra：提修斯的母親，成為海倫的奴隸。

阿加曼儂 Agamemnon：阿楚斯之子，米奈勞斯的兄弟。他是邁錫尼國王，領導希臘遠征隊出發至特洛伊。回到家鄉後，遭妻子克莉坦娜絲查謀害。

阿蓋芙 Agave：底比斯國王卡德莫斯與哈夢妮亞的女兒，之後戴奧尼索斯懲罰她，讓她陷入瘋狂，於是殺了親兒子潘修斯。

艾吉諾 Agenor：腓尼基國王，也是卡德莫斯和歐羅巴之父。

阿賈克斯 Ajax：⑴鐵拉蒙之子，曾參與特洛伊戰爭，是力大無窮的希臘戰士，因與奧德修斯爭奪阿基里斯的盔甲失利而自盡。⑵奧伊流士之子，也是參與特洛伊戰爭的優異士兵，但另一名阿賈克斯讓他相形失色，因此他被冠上小賈克斯之名。

愛西絲蒂 Alcestis：自願為丈夫阿德米特斯犧牲性命的妻子，赫丘力士後來解救了她。

阿爾辛諾斯 Alcinous：菲西亞國王，也是阿瑞蒂的丈夫，以及瑙西卡的父親。在傑森與奧德修斯的遠征旅途，曾經歡迎這兩位英雄，來到他恬靜的小島。

愛克美娜 Alcmene：赫丘力士之母。宙斯將一個夜晚延長至三天長，與她翻雲覆雨，之後她懷有宙斯的孩子，因而產下赫丘力士。

愛爾喜昂 Alcyone：⑴阿伊歐樂士之女，她嫁給錫克斯，丈夫溺斃之後，她也被變成翠鳥（翡翠鳥）。⑵阿特拉斯與海精普莉俄妮的女兒，波塞頓誘惑她，致使她為他懷了數名孩子。

阿勒陀 Alecto：復仇女神之一，希拉曾經對她下令，讓她引發義大利當地人對伊尼亞斯和特洛伊人的不滿情緒。

阿爾菲斯 Alpheus：大洋氏和蒂賽絲之子，他是伯羅奔尼撒的河神，追求仙女阿瑞杜莎來到西西里島。

阿爾泰雅 Althaea：米利傑之母，她於盛怒之下燒光神奇的木塊，殺了親生兒子。

亞馬遜族 Amazons：住在希臘世界東部邊境的女戰士。

安菲翁 Amphion：宙斯和安蒂歐碧之子，兄弟是齊策斯。萊庫斯和德琦聯手虐待母親，於是他便對他們展開報復，之後與兄弟成為底比斯的共同統治者。

安菲屈蒂 Amphitrite：波塞頓追求的海洋女神，後來終於接受他的追求，為海神生下三名兒子。

阿姆流士 Amulius：羅穆路斯和列姆斯的叔叔，他把兄弟奴米特趕下阿爾巴龍加的王位，於臺伯河岸遺棄這對雙胞胎。

安喀西斯 Anchises：伊尼亞斯的父親，女神愛芙羅黛蒂誘惑他之後，產下伊尼亞斯。

安德柔瑪姬 Andromache：特洛伊英雄赫克托之妻。

安卓梅妲 Andromeda：西佛士和卡西歐佩亞之女，帕修斯曾從海妖手中解救安德柔美妲。

安泰幽斯大地之子 Antaeus：赫丘力士所擊敗的非洲巨人，赫丘力士把他高舉離地，切斷他母親給予他力量的來源。

安蒂岡妮 Antigone：伊底帕斯之女，在父親遭流放的時候照料他，並且違抗底比斯國王克里昂的旨意，好好安葬了哥哥波利奈色斯。

安提娥培 Antiope：宙斯假扮成牧神撒泰兒侵犯了安提娥培，之後她產下一對雙胞胎兒子：安菲翁和齊策斯。她在底比斯遭萊庫斯和德琦的虐待，這對兒子後來便為母親復仇。

愛芙羅黛蒂 Aphrodite：拉丁名「維納斯」，愛與性之女神，由原始天空割下的生殖器誕生。

阿波羅 Apollo：宙斯與麗托之子，阿提密斯的哥哥，他是音樂、醫學、弓箭和預知之神。

阿拉庫尼 Arachne：利底亞的年輕女子，她向雅典娜下戰帖，與她比賽編織，之後被雅典娜變成一隻蜘蛛。

阿瑞斯 Ares：拉丁名「馬爾斯」，戰神，宙斯和希拉之子。

阿瑞蒂 Arete：菲西亞皇后，亦為阿爾辛諾斯的妻子，她曾在傑森與奧德修斯的旅途中，親切接待兩位英雄。

阿瑞杜莎 Arethusa：河神阿爾菲斯漂洋過海追逐的仙女。

阿哥勇士 Argonauts：加入傑森踏上阿哥號，共同尋覓金羊毛的水手。

阿哥斯 Argos：奧德修斯忠心的老狗，在主人返家之後，忠犬聽見主人的聲音，便斷氣而亡。

阿古士 Argus：愛歐的看守人，擁有一百隻眼睛，之後遭赫米斯殺死。

亞莉阿德妮 Ariadne：克里特國王麥諾斯之女，她協助提修斯擊敗父親，逃出牛頭人身怪物的迷宮。

阿里昂 Arion：狄美特遭波塞頓侵犯後所生下的神馬。

阿提密斯 Artemis：拉丁名「黛安娜」，宙斯和麗托之女，也是阿波羅的妹妹，是處女與狩獵女神。

愛斯坎紐士 Ascanius：請見尤路士**Iulus**。

阿斯克勒皮斯 Ascanius：療癒天神阿波羅之子，由於踰矩讓人類死而復生，因而被宙斯殺了。

阿索普斯 Asopus：河神，也是仙女愛吉娜的父親。

阿塔蘭塔 Atalanta：與夫婿候選人賽跑的處女獵人，只要對方輸了，她就取人性命。

雅典娜 Athena：拉丁名「敏耐娃」，蜜蒂絲之女，被父親宙斯一口吞下後，從父親的額頭蹦出。她是司管戰爭的處女之神，也是雅典城的守護神。

阿特拉斯 Atlas：肩上扛著天庭的泰坦神；有些故事說，帕修斯在他面前舉起梅杜莎砍下的頭顱，因而讓他變成石化的亞特拉斯山。

阿楚斯 Atrues：皮洛普斯和喜波妲蜜亞之子，亦為柴耶斯特斯的兄弟，阿加曼儂與米奈勞斯之父。他於餐宴上，將柴耶斯特斯的兒子烹煮上桌，並且奪取邁錫尼的王位。

阿特羅普斯 Atropos：其中一名命運之神，負責切斷生命之線。

阿提斯 Attis：女神西巴莉所鍾愛的對象，她的嫉妒心致使他發狂，在瘋狂之中閹割了自己。

奧吉斯 Augeas：奧吉斯牛棚的國王與主人，牛棚後由赫丘力士清洗乾淨。

奧托利克斯 Autolycus：知名的竊賊，也是英雄奧德修斯的祖父。

巴克斯 Bacchus：請見「戴奧尼索斯」。

鮑喜絲 Baucis：菲勒蒙的妻子，是一名農婦。於家中熱情招待微服出巡的宙斯和赫米斯，因而與丈夫獲得極大的獎賞。

貝勒羅封 Bellerophon：科林斯國王之子，不慎殺死自己的兄弟，因而被送至利底亞，準備接受處決，但他在飛馬皮葛色斯的協助下，完成英雄壯舉，而獲得國王的賞識與敬佩。

布里亞里諾斯 Briareus：百臂怪獸之一，協助宙斯神打敗泰坦神族。

布魯圖斯 Brutus：在路克瑞莎自殺後，他驅逐了驕傲者塔爾琴，也就是羅馬最後一任國王。

卡科斯 Cacus：住在未來羅馬之址的怪獸，遭到赫丘力士剷除。

卡德馬斯 Cadmus：腓尼基國王艾吉諾之子，他離家尋覓失蹤的妹妹歐羅巴，然後建立了底比斯的希臘城。

凱妮絲 Caenis：拉比斯戰士凱納斯以前的名字，當時她遭波塞頓侵犯，然後由女性變成男人。

卡爾恰斯 Calchas：跟隨希臘人前往特洛伊的先知。

卡萊斯 Calais：齊特士的兄弟，也是北風之子，與阿哥號勇士出航。

卡莉娥比 Calliope：司管史詩的繆斯女神，也是奧菲斯的母親。

嘉麗斯特 Callisto：阿提密斯的信徒，遭到宙斯霸王硬上弓，之後被希拉變成一隻熊。

卡利敦野豬 Calydonian Boar：生性兇殘的野豬，因卡利敦人疏於敬拜阿提密斯，於是她便派牠去懲罰卡利敦人，當代最為英勇的英雄，成功獵殺野豬。

卡麗騷 Calypso：阿特拉斯的神仙女兒，她把奧德修斯當俘虜，囚禁在奧吉及亞小島。

卡蜜拉 Camilla：義大利女戰士，英勇對抗伊尼亞斯，以及伊尼亞斯領軍的特洛伊人。

卡珊德拉 Cassandra：特洛伊國王普萊姆之女。由於她拒絕了阿波羅的追求，於是阿波羅懲罰她，給予她預知能力，但卻讓大家不相信她所說的話。阿加曼儂把她當戰利品帶走，之後她在邁錫尼遭謀殺身亡。

卡席耶琵亞 Cassiopeia：西佛士之妻，亦為安德柔美妲之母。

卡斯特 Castor：波樂克斯、海倫與克莉坦娜絲查的兄弟，和傑森以及其他阿哥號勇士一同航海。

西克羅普斯 Cecrops：雅典的第一任國王，出生便具人身蛇尾。

人頭馬怪物 Centaurs：有著人類頭部與上半身的生物，但軀體下肢卻為馬，通常在希臘神話中，被詮釋為野性、非文明的角色。然而具有高智慧的人頭馬怪物奇龍，卻為多位英雄的導師。

西發路 Cephalus：普柔克麗絲的丈夫，他曾測試自己妻子的忠誠程度，但當他妻子變裝前來測試他時，他卻無法完成同樣的測驗。

開佛斯 Cepheus：衣索匹亞的國王，卡席耶琵亞的丈夫，也是安德柔美妲之父。

地獄犬 Cerberus：怪獸泰風和埃季達的孩子，為陰間的三頭看門犬。

錫克斯 Ceyx：特拉喀斯的國王，也是愛爾喜昂的丈夫。不幸遭到溺斃，但之後與妻子一同化身為翠鳥。

卡厄斯 Chaos：遠古偉大的深淵，從深淵中蹦出許多第一代的神祇。

哈隆 Charon：陰間的船夫，他載運陰魂渡過守誓河，或稱冥河。

恰利底斯 Charybdis：正對著怪獸喜拉的致命大漩渦，位於西西里島和義大利之間的狹窄海峽。

吐火獸 Chimera：萊西亞的怪獸，有著獅頭、羊身、蛇尾，肆虐萊西亞，之後由貝勒羅封捉拿剷除。

琦歐妮 Chione：同夜遭赫米斯與阿波羅侵犯的美麗少女，為兩位天神分別生下一名兒子，之後卻因驕傲誇耀，而遭阿提密斯處死。

奇龍 Chiron：教導傑森和阿基里斯的聰明人頭馬怪物。

克里撒爾 Chrysaor：波塞頓侵犯梅杜莎後產下的後裔，但他卻是在帕修斯肢解他母親之後，才與飛馬皮葛色斯蹦出母親砍斷的頸子。

色琦 Circe：赫利歐斯之女，是法力高強的女巫，曾把喜拉變成怪獸。她幫忙洗淨傑森與美狄亞的罪孽，之後把奧德修斯的手下變成豬，然後在家裡接待奧德修斯。

克黎莉亞 Cloelia：送到愛屈利亞給拉爾斯波瑟納國王，當做人質的羅馬少女，但之後跨越臺伯河逃跑。

克婁梭 Clotho：三名命運之神的其中一位，她編織人類的命運之線。

克莉坦娜絲查 Clytemnestra：阿加曼儂之妻，也是奧瑞斯特之母，她與艾吉斯策斯攜手謀殺親夫，之後又被自己的兒子所殺。

科耶斯 Coeus：大地與天空之子，他與妹妹佛碧孕育了樂朵和阿絲特瑞亞。

柯特斯 Cottus：百臂怪獸其中之一，協助宙斯推翻泰坦神族。

克里昂 Creon：伊底帕斯的舅子，亦為底比斯國王，判安蒂岡妮死刑。

克露莎 Creusa：⑴遭阿波羅侵犯，而產下愛勇的少女⑵伊尼亞斯的第一任妻子，也是尤路士的母親，在特洛伊淪陷時身亡。

克里奧斯 Crius：大地與天空之子，與妹妹兼妻子尤瑞碧亞孕育數名子女。

克羅諾斯 Cronus：拉丁名「撒頓」，大地與天空之子，他閹割了自己的父親，然後篡位成為宇宙之王，之後遭自己的兒子宙斯欺瞞推翻。

邱比特 Cupid：拉丁名「厄洛斯」，愛芙羅黛蒂之子，以弓箭引發他人無可抑制的慾望，自己卻愛上少女賽姬。

西芭莉 Cybele：福萊吉亞的母神，經修改編入希臘神話，有時被認為是莉亞。

獨眼巨人 Cyclopes：波塞頓之子，他們是住在遙遠西方的野人。其中一名成員叫做波利菲莫斯，殺了數名奧德修斯的夥伴，但之後奧德修斯欺騙了他，以致他的眼睛被戳瞎，讓奧德修斯成功逃離他的洞穴。

庫帕里索斯 Cyparissus：阿波羅鍾愛的年輕男孩，庫帕里索斯深愛自己的寵物鹿，卻不慎殺害自己的寵物。之後阿波羅把他變成一棵柏樹，讓他可永遠哀悼這頭鹿。

達得羅斯 Daedalus：手藝精湛的工匠，也是伊卡魯斯的父親，於克里特幫麥諾斯國王打造迷宮。他以自製翅膀，與兒子雙雙逃離，但兒子飛得太高，過於靠近太陽，最後摔落致死。

達娜哀 Danae：阿哥斯國王阿克里修斯之女，也是帕修斯的母親。

達芙妮 Daphne：阿波羅愛上的仙女，被大地變成一棵月桂樹，以閃避阿波羅的追求。

達達諾斯 Dardanus：羅馬人的義大利裔祖先，他搬遷至亞洲，成為特洛伊國王，希臘人聲稱他出生於克里特或薩莫色雷斯。

黛安妮拉 Deoamora：赫托丘士之妻，在不知情的情況下，黛安妮拉給他一件有毒的斗篷，因而致其死亡。

狄美特 Demeter：拉丁名「席瑞絲」，克羅納斯和莉亞之女，也是豐饒大地的女神、泊瑟芬之母。

鐸卡連 Deucalion：普羅米修斯之子，皮雅的丈夫，宙斯以洪水滅絕人類，而他是唯一的男性倖存者。

黛安娜 Diana：請見「阿提密斯」。

蒂朵 Dido：腓尼基的創建人，也是迦太基女王，伊尼亞斯所鍾愛的對象，之後卻被他拋棄。

戴歐米德斯 Diomedes：⑴阿哥斯的希臘國王，曾參與特洛伊戰爭。⑵色雷斯國王，被赫丘力士拿去餵食嗜吃人肉的母馬。

戴奧尼索斯 Dionysus：拉丁名「里伯」，宙斯與施美樂之子，司管紅酒與平衡生活的天神。

大地 Earth：拉丁名「蓋亞」或「蓋」，自卡厄斯而生，她產下天空，與之交配，生下眾多子女，包括宙斯的父親克羅納斯。

埃季達 Echidna：大地與黃泉生下的怪獸，她也產下許多可怕的孩子，包括泰風、吐火獸和地獄犬。

哀可 Echo：愛上納西瑟斯的仙女，卻遭到他拒絕，最後消逝成為不具形體的聲音，僅能重複他人話語中的最後幾個字。

艾莉西雅 Eileithyia：宙斯與希拉之女，生產女神。

伊萊克查 Electra：⑴阿加曼儂與克莉坦娜絲查之女，後來協助兄弟奧瑞斯特報復母親。⑵阿特拉斯之女，遭宙斯侵犯，產下兩子——達達諾斯和艾遜。

恩戴米昂 Endymion：西倫的戀人，宙斯應許給他任何想要的東西，他選擇長眠，擁有永恆青春不再衰老。

伊奧斯 Eos：拉丁名「奧羅拉」，曙光女神，最廣為人知的故事就是把戀人提宗諾斯變成一隻蟬。

伊比米修斯 Epimetheus：泰坦神伊雅匹特士之子，也是普羅米修斯的兄弟，宙斯把動人卻麻煩的潘朵拉當禮物送給他。

哀拉托 Erato：司管情詩的繆斯女神。

黃泉 Erebus：黑暗的地底陰間，自卡厄斯而生，與妹妹夜晚育有海鐵爾和白晝。

厄麗絲 Eris：請見「衝突」。

厄洛斯 Eros：拉丁名「邱比特」，原始的再生精神，生於卡厄斯。後來經過作者之筆，描繪成為愛芙羅黛蒂的兒子。

艾特歐克里斯 Eteocles：伊底帕斯的小兒子，在底比斯遭兄長波利奈色斯謀殺身亡。

尤茂斯 Eumaeus：奧德修斯的忠實豬農。

歐羅巴 Europa：艾吉諾之女，化身為公牛的宙斯擄走她，然後在克里特侵犯歐羅巴，之後便於此處拋棄了她。

尤麗克萊亞 Euryclea：潘妮洛普的忠實侍女，她發現奧德修斯腿上的舊疤後，幫忙保守他身分的祕密。

尤麗黛 Eurydice：奧菲斯之妻，奧菲斯解救她離開陰間，但在他們完全離開地府之前，她的丈夫回頭張望想要看見她，因此又再次失去尤麗黛。

尤莉諾梅 Eurynome：⑴貝勒羅封之母⑵與宙斯共育美姿女神，是美姿女神之母。

尤里士修斯 Eurystheus：赫丘力士膽小如鼠的表哥，也是邁錫尼國王。赫丘力士被迫為他執行十二項任務。

攸特爾普 Euterpe：司管長笛的繆斯女神。

伊凡德 Evander：希臘國王，也是伊尼亞斯的盟友、巴拉斯之父，他統治的城鎮成了未來羅馬的地址，之後由羅穆路斯與列姆斯建立羅馬城。

命運之神 Fates：掌管人類命運的神祇，通常為三人（克婁梭、拉棋西士和阿愁波斯），但關於他們的背景來源，卻眾說紛紜。

復仇女神 Furies：希臘名「艾倫耶斯」，謀殺罪行下產生的復仇之靈，特別是謀殺親人；關於她們的背景起源，也是眾說紛紜。

蓋亞或蓋 Gaia or Ge：請見「大地」。

甘尼梅德 Ganymede：特洛伊王室的英俊少年，遭宙斯劫走，成為宙斯的斟酒人與戀人。

傑揚 Geryon：住在遙遠西方的怪物，赫丘力士搶走牠的牛群，然後殺了牠。

葛勞克斯 Glaucus：原為凡人漁夫，但在吃下神仙草之後，卻變成海神，他愛上美麗的少女喜拉。

金樹枝 Golden Bough：伊尼亞斯用來進入地府的神奇樹枝。

金羊毛 Golden fleece：遠在科爾奇斯，由巨龍看守的無價羊毛，但卻在美狄亞的協助下，被傑森偷走。

蛇髮女怪 Gorgons：三個恐怖的蛇髮生物（司汀娜、由里艾蕾和魅杜莎），前兩者永生不死。

美姿女神 Graces：希臘名「查麗蒂」，通常為三人，她們為具有多種背景的仁慈神祇。

格萊哀 Graeae：古代的灰髮女怪，三人共有一隻眼睛，之後帕修斯搶走她們的眼睛。

哈得斯 Hades：拉丁名「普魯陀」或「地司」，希臘神話中，用指宙斯的兄弟，亦為地府之神，此字彙另外也指死者國度。

哈莫妮亞 Harmonia：阿瑞斯和愛芙羅黛蒂的女兒，底比斯創建人卡德莫斯之妻。

鳥身人面怪 Harpies：女性飛禽怪獸，擁有鳥類的身體，最熟為人知的故事，就是破壞色雷斯國王菲紐士的食物，並於伊尼亞斯前往義大利的旅途中，破壞特洛伊人的食物。

希碧 Hebe：宙斯和希拉之女，後來嫁給赫丘力士。

黑卡蒂 Hecate：地府女神，也是宇宙間的黑暗勢力。

赫克托 Hector：普萊姆之子，也是特洛伊的偉大英雄。

海倫 Helen：斯巴達皇后，以及米奈勞斯之妻，她追隨帕里斯來到特洛伊，引發特洛伊戰爭。

海倫諾斯 Helenus：普萊姆之子，也是特洛伊的先知。

赫利奧斯 Helios：拉丁名「索勒」，泰坦神海波利昂之子，他是老太陽神，也是不幸的費頓之父。

黑腓斯塔斯 Hephaestus：拉丁名「兀兒肯」，瘸腳的鑄造之神，大家普遍認為他是希拉的兒子。

希拉 Hera：拉丁名「茱諾」，克羅納斯與莉亞之女，是婚姻及女性之神，她與兄長宙斯結為連理，兩人在婚姻中紛爭不休。

赫丘力士 Hercules：古希臘最偉大的英雄。

赫美芙羅狄特 Hermaphroditus：赫米斯與愛芙羅黛蒂的兒子，非出於情願之下，與仙女薩爾瑪西絲融為一體，成為雌雄同體。

赫米斯 Hermes：拉丁名「摩丘力」，宙斯與美雅之子，也是諸神的使者，帶領死者到達地府。

希羅 Hero：愛芙羅黛蒂的女祭司，也是李安德的祕密新娘，她寧死也不願過著沒有李安德的生活，於是自盡身亡。

赫希奧妮 Hesione：特洛伊國王勞米登之女，赫丘力士從海妖手中解救了她。

赫絲西雅 Hestia：拉丁名「維絲塔」，克羅納斯和莉亞之女，也是爐灶女神。

希玻妲美雅 Hippodamia：皮洛普斯之妻，也是阿楚斯和柴耶斯特斯的母親。

希波呂托斯 Hippolyte：為了得到她的腰帶，赫丘力士奪取這位亞馬遜女王的生命；取得她的腰帶是赫丘力士的第九項任務。

喜波利特斯 Hippolytus：提修斯和亞馬遜女王安蒂歐碧之子，因拒絕父親妻子菲德拉的追求而死亡。

賀拉堤兄弟 Horath：三胞胎兄弟，以羅馬戰士之姿對抗阿爾巴龍加三兄弟，最後倖存的賀拉堤兄弟，殺了對手的三名戰士。

獨眼賀拉斯 Horatius：亦為科可勒斯，或「獨眼」，愛屈利亞國王拉爾斯波瑟納的軍隊，正打算進攻羅馬時，全靠他抵擋全體軍隊。

雅欽多 Hyacinth：斯巴達的王子，也是阿波羅的愛人，在一場意外中，不慎遭阿波羅殺死，之後變成一朵鮮花。

海拉斯 Hylas：赫丘力士的年輕戀人，他陪伴赫丘力士斯踏上阿哥號的征途，之後卻被一名水精拉進泉水消失。

希門 Hymen：後期古典故事中出現的婚姻之神。

希培利溫 Hyperion：大地與天空之子，他也是伊歐絲、赫利歐斯和西倫的父親。

海波姆娜絲查 Hypermnestra：丹瑙士之女，違抗父親的命令，並未遵旨殺害新夫凌秀斯。

伊亞匹特士 Iapetus：大地與天空之子，也是阿特拉斯和普羅米修斯的父親。

伊卡羅斯 Icarus：戴達勒斯之子，由於戴上翅膀逃離克里特時飛得太高，過於靠近太陽，因而墜落而亡。

英納庫斯 Inachus：阿哥斯的河神，亦為愛歐之父。

英諾 Ino：卡德莫斯之女，施美樂的姊妹，後來變成小海洋女神。

愛歐 Io：宙斯霸王硬上弓的不幸戀人，她被宙斯變成一隻母牛，以逃過希拉的法眼，儘管如此，布拉仍極盡所能折磨愛歐。

伊諾 Ion：阿波羅侵犯克露莎之後，她所生下的兒子，伊諾後來成為狄菲神殿的祭司。

伊菲克里斯 Iphicles：赫丘力士的凡人兄弟。

伊菲姬妮亞 Iphigenia：阿加曼儂和克莉坦娜絲查的女兒，在奧里斯海港供奉給天神，以求和風將希臘艦隊送至特洛伊。

伊莉絲 Iris：彩虹女神，也是天神的使者。

伊絲敏 Ismene：伊底帕斯之女，安蒂岡妮的姊妹。

尤路士 Iulus：別名為愛斯坎紐士，他是伊尼亞斯和首任妻子克露莎的兒子。

伊克西翁 Ixion：帖撒利國王，試圖誘拐希拉，但卻遭宙斯設計與一朵雲燕好，產下第一個人頭馬怪物。

傑森 Jason：阿哥號勇士的領袖，因為有美狄亞從旁協助，成功獲取金羊毛。

柔卡絲塔 Jocasta：伊底帕斯的母親和妻子。

茱諾 Juno：請見「希拉」。

朱彼得 Jupiter：請見「宙斯」。

拉開西斯 Lachesis：三名命運之神的其中一位，負責測量生命線繩的長度。

萊瑤斯 Laius：伊底帕斯之父，在不知情的情況下，被自己的兒子謀殺身亡。

勞孔 Laocoon：特洛伊的阿波羅祭司，他警告特洛伊人，千萬要當心送禮的希臘人，之後波塞頓便派了一隻海妖，前來索他性命。

勞米登 Laomedon：特洛伊國王，在阿波羅和波塞頓為他工作一年後，國王卻欺騙了他們，不願付酬勞。

拉比斯族 Lapiths：帖撒利北部的部落族群，在國王皮里梭奧斯的婚禮上，對戰人頭馬怪物。

拉爾斯波瑟納 Lars Porsenna：愛屈利亞國王，也是羅馬的敵人。

拉丁諾斯 Latinus：義大利的年邁國王，起初歡迎伊尼亞斯來到他的海岸，但之後全國對他產生敵意時，他便撤銷對伊尼亞斯的支持。

拉維妮亞 Lavinia：拉丁諾斯的女兒，也是伊尼亞斯的第二任妻子。

李安德 Leander：希羅的祕密丈夫，他每晚都游過希拉海峽，與希羅共度夜晚。

麗妲 Leda：海倫、克莉坦娜絲查、卡斯特和波樂克斯的母親。

麗托 Leto：泰坦神科耶斯和佛碧的女兒，也是阿波羅與阿提密斯之母。

路克瑞莎 Lecretia：一名羅馬妻子，在被丈夫的摯友玷污後自盡身亡。

美雅 Maia：阿特拉斯之女，與宙斯產下兒子赫米斯。

馬爾斯 Mars：請見「阿瑞斯」。

馬西亞斯 Marsyas：一位愚蠢的牧神，他挑戰阿波羅比賽長笛，在輸了比賽後，被阿波羅活生生剝皮。

美狄亞 Medea：科爾奇斯國王伊帖斯之女，她犧牲奉獻一切，協助傑森取得金羊毛，但之後傑森卻拋棄她，出於報復，她便殺死兩人的孩子。

梅杜莎 Medusa：曾經是美麗的少女，之後變成模樣驚悚的蛇髮女怪，帕修斯殺死她，之後利用她的頭顱，把敵人變成化石。

美加拉 Megara：赫丘力士的第一任妻子，在赫丘力士斯發狂失去理智之時，慘遭丈夫殺害。

米蘭普斯 Melampus：了解動物語言的希臘先知。

米利傑 Meleager：隨著阿哥號勇士出航的希臘英雄，命運之神告訴他的母親，若某塊木頭燒光了，那他也會死亡；之後他的母親在盛怒之下燒了木塊。

梅爾波曼 Melpomene：司管悲劇的繆斯女神。

米奈勞斯 Menelaus：阿楚斯之子，阿加曼儂的兄弟，在海倫被帕里斯帶去特洛伊之前，曾經是海倫的丈夫。

密提斯 Metis：大洋氏和蒂賽絲之女，她協助宙斯推翻克羅納斯，宙斯之後娶她為妻，但在她懷孕時，宙斯卻將她完整吞下肚子，他們的女兒雅典娜，之後則從他的額頭蹦出。

麥森投斯 Mezentius：殘酷的愛屈利亞國王，與伊尼亞斯對戰。

麥達斯 Midas：福萊吉亞國王，經賜予特殊力量，所觸摸之物皆會變成金子。在另一個事件裡，阿波羅給了他一對驢耳。

敏耐娃 Minerva：請見「雅典娜」。

米諾斯 Minos：歐羅巴與克里特國王之子，他囑咐戴達勒斯為牛頭人身怪物建蓋迷宮。

牛頭人身怪物 Minotaur：致命的半人半牛，母親為巴喜菲，父親則為一隻公牛。

寧默心 Mnemosyne：宙斯的妻子，也是繆斯女神的母親。

莫雷 Moerae：請見「命運之神」。

繆斯女神 Muses：啟發詩人、藝術家和學者的女神。

梅拉 Myrrha：阿多尼斯之母，與父親亂倫生下阿多尼斯。

納西瑟斯 Narcissus：仙女與河神生下的美少年，他愛上自己池水中的倒影，因而挨餓而歿。

瑙西卡 Nausicaa：菲西亞國王阿爾辛諾斯和皇后阿瑞蒂的女兒，奧德修斯被海水沖上菲西亞海邊時，是她協助了奧德修斯。

寧美息事 Nemesis：報應女神。

涅普頓 Neptune：請見「波賽頓」。

涅羅士 Nereus：海神，也是五十名涅羅妲海精的父親。

奈色斯 Nessus：被赫丘力士驅逐離開阿卡迪的人頭馬怪物；他欺騙赫丘力士的妻子黛安妮拉，讓她把一件沾有毒血的斗篷，贈予自己的丈夫。

涅斯特 Nestor：皮洛斯國王，在特洛伊戰爭中提供阿加曼儂意見。

夜晚 Night：希臘名「尼克斯」，生於原始的卡厄斯，本身為黑暗的化身，也是眾多子女的母親。

妮歐碧 Niobe：驕傲愚蠢的母親，因為污辱了阿波羅和阿提密斯的母親，而招致兩位天神的殺機，殺死自己的眾多子女。

奴米特 Numitor：羅穆路斯和列姆斯的祖父。

仙女 Nymphs：背景型態不同的小女神，例如德萊雅（樹精），以及大洋妮（海精）。

大洋氏 Ocean：大地與天空之子，他是環繞世界的無垠海洋流域。

奧德修斯 Odysseus：拉丁名「尤里西士」，來自伊撒卡的聰明希臘戰士，他是潘妮洛普的丈夫，鐵拉馬庫斯之父。在特洛伊抗戰十年，回家的旅途也花費他十年的光陰。

伊底帕斯 Oedipus：，底比斯國王萊瑤斯和柔卡絲塔之子，他在不知情的情況下，殺了自己的父親，然後娶了自己的母親，之後在發現真相後，戳瞎了自己的雙眼。

奧林匹亞 Olympia：位於伯羅奔尼撒西部的城鎮，奧林匹克比賽就是發跡於此，由赫丘力士創始。

奧林帕斯山，眾神之家 Olumpus, Mount：聳立於帖撒利與馬其頓之間的山脊，直達八千呎高。

奧瑞斯特 Orestes：阿加曼儂和克莉坦娜絲查之子，他為了替父報仇，殺了自己的母親。

奧利安 Orion：體型龐大的獵人，宙斯、波塞頓和赫米斯對著一塊公牛皮撒尿後，奧利安便自公牛皮誕生。

奧斐斯 Orpheus：繆斯女神卡莉歐碧之子，他是古希臘時期最偉大的吟唱詩人。

奧特休斯犬 Orthus：泰風與埃季達產下的野蠻獵犬。

歐杜士 Otus：與雙胞胎巨人兄弟艾菲亞特士，差一點就成功登上奧林帕斯山、攻擊眾神。

巴拉斯 Pallas：⑴克里奧斯和尤瑞碧亞生下的泰坦神⑵伊凡德國王之子，被突諾斯殺死，之後伊尼亞斯為他報仇。

潘 Pan：拉丁名「方諾士」，赫米斯生下的牧神。

潘朵拉 Pandora：第一位凡間女子，乃為宙斯創造出來給人類的美麗懲罰。

帕里斯 Paris：特洛伊國王普萊姆之子，他把海倫從丈夫米奈勞斯身邊搶走，引發了特洛伊戰爭。

巴喜菲 Pasiphae：米諾斯之妻，她與一隻公牛親密，產下牛頭人身怪物。

帕愁克勒斯 Pasiphae：阿基里斯最要好的朋友，在特洛伊戰爭死於赫克托的手裡。

飛馬培格索斯 Pegasus：帶有翅膀的馬，從美杜莎身體蹦出。

皮流士 Peleus：阿基里斯之父，與女神佘蒂絲生下阿基里斯。

皮里亞斯 Pelias：傑森的叔叔，派傑森去找金羊毛。

皮洛普斯 Pelops：坦特勒斯之子，阿楚斯之父，在被父親剁成碎片、供食諸神後，又起死回生。

潘妮洛普 Penelope：奧德修斯之妻，鐵拉馬庫斯之母，她在伊撒卡忍受二十年獨守空閨的日子。

潘修斯 Pentheus：卡德莫斯的孫子，阿蓋芙之子，由於拒絕敬拜新神戴奧尼索斯，而捲入自身的死亡陷阱。

培里佩特斯 Periphetes：使用棍棒謀害旅人的歹徒，之後提修斯奪其性命。

波塞芬妮 Persephone：宙斯與狄美特之女，海地士擄走她、帶回地府，之後每年某個時段，波塞芬妮都會獲得釋放回到人間。

帕修斯 Perseus：宙斯與達妮之子，他砍下梅杜莎的頭顱，把阿特拉斯變成一座山，從海妖手中解救安德柔美妲。

菲儂 Phaenon：英俊的青年，普羅米修斯所創造，後由宙斯帶走。

法伊頓 Phaethon：赫利歐斯與克里夢妮之子，他魯莽駕著父親的馬車，劃過天庭，最後遭宙斯以雷劈死。

費拉蒙 Philemon：鮑喜絲的老丈夫，他在不知情的情況之下，親切招待宙斯與赫米斯，之後獲得獎勵。

菲洛可帖特士Philoctetes：在赫丘力士的要求下，他幫忙於柴堆上點火，之後獲贈赫丘力士的弓箭，以做獎賞。後來他加入希臘遠征隊，前往特洛伊，但卻因為他傷口的惡臭，而被拋棄在蘭姆諾斯小島。

菲洛美拉 Philomela：普柔克妮的姊妹，鐵流士侵犯她之後，剪斷她的舌頭。

菲紐士 Phineus：色雷斯先知，飽受鳥身人面獸騷擾，直到阿哥號勇士前來解救。

佛伊貝 Phoebe：大地與天空之女，與哥哥科耶斯結合，成為樂朵和阿絲特瑞亞的母親。

腓尼斯 Phoenix：(1)卡德莫斯和歐羅巴的兄弟，與腓尼基同名。(2)阿基里斯的導師。

培里托斯 Pirithous：拉比族國王，試圖把泊瑟芬從陰間搶走，此後永遠被困在地府。

皮修斯 Pittheus：特洛森國王，提修斯母親愛絲拉之父。

七姊妹星群 Pleiades：阿特拉斯和普莉俄妮的七位女兒。

普魯陀 Pluto：請見「海地士」。

波樂克斯 Pollux：卡斯特和海倫的兄弟，與傑森踏上阿哥號遠航。

波呂德克特斯 Polydectes：塞里福斯島的國王，派出帕修斯前去取美杜沙的首級。

波麗姆妮雅 Polyhymnia：司管聖歌和啞劇的繆斯女神。

波利奈色斯 Polynices：伊底帕斯之子，攻擊底比斯時，遭到兄弟艾特歐克里斯殺害。

波利菲莫斯 Polyphemus：被奧德修斯戳瞎眼睛的獨眼巨人。

波夢娜 Ponoma：羅馬的果實與果樹女神，抗拒維屯諾斯的追求。

波塞頓 Poseidon：拉丁名「涅普頓」，海神，克羅納斯與莉亞之子，是宙斯與哈得斯的兄弟。

普萊姆 Priam：帕里斯與赫克托之父，與希臘人打仗的期間在位的特洛伊國王。

普利亞波斯 Priapus：愛芙羅黛蒂之子，生殖能力發達又色慾薰心的天神。

普柔克妮 Procne：菲洛美拉的姊姊，也是鐵流士之妻，在她發現丈夫對待妹妹的行徑後，便殺了兒子端上桌給丈夫食用。

普柔克麗絲 Procris：西發路之妻，她設陷阱測試丈夫對婚姻的忠誠，先前丈夫也曾如此測試她。

普羅克魯斯特斯 Procrustes：一名歹徒，將家裡留宿的客人，以暴力拉扯裁切成符合床的長度；之後提修斯殺了他。

普羅米修斯 Prometheus：泰坦神伊亞匹特斯之子，是人類的創造者和守護神，他為人類從天庭偷火，之後宙斯懲罰他，把他禁錮在遙遠的山上，每天任由老鷹啃食肝臟。

普羅伊特斯 Proteus：會變換樣貌的海神。

賽姬 Psyche：邱比特的新娘，無法抑制自己的好奇心，想知道神密丈夫的真實身份。

皮革馬利溫 Pygmalion：塞普魯斯國王，他以象牙刻出完美無缺的女人，之後愛芙羅黛蒂給予雕像生命。

皮拉莫斯 Pyramus：愛上少女笛絲貝的年輕人，在誤以為她遭獅子攻擊而歿時，傷心自盡。

皮雅 Pyrrha：鐸卡連之妻，也是宙斯派來洪水淹沒世界後，唯一倖存的女人。

皮提亞 Pythia：阿波羅於狄菲神殿的女祭司。

提封 Python：阿波羅於狄菲殺死的守衛巨蛇。

列姆斯 Remus：羅穆路斯的兄弟，也是羅馬城的共同創建人。

拉達曼迪斯 Rhadamanthys：宙斯與歐羅巴之子，麥諾斯的兄弟，他是立法者，在地府擔任法官。

麗娥 Rhea：大地與天空之女，克羅諾斯的妻子，亦為宙斯與其他眾神的母親。

莉亞席爾維亞 Rhea Silvia：奴米特之女，維絲塔處女，懷有馬爾斯之子，產下雙胞胎羅穆路斯和列姆斯。

羅穆路斯 Romulus：莉亞席爾維亞之子，跟兄弟列姆斯一樣，同為羅馬城的創建人。

薩賓女人 Sabine Women：鄰近薩賓村落的女兒，羅穆路斯劫走她們，成為羅馬單身男人的妻子。

沙爾蒙紐士 Salmoneus：自稱佯裝為宙斯的傲慢國王，之後遭宙斯以雷劈死。

薩比頓 Sarpedon：宙斯之子，萊西亞的國王，在特洛伊戰爭中為特洛伊人出征，戰死沙場。

撒頓 Saturn：請見「克羅納斯」。

撒泰兒 Satyr：牧神，半人半羊的生物，沉淪於飲酒與毫無節制的性愛。

斯凱沃拉 Scaevola：羅馬戰士，他把手伸入火焰中，以向愛屈利亞國王拉爾斯波瑟納，證實自己的勇氣。

喜拉 Scylla：曾經是美麗的少女，但之後被色琦變身為恐怖的怪獸。

大海 Sea：希臘名「蒂賽絲」，大地與天空之女，後來嫁給她的兄弟大洋氏。

西倫 Selene：羅馬名「魯娜」，月亮，海波利昂之女，也是赫利歐斯和伊歐絲的姊妹。

施美樂 Semele：卡德莫斯之女，她要求宙斯以神光示人，因禁不起強烈光芒而死，但宙斯仍拯救了她子宮裡兩人的兒子戴奧尼索斯。

西碧拉 Sibyl：阿波羅愛上她，而她欺騙天神，讓他給予她長壽的生命，卻忘了要求永恆的青春。她就是伊尼亞斯尋求神諭的對象，帶領他從義大利庫馬出發遊地府。

西尼斯 Sinis：把旅人綁在兩棵拗彎的松樹上，將他們撕成兩半，之後遭提修斯謀殺。

西農 Sinon：被丟在特洛伊海邊的希臘人，對特洛伊人說出有關特洛伊木馬的謊言。

塞倫海妖 Sirenes：帶有鳥類翅膀的女人，以甜美歌聲引誘迷惑水手，招致他們的死亡。

薛西弗斯 Sisyphus：科林斯國王，哈得斯懲罰他，永遠都必須滾動一顆巨石上山，然後在抵達山頂後，再把石頭滾下山。

天空 Sky：希臘稱為「天庭」，拉丁名「烏拉諾斯」，大地的孩子與丈夫，擁有眾多子女，包括克羅納斯。

人面獅身獸 Sphinx：埃季達之女，有著人頭、獅身和鷹翼的怪獸。他在伊底帕斯解出底比斯的謎題後，便躍下懸崖自殺。

衝突 Strife：希臘名「厄麗絲」，不和諧的女神，乃為夜晚的孩子，在世界初期始出現。

守誓河 Sytx：陰間的主要河川，諸神立下不滅誓言的地點。

西林克斯 Syrinx：因亟欲避開潘神求愛，而變形成為蘆葦草的仙女。

塔樂斯 Talus：守衛克里特的青銅巨人，之後被梅蒂亞下手腳，喪失神力。

坦特勒斯 Tantalus：利底亞國王，皮洛普斯之父，他在為眾神舉辦的餐宴上，把兒子烹煮成菜餚端上桌。

塔拜雅 Tarpeia：維絲塔處女，背叛了羅馬，之後薩賓士兵盔甲的重量壓死了她。

地獄 Tartarus：自卡厄斯蹦出的黑暗地帶，深深位處陰間底下，為囚禁戰敗的泰坦神族的監獄。

鐵拉馬庫斯 Telemachus：奧德修斯與潘妮洛普之子。

鐵流士 Tereus：邪惡的色雷斯國王，他娶了普柔克妮為妻，然後侵犯了她的妹妹菲洛美拉，並且割斷她的舌頭。

特普西科麗 Terpsichore：司管抒情詩與舞蹈的繆斯女神。

蒂賽絲 Tethys：請見「大海」。

塔麗雅 Thalia：司管喜劇的繆斯女神。

帖亞 Theia：大地與天空之女，伊歐絲、赫利歐斯和西倫的母親。

特密斯 Themis：大地與天空之女，曾是狄菲神殿的女神，與秩序和正義有著緊密關聯。

德歐佛妮 Theophrane：被波塞頓變成母羊的少女，波塞頓則變成公羊侵犯了她。她生下一隻公羊，也就是擁有金羊毛的羊，牠的金羊毛之後成為阿哥號勇士尋覓的對象。

提修斯 Theseus：雅典國王愛琴士之子，母親是來自特洛森的愛絲拉。他經歷許多冒險，包括在克里特打敗牛頭人身怪物。

佘蒂絲 Thetis：與凡人丈夫皮流士共育阿基里斯的海洋女神。

笛絲貝 Thisbe：皮拉莫斯所深愛的女子，笛絲貝在發現他斷氣後，也跟隨他的步伐自盡。

柴耶斯特斯 Thyestes：皮洛普斯之子，阿楚斯的兄弟。

臺伯河 Tiber：流遍整座羅馬城的河神。

狄瑞西亞斯 Tiresias：底比斯的偉大先知，在他生前，伊底帕斯與克里昂曾前來探訪他；他在地府時，奧德修斯也曾來找過他。

泰坦神族 Titans：第一代天神之名，之後宙斯和聯軍擊敗他們。

提宗諾斯 Tithonus：英挺的王子，被伊歐絲帶到宮殿成為她的戀人，直到她把他變成一隻蟬。

提底歐斯 Tityus：試圖非禮樂朵的巨人，他在陰間受到處罰，以樁固定在地上，永遠讓禿鷹啄食他的肝臟。

屈東 Triton：一名海神，與北非的屈東湖同名。

突諾斯 Turnus：伊尼亞斯的義大利敵人，共同爭奪拉維妮亞為妻。

廷達瑞斯 Tyndareus：斯巴達國王，也是麗妲的丈夫。

提封 Typhon：自大地與地獄蹦出，力大無窮的怪物，他曾挑戰宙斯，戰敗之後與泰坦神族一同打入地獄。

尤里西士 Ulysses：請見「奧德修斯」。

烏拉妮雅 Urania：司管天文的繆斯女神。

維納斯 Venus：請見「愛芙羅黛蒂」。

維屯諾斯 Vertumnus：羅馬的豐收之神，他追求女神波夢娜，最後贏得美人心。

維絲塔 Vesta：請見「赫絲西雅」。

維絲塔處女 Vestal Virgins：羅馬的少女，立誓遵守貞潔處子的原則，服侍爐灶女神維絲塔。

兀兒肯 Vulcan：請見「赫發斯特斯」。

塞菲羅斯 Zephyrus：或稱齊菲兒Zephyr，西風之神，據傳是他造成海牙辛瑟的死亡。

齊特士 Zetes：阿哥號勇士，也是北風的兒子，長有翅膀。

宙斯 Zeus：拉丁名「朱彼得」或「天帝宙夫」，克羅納斯與莉亞之子，波賽頓和哈得士的兄弟，亦為希拉的丈夫，他是眾神中最強而有力的天神。

國家圖書館出版品預行編目資料

眾神喧譁的年代/ 菲利普・弗里曼Philip Freeman 著 ; 張家綺譯. -- 初版. -- 臺北市 : 商周出版
: 家庭傳媒城邦分公司發行, 民102.03
面； 公分.
譯自：Oh My Gods：A Modern Retelling of Greek and Roman Myths

ISBN 978-986-272-330-2（平裝）

眾神喧譁的年代

原文書名 / Oh My Gods：A Modern Retelling of Greek and Roman Myths
作者 / 菲利普・弗里曼Philip Freeman
譯者 / 張家綺
企畫選書 / 林宏濤
責任編輯 / 鄭雅菁

版權 / 林心紅
行銷業務 / 李衍逸、蘇魯屏
總編輯 / 楊如玉
總經理 / 彭之琬
法律顧問 / 台英國際商務法律事務所 羅明通律師
出版 / 商周出版
臺北市中山區民生東路二段141號9樓
電話：(02) 2500-7008 傳眞：(02) 2500-7759
E-mail：bwp.service@cite.com.tw
發行 / 英屬蓋曼群島商家庭傳媒股份有限公司城邦分公司
臺北市民生東路二段141號2樓
書虫客服專線：(02)2500-7718；2500-7719
24小時傳眞專線：(02)2500-1990；2500-1991
服務時間：週一至週五上午09:30-12:00；下午13:30-17:00
劃撥帳號：19863813 戶名：書虫股份有限公司
E-mail：service@readingclub.com.tw
歡迎光臨城邦讀書花園 網址：www.cite.com.tw
香港發行所 / 城邦（香港）出版集團有限公司
香港灣仔駱克道193號東超商業中心1樓
電話：(852) 25086231 傳眞：(852) 25789337
E-mail：hkcite@biznetvigator.com
馬新發行所 / 城邦（馬新）出版集團 Cité (M) Sdn. Bhd. (458372U)
41, Jalan Radin Anum, Bandar Baru Sri Petaling,,
57000 Kuala Lumpur, Malaysia.
電話：603-90578822 傳眞：603-90576622

封面設計 / 蘇品銓
排版 / 浩瀚電腦排版股份有限公司
印刷 / 高典印刷有限公司
總經銷 / 高見文化行銷股份有限公司 電話：(02) 2668-9005 傳眞：(02)2668-9790

■2013年（民102）03月05日初版一刷 Printed in Taiwan
■2018年（民107）06月19日初版6刷

定價 / 380元

Original title: Oh My Gods: A Modern Retelling of Greek and Roman Myths
Copyright © 2012 by Philip Freeman
Complex Chinese translation copyright © 2013 by Business Weekly Publications, a division of Cité Publishing Ltd.
This edition arranged with Joëlle Delbourgo Associates, Inc.through Andrew Nurnberg Associates International Limited
All Rights Reserved.

著作權所有，翻印必究
978-986-272-330-2

城邦讀書花園
www.cite.com.tw

商周出版

廣　告　回　函
北區郵政管理登記證
台北廣字第000791號
郵資已付，免貼郵票

104台北市民生東路二段 141 號 2 樓

英屬蓋曼群島商家庭傳媒股份有限公司
城邦分公司

請沿虛線對摺，謝謝！

商周出版

書號：BK5077	書名：衆神喧譁的年代	編碼：

請於此處用膠水黏貼

商周出版

讀者回函卡

謝謝您購買我們出版的書籍！請費心填寫此回函卡，我們將不定期寄上城邦集團最新的出版訊息。

姓名：＿＿＿＿＿＿＿＿＿＿＿＿＿＿＿＿ 性別：□男 □女

生日：西元＿＿＿＿＿＿年＿＿＿＿＿＿月＿＿＿＿＿＿日

地址：＿＿＿＿＿＿＿＿＿＿＿＿＿＿＿＿＿＿＿＿

聯絡電話：＿＿＿＿＿＿＿＿＿＿ 傳真：＿＿＿＿＿＿＿＿＿＿

E-mail：＿＿＿＿＿＿＿＿＿＿＿＿＿＿＿＿＿＿＿＿

學歷：□1.小學 □2.國中 □3.高中 □4.大專 □5.研究所以上

職業：□1.學生 □2.軍公教 □3.服務 □4.金融 □5.製造 □6.資訊

□7.傳播 □8.自由業 □9.農漁牧 □10.家管 □11.退休

□12.其他＿＿＿＿＿＿＿＿＿＿＿＿＿＿＿＿

您從何種方式得知本書消息？

□1.書店 □2.網路 □3.報紙 □4.雜誌 □5.廣播 □6.電視

□7.親友推薦 □8.其他＿＿＿＿＿＿＿＿＿＿＿＿

您通常以何種方式購書？

□1.書店 □2.網路 □3.傳真訂購 □4.郵局劃撥 □5.其他＿＿＿＿

您喜歡閱讀哪些類別的書籍？

□1.財經商業 □2.自然科學 □3.歷史 □4.法律 □5.文學

□6.休閒旅遊 □7.小說 □8.人物傳記 □9.生活、勵志 □10.其他

對我們的建議：＿＿＿＿＿＿＿＿＿＿＿＿＿＿＿＿＿＿

＿＿＿＿＿＿＿＿＿＿＿＿＿＿＿＿＿＿

＿＿＿＿＿＿＿＿＿＿＿＿＿＿＿＿＿＿

＿＿＿＿＿＿＿＿＿＿＿＿＿＿＿＿＿＿

＿＿＿＿＿＿＿＿＿＿＿＿＿＿＿＿＿＿

請於此處用膠水黏貼